ZHUOYUE TIYU JIAOSHI PEIYANG XILIE JIAOCAI

卓越体育教师培养系列教材

篮球

主 编 千少文

副主编 姜 韩 李玉玺 陆 广 柳建庆

華中科技大學出版社
http://www.hustp.com
中国 · 武汉

内 容 简 介

本书在广泛吸取当代篮球最新研究成果的基础上，从体育院校体育教育专业教学实际需要出发，紧密结合学生认知特点，以注重篮球技能培养为指导思想编写而成。全书共16章，包括概述、篮球教学理论与方法、篮球训练理论与方法、青少年及女子篮球训练、篮球技术教学与训练、篮球战术教学与训练、体能训练、篮球游戏、篮球意识及其培养、篮球运动员心理训练、篮球运动常见损伤处理与预防、篮球竞赛组织与管理、篮球比赛指导工作、篮球竞赛规则、三人制篮球运动、小篮球运动等内容。

本书可作为体育院校体育教育专业的教材，也可供篮球爱好者参考。

图书在版编目(CIP)数据

篮球/千少文主编. —武汉：华中科技大学出版社，2022.9
卓越体育教师培养系列教材
ISBN 978-7-5680-8751-3

Ⅰ. ①篮…　Ⅱ. ①千…　Ⅲ. ①篮球运动-教材　Ⅳ. ①G841

中国版本图书馆CIP数据核字(2022)第170488号

篮球(卓越体育教师培养系列教材)　　千少文　主编
Lanqiu (Zhuoyue Tiyu Jiaoshi Peiyang Xilie Jiaocai)

策划编辑：余伯仲
责任编辑：吴　晗
封面设计：刘　婷　廖亚萍
责任监印：周治超
出版发行：华中科技大学出版社(中国・武汉)　　电话：(027)81321913
武汉市东湖新技术开发区华工科技园　　邮编：430223
录　排：华中科技大学惠友文印中心
印　刷：湖北恒泰印务有限公司
开　本：787mm×1092mm　1/16
印　张：17
字　数：406千字
版　次：2022年9月第1版第1次印刷
定　价：59.80元

本书若有印装质量问题，请向出版社营销中心调换
全国免费服务热线：400-6679-118　竭诚为您服务
版权所有　侵权必究

卓越体育教师培养系列教材
篮　　球

编　委　会

主　任　张　飙

副主任　千少文

编　委　张　飙　千少文　于　念　王　郓
王毅飞　吕　钢　刘　宁　吴　鲲
李玉玺　陆　广　宋晓春　李丹阳
李媛媛　李嘉蓉　杨鹏飞　单卫国
单曙光　柳建庆　姜　韩　徐伟宏
高　治　贾丽娟　殷　乐　贾　华
徐淑玲　谈偲砚　梁　尹　雷先良
雷　雨

前言

Foreword

…

为适应新教育形势下技能型专门人才培养要求，有效开展篮球教学与训练活动，武汉体育学院篮球教研室编写组成员编写了《卓越体育教师培养系列教材　篮球》一书。

《卓越体育教师培养系列教材　篮球》一书是针对体育院校体育教育专业学生从事教学与训练的指导用书。本书广泛吸取当代篮球最新研究成果，从体育院校体育教育专业教学实际需要出发，紧密结合学生认知特点，以注重篮球技能培养为指导思想编撰而成。本书内容以知识的基础性、实用性和层次性为原则，力求科学、先进、实用。

全书共16章，包括概述、篮球教学理论与方法、篮球训练理论与方法、青少年及女子篮球训练、篮球技术教学与训练、篮球战术教学与训练、体能训练、篮球游戏、篮球意识及其培养、篮球运动员心理训练、篮球运动常见损伤处理与预防、篮球竞赛组织与管理、篮球比赛指导工作、篮球竞赛规则、三人制篮球运动、小篮球运动等内容。

在本书撰写过程中参考、引用了相关文献，在这里我们谨向原文作者、译者表示真诚的感谢！书中若存在错讹和不足之处，恳请同行专家与广大读者批评指正。

编　者

2022年6月

目录

Contents

第1篇　理　论　篇

第2篇　教学实践篇

第1篇
理　论　篇

第1章

概　　述

章节提要

1. 篮球运动起源；
2. 篮球运动规律；
3. 国内外重大篮球赛事；
4. 中国篮球运动发展。

关键术语

篮球运动、篮球运动规律、篮球赛事、中国篮球运动。

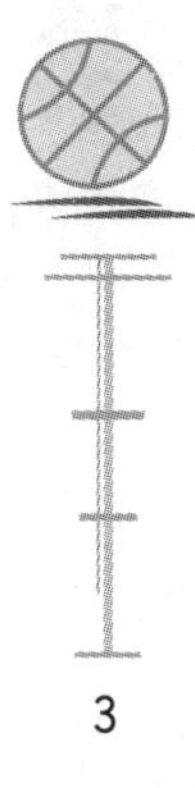

1.1 篮球运动概述

1.1.1 篮球运动的本质

篮球运动的本质是在特定的规则、时间和空间的限制下所开展的一项现代竞技体育运动项目，具有对抗性、挑战性和观赏性。篮球运动属于表现形式特殊的社会人文现象，也是人们喜闻乐见的全民健身活动的手段，具有强身健体、活跃身心的功能。

1.1.2 篮球运动的发展

1. 篮球运动的起源与演进

1）篮球运动的起源

篮球运动起源于美国东部马萨诸塞州斯林菲尔德市，1891年，青年基督教学校体育教师詹姆士·奈史密斯根据当地民间向篮筐内投射皮球的游戏，并借鉴当时已有的足球、长柄曲棍球等运动规则，设计出适合冬季在室内进行的体育活动——向篮筐中投球。现代的篮球运动项目就是在此基础上逐步充实、完善而形成的。

2）篮球运动的演进及特点

现代篮球运动演进为竞技篮球运动的过程，可分为5个发展时期。

（1）初创传播时期（19世纪90年代—20世纪20年代）：自奈史密斯发明篮球游戏，成为地域性民间乡土娱乐文化活动后，篮球活动以其新颖的比赛方式、对抗性的竞争特点，吸引了大量的体育爱好者。经过一个时期的传播，篮球运动便从学校走向社会，传向国外。

这一时期篮球运动技术、战术的主要特点：攻守技术简单，普遍限于双手做基本动作。无明显的全队配合战术，以单兵作战为主要攻守形式；队员有位置分工，分别处于不同区域；进攻以快攻和简单的传切、掩护配合为主，防守以固定区域的人盯人防守为主，战术配合处于萌芽阶段。

(2) 完善传播时期(20 世纪 30—40 年代)：篮球运动迅速发展，迫切需要一个国际性的权威机构协调各国的篮球运动，1932 年 6 月 18 日国际业余篮球联合会(简称国际篮联)在瑞士日内瓦宣布成立。国际篮联成立后的主要任务是统一世界各国的篮球竞赛规则，把男子篮球推荐为奥运会正式比赛项目。男子篮球在第 11 届奥林匹克运动会上被列入正式比赛项目，由此，篮球运动在全球迅速开展和传播，标志着现代竞技篮球运动正式诞生。初创传播时期向完善传播时期发展掀起了现代篮球运动飞跃发展的"第一次浪潮"。

这一时期篮球运动技术、战术的主要特点：出现单手传接球和投篮以及行进间双手交替运球技术，开始运用简单的组合技术，并不断创新，手部和脚步各种技术动作衔接速度加快。其中单兵作战减少，进攻中注意较多运用快攻、掩护、突分等多人配合战术。防守时开始强调集体性，人盯人防守与区域联防被交替采用。

(3) 普及成熟时期(20 世纪 50—60 年代)：进入 20 世纪 50 年代后，随着篮球运动技术、战术的创新发展，规则与技术、战术之间的不断制约与相互促进，高度开始成为现代篮球竞赛中决定胜负的重要因素之一。由此，一种利用高大队员强攻篮下的中锋打法风靡一时，篮球运动进入了一个向体型"高大化"发展的新时期，篮球运动已进入普及成熟的新时期。

这一时期篮球运动技术、战术的主要特点：高度、速度、力量、技巧相结合，运动员技术向全面化方向发展。进攻中快攻、传切、突分以及利用高大中锋强攻和在阵地进攻中组织策应配合广泛应用，防守战术虽以区域联防和人盯人为主，但全场紧逼人盯人防守和混合防守也不断应变运用。

(4) 全面提高时期(20 世纪 70—80 年代)：20 世纪 70 年代后，身高 2 米以上运动员大量涌现，篮球竞赛空间争夺越发激烈，高度与速度的矛盾更加尖锐。篮球竞赛规则又进行了多次调整，促使攻防技术、战术在新的条件制约下，在注重高度、速度发展的同时，向智慧、灵巧、准确、多变的方向创新发展，篮球运动员高身材、高技巧、高速度、多变化、高比分的趋势有了进一步发展，到 20 世纪 80 年代则更为突出和明显。篮球运动跨入了全面提高的新时期。普及成熟时期向全面提高时期发展，即掀起了现代篮球运动飞跃发展的"第二次浪潮"。

这一时期篮球运动技术、战术的主要特点：运动员技术全面发展，进攻中的对抗技术、快速技术和高空技术在综合运用中趋于技巧化，个人攻击能力加强；防守技术更具威胁性和破坏性，个人防守水平和防守能力有较大提高。单一、固定阵势的进攻战术打法已被综合移动进攻战术所取代；攻击性、破坏性、综合性、集体性防守形式被广泛运用。

(5) 创新飞跃时期(20 世纪 90 年代至今)：自 1992 年国际奥委会允许职业篮球运动员参加奥运会和世界篮球锦标赛以及大型洲际以上国际篮球比赛后，篮球运动开创了新的时代。这一时期，全球职业篮球以科技、人文为依托，以谋略竞争、创新发展为动力，以运动员个性、智慧、体能、体质、技巧、素质、素养为基础，以智、悍、高、快、准、巧、灵、变为特征，进一步体现出当今篮球运动融科技化、人文化、智谋化、个性化、集群化、技艺化、观赏化、职业化、商业化和产业化为一体，呈现出现代篮球运动的当代化色彩。创新飞跃时期掀起了现代篮球运动发展的"第三次浪潮"。

这一时期篮球运动技术、战术的主要特点:集高、壮、强、快、巧于一身的优秀高大运动员大量涌现,其身体素质、技术水平和战术意识都大幅度提高,高空技术、高空战术有新的发展,高空争夺日趋激烈,身体对抗加剧;快速攻守转换战术有新的发展,篮球比赛三分球得分越来越高;明星队员的作用成为世界强队取胜的保证;进攻技术、战术趋于简练、实用和多变,并向立体型方向发展;个人防守能力越显重要,以球为主的防守理念正向以防人为主的防守理念转化,防守行动更具攻击性、破坏性、凶悍性(压迫性)和协同性。

2. 女子篮球运动的发展

女子篮球运动起源于1892年美国的春田学院。1893年3月,春田学院的女学生与女教师进行了一场篮球游戏比赛,此后,女子篮球运动便开展起来。最早的女子篮球比赛是在1895年举行的。由于女子篮球采用的规则与男子的不同,加上女子的身体条件、训练水平、社会角色等诸多因素的影响,女子篮球运动最初的发展比男子篮球运动缓慢得多,直到1948年才与男子篮球使用同一规则。比赛规则的正式统一使女子篮球运动得到了迅速的发展。

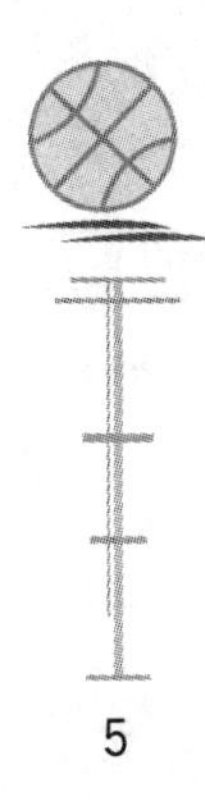

此后,由于国际篮联对女子篮球运动发展的重视,加上女篮锦标赛、奥运会女篮比赛、青年女子篮球锦标赛等高水平赛事的频繁举办,世界各地的女子篮球运动呈现出蓬勃发展的态势。世界性高水平赛事的定期举办以及洲际性比赛的频繁举行,使得女子篮球运动在发展规模、速度、技术等方面取得了长足的进步,逐渐成为世界篮球运动的重要组成部分,其对篮球运动在世界范围内的开展与普及起到了巨大的推动作用。

3. 世界篮球运动风格与流派

1) 北美流派

作为世界篮球运动的发源地,北美篮球运动的传播时间最早,普及范围最广,技术水平最高。北美篮球运动长期走在世界最前列,其代表国家是美国,并且以黑人居多,主要的赛事是NBA职业篮球联赛。黑人运动员身体素质优秀、体格强壮、肌肉密度大、奔跑速度快、爆发力强、弹跳力好,生理因素上的优势使得他们在力量、速度、耐力、灵敏度和柔韧性上更胜一筹,在赛场上,他们往往做到了智力、心理、身体的高度统一,他们的技术全面熟练,战术快速灵活,攻防并重,地面争夺与高空争夺兼备:进攻时力求主动、先发制人,攻击性极强;防守时采用全场紧逼的方式,不断运用攻击性动作,给对方的持球与接球安全造成威胁:反击速度快,得分率高;作风顽强,在激烈的对抗中球员经常表演空中补篮、扣篮和盖帽等精彩的高难度动作。

2) 欧洲流派

欧洲流派的特点是"大型化",其运动员身材高大、体魄强健、力量充沛。比赛强调集体性、有效性和顽强性,以高制胜是其战略指导思想。赛场上,欧洲运动员实现了发挥整体竞技能力和个人特长的较好结合:运动员个人动作细腻,攻防技术突出,运球精湛,传球方式巧妙,篮下攻击性强;进攻上讲究整体配合,以快制胜,队员随机应变能力强;防守上以联防为主,讲究全队的协作精神。

篮球运动在欧洲的普及时间大约是20世纪初,因此,它比北美流派的历史稍短,其最具代表性的国家(球队)是塞尔维亚、立陶宛、西班牙和法国,主要的赛事有欧洲锦标赛、意大利篮球联赛。

3）亚洲流派

亚洲篮球运动是随着世界篮球运动的发展而发展起来的，“快、灵、准”是亚洲流派的技术、战术风格。亚洲运动员在速度、耐力与突破能力上具有一定优势，因此，在具体的比赛中，亚洲球员往往斗志顽强、技术娴熟，动作以快速灵活见长，中远距离投篮准确。近几年，西亚各国男篮在充分借鉴欧美篮球的整体配合、全攻全守理念的基础上，按照自身的特点形成了球队稳定的打法，加之明星球员的崛起和“请进来”战略方针的完美实行，西亚男篮成绩逐年提高。

4. 世界篮球发展趋势

现代篮球运动进入新的发展时期，篮球运动在世界范围内进一步普及、创新、提高，进一步完善与补充，攻守对抗的速度、力量、准确性、技巧性全面提高，拼争强度更加凶悍激烈，竞赛更具魅力。为此，21 世纪世界篮球运动将带着创新意识，向着“智博谋高、身高体壮、凶悍顽强、积极主动、快速机敏、全面准确”的方向发展，几种不同流派、风格及多种多样打法并存，而智、高、壮、快、准、悍、巧、变，积极主动拼搏，攻守全面兼顾，高度与速度结合，个体与群体统一，帅与星有机相辅是总趋势。

将来，随着篮球运动的进一步发展与普及，在篮球竞技方面，技术、战术将不断创新，攻防对抗将更加凶悍，高度、速度与准确性的矛盾将更为突出。整体打法成为现代竞技篮球发展的一种趋势。体能中的身体素质、心理素质、政治素质、智能素质将进一步提高。篮球规则修改将不断激励对抗、倡导激情、鼓励运动员个体和全队整体技能和体能的协同发展。全场比赛将在一定的时机与条件下继续缩短攻防时间，规则对犯规的判罚还将有新的修正。赛场设施会修整，场地区域划分也会有新的变化，进而在更大的范围内、更快速度的移动中完成攻防对抗，攻守战术中队员的位置分工将更为模糊。球星的数量、质量及在球队中的地位将更为突出，其特殊影响力将进一步提高。世界篮球运动格局以及优秀球队的区域分布将呈现不稳定性，国际大赛中的球队名次排位将时有更迭。篮球职业化、人文化、竞技化、观赏化、商业化将进一步加快。篮球竞赛形式更富有商业化、产业化特点，职业化进程将进一步加快。同时，篮球理论和理念也将不断更新，科研成果将广泛应用于篮球训练与竞赛实践。篮球文化将在更广阔的范围内得以展现和深化。

5. 世界篮球重大赛事介绍

1）奥运会篮球比赛

篮球比赛是奥运会的重要比赛项目之一，包括男篮和女篮比赛。1936 年第 11 届奥运会上，男子篮球被列为正式比赛项目。从第 21 届奥运会开始，规定参加男子篮球比赛的球队为 12 支，奥运会篮球比赛一般分预赛、复赛、决赛三个阶段进行，预赛通常采用分组单循环赛，复赛和决赛多采用交叉赛。

2）国际篮联篮球世界杯

国际篮联篮球世界杯（FIBA Basketball World Cup）简称“篮球世界杯”，前身是从 1950 年开始举办的世界男子篮球锦标赛。2012 年 1 月 28 日国际篮联宣布男篮世锦赛更名为篮球世界杯。国际篮联篮球世界杯是国际篮联举办的世界最高水平的篮球赛事，每四年举办一次。

3）美国职业篮球联赛

美国篮球职业联盟（National Basketball Association，NBA）举办的 NBA 篮球比赛

被公认为世界最高水平的篮球比赛，目前球队已扩大到30支，它云集了美国国内和世界各国最优秀的篮球运动员。

4）欧洲男子篮球锦标赛

欧洲男子篮球锦标赛(EuroBasket 或 FIBA European Basketball Championship)是由欧洲篮球协会(FIBA)主办的欧洲最高水平的篮球国家级赛事，简称男篮欧锦赛。1935年第一届欧洲男子篮球锦标赛在瑞士举行，从1947年第五届比赛开始，欧洲篮球锦标赛逢奇数年举办。从2011年立陶宛欧洲男子篮球锦标赛开始，参赛队伍由16支增加到24支。

5）亚洲杯

国际篮联亚洲男篮锦标赛(男篮亚洲杯)原名“亚篮联男篮锦标赛”，始创于1960年，每两年举办一次，是奥运会和男篮世锦赛的亚洲区资格赛。2015年10月2日，国际篮球联合会和亚洲篮球联合会在男篮亚锦赛期间召开新闻发布会，公布了全新的竞赛系统，亚锦赛将更名为“亚洲杯”，从两年一届更改为四年一届。

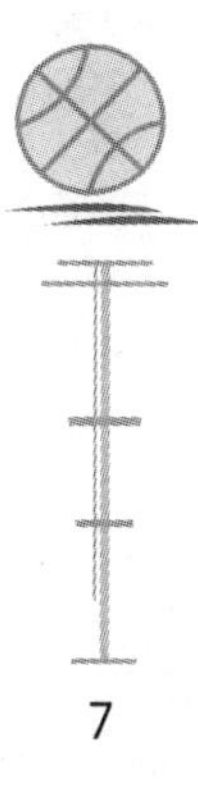

1.2 篮球运动规律与特点

1.2.1 篮球运动规律

1. 篮球运动基本规律

规律是运动着的事物本身固有的、普遍的、本质的、必然的联系，这种联系不断重复出现，在一定的条件下经常起作用，必然决定着事物向着某方向发展。篮球运动的基本规律就是区别于其他任何运动项目而决定着篮球运动发展方向的若干本质关系。

1）集体性规律

篮球运动是集体性的同场对抗项目，以五对五的群团式攻守对抗形式展开，在赛场上团结互助、协同配合是第一要素，集体主义是最为明显的规律。

2）对抗性规律

篮球运动是以将篮球投入对方球篮和防止对方将篮球投入本方球篮为目标所展开的攻守竞技。正确把握篮球规则，合理运用手、臂、肩、腰、背、臀、腿等身体部位的动作占据地面和空间优势，限制对方施展技术，合理对抗，是篮球运动制胜的重要方法。篮球的攻守对抗除身体对抗外，还有技术、战术、心理以及智慧的全方位的对抗，在对抗中争取主动，获得比赛的主动权是获胜的主要途径。

3）转换性规律

篮球比赛速度快，场地小，攻守转换十分频繁。“变”是篮球运动的灵魂。转换体现在动作的变化、技术的变化、战术的变化、眼神的变化和外部的情绪变化等方面。总之，运用转换规律使对方防不胜防或不能及时应对，是取得篮球比赛胜利的法宝。

4）水平到垂直规律

由横向运动到纵向运动转化是篮球运动的基本特征。运球推进、传球转移以及突破对手都是横向运动，最后以投篮、上篮或扣篮作为一切技术动作和战术配合为目的的是纵向运动。投篮、上篮和扣篮完成了由横向运动到纵向运动的转化。横向到纵向是篮球运动攻守对抗区别于其他项目的核心规律。正确把握横向运动到纵向运动的转化，有助于从根本上提高篮球运动的水平。

5）综合性规律

篮球运动对运动员的综合素质具有很高的要求，它不仅包括身体素质的综合性和全面性，还包括技术全面、战术全面、身体全面、心理素质全面这五个方面。因而，篮球运动的综合性规律，是篮球运动的制胜法宝。

2. 规则、身体素质、攻守对抗与技术、战术的相互关系

1）篮球规则与篮球技术、战术相互促进发展

篮球规则的增订与修改是促进篮球运动发展的原因之一，篮球规则每次修改都对篮球运动有着很大的推动作用。篮球规则与体能、心理、技术、战术的统一，是篮球运动形成与发展的基本规律。篮球运动员的身体素质、心理水平和技术、战术的不断提高与创新，同时也产生相应的、不断变化的比赛规则，给予运动员和篮球技术、战术保障与促进。

2）篮球运动员的身体素质与篮球技术、战术相互促进发展

运动员的身体素质是篮球技术、战术发展的基础，技术、战术的训练又可以提高篮球运动员的身体素质，两者相互联系、相互促进。提高篮球运动员的身体素质对运动员技术、战术的发展有一定的促进作用，而技术、战术朝着合理和实用的方向发展，也促进了运动员身体素质的不断提高。

3）篮球运动的攻守对抗与篮球技术、战术相互促进发展

篮球技术的发展是在攻守对抗的过程中相互促进和发展的。攻和守是一对矛盾体，存在于篮球运动的发展中并推动篮球运动的发展。现代篮球已趋向于在对抗中利用规则去比身体素质、比技术和战术、比作风、比智慧、比心理素质，如果缺少一项或其中几项不能有机统一，就意味着教练员对篮球运动本质认识有局限，也意味着队伍训练水平和实力存在问题。

1.2.2 篮球运动特点

1. 篮球运动技术特点

运动技术是为了达到一定目的的运动动作的合理组合。人体各个关节在完成运动动作时是按一定的顺序和组合进行协调运动的。篮球技术动作大多数是平动与转动的复合动作，它既包含周期性运动成分，又包含非周期性运动成分，是多变异的组合形式。篮球比赛是在攻守交错的对抗中进行，在实际运用中有以下两个特点：

1）动作组合多样性

运动员在比赛中运用技术时，必须随着比赛情况的变化及时、果断、快速地做出应答的行动。为了力争主动，制约对手，需要观察并分析判断，做出行之有效的组合动作去完成具体的攻守任务。这就决定了篮球技术动作和动作组合都是多种多样的。

2）固定与不固定相结合

从运动结构而言，篮球技术中有些动作是相对固定的，但在实际运用中，整个技术动作又表现出很多不固定的成分，主要是指完成动作条件不同（原地、跑动、跳起等）和动作组合及顺序、数量的灵活变化。固定与不固定成分的结合，也是以比赛情况变化为转移的。

2. 篮球攻守对抗特点

1）突变性

在这种立体的抗衡中，运动员的每一行动，无不是根据场上人、球的变化，以自己快速复杂的反应做出应答的对抗动作。队员必须善于审时度势，应付突然的变化。同时在

场上运动员还要善于隐藏自己的攻守意图，看准人、球、时、空的变化，以突然的行动来制约对手，要出其不意、攻其不备，把应变与突变结合起来。这就是篮球比赛中技术的千变万化的特点。

2）准确性

快速是竞技运动的核心，篮球比赛则力求快中求准。从判断到动作，从行动到效果，都十分强调“准确”二字。没有准确则会失去控球权、主动权，也失去了竞赛的技巧性、观赏性。从某种意义上来讲，准确与失误这对矛盾贯穿整个比赛过程。提高进攻、防守的成功率，提高投篮命中率，减少失误、违例、犯规等都是为了比赛的胜利。准确是胜利之本，也是运动员智谋与技艺最好的体现。

3. 篮球竞赛规则特点

竞赛规则有制约、协调、促进的功能，并保证竞赛条件的同一性和成绩的公平性。因此，从竞赛规则来认识篮球运动的特点是十分必要的。

1）时空限定

篮球规则中对时间与空间有较多的限制，运动员必须熟悉、遵守和充分利用这些规则，这关系到运动员在比赛中主动发挥还是被动挨打的问题。而对教练员来说时空概念则是控制比赛全局，运筹帷幄的主要依据之一。

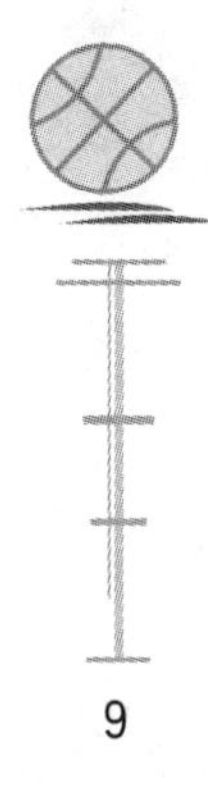

2）行为制约

篮球规则中特别指出：胜利的取得必须符合体育道德精神，要有良好的比赛作风，不允许运动员、教练员有不正当行为。违反上述精神应视为技术犯规或侵人犯规，会受到有关条款的处罚。对十分恶劣的不道德行为，可以立即取消其比赛资格。这些对行为的严格制约，体现了篮球运动竞技的公平性和文明性。

1.2.3 篮球运动价值

篮球运动是身心俱用的全身活动项目。运动时，运动员既能够享受到轻松愉快，又可以体验到竞技的紧张。篮球运动不仅能够强身健体，还可以使人的个性、潜能和创造力得到充分展示。

1. 育人作用

篮球运动对培养集体主义精神有积极作用，在参与篮球运动的过程中，可以培养团结合作的精神；不重复的组合技术在很大程度上锻炼了人的创新意识和能力；篮球运动有利于运动员形成良好的心理品质，通过比赛，运动员的个性、自信心、情绪控制、意志力、进取心、自我约束能力等都能得到很好的发展；篮球运动有利于运动员培养高尚的道德品质，通过训练与比赛，可以培养运动员顽强拼搏、文明自律、尊重裁判、尊重对手、尊重观众等高尚的体育道德。

此外，结合篮球运动的项目特点，将体育精神内涵融入课堂教学中，通过各种篮球活动，挖掘课程思政教育资源，开展篮球文化建设，从而将篮球竞技能力的发展与品德的养成相结合，实现篮球育人的作用。

2. 健身作用

篮球运动持续时间可长可短，但需要参与者快速奔跑、突然与连续起跳、敏捷反应与力量抗衡。经常参加篮球运动，可使身体各部分肌肉坚实、发展匀称、体格健壮。篮球运动可以促进力量、速度、耐力、弹跳性、灵敏度等运动素质的全面发展。篮球运动也是一项高强度的对抗性运动项目，要求机体的代谢能力旺盛，体内能源物质的转换快捷，因而能使心脏、血管、呼吸器官、消化器官等的功能增强，促进机体内各系统工作能力的提高。篮球比赛的综合性、复杂性，要求运动员具有良好的分配与集中注意力的能力，具有对空间的定向能力，具有高度精细的本体感觉能力。由于参与者要在比赛中经常变换动作，参加篮球运动对提高神经中枢的灵活性、提高神经中枢协调支配各器官的能力具有良好的作用。

3. 启智作用

篮球运动不仅是技术与身体的对抗，也是意志与智慧的较量，是一场心理交锋。运动员的智慧、胆略、意志、活力与创造力，决定着比赛的成败和运动水平的发挥。篮球运动是一项把变换、结合、转移、持续融为一体的集体攻守对抗项目。要求运动员反应快速、判断正确、随机应变、有勇有谋、机智善断，从而能够促进大脑功能水平的提高与智力的发展。

4. 娱乐休闲作用

在球场上，我们可看到娴熟的运球、巧妙的传球、准确的投篮、机智的抢断、卓越的扣篮和出奇的封盖，再加上攻守交错、对抗变换，使得篮球运动极富趣味性和观赏性。近年来，重新兴起和发展的“三人制”篮球赛，以其组织方便、条件简单和趣味性强，在群众娱乐休闲方面发挥着很大作用。

5. 社会交往作用

篮球运动在世界范围内广泛开展，它已成为人与人、团体与团体、国家与国家之间相互交流的工具和建立理解、信任与友谊的手段。即使分属不同的国家、地区，拥有不同的语言、肤色，人们仍然可以通过篮球“语言”进行交流，增进友谊。

6. 文化传播作用

世界范围内篮球竞技比赛职业化、商业化、观赏化气息的加重，人文色彩的充实，使得现代篮球运动成为促进社会文明进步和人们喜闻乐见的文化项目，其发展过程中的种种有趣故事能给人以启示和鼓舞，进而达到促进社会和谐发展、展现篮球文化的目的。

1.3 中国篮球运动

1.3.1 中国篮球运动发展

1. 传入时期(1895—1949 年)

篮球运动在传入我国的初期，主要在天津、上海及北京等有限的城市青年会组织和少数学生中开展。至 20 世纪 40 年代，上海、北京、天津等大城市组建了具有一定技术水平的球队，但仅作为消遣娱乐和广告之用，在广大城乡人民群众中未能得到普及，因此，推广面极窄，竞赛活动较少，国内外比赛成绩反映了整体水平较低。

2. 普及与推广时期(1949—1995 年)

1949 年后，篮球运动在中国传播、普及、发展进入了一个新阶段。政府积极倡导“发展体育运动，增强人民体质"的健身方针，篮球运动因其简便易行，富有对抗性、趣味性、健身性和教育性等功能，便在各级政府的行政主管部门有计划、有组织地推动下，以各种形式在全国各学校、部队及工矿、企业、事业、群众团体中迅速开展起来，成为广大人民群众喜闻乐见的体育项目。这一时期，我国篮球运动在国际间的篮球竞技比赛中，取得了优异成绩，运动水平不断提高。群众性篮球活动、学校篮球教学、竞技篮球比赛、篮球科研理论、篮球管理等逐渐形成。

为了迅速提高篮球运动竞技水平，以适应我国国际交往的需要，并继续普及篮球运动，政府主管部门在20世纪50年代初便成立了篮球管理机构，成立了中央竞技指导科篮球班（现为国家级篮球集训队），积极开展国际交往活动，对推动中国篮球运动的发展起到了促进作用。后来相继在部分省市建立了高水平篮球专门队伍，并制定与健全了各项培养篮球人才和普及、提高篮球运动水平的规划、章程和制度。随后，通过总结讨论，中国篮球运动确立了"勇猛顽强、积极主动、快速灵活、全面准确"的训练指导思想。之后，中国篮球竞技水平大幅度提高，在国内竞赛中显露出不同风格与流派的打法，当时在与苏联及其他欧美强队的比赛中也取得了良好成绩，到20世纪60年代中期，中国篮球事业、篮球竞技水平、篮球社会普及的广度与深度、科学研究及篮球观念与理论体系的确立等，都初步形成了自己的特点。1949年后的17年是中国篮球事业全面发展提高的17年，是中国篮球事业第一个辉煌发展的历史阶段，它为20世纪70年代中期后中国篮球运动攀登世界高峰奠定了坚实的基础。

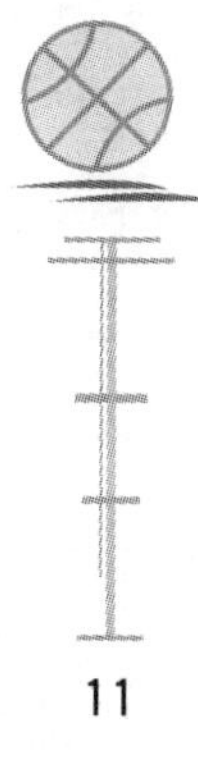

3. 发展时期（1995—2008年）

进入20世纪90年代中期以后，我国成立了事业型的篮球运动管理中心，强化了中国篮球协会的社会团体的群众性指导职能，并重新制订了从上而下的篮球竞赛制度、训练体制以及培养竞技后备人才、教练人才、裁判人才的网络性、长期性计划和规划，还相应采取了建立各种运行、管理机制的一系列举措。1998年，中国大学生体育协会推出了CUBA联赛，以及各种形式的业余性篮球俱乐部和篮球竞赛活动，群众性篮球活动再度蓬勃发展起来。这无疑给中国篮球事业带来了新的生机和活力，展现了广阔的前景，中国篮球运动进入一个发展新阶段。

4. 提高时期（2008年至今）

2008年中国举办了北京奥运会，中国男篮在本届奥运会上打出了这一历史时期最高竞技水平，获得了第八名的成绩。虽然这个时期我国国家篮球队的国际大赛成绩均未突破历史最好成绩，但在中国掀起了新一轮的篮球运动热潮，篮球运动受到广泛的社会关注，产生了越来越大的社会影响。它带动了我国体育事业和体育产业的快速发展，国家队运动员的商业活动不断增多，运动员的自身价值得到了实现，也对体育发展资金和体育公共事业的发展起到了重要作用。

随着经济全球化与文化交流的加快，世界各国也开始加强本国篮球之间的交流。为了提高中国篮球运动水平，近几年来，国家篮球队先后聘请了欧美四位外籍高水平教练和外籍体能、技战术、康复、情报等助理教练。虽然在外籍教练执教期间，中国国家篮球队成绩没有取得历史性的突破，但也在国际比赛中战胜过一些世界强国，并且外籍教练对中国篮球高度负责的态度、认真敬业的精神以及高水平、专业化的工作步骤，都给中国篮球运动留下宝贵财富，值得学习。

2016年，中国男子篮球职业赛（CBA）公司实行改革，成立了中篮联（北京）体育有限公司(简称 CBA 公司),迈出了我国篮球职业化改革以来最重要的一步。CBA 公司在发展联赛的同时,积极支持中国男篮国家队建设,促进国家队比赛成绩、运动成绩稳步提高。2017 年,在中国篮球协会(简称中国篮协)第九届全国代表大会上姚明被选举为新一届篮协主席,设立了篮协的组织与领导机构,实现"管办分离",向篮球协会的实体化迈出坚实的一步,对解决行业协会存在的政社一体、管办不分、治理结构不健全、监督管理不到位、创新发展不足、作用发挥不充分等问题起到重要作用,同时平衡了俱乐部和国家队的利益,协调了俱乐部的利益与社会责任、政治关系,实现了俱乐部利益与体育协会效益的"双赢"。

2017 年 6 月,国际奥林匹克委员会官方宣布三人制篮球比赛被选入东京奥运会正式比赛项目。在 2021 年东京奥运会女子三人制篮球竞赛中,中国女子三人篮球获得第三名,为中国奥运代表团获得一枚宝贵的奖牌。与此同时,中国女篮表现也十分出色,在小组赛中三战三捷,以小组第一的成绩晋级八强,这是中国女篮首次在奥运会小组赛阶段取得全胜成绩。

1.3.2 中国篮球运动发展现状与对策

1. 中国篮球运动发展现状

1)校园篮球发展

2018 年起,中国篮协成立了青少年发展委员会,其主要任务是与教育部对接,发展校园篮球,推广小篮球联赛,鼓励开设社会篮球训练营等,为校园篮球的推广提供平台,创造更多机遇。在赛事发展方面,中国大学生体育协会(简称中国大体协)与中国篮协签署战略合作备忘录,隶属于教育部的 CUBA 联赛与中国篮协正式达成战略合作关系。近几年来,众多大学生球员受邀参加 CBA 联赛全明星星锐赛、扣篮赛、三分赛等,充分体现出校园篮球和职业篮球深入合作的巨大突破,对当前我国校园篮球发展与篮球后备人才培养具有重要现实意义。

2)群众篮球广泛开展

群众篮球是以社会群众为基础,在闲暇时间开展的篮球运动。群众篮球运动的活动形式繁多、活动内容丰富,如各类友谊赛、邀请赛、对抗赛、表演赛等。中国篮协于 2022 年 9 月发起了"中国篮球锦标赛",旨在为广大群众篮球运动的发展提供有益的借鉴。

3)"小篮球"推广发展

近年来,我国围绕篮球特色学校建设,开展篮球骨干教师培训;组织全国初中组、小学组冠军赛;编制《青少年校园篮球教学指南》,开展了一系列卓有成效的工作。中国篮球协会 2017 年推出了"小篮球,大梦想"计划,在全国 31 个省有组织地开展了全国小学生篮球联赛和培训活动。

4)篮球联赛职业化发展

CBA 公司独立运营联赛,增加比赛轮数,扩大季后赛球队数量,使得球员能得到更多的锻炼机会;推行标准版球员合同;推出了选修制度,出台了新的裁判员管理办法,增加了裁判员分级制度和建立了裁判视频回放中心,使联赛在职业化道路上又迈进了一步。

5)篮球运动管理体制突破性改革

2017 年新一届中国篮协成立,原篮球运动管理中心的职能全部移交中国篮球协会,中国篮球协会成为权、责、利高度统一的实体化协会，完成了“管办分离”。这些改革对中国篮球运动的发展起到了一定的推动作用。

6）国际交流常态化和多样化

国际交流常态化和多样化表现在以下几个方面。一是国际交流既有中国派运动队和教练员出国学习和比赛，也有请国外教练员来华执教和讲学；既有各级国家队、职业俱乐部等球队集体出国集训和比赛，也有运动员个人在休赛期赴国外请私人教练指导训练。二是交流的国家不仅局限于美国，还包括一些欧洲国家和亚洲国家。三是各职业篮球俱乐部和国家队在训练中引入体能训练师和视频分析师，努力提高训练和比赛的科学化水平。

2. 中国篮球运动发展对策

1）完善赛事体系，加强校园篮球整体建设

校园篮球开展的主要目的是促进学生的身体发育，养成终身体育运动的习惯，在获取运动技能的同时，形成竞争、健康、活泼、团结的校园体育文化氛围。在体系构建方面，学习借鉴国内外优秀校园赛事体系，注重联赛和竞赛体系的紧密衔接，形成统一组织、科学管理、有效协调的有机系统，并逐步形成由下至上竞赛体系，这对我国校园篮球改革、篮球后备人才培养、职业篮球俱乐部发展都有着重要意义。

2）合理配置场地资源，推广大众篮球赛事

鼓励群众参与篮球运动，充分发挥新闻媒体的舆论导向功能，促进篮球运动的氛围的形成，培养人们的篮球兴趣，吸引更多的篮球爱好者积极参与其中；同时，政府要合理配置并充分利用现有资源，加强篮球场地设施等硬件的建设，最大限度地开放部分篮球场地设施，提高其使用率；发展篮球活动的形式，推行小型多样的娱乐性比赛、远投大赛、扣篮比赛等；发展三人制篮球赛和街头篮球运动，并在规则、场地器材等方面进行修改和完善，以适应不同年龄、性别和职业人群的兴趣爱好，使群众篮球运动更加大众化、娱乐化。

3）加强青少年基本功训练，提高竞技水平

中国篮球要想跻身世界强队行列，必须要有一流的基本功。今后要提高广大教练员和运动员对基本功重要性和强对抗的认识，尤其要提高青少年运动员的教练员对此的认识；篮球主管部门要认真研究，提出训练管理的相关要求，“从小抓起”，层层落实，同时要创新训练方法和手段。

4）制订中国竞技篮球运动发展新战略思想

制定新的发展战略，明确训练指导思想，形成中国特有的技战术风格，并统一思想与行动，进一步明确目标定位和发展方向。

5）深化职业联赛改革，提高联赛质量

自CBA公司成立，我国职业篮球联赛进行了一系列改革，但改革空间依然很大，未来应在提高联赛质量上发力。一是进一步推进裁判员职业化；二是在外援选拔、上场时间等方面制订新的政策，要充分平衡国内球员培养与赛事观赏、俱乐部利益之间的关系，取得最大效益；三是对各俱乐部二线球队的资金投入、训练管理、比赛安排等要有制度创新和具体要求；四是对俱乐部的教练员聘任和管理要兼顾我国竞技篮球运动现阶段的发展水平和市场需求，使教练员有一定时间实施自己的执教理念，形成自己球队的风格特点。

6）加强篮球运动理论与实践研究

世界竞技篮球运动发展日新月异，新的科技手段、新的训练理论、新的技战术打法加速更新。我国应充分发挥体制优势，依托高等院校和科研院所，加强科研人员与一线教练员在训练实践方面的合作，以“补短板、找规律、谋创新、提效率、有特色、提成绩”为出发点，以问题为导向开展研究。[①]

1.3.3 国内篮球重大赛事介绍

1. 中国男子篮球职业联赛

中国男子篮球职业联赛（Chinese Basketball Association，CBA），是由中国篮球协会主办的跨年度主客场制篮球联赛，中国最高等级的篮球联赛，并在2005年正式更名为中国男子篮球职业联赛。CBA设立季前赛、常规赛和季后赛，大致举办时间为每年10月至次年4月，CBA总决赛胜出的球队获得当季CBA总冠军。

2. 中国女子篮球联赛

中国女子篮球联赛（Women’s Chinese Basketball Association，WCBA），是由中国篮球协会主办的跨年度主客场制篮球联赛，在2014—2015赛季由中国女子篮球甲级联赛与乙级联赛合并而来。中国篮协成立中国女子篮球联赛委员会，下设WCBA联赛办公室作为常设办事机构，负责联赛事宜。

3. 中国大学生篮球联赛

中国大学生篮球联赛（Chinese University Basketball Association，CUBA），是由中国大学体育生协会主办、教育部官方认可的中国大学生五人制篮球联赛。联赛成立于1998年，男女组分别设一级联赛、二级联赛、三级联赛，每年总计1600多支队伍参加比赛。CUBA在赛事规模、竞赛水平、人才孵化等层面都是中国体育界顶尖的业余联赛，联赛不断通过赛事沉淀着中国大学生体育文化氛围。如今的CUBA受到越来越多的关注，其影响力仅次于中国男子篮球职业联赛。

4. 中国大学生超级篮球联赛

中国大学生超级篮球联赛，简称大超联赛，英文缩写为“CUBS”，由中国篮协和中国大学生体育协会于2004年创办的一项大学生篮球赛事，在其发展的十几年间，吸引了众多中国顶尖大学球队参加。参赛选手可以是在中国篮协注册并被高校录取的青年队队员，因此大超联赛在技术性和对抗性方面要比CUBA更强一些。中国大学生超级篮球联赛的主要特色为：其一，强强联手，打造高水平联赛；其二，高校互动，促进校园篮球文化的发展；其三，专业化运作，提高大超联赛的商业空间。

5. 全国男子篮球联赛

全国男子篮球联赛（the Men’s National Basketball League，NBL），前身为成立于1996年的中国职业篮球联盟联赛（CNBA）。2004年，全国男子篮球联赛正式成立（成立之初称为CBL）。NBL是由职业篮球俱乐部组成的全国性篮球联赛，隶属于中国篮球协会三大联赛之一，也是国家体育总局第一个“管办分离”落地的国家顶级联赛。联赛于每年5月开赛，是中国男子职业篮球唯一的夏季联赛，也是中国仅有的两大男子职业篮球联赛之一。

---

① 陈钧，孙民治.我国竞技篮球运动发展的回顾、反思与展望[J].首都体育学院报，2021，33(02)：140-147.

思 考 题

1. 简述篮球运动发展的阶段性特点。
2. 简述现代篮球运动的基本规律。
3. 论述当前世界篮球运动的发展趋势。
4. 论述中国篮球运动发展现状、面临的问题及解决措施。

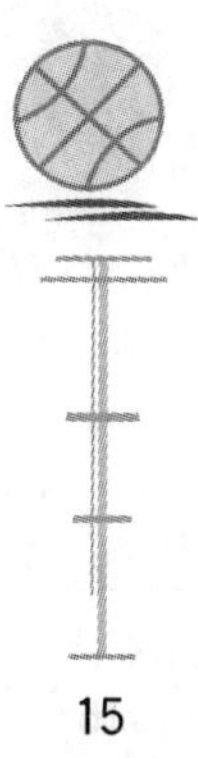

第2章 篮球教学理论与方法

章节提要

1. 篮球教学的目的；
2. 篮球教学的方法；
3. 篮球教学文件的制订；
4. 篮球课教学评价。

关键术语

篮球教学、篮球教学方法、篮球教学原则、篮球教学文件、篮球教学评价。

2.1 篮球教学概述

2.1.1 篮球教学的概念

篮球运动是学校重要体育运动项目。从广义来说，凡是学习与传授篮球知识技能的有组织活动都可以称为篮球运动教学；从狭义来说，在特定条件下通过篮球知识技能的学习和传授活动来实现特定教育目标的教学过程称为篮球运动教学。

2.1.2 篮球教学的目的

篮球运动作为社会体育文化活动的有效手段，在我国城乡广泛开展。通过篮球教学过程来落实对学生的全面素质教育，可以使更多的人了解篮球运动的有关知识，掌握篮球运动的方法和技术技能，把篮球运动作为终身进行体育锻炼、增进健康的方法手段。篮球教学在造就大批篮球爱好者的同时，也使篮球文化得到广泛的普及和传播。在各级学校中开展篮球运动教学，可发现和选拔具有篮球运动天赋的青少年和儿童，对他们进行更为系统的教学与训练，使其成为优秀的篮球选手，为我国篮球竞技运动队伍源源不断地输送优秀后备人才。因此，篮球教学作为基础性工作直接影响我国篮球运动的整体水平，必须给予高度的重视。

2.1.3 篮球教学的特性

1. 运动技能学习的重复性

篮球教学过程是学生在教师指导下进行篮球运动实践活动的过程，教学内容以运动技术的学习和各种比赛为主，是在运动实践活动中学习和掌握篮球运动的过程。因此，篮球运动技能学习就成为教学过程的一个重要部分。运动技能需要长期的反复练习才能熟练掌握,无论是较复杂比赛战术的掌握,还是基本技术的学习,都要经历一个由不会到会、由不熟练到熟练、由简单学习到复杂学习的发展过程,因此运动技能的学习具有阶段性、灵活性、综合性与形成性的特点。教师在指导学生掌握篮球运动技能时,必须严格遵守循序渐进的原则,根据运动技能的特点,选择合适的练习方式和练习时间,通过反复多次的不同练习,达到掌握、提高运动技能的目的。

2. 教学组织的复杂性

篮球教学与学生身心发展水平是直接联系的,但学生身心发展水平又客观地存在个体差异。因此,在教学过程中不仅要考虑学生的性别差异,还要考虑到不同学生的个体差异,采取不同的组织形式和方法区别对待,以适应和满足学生的需要。在篮球教学过程中,学生多处于不断变化、多种形式的运动中,加上教学易受气候和周围环境的影响,因而教学中的组织管理工作相当复杂,要精心设计、认真组织,使组织形式、教学步骤、教学手段具有一定的应变性。同时教学组织的形式也受到网络与多媒体等现代技术的影响,教学目的、任务、内容与方法不断更新,推动了教学组织方法改革、创新、与时俱进。

3. 人际交流互动的多边性

篮球教学组织形式的复杂性,使得教学过程中人际交往呈现多边性的特点。教学过程始终是教师与学生为传承知识、技能,促进学生智、德、美、体和综合实践活动能力全面发展,而共同进行的教与学双边互动的活动。在篮球教学中,组织形式在单人、双人、小群体之间不断地转换,学生需要在不同的时间和空间内完成不同的身体运动,不断地变换各种角色定位,经历各种不同的人际交往关系。在这一过程中,教师可以通过多种方式与学生交换信息、交流情感,使学生间相互协同、相互鼓励、相互评价,在课堂中初步体会和感受社会交往情况。这不仅体现了篮球教学人际交往的特点,还有利于培养学生的合作意识和人际交往能力,提高社会适应能力。同时,这种多边性的特点还体现在学生配合教师进行教学活动上,它既包括显性的可操作的肢体活动,也包括隐性的感知、思维、联想、记忆等心理活动。

4. 承受身心负荷的双重性

篮球教学是以身体练习为主要形式、以学习运动技能为主要内容的体育实践活动,不仅要求学生肢体直接参与运动,而且还伴随大量认知活动及多种情感体验。在此过程中,由于身体各器官直接参与,学生不但要承受完成大量身体练习时肌肉活动引起的疲劳与不适,还要经历不同的心理过程体验和思想意志的磨炼。正是因为这一特点,体育教学在促进学生掌握技能、发展身体、增强体质的同时,对学生的思维方式和良好的心理品质的培养也具有特殊的价值,能促使学生身心健康协调发展。

5. 教学效果的多元性

为实现大中小学的体育教学的多元目标,体育教学过程中,教师要完成传授体育与卫生保健知识的任务。学生要掌握运动技能和技术,养成健康行为方式,促进个性心理的健康发展,培养符合时代精神的道德情操与文明修养以及提高生活适应能力等任务。在篮球教学中明显体现出既练体、又学技、又育心的多重教育效应,有“增知识、强体魄、强意志、调感情、调精神”的综合教育作用。

6. 教学环境的开放性

篮球课大多在室外进行,教学环境是开放和变化的空间,直接面对大自然的客观环境,受到的干扰因素较多,如光线、温度、空气变化、地面平整与洁净程度、同时上课的班级、周围建筑物与噪声等,这就必然对篮球课的教学组织提出了不同于室内教学的特殊要求。与其他学科相比,在篮球课堂上对这些因素的控制难度更大,教学环境的开放性为正常的篮球教学带来了一定的困难。①

2.1.4 篮球教学的任务与内容

1. 篮球教学基本任务

1) 坚持以人为本,促进正确世界观的形成

篮球课程教学是一个培养人才的完整的教育过程,要重视寓政治思想教育、道德素质教育和集体主义教育于篮球课程教学之中,并结合篮球运动的特征培养顽强的意志和勇于斗争、敢于斗争的作风以及力争胜利的精神。

2) 掌握篮球理论知识、技术和战术

篮球课程的教学内容有理论、技术和战术三种主要形态,篮球教学就是要使学生在掌握技术和战术的同时也掌握相关的理论知识。理论知识是掌握技术和战术的依据,技术是战术的基础,因此,这三方面的学习内容是相互作用和统一的整体,教学过程中必须给予同等的重视。

3) 发展身体素质,增强体质

身体素质是从事各项体育运动的物质基础。篮球运动本身需要运动者具备跑、跳、投多种运动技能,篮球运动的学习可以活跃学生身心,促进身体正常发育,提高机能素质,增强体质。而学生运动素质的提高,为顺利完成技术和战术的学习提供了有力的保证。因此,提高学生身体的力量、速度、耐力和灵敏等素质是篮球教学的重要任务。

4) 培养正确的思想意识和体育精神

由于篮球运动是集体型的对抗性项目,因此,篮球教学和竞赛过程具有培养学生坚强意志的作用,而作为教育过程,篮球教学必须完成对学生的教育和培养任务。因此,使学生形成正确的世界观和人生观,培养学生在赛场上奋力拼搏、尊重对手、公平竞争的体育精神是篮球教学的主要任务之一。

2. 篮球教学基本内容

篮球教学的内容很多,根据不同层次的教学对象和教学目标可选择不同的教学内容。教学又是训练的基础,在许多情况下教学与训练的过程交融在一起,成为一个统一的整体,所以教学内容与训练内容没有本质的区别,所不同的是教学侧重于掌握基本的动作概念、方法和技术规范,是由不会到会的过程,而训练则侧重于技术技能的熟练性和运用能力,是由会到提高的过程。

1) 篮球技术动作的教学

学习篮球运动技能必须从学习技术动作开始,因此,篮球技术动作的教学是初学阶段最主要的教学内容。技术动作的教学包括技术规格、技术动作方法要领和技术的运用方法等内容,为使学生提高和发展技术,教学要强调动作的规范性,使学生打好基本功和技术基础,为进一步学习提高篮球技能创造条件。

---

① 李秉德.教学论[M].北京:人民教育出版社,1991.

2）篮球战术方法的教学

篮球运动集体对抗是以特定的战术布阵出现的，战术阵势和配合是篮球运动竞赛的主要特征之一。因此，篮球战术方法是教学的重要内容。战术方法的教学包括两三个人的简单配合（又称基础配合）和全队配合等等。在战术教学中要使学生了解战术配合的方法、要点和运用时机，与此同时，还要培养学生的配合与协作意识，使学生能够在实战比赛中机动灵活地运用战术。

3）篮球理论知识的教学

篮球运动的发展已经使其形成了比较完善的理论与知识体系，其中包括教学训练理论、战术实践理论、规则与裁判方法的理论和竞赛组织的理论等等，这些理论构成了篮球运动的学科体系，是学习篮球运动必须掌握的教学内容。理论知识的教学有助于技术和战术的学习，学生只有在正确的篮球理论指导下，才能正确地从事篮球运动的锻炼和比赛。

2.1.5 篮球教学理论基础及原则

篮球运动教学理论，是将一般的教学原则和相关科学的理论与方法手段融为一体，促使学生更快、更好地掌握篮球运动基本知识和基本技能的一种专项理论。篮球教学理论依据如下。

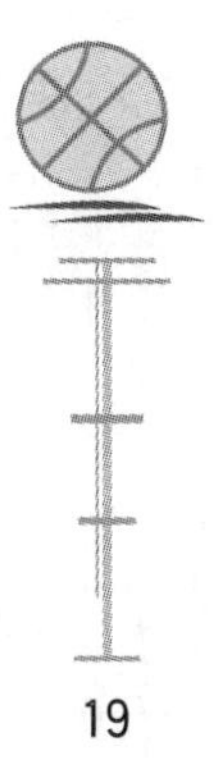

1. 认知理论

学生对篮球教学的感知、体会、理解、巩固、运用和评价等认知活动有其固有的规律，篮球教学必须遵循这些规律。在教学实践中要特别注意使篮球知识与篮球技术之间建立起巩固的联系，同时要通过认知活动来激发学生学习篮球运动的动机和兴趣。

2. 动作技能形成与发展理论

篮球运动技能的形成与发展，一般会经历粗略掌握、改进提高、巩固运用和创新发展阶段。其生理学和运动技能学机制是运动技能学习的刺激在大脑皮质相应的运动神经中枢之间建立暂时性神经联系的过程。这一过程分为泛化、分化和自动化三个阶段，是大脑皮质相应的运动中枢兴奋与抑制由扩散趋向集中、分化抑制逐步建立的过程，其本质是建立复杂的、连锁的和本体感受的运动条件反射。

3. 运动过程中人体生理机能活动变化规律

进行篮球技能的身体练习，就必须遵循人体生理机能活动变化的规律。运动练习中，人体生理机能活动变化的规律是由安静状态进入工作状态的过程中，人体工作能力由逐步提高进入最高水平，最后又逐步降低。经过长期的身体活动练习，既提高了篮球运动技能和身体素质，又使身体的运动机能得到适应性改善。遵循规律组织篮球教学，不但可以提高教学的质量，而且可以增进健康，减少运动创伤事故的发生。

2.1.6 篮球教学原则

教学原则是教学规律的总结和概括，是从事教学活动必须遵循的准则。探讨体育教学问题时，教学原则是一个重要的理论参照。体育教学原则是人们对长期体育教学实践活动的经验总结，反映了人们对体育教学客观规律的认识，体现了体育教学性质的最基本因素。因此，体育教学原则是实施体育教学活动的基本要求与判断体育教学质量的基本参照，对正确运用体育教学的客观规律，优化教学过程，以及提升教学效果均有重要的指导作用。

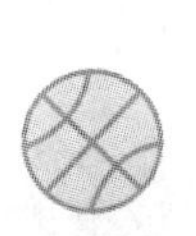

1. 一般教学原则

1）合理安排运动负荷原则

人体在身体练习过程中承受一定的运动负荷后，就会呈现疲劳—恢复—超量恢复的能量变化特点。在合理的运动负荷区间内，负荷刺激越大，机体能量消耗越多，疲劳程度就会越强烈。负荷消除后，越是积极地休息和放松，能量物质的恢复也就越快，产生超量恢复的水平就会越高。所以，贯彻合理安排运动负荷原则要遵循以下基本要求：

(1) 服从体育教学目标；

(2) 遵循学生身体发展的一般规律与个体差异性；

(3) 结合体育教学过程与方法；

(4) 逐步提高学生自我控制运动负荷的能力。

2）理论与实践相结合原则

用理论指导学生进行体育锻炼，有利于克服体育锻炼的单一化、盲目性，增强体育锻炼的效果，而且调动学生参加体育锻炼的积极性与主动性，同时也可以提高学生的体育文化素养，增强体育锻炼意识。要实现该目标，需要在教学中遵循以下要求：

(1) 理论知识的教学要注重联系实际；

(2) 重视培养学生正确运用知识的能力；

(3) 正确处理知识教学与技能训练的关系；

(4) 要注重地域之间的差异性，补充必要的具有地方特色的教材。

3）有效提高运动技能原则

有效提升运动技能原则是依据终身体育的实现机制和体育教学条件下运动技能的形成规律而提出的。掌握运动技能可以锻炼学生身体，发展学生运动素质，也可以让学生体验运动乐趣，掌握体育锻炼方法更是实现终身体育的重要途径。因此，不断提升学生的运动技能是篮球教学的最基本要求，是判别教学是否有效和高质量的标准，也是判别体育教师教学能力的标准。因此，贯彻有效提高运动技能原则需要遵循以下基本要求：

(1) 正确认识有效提高运动技能在学习中的重要意义；

(2) 明确运动技能学习的目的，有层次地掌握运动技能；

(3) 钻研“学理”和“教法”，提高教学质量。

4）促进身心全面发展原则

篮球教学坚持以“健康第一”为指导思想，就必须涵盖身心全面发展。在国家体育课程表中，明确从运动参与、运动技能、身体健康、心理健康与社会适应四个方面来规定体育学习领域的目标，实现由“一维健康观”向“三维健康观”的转变，要实现促进学生身心的全面发展，需要注意以下各方面：

(1) 坚持“健康第一”的指导思想，促进学生健康成长；

(2) 激发学生的运动兴趣，培养学生体育锻炼的意识和习惯；

(3) 以学生发展为中心，帮助学生学会体育与健康知识；

(4) 关注地区差异和个体差异，尽可能使每位学生受益。

5）因材施教原则

篮球教学必须符合学生身心发展特征的基本规律。虽然学生身心发展的总体水平在特定的年龄上具有一定的稳定性和普遍性，但受遗传、生长环境等多种因素的影响，学生的身心发展又表现出很大的差异性。因此，篮球教学必须充分考虑客观存在的个体差异，坚持因材施教的原则，并做到以下基本要求：

（1）正确看待和引导学生对待个体差异；

（2）深入细致地研究和了解学生；

（3）创造因材施教的条件；

（4）把因材施教与统一要求结合起来。

6）保证教学安全进行原则

体育运动是一种与危险同在的实践活动，因此，在篮球教学活动中组织者与参与者都必须具有安全意识和行为，且必须有严格的安全活动制度来保障。保障篮球教学安全进行是对体育教学的根本要求，这也是根据体育运动的特点和安全保障的基本规律所提出的。因此，在开展篮球教学活动中要注意以下几点：

（1）教师必须对所有可预测的危险因素进行周密思考；

（2）时刻对学生进行安全运动教育；

（3）建立相关的运动安全制度，配置运动安全设备。[①]

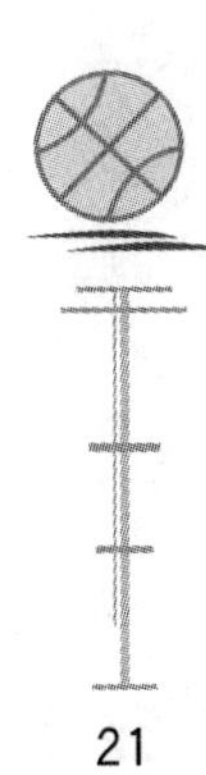

2. 专项教学原则

依据篮球运动技能的开放性和对抗性理论，深入研究篮球运动的特点和篮球教学的实践经验，从认知策略的角度可以提出如下特有的教学原则：

1）专门性知觉优先发展的原则

对环境和器具的感知是专门性知觉发展的过程，其中手指手腕对球的控制能力对篮球教学至关重要，教学中常常采用大量的熟悉“球性”的练习来优先发展这种能力，以确保技术动作的学习。因此，专门性知觉优先发展是篮球运动所特有的教学原则。

2）学习技术动作与实战对抗运用相结合的原则

篮球技术的对抗性和开放性决定了技术动作的学习与教学过程必须把实战对抗能力放在重要地位，从实战中学和在适应中学是篮球技能形成与发展的普遍规律，因此，必须把技术动作的学习与实战运用能力的培养发展结合起来。

3）技术个体化和区别对待的原则

技术动作的规范性是篮球教学普遍追求的目标。篮球教学要在规范化的基础上遵循技术的个体化原则，容许学生之间存在技术动作上的细微差别。由于个体差异的存在，篮球教学必须根据对象的不同来选择不同的教学方法，要照顾不同能力对象的学习速度，贯彻区别对待原则。

2.2 篮球教学方法与步骤

2.2.1 篮球教学方法

1. 常用教学方法

1）讲解法

讲解法是指教师通过口头语言向学生传授各种篮球知识的教学方法。讲解法是学

---

① 唐炎，刘昕. 学校体育学[M]. 北京：高等教育出版社，2020.

校各学科教学中经常使用的方法，教师为学生讲解时，学生将教师的讲解与自己的理解结合起来，从而学习一系列概念、原理、结构等知识。因此，如何保证讲解得及时、清晰、易理解是使用讲解法时特别需要注意的问题。

2）问答法

问答法是师生之间通过提问与回答方式进行的一种教学方法，也称为谈话法。教师运用问答法进行教学时要注意几点：第一，要明白提问的类型以及不同类型提问的教学意义；第二，要知晓提问的时机以及如何提出恰当的问题；第三，要明白提问后及时引导和回应的重要性。

3）示范法

示范法是指示范者通过具体动作的展示来指导学生进行学习的办法。在篮球教学中，示范者可以是教师，也可以是学生。示范法可以使学生了解所学动作的形象、结构、要领和过程，同时也可以运用错误动作的演示来帮助学生克服动作缺点，改进技术动作。在实际篮球教学活动中，示范法几乎被运用在所有技术的教学中。

4）纠错法

所谓纠错法，在体育教学中是指教师为帮助学生改正错误动作而采用的教学方法。在篮球教学中，学生的学习过程贯穿于身体练习之中。由于身体练习是典型的操作性知识，外显性特征明显，因此，学生的学习效果能够及时显现，这就使教师可以在体育教学过程中，及时发现学生的错误练习并进行纠正。

5）分解练习法与完整练习法

分解练习法是指将完整的技术动作合理地分成几个部分，逐步进行教学的方法，而完整练习法则是不需要将动作技术进行分解，直接对整套动作技术进行教学与训练。之所以将两种教学方法整合为一种，是因为在体育教学中分解练习与完整练习是相互依存的，所有对动作技术的分解练习，最终都是为了让学生更好地进行完整动作的练习。

6）循环法

循环法是指根据教学目标达成的需要，选择若干练习手段，设置若干的练习点，学生按照预定的顺序、路线和要求，依次进行练习并循环进行的方法。循环练习的方式包括流水式循环和分组轮换式循环。分组轮换式循环又可以分为等时轮换、分组不等时轮换、合-分轮换三种，各种循环练习法的适用范围及特点有所不同。

7）比赛法

比赛法是指让学生在竞争性的教学活动中完成学习任务的一种教学方法。在实践教学中，比赛法通常以两种方式进行，一种是模拟正式比赛，根据正式比赛要求进行技能学习，也称为运动竞赛法，另一种则是借助比赛的竞争性质，但并不按照正式比赛要求进行的技能学习方法，通常也称为运动游戏法。两种方法在表现形式、内容特征和规则上各有不同。

8）案例教学法

依据教学大纲的要求，选择篮球比赛中比较精彩的典型案例作为教材内容，教学中可以通过对案例的分析来进行形象生动的教学，有助于使学生建立概念，归纳出要掌握的有关知识和要求，然后组织集体的练习，最后达到掌握教学内容的目的。此方法通常在篮球战术配合教学、篮球规则与裁判方法的教学和篮球竞赛组织编排等的教学中采用，此法在篮球专修课的教学中应用较为合适。

9）合作学习教学法

教学中依据自愿的原则把学生分成人数不等的若干个小组，运用小组练习、小组竞赛和小组评价等方法进行活动，使学生在小组和伙伴的合作活动中学习掌握篮球教学的内容，使学习成为学生之间合作的活动，学生在和谐的人际关系和愉快的合作学习环境中完成学习任务。

2. 现代教育技术在篮球教学中的应用

1）篮球微视频

自制微视频是在线教学的主要学习资源形式，篮球教师根据教学大纲要求和学生学习需要来录制视频进行教学。专项微视频设计与制作包括以下3项内容。

（1）内容设计：为便于学生知识体系的构建和课前自主学习，微视频在内容方面，应以问题为导向，围绕篮球理论或技术课中的重点、难点进行设计。对于技术动作的重难点和常见动作错误，在视频中要明确提出。同时视频长度应控制在10 min以内，5～8 min最为适宜，以便于学生进行有效学习。

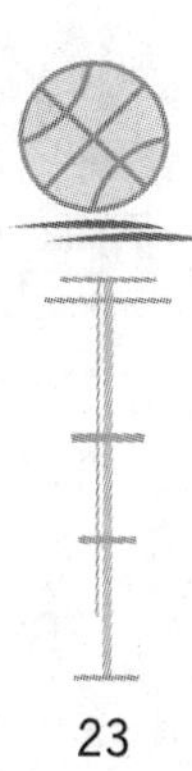

（2）录制设计：篮球课程教学内容主要包含技术理论和专项技术2个部分，技术理论部分以PPT录屏形式进行制作，在播放的同时加入教师的语音讲解，以帮助学生更好地掌握体育理论的相关知识。专项技术部分是一项以身体实践和技能演练为主要特征的教学活动，教师在演示技术动作时要注意技术动作示范要标准，选择合适的"示范面"，可选择认知示范、学法示范、错误示范等方法进行。对于关键的技术细节，可以采用动作分解、插入慢放镜头下优秀运动员的比赛视频或动图等方式，方便学生进行技术、战术对照学习。

（3）教学过程设计：注意激发学生的学习兴趣和养成交互思考习惯。微视频的教学过程设计可以通过"引导—检验—思考"方式进行：首先在新的教学内容介绍前，帮助学生复习与之相关的已学技能，促进学生建立新旧技能之间的联系；然后创设真实有趣的教学情境，在问题情境中激发学生的认知冲突和情感投入，基于真实的问题引出教学内容，将技能讲解融入问题解决过程中；最后进行内容总结，提出与之相关的发散性问题，引导学生对所学内容进行思考和反思。

2）智能教学仿真系统

篮球训练形式的多元呈现可以提高学习者的学习兴趣，提升自主训练效果。基于人工智能、虚拟现实技术等信息技术建构专项教学仿真系统，不仅创设了多种虚拟化体育教学环境，增强了学生专项技术自主学习的趣味性与积极性，而且其内置的标准化动作库和智能动作识别系统能够自动判别学生动作是否标准、是否到位，对存在的问题进行诊断分析。学生还可以通过回放、慢放和暂停等功能查看标准动作，不断地更正自己的技术动作，提高学生自主学习与训练的整体效果。

3）数字化篮球游戏

篮球游戏是专门针对特定运动项目而开发的游戏产品，具有教育性和娱乐性并重的特点。篮球是一项集体运动，在线教学过程中存在缺少场地设施、队员配合不佳等问题，在线篮球游戏不仅提供了仿真的运动场地和队员选择方案，而且学生可以通过动手操控，以不同的身份加入比赛中，加深学生对攻防技战术的理解，培养学生在球场上对形势的洞察力和合作精神，达到一定的训练效果。

2.2.2 篮球教学步骤

1. 篮球技术教学步骤

1）掌握技术动作，形成动作定型

（1）建立正确的技术动作表象和完整的动作概念：利用示范动作、图片、电影、录像等直观教具演示技术动作，使学生了解所要学习的技术动作形象，建立正确的技术动作表象，提高学习兴趣，激发学习自觉性和积极性。为了建立完整的示范动作概念，一般由教师先做一次完整的示范动作，再根据技术动作的结构和要求，做重点示范，使学生重点注意最主要的动作环节。

（2）形成正确的技术动力定型。根据技术动作的难易程度，教师正确地选择和运用练习方法。学习简单的技术动作，一般采用完整练习法；学习比较复杂的技术动作，可采用分解练习法。

采用重复练习法，在简化条件下练习，形成正确的技术动作动力定型。安排学生在合适的位置，以适当的速度完成动作，消除紧张情绪和多余的动作，逐步形成正确的动力定型。在这个教学步骤中，学生常会产生这样或那样的错误，教师要善于发现和纠正错误，这对学生形成正确的技术动力定型十分重要。

采用变换练习法，在复杂情况下巩固技术动作的动力定型。通过变换完成技术动作的条件和练习的组织形式，加大完成技术动作的难度，提高完成动作的要求，从而达到巩固、改进和完善动作的目的。如变换传、接球练习的距离和练习形式等。在变换练习中，注意纠正新出现的错误，使技术动作逐步协调、准确。

2）掌握组合技术，学会初步运用

在学习两个或两个以上技术动作时，除了进一步巩固已形成的技术动作定型外，还要解决技术之间的衔接问题，掌握各种组合技术，为在对抗条件下运用技术打好基础。

（1）掌握动作组合之间的衔接。掌握组合技术，首先要解决动作之间的衔接问题，连贯合理又快速省力地完成动作。如运球后传球：在运球过程中最后一次运球按拍球的部位、用力的大小、球反弹的高度、球离身体的距离，都要为接球做准备，而接球又要为传球做好准备。运球、接球、传球三个动作衔接连贯，保证传球动作顺利进行。开始学习组合技术时，一般在原地慢速练习，以不破坏已形成的正确技术动作定型为原则，然后，逐渐加快完成动作的速度。通过反复练习，连贯合理地完成动作。

（2）提高完成组合技术的质量。在能连贯地完成组合技术的基础上，进一步掌握组合技术的节奏、速度与动作的准确性。通过反复练习，逐步领会完成组合技术的快慢节奏，提高动作衔接的质量。

（3）掌握假动作，提高运用技术的应变能力。利用某些假动作来迷惑对手，使其重心移动，失去有利位置而乘虚而入，完成预先打算的第二个动作。假动作要做得逼真，且变化快速。通过反复练习，不断提高运用技术的应变能力。

3）在攻守对抗情况下，提高运用技术能力

在攻守对抗的情况下，学会克服对手的阻挠和制约，达到及时、准确与合理地运用技术的目的。在这个教学步骤中，一般按以下顺序进行练习：

（1）在规定的攻守条件下，合理运用时机，完成技术动作：练习时，应对攻守对抗的条件提出要求，练进攻技术时，规定防守的要求；练防守技术时，规定进攻的要求。如练习反弹传球，规定防守队员必须张臂上下摆动，进攻队员要根据防守队员挥臂部位与动作快慢，判断传球出手的时机。通过反复练习，及时、准确地完成动作。

(2) 在消极攻守对抗的情况下，选择运用时机，提高技术运用能力：在消极攻守对抗条件下让队员自己观察判断对手的身体情况，运用假动作，制造假象，迷惑对手，对手产生错误的行为时，乘机进行攻击。如进攻队员投篮前，运用球和脚步动作做假动作，造成防守队员的错误判断而失去正确的防守位置、距离或身体平衡，进攻队员抓住时机，迅速地投篮。

(3) 在积极攻守对抗的情况下，进一步提高运用技术的能力：要求运动员在对手积极阻拦和制约的情况下，冷静观察，准确判断，主动应变，果断行动。在攻守对抗练习过程中，由于对手的干扰与制约，自己的意图可能会过早暴露，出现技术动作上的错误或贻误战机等现象。教师应针对具体问题，耐心地进行示范与分析，并通过反复练习，提高技术运用的应变能力。

在篮球技术教学中，教学步骤与顺序不是一成不变的。在开始学习篮球技术时，要特别重视掌握正确的技术动作，严格规范要求，反复进行练习。在掌握正确技术动作的基础上，再学习组合技术的运用。然后，再转入攻守对抗练习。在投篮技术学习中，还要攻守兼顾。

2. 篮球战术教学步骤

篮球战术的教学任务，是使学生掌握战术方法，学会在比赛中运用。由于篮球战术内容丰富，因此教学方法比较复杂。在实践中，通常分为三个教学步骤。

1) 建立战术概念，掌握战术方法

(1) 建立完整的战术概念。战术演示一般采用小黑板、沙盘、图片的形式，或者组织学生进行现场战术演示，演示的同时，教师运用简明扼要的语言，阐明战术的阵形、配合方法、移动路线、动作顺序与时间，以及每个队员的作用及其与同伴协调的行动，使学生比较清楚地了解战术方法的全过程。完整战术方法演示之后，还可以重复演示或重点演示战术方法中某个环节，进一步讲解战术的实质，启发学生的思维，加深学生对战术的理解。在演示、讲解的基础上，让学生在假想攻或守的情况下进行现场试做，实际体会战术阵形、位置分工、配合路线、配合行动等，将看、听、想、做有机地结合起来，加深和巩固已形成的战术概念。

(2) 掌握局部战术配合方法。局部战术配合的教学，应先重点教学主要配合，后教学次要配合，再进行战术配合的组合教学。

示范：讲解局部战术配合的方法和用途，包括配合的位置、移动路线、配合动作、配合时间和运用时机等。战术配合的组合教学，要强调主次配合的衔接、连续性及其变化。

在假设的攻守条件下，掌握配合方法。练习时以标志物作假设对手或配合的位置、按照配合过程有序地进行练习，建立队员之间协调行动，初步掌握局部战术方法；在消极攻守条件下，掌握配合时机。练习时，要注意观察同伴和对手的行动，根据攻守制约的情况，及时、准确地采取合理的配合行动；在积极攻守对抗的条件下，提高运用配合方法的能力。通过反复练习，使攻守队员能够根据攻守情况，熟练地运用攻守配合方法，提高运用配合的能力。

(3) 掌握全队战术方法：在消极攻守对抗的条件下，全队战术阵形、配合路线较为重要；在积极攻守对抗的条件下，则需要提高运用战术的能力。

2）提高战术综合运用能力和攻守转化速度

在掌握两个或两个以上全队攻守战术方法的基础上，结合比赛进行攻守转换战术组合练习，提高运用战术的应变能力。

(1) 提高进攻与防守战术的转化能力：在练习中，当进攻结束时，应立即干扰对方获篮板球后的第一传或擦界外球，同时迅速转入全场、半场防守；当防守结束时，应立即转入反击发动快攻，如快攻受阻，再转入阵地进攻。由守转攻时，转换要快速。

(2) 提高综合运用战术的能力：在练习中，根据对方情况，有策略地运用各种战术，造成对方难以适应而产生漏洞或失误；如攻转守时，在前场采用全场区域紧逼战术，在后场采用区域联防时：在半场防守时，采用区域联防，根据进攻阵形又立即变为对位联防，还可以由对位联防再变为人盯人防守，争取主动。

3）在比赛中运用战术，提高应变能力

比赛前提出战术要求；比赛中进行具体指导；比赛后认真总结成功的经验，分析失败的原因，提出改进方法，不断提高运用战术的能力。

在篮球战术教学中，应根据教学重点，合理安排教学先后顺序，正确处理攻守关系，攻守并重。把改善个人攻守技术运用能力与培养战术意识掌握战术方法结合起来。

2.3 篮球教学文件制订

2.3.1 篮球教学文件

1. 篮球教学文件内容

篮球教学文件是篮球教学工作的各种计划，它是在长期教学实践中总结出来的宝贵经验，是篮球教学工作的主要依据。正确制订和执行篮球教学文件是全面完成篮球教学任务的前提，是顺利进行篮球教学工作的根本保证，也是检查篮球教学工作的重要依据。

1）篮球教学文件的分类

篮球教学文件是组织实施篮球教学的基本指南，是检查监督、考核评估篮球教学工作的重要依据。篮球教学文件一般包括教学大纲、教学进度和课时计划三个部分，如图2-3-1所示。

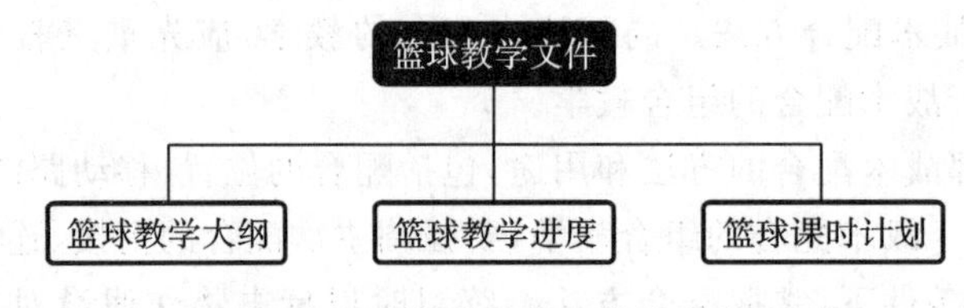

图 2-3-1　篮球教学文件的分类

2）篮球各类教学文件之间的关系

篮球教学大纲是篮球教学工作的主要指导性文件，它是根据教学培养方案中所规定的培养目标、教学目的任务和基本要求以及各门课规定的总学时数，以纲要的形式列出课程的教学内容、顺序、分量、形式和主要措施。

篮球教学进度是根据篮球教学大纲的任务、内容和学时数分配，具体落实每次课的教学内容安排。篮球教学进度的安排是否科学，在很大程度上关系着教学效果和任务完成的质量。

篮球课时计划即教案，是教师根据篮球教学进度编制而成的。科学地编写每次课的教案对全面完成大纲所规定的教学任务具有重要意义。

2. 制订篮球教学文件的意义与依据

1）制订篮球教学文件的意义

(1) 篮球教学文件是篮球课程建设的关键内容。它是篮球专业教学活动的总体方案和指南，同时又是人才培养质量评价的标准和人才质量评价的准绳。

(2) 篮球教学文件是篮球实践和理论教学的基础性和纲领性指导文件，是组织篮球各个教学环节和要素的依据。

(3) 篮球教学文件是确保达到篮球培养目标和基本要求与实现教改成果的有力保证。制订的篮球教学文件是否科学合理，直接关系到课程教学的质量。

2）制订篮球教学文件的依据

(1) 制订篮球教学文件应以篮球在改革后所制订的培养目标、基本规格为依据。

(2) 制订篮球教学文件应在对篮球专业的岗位技能进行认真调研和客观分析的基础上，以准确把握市场经济条件下社会对篮球专业实际所需的知识、技能和素质为导向。

(3) 制订篮球教学文件应以学生、就业和社会为主体，在教育思想上应实现三个转变，即由脱离实际的关门教学向以学生、就业和社会为主体转变。

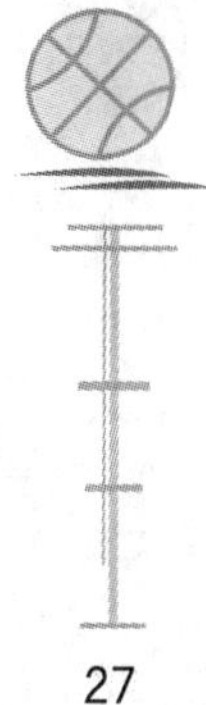

3. 制订篮球教学文件的原则与基本要求

1）制订篮球教学文件的主要原则

(1) 时效性原则：篮球教学文件应根据形势和实际需要及时制订，针对教学和学生中普遍存在的问题及时制订相关管理规定，这样制订出的教学文件才具有鲜明的时效性和及时的指导性，才能确保教学过程井然有序、运行正常。

(2) 先进性原则：教学文件是组织安排教学活动的根本性、指导性教学文件，是篮球课程体系设置、人才知识结构、人才培养模式、人才培养目标和总体要求的集中体现，因此制订篮球教学文件时应体现出时代性和先进性。制订篮球教学大纲时，安排的课程内容应含有实践证明是成熟的新理论、新观点、新技术和新成果，并选用具有先进性的合适的教材。

(3) 针对性原则：制订篮球教学文件必须从本校具体情况出发，结合本校课程建设规划与措施等实际情况，具有针对性。应根据教学大纲的总体要求和现有篮球场馆(地)器材设备编写篮球指导书。

2）制订篮球教学文件的基本要求

(1) 提高对贯彻教学文件精神的认识，明确教学文件法规性质。

(2) 认清篮球教学文件在篮球教学活动中的重要性，增强执行篮球教学文件的自觉性。

(3) 从实际出发，结合校情执行教学文件，保证执行教学文件的科学性、合理性和可行性。

2.3.2 篮球教学大纲

1. 篮球教学大纲的内容

篮球教学大纲是依据学校专业教学培养方案而制订的课程教学纲领性文件，它反映出篮球课程在学校专业教学培养计划中的地位，是篮球课程组织（教研室、组）和教师个人组织篮球课程教学工作的主导思想，限定了教学的知识范围，确定了课程的考核标准和方法，是衡量教学任务完成情况的基本依据。

（1）课程性质：主要阐述本课程的使用范围和对象、本课程总学时数。

（2）课程目标：阐述本门课程在教学、教育及教养方面的具体任务。一般包括篮球课程专业知识技能方面的要求、发展学生身体素质方面的要求以及思想品德教育等方面的要求。

（3）教学内容：通过知识点的形式把教材中各章节的内容按照理论、技战术（实践）、技能三部分详细罗列出来，并提出各章节教学的基本要求、重点讲授的内容和一般讲授的内容，要较详细列出教材细目。

（4）学时数分配：阐述课程中理论、技术、战术部分及相关基本能力的培养等不同教学内容的学时数划分比例，理论教学与实践教学的学时数比例，通常以表格的形式来表述。

（5）考核方法：依据教学目的与要求，确定课程考核的内容范围、形式方法及其成绩评定方法。课程评价和达标的考核内容、方法和标准要在教学大纲中体现。

（6）参考书目：列出本门课程使用的教材和主要教学参考书。

2. 制订篮球教学大纲的意义与依据

1）制订篮球教学大纲的意义

（1）篮球教学大纲是学校领导进行篮球教学检查、课程评价的依据和标准。检查、评价篮球课程优劣的主要内容之一，就是看其是否完成教学大纲规定的教学任务，因此有了明确的学校培养目标和课程教学目的以及注重教学过程中实践环节的教学大纲，学校对课程进行评价就有了依据和标准。

（2）篮球教学大纲是选编篮球教材的主要依据。篮球教材的选定与编写必须要很好地体现篮球教学大纲的科学性、思想性、系统性和实践性。因此篮球教材的体系、知识与能力的比例结构、内容的广度与深度必须符合篮球教学大纲的要求。

（3）篮球教学大纲是进行篮球教学的基本纲领。教学大纲规定了教学目标和内容范围，在篮球教学活动中，必须以实施篮球教学大纲为目标，这样才能保证教学质量，完成教学任务。

（4）实施篮球教学大纲是促进篮球课程建设的基础。高水平的篮球师资队伍、高水平的篮球教材、先进的教学设备与条件、较高的教学质量等内容是衡量篮球课程建设的标准，而这些内容都是制约实施篮球教学大纲的重要因素，因此在实施教学大纲的过程中可能会促进篮球课程建设各方面的发展。

2）制订篮球教学大纲的依据

（1）以学校专业教学培养方案为依据制订篮球教学大纲。

（2）在总结学校篮球课程建设和改革实践经验的基础上，从为全面提高篮球课程教学质量制订篮球教学大纲。

（3）以当今社会对篮球人才的需要为出发点，从全面提高学生的综合素质和篮球运动水平，为社会培养合格应用型人才的角度制订教学大纲。

3. 制订篮球教学大纲的原则与基本要求

1) 制订篮球教学大纲的原则

(1) 系统性与完整性原则。篮球教学大纲是以篮球学科的科学体系为基础的,因此制订的篮球教学大纲必须保持自身的系统性与完整性。篮球教学内容的选择,首先要考虑篮球学科自身的特点,同时要注意在实现培养目标的前提下,辩证地处理好篮球学科体系和体育体系的关系,使教学内容既紧密衔接,又避免遗漏与重复。

(2) 科学性、思想性和实践性原则。制订的篮球教学大纲应贯彻专业教育和政治思想教育相结合的原则,大纲所列教学内容的观点应该是经过实践检验的知识,要反映自然科学和社会科学的新成就,要充分贯彻理论联系实际的原则。理论部分内容教学要有指导实践的意义和作用,实践性内容教学要紧密结合培养目标要求。

(3) 广而新、少而精原则。篮球教学大纲内容既要有相对稳定的篮球基本理论知识和技能,还应充实一些先进的、最新的知识理论与教材,使教学大纲能够反映时代的特色。但学生知识和能力的提高,并非完全取决于掌握知识的数量,应该让学生学得精、用得活,应精心选择篮球教学内容,使学生学到的知识得以消化并能运用自如。

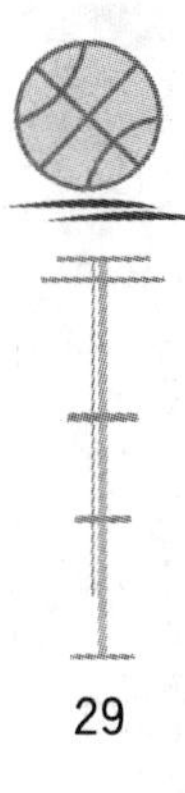

(4) 循序渐进原则。篮球教学大纲的制订应按照篮球学科的科学体系和教学法的特点建立严谨的教材体系,符合篮球课程的内在逻辑关系。由于篮球学科体系受到教学原则的制约,因此要使学生系统全面地掌握篮球知识,必须遵循由易到难、由简到繁、由浅入深的循序渐进的原则。

(5) 规范化原则。篮球教学大纲的编写应做到文字清楚,语言精练,格式统一,名词、术语规范准确。必须让使用大纲的教师明确各项内容教学的目的和要求,准确把握学生掌握教材程度的标准,确保教学任务的完成。

2) 制订篮球教学大纲的基本要求

(1) 从实际出发,体现教学培养方案中规定的培养目标和要求,准确地提出篮球教学的总目标和总任务。

(2) 根据教学任务合理地精选篮球教材,注意教学内容的科学性、系统性和实用性。把主要的、基础的和先进的内容列入教学大纲中。

(3) 合理分配教学时数,注意理论与实践教学的适当比例,以确保教学任务的完成。

(4) 考核内容应以基本理论、基本技术、战术与基本技能为重点。考核方法应能全面、客观地反映学生的理论,技术、战术与技能的真实水平,评分办法力求科学。

2.3.3 篮球教学进度

1. 篮球教学进度的形式

篮球教学进度是指依据篮球教学大纲的要求,把教学大纲所规定的知识范围和知识点,按照一定的逻辑关系和难易程度,合理地分配到每次课中去,使教学工作呈现出科学的逻辑序列,它是教学法和教学策略的反映。合理地制订教学进度对提高教学的效果和质量具有重要作用。

1) 符号式教学进度

制订篮球教学进度时,把教材内容按编号顺序逐个列入教学内容栏内,然后按出现的先后顺序在相应的课次栏内做相关的符号，科学地排列组合，从而反映出每次课的教学内容安排和整个教材排列顺序及数量，按照这种方式制订的篮球教学进度称为符号式教学进度。符号式教学进度表如表 2-3-1 所示。

表 2-3-1 ××教学进度表(符号式)

周数		一		二		三		四		五		六		七	
课次		1	2	3	4	5	6	7	8	9	10	11	12	13	14
理论部分	1 2								○		○				
技术部分	1 2	△	×	△	×										
战术部分	1 2	△	×	×	×	×									
考核														※	※

注：“○”为理论课，“△”为新上课，“×”为复习课，“※”为考核。

2）名称式教学进度

制订篮球教学进度时，按课次的顺序将各类内容的名称填入进度表的“教学内容”栏中，在“组织教法”一栏中，填写该课的课型、重点教材、组织形式和教法方式，意见和其他事项填“备注”栏，按照这种方式制订的篮球教学进度称为名称式教学进度。名称式教学进度表如表 2-3-2 所示。

表 2-3-2 ××教学进度表(名称式)

课 次	教学内容	组织教法	备 注
1			
2			
3			
4			
5			

2. 制订篮球教学进度的意义与依据

1）制订篮球教学进度的意义

（1）篮球教学进度是篮球课程的实施计划。制订篮球教学进度是学校和教师在课程管理中的重要工作，是贯彻落实篮球教学培养方案、大纲的保证。

(2) 篮球教学进度是影响教学质量的一个重要因素。篮球教学进度是教师备课和编写教案的直接依据,篮球教学进度的安排是否科学,在很大程度上关系着教学的效果和质量。

2) 制订篮球教学进度的依据

(1) 制订篮球教学进度应依据篮球教学大纲。篮球教学大纲是篮球课程组织(教研室、组)和教师个人进行篮球课程教学工作的主导思想,它限定了教学的知识范围,确定了课程的考核标准和方法,因此制订篮球教学进度必须以篮球教学大纲为依据。

(2) 制订篮球教学进度应依据运动技能迁移与干扰理论。在篮球教学中,各种篮球知识、技术、战术、技能都存在不同程度的相互影响,这种现象在运动心理学中称为运动技能的迁移与干扰。合理、科学安排篮球教学进度,可以使学生在学习篮球基本技术、战术时相互间产生良性的影响,从而促进学生运动技能的形成,提高学生学习和掌握篮球知识、技术、战术和技能的效果。

(3) 制订篮球教学进度应依据篮球教学内容的内在规律和相互联系。篮球技术之间、技术与战术之间具有不可分割的特点,制订篮球教学进度,制订者不仅自身要有一个完整的教学过程,而且要熟知各知识点的相互关系,因此在制订篮球教学进度时,必须要考虑篮球教学内容的相互联系,使技术、战术学习互相促进,共同提高。

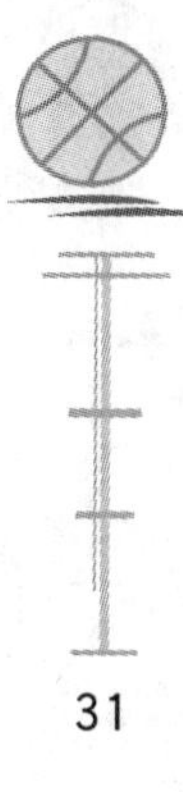

3. 制订篮球教学进度的基本要求与注意事项

1) 制订篮球教学进度的基本要求

(1) 全面安排,突出重点。篮球教学进度要根据教学大纲的要求和运动技能形成的规律,全面安排篮球教学大纲规定的教材内容,重点突出。要在全面考虑的基础上,增加重点内容教学时数,确保学生对重点内容的掌握,体现整个教学过程的科学性和合理性。

(2) 循序渐进,逻辑关系合理。在安排教学内容时要注意系统性和连贯性,充分体现循序渐进的教学原则,注意由易到难或易难内容交替组合。此外,教学内容的安排要体现篮球运动和篮球教学的自身逻辑特点,知识单元和技术的排列要体现合理逻辑关系,要使在学习教学内容时相互之间产生积极的迁移,防止消极的干扰。

(3) 分量适当,新旧搭配合理。在教学进度中,要从篮球课的特点出发,控制好每次课的教学分量,不可过多也不能太少。每次课的教学内容要合理搭配,要有新学内容,也有复习内容,从而使教学内容多样化,以适应学生的心理和生理特点。

(4) 理论与实践密切结合。篮球理论课与实践课要科学安排,合理配合。要本着理论指导实践的精神,根据不同阶段的任务、要求,有针对性地安排篮球理论课教学,使理论联系实际,从而达到理论指导实践、实践促进理论的相互作用,把传授知识、掌握技术与培养能力有机结合起来。

2) 制订篮球教学进度的注意事项

(1) 教学内容要多样化。教学进度要根据教学大纲的要求和篮球知识技能认知学习的基本规律,把教学内容安排到适当位置。在全面考虑的基础上,突出重点内容,带动一般内容,使教学内容多样化,把能力培养贯彻到教学进度的全过程。

(2) 合理利用迁移的原理。注意教学内容的系统性和连贯性、教学内容的难易程度,处理好教学内容的先后排列顺序,新旧教学内容相互搭配。

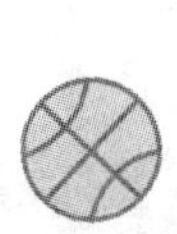

(3) 正确处理课内与课外的关系。安排好课内与课外的学习，有些教学任务如篮球竞赛的组织管理、篮球裁判能力的培养等，要与课外教学活动相结合，应在教学进度中加以说明。

2.3.4 篮球课时计划

1. 篮球课时计划内容

课时计划是教师设计的教学方案。篮球课时计划是教师为完成教学任务而制订的文件之一，是教师经过备课，以课的组织形式编制的教学实施方案，是教师上课的具体依据，它直接关系到一堂篮球课教学效果的好坏。因此，课前进行充分的准备，写好课时计划，是十分重要的。

1) 篮球实践课课时计划基本内容

(1) 教学任务：依据培养目标的要求、教学进度的安排、教学内容的性质和学生的实际情况提出具体教学任务。提出的任务要有针对性，符合实际，能够全面体现篮球教学在教育、教学和教养方面的任务。

(2) 教学内容：教学内容的安排应首先考虑基本部分的内容，要确定所教内容的先后次序，然后找出各内容的重点和难点、动作要领以及练习方法。

(3) 组织教法：根据教学内容、学生的实际情况和场地设备条件等来选择篮球组织形式与教学方法。

(4) 时间安排：课的各部分时间主要根据课的结构来安排，练习时间和次数要根据这些内容在该部分所起的作用、对实现教学任务的影响以及各部分的时间来决定。

(5) 运动负荷：根据教学进度和课的任务确定课的基本类型，设计学生的运动负荷安排。教案中要对运动负荷做出预估，通过练习的安排使运动量和强度反映出课的高低潮，这样有利于学生掌握篮球技能和发展身体机能。

(6) 见习生安排：对伤病学生要安排他们做一些力所能及的练习，对不能进行练习的学生要求他们做好随堂笔记或协助教师做好助教工作。

(7) 场地器材：根据教学内容和学生实际人数，计划上课所需要的场地、器材和用具，要充分利用现有的场地和器材，以便学生有更多的练习机会。

(8) 课后小结：课后小结是对本次课的教学情况（包括教师的组织教法、学生掌握技术动作、战术配合以及学习态度等情况）进行总结，课后小结虽然是在每节课后完成的，但对于一份完整的教案来说是不可缺少的一部分。

2) 篮球实践课课时计划基本格式

课时计划的格式有多种，在教学实践中不必强求一致，应以切合教学实际、简便实用、有利于提高教学质量为原则，但主要的教法手段和措施必须明确。篮球实践课的课时计划大多采用的是表格式（表 2-3-3）。

表 2-3-3　篮球实践课课时计划

授课周次　第____周____次　授课对象__________　学生人数____　日期__________

<table>
<tr><td colspan="8">课程总体目标：</td></tr>
<tr><td colspan="2">序号</td><td>教学内容</td><td>教学目标</td><td>组织教法</td><td>时　间</td><td>次　数</td><td>强　度</td></tr>
<tr><td rowspan="3">准备部分</td><td>1</td><td></td><td></td><td></td><td></td><td></td><td></td></tr>
<tr><td>2</td><td></td><td></td><td></td><td></td><td></td><td></td></tr>
<tr><td>3</td><td></td><td></td><td></td><td></td><td></td><td></td></tr>
<tr><td rowspan="3">基本部分</td><td>4</td><td></td><td></td><td></td><td></td><td></td><td></td></tr>
<tr><td>5</td><td></td><td></td><td></td><td></td><td></td><td></td></tr>
<tr><td>6</td><td></td><td></td><td></td><td></td><td></td><td></td></tr>
<tr><td>结束部分</td><td>7</td><td></td><td></td><td></td><td></td><td></td><td></td></tr>
<tr><td>课后总结</td><td>8</td><td></td><td></td><td></td><td></td><td></td><td></td></tr>
</table>

3）篮球理论课课时计划基本内容

（1）教学任务：篮球理论课的教学任务主要包括知识技能和思想品德等方面。篮球理论课教学任务应贯穿整个教学过程，既要关注学生对知识的理解和学习，又要注重学生能力的培养。

(2) 教学内容：教师要深刻而正确地理解所讲教学内容，分析所讲内容在整个知识体系中的地位，要考虑教学内容自身的逻辑性和层次性，进一步明确教学内容的重点、难点。重点是指教学内容中实现教学任务的关键之处，难点是指学生在学习过程中普遍感到较难掌握的内容。

(3) 教学结构：课堂教学结构应遵循有利于课堂教学信息交流，有利于提高教学效率和质量的原则。篮球教学活动的基本方式可以灵活考虑，综合运用讲授和研讨等教学方式。课堂教学过程要设计出相互联系、前后衔接的主要环节，主次要分明。

(4) 教学方法：根据教学内容灵活多样地运用教学方法，在教学艺术上要有设疑和启发，在教学技术上要充分运用多媒体课件，以达到强化教学内容、加深学生印象、提高学习效果的作用。

(5) 课后小结：课后小结是对本次课学生掌握知识及教师教学情况等进行总结，课后小结与实践课教案一样，也是在每节课后完成的，对一份完整的教案来说是必不可少的一部分。

4) 篮球理论课课时计划基本格式(表 2-3-4)

表 2-3-4 篮球理论课课时计划

<table>
<tr><td colspan="2">课程名称：</td><td>课次：第＿＿＿＿次</td><td>授课日期</td></tr>
<tr><td colspan="2">授课对象：</td><td>授课地点：</td><td>教学方式：</td></tr>
<tr><td colspan="2">本课题目：</td><td colspan="2">使用教材：</td></tr>
<tr><td colspan="4">教学任务：</td></tr>
<tr><td>教学主要内容</td><td colspan="3"></td></tr>
<tr><td>组织教法</td><td colspan="3"></td></tr>
<tr><td>课后小结</td><td colspan="3"></td></tr>
</table>

2. 制订篮球课时计划的意义与依据

1）制订篮球课课时计划的意义

（1）制订篮球课课时计划是提高教师思想、业务水平和教学技巧的一项有效措施。

（2）篮球课课时计划不仅是教师上课的依据，而且对积累资料、总结经验、提高对教学规律的认识具有重要意义。

（3）篮球课课时计划是检查、考核教师的工作态度和业务水平的具体内容之一。

2）制订篮球课课时计划的依据

（1）制订篮球课课时计划应依据篮球教学进度。篮球教学进度是把教学大纲所规定的知识范围和知识点，按照一定的逻辑关系和难易程度，合理地分配到每次课中去的，因此制订篮球课课时计划必须要以篮球教学进度为依据，按照进度的内容编写课时计划。

（2）制订篮球课课时计划应依据篮球教材内容。篮球教材是篮球教学大纲的具体化，是学生学习的主要内容，也是教师教学的主要依据，因此教师必须认真钻研教材，熟悉教材内容，领会教材重点与难点，从而编写出高质量的课时计划。

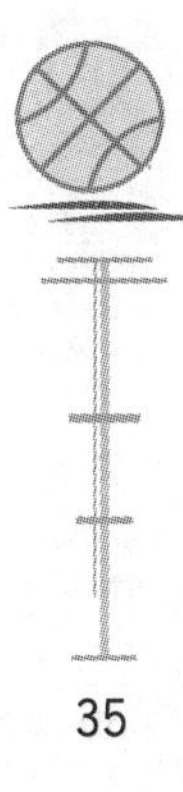

3. 制订篮球课时计划的基本要求与注意事项

1）制订篮球课时计划的基本要求

（1）明确课的任务。教学任务是确定教材要求和安排课的组织、选择教法和运动负荷等的依据，因此教师在确定篮球课的任务时，要从实际出发，根据教学大纲和教学进度的要求，准确具体提出教学任务。

（2）认真钻研教材。篮球教材是教师教学的主要依据，因此教师对每一本教材都要认真钻研，善于分析教材的性质，要抓住教材的要点与关键，明确教材的重点与难点。同时还要考虑学生的基础和接受能力，以便学生更好地掌握教材内容。

（3）选择合理的教学方法。教师必须要根据教学内容、学生的实际情况和场地设备条件来选择适宜的教学方法。教学方法的选择要灵活多样，要有利于调动学生学习的积极性，促使学生掌握篮球知识、提高技能水平。

（4）注意课程之间的衔接。在制订课时计划时，要考虑教材之间的联系以及前、后课次的联系，这样才能保证教学的完整性、系统性以及教学方法的渐进性。

2）制订篮球课时计划注意的事项

（1）课时计划设计要有针对性。在整个篮球教学进度中，授课的形式有新授课和复习课，授课的内容有一般授课和专门授课，根据篮球教学进度、授课类型和授课内容确定课的教学目标、重点和难点。

（2）教学步骤安排合理。根据篮球运动集体性、对抗性和综合性的特点，对技术、战术的教学要采取不同的教学方法、教学手段和教学组织，合理安排教学步骤。

（3）教学过程区别对待。学生在各个阶段要掌握的篮球运动技能有不同的侧重点，同时学生之间也存在个体差异，要根据学生的特点和差异安排教学任务。

（4）反馈信息的采集和应用。课堂小结是学生和教师交流的直接途径，教师可了解学生的直观感受，及时对学生的反馈信息进行分析和调整，并将其用于以后的教学之中，以利于提高教学质量。

2.4 篮球教学课类型与结构

2.4.1 篮球教学课组织形式

1. 篮球教学课基本组织形式

教学组织形式是指为完成特定的教学任务，教师和学生按一定要求组合起来进行活动的结构。目前，我国学校的教学以班级授课制为基本组织形式，其主要优点如下：

（1）形成了严格的教学制度，使教学科学化、标准化、现代化，保证教学活动正常运转，达到一定质量。

（2）以课为单位科学地组织教学，保证教学有条不紊地进行下去，符合学生身心发展规律，保证学生能精力旺盛地学习。

（3）能充分发挥教师的主导作用，它不仅能够有效地使学生掌握系统的科学知识与技能，而且能通过加强因材施教、个别指导和学生独立作业，来弥补其难以照顾学生个别差异的缺陷。

（4）能促进学生的社会化与个性化。

2. 篮球教学课其他组织形式

1）个别教学

个别教学是把不同年龄不同基础的学生组织到一起，教师分别对每一个人进行教学的组织形式。这种教学组织形式照顾了学生的个体差异，关注学生发展的自主性，使学生的潜能得到充分发展，有利于因材施教，有利于培养学生的自学能力、独立思考能力等。

2）分组教学

分组教学是把一个班分成若干小组，教师以组进行指导的教学形式。这种教学组织形式既保留了班级教学的长处，又能在一定程度上解决区别对待的问题，教师可以根据各个小组的不同特点进行不同的指导。

2.4.2 篮球教学课类型与结构

1. 篮球教学课类型

篮球教学课根据教学任务分为两种：其一是单一课，即一节课内主要完成一项教学任务，有传授新知识课（新授课）、巩固知识课、培养技能技巧课、检查知识课；其二是综合课，即一节课内需要完成多项教学任务。

篮球教学课根据主要使用的教学方法可分为讲授课、演示课、练习课、实验课、复习课。用教学方法命名课的类型有其特殊意义，可以使教学的任务、方法更加明确。

两类课也有一定关联：新授课多属讲授课，巩固课多属复习课，技能课多属练习课。

2. 篮球教学课结构

篮球课的结构可分为基础结构和微观结构。课的基础结构一般是指组成课的各个部分，具有相对稳定性；课的微观结构是指课的各个部分具体的安排和设计，包括各个部分的教学目标、学生特点、教学内容的性质、组织教法，以及课的密度、运动负荷、时间分配等。

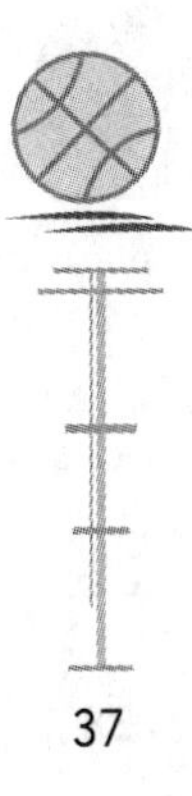

1）课的基础结构

实践课的基础结构由三部分组成，即准备部分、基本部分和结束部分。课的各个部分有各自的目的与任务、内容、组织教法和要求等，它们构成一个紧密联系的整体。教师必须根据课的任务和学生的实际情况，选择适宜的练习手段，提出具体明确的要求。

（1）课的准备部分：一般采用集体练习形式，教师要善于引导学生进入教学活动，逐步提高工作能力的同时，要重视思想教育工作。准备部分的练习一般是容易做和不需要长时间讲解的，针对性强。

目的：使学生从生理上、心理上尽快地进入教学情景，为顺利地完成基本部分和全课的任务做好准备。

主要任务：组织学生，明确课的具体任务，使学生集中注意力，神经系统、内脏器官、各肌肉群的活动积极化，使其有适宜的兴奋标志。

内容：教学的组织工作和准备活动。教学的组织工作有：整队、班（队）长或值日生向教师报告出席人数，请教师上课。准备活动有：教师进行考勤检查，简要地讲解本课的任务、内容和要求，布置学生的作业，集中学生的注意力等。

（2）课的基本部分：合理安排教学内容的顺序，考虑教学内容（技术、战术）本身的联系和该课教学内容之间的关系。教师要善于调整运动量，变换练习形式，增减练习的时间和次数，改变练习的间隙，从而提高或降低课的密度和强度。

目的：使学生巩固和改进篮球技术、战术、技能，发展身体素质和培养良好的道德品质与意志力。

主要任务：根据教学进度安排，使学生掌握和改进规定的篮球技术、战术，与此同时，灌输篮球意识，安排发展身体素质的练习，进行心理品质的培养。

内容：根据教学进度安排的内容，结合学生的具体情况，选择相应的教学方法和手段，组织学生练习。

（3）课的结束部分：一般以集体形式结束，要对本课完成任务情况做出恰当的评价，要善于激发鼓励学生进一步学习的愿望、热情和信心，要正确而有组织地完成每次课的作业。

目的：有组织地结束课的教学工作。

主要任务：使学生的身体逐渐恢复到相对安静的状态，进行课的小结。

内容：简短扼要地进行小结，指出完成技术、战术总的情况和练习中最典型的错误及消除错误的方法，还可以布置课外作业和预告下次课学习的主要内容。

2）课的微观结构

课的微观结构（具体结构）是指课的各个具体部分内容的顺序与时间等的设计与安排，包括各个部分的教学任务、内容、组织教法、密度和运动负荷以及时间分配等。由于每次课的各个部分的具体内容有所不同，因此课的具体结构有明显的灵活性和差异性。

课的准备部分的具体内容包括：整队、检查人数、宣布课的任务与要求，布置学生活动内容、队列练习、集中注意力的练习、一般性准备练习、专门性准备练习游戏，以及讲解示范和队伍调动等活动。所以必须预先认真设计好每一项活动的具体次数、时间。

基本部分的具体内容有：教师讲解示范、专门性练习、新旧教学内容、教和学的步骤、正误对比、教学比赛、身体体能练习、学生练习与休息、阶段调动等。在教学实践中，除注意各项目前后顺序及联系安排外，更应注意各项的分组练习次数与时间的分配。

结束部分的具体内容一般包括：集合队伍、全身放松练习、呼吸练习、游戏，以及总结和布置作业等。在这部分应对每次活动都做出具体安排。

课的微观结构是完成教学任务的主要环节，所以教师应根据实际情况，认真地设计、安排、组织好各环节的教学，提高课的教学质量。

3. 篮球教学课密度

篮球教学课密度是指在篮球教学课中，各项教学活动合理利用的时间之和与上课总时间的比。各项教学活动包括教师的指导（包括讲解、示范、演示、纠正动作等）；教学活动的组织（包括整队、调动队伍、分发和收回器材等）；学生练习；学生合理的休息（包括练习时必要的等待和练习后的休息）；学生间讨论、帮助和保护。以上五项活动中某项活动合理运用的时间与上课总时间的比，称为该项活动的专项密度。学生实际从事练习的时间与上课时间的比称为练习密度。篮球教学课密度是常用的定量评价课程质量的指标之一，可以帮助教师更加有效和合理地运用课上的时间，提高教学的效率。

1）课程密度计算

根据课程需要，计算相应的密度。课程各项密度计算公式如下：

$$\text{某项专项密度}=\frac{\text{某项教学活动总时间}}{\text{课的总时间}}\times 100\%$$

$$\text{全课练习密度}=\frac{\text{全课练习时间}}{\text{课的总时间}}\times 100\%$$

$$\text{课的某部分练习密度}=\frac{\text{某部分练习时间}}{\text{课的某部分总时间}}\times 100\%$$

其中，一节课的练习密度应在35%以上。

2）课程密度的安排与调节

篮球课堂教学是一个开放的动态系统，合理安排与调节课密度，涉及多方面因素。教师在安排与调节时应做到以下几个方面。第一，教师应在课前根据本节课的教学目标、教学内容、学生情况、教学条件等情况，合理安排课中各项活动的时间和内容。第二，提高和改进教学组织水平，尽量减少用于整队、调动队伍、布置场地、器材分组集中等不必要的组织管理时间，建立必要的教学规则。第三，在教学过程中，教师的讲解和示范要简明扼要，突出重点，做到精讲多练，要根据教学内容采用适宜的练习方法，增加学生的练习机会，同时要注意配合学生的练习与休息时间。第四，在教学过程中，要注重调动学生的积极性和自觉性。

4. 篮球教学课负荷

篮球教学课负荷是学生在篮球课中所受到的身心刺激和应激程度，篮球教学课的负荷包括生理负荷和心理负荷。合理地安排和调节课程负荷是体育教师组织教学的基本要求。

1）生理负荷

生理负荷具体包括外部刺激和内部反应。外部刺激是学生在课上所做练习对机体产生的刺激，内部反应是机体对这种刺激产生的生理机能反应，二者具有因果关系。适当的刺激能够促进机体体质健康，过少的刺激起不到促进体质健康的效果，过多的刺激会超出学生的承受能力，造成机体损伤。因此，体育课的生理负荷直接关系到学生体质健康，并进一步影响到学生对运动知识的掌握和运动技能的学习。

（1）生理负荷测量方法。

课堂观察法：教师在课程进行中，通过对学生面色、汗量、呼吸、完成动作的质量、控制身体的能力进行观察来判断生理负荷情况的方法。

自我感觉法：学生通过主观感觉来判断生理负荷大小的方法。主要通过学生自我疲劳感、肌肉酸痛情况、是否有心悸、恶心、头晕、胸痛等情况来判断自我负荷情况。

外触脉搏法：学生或教师通过外部触摸桡动脉、颈动脉、心尖部位来了解学生当前心率，并判断学生的生理负荷。

智能可穿戴设备测量法：在不影响课堂教学和学生正常生活的情况下，通过穿戴便携的智能设备检测学生课上的生理负荷变化情况。常用的仪器有计步器、运动手环、心率测量仪等。

（2）生理负荷计算及标准。

衡量一节课生理负荷的平均心率标准：初中生120～140次/分钟，高中女生120～140次/分钟，高中男生130～150次/分钟。在实际的体育课教学中，由于课的类型、教学内容、季节气候、组织形式等不同，运动负荷安排应有所区别，应视具体情况而定。

（3）生理负荷安排。

生理负荷应遵循人体生理机能活动变化的规律来安排，由小到大逐渐增加，大中小复合合理交替。在整个体育教学过程中，应该根据学生体质的增强和技能水平的提高，逐渐加大课上的生理负荷。在课的结束部分，应逐渐下降负荷，使学生能尽快恢复到相对安静的状态。同时，生理负荷的安排要根据课的类型、教学目标、教学内容的性质和学生的实际情况进行调整。

2）心理负荷

学生在篮球课上受到教学内容、教学环境、生理负荷、人际关系等方面的刺激，会出现注意力、情绪、意志方面的变化，使学生的心理承受一定的负担，从而造成心力消耗。在篮球课上，心理负荷和生理负荷既相联系又相制约，共同影响着学生的身心发展。因此，教师应合理安排学生在课上的心理负荷，具体应做到：

①密切关注学生的心理状态；

② 科学安排教学内容的难度及进度，合理安排练习与休息；

③ 保持学生适宜的精神状态。[①]

2.4.3 篮球教学课基本环节

上课是教学的主要工作，是以上课为中心组织起来的一个循序渐进、周而复始的师生互动的流程。它包括备课、上课、课后教导工作和教学评价等教学的基本环节。

1. 备课

学期开始阶段，教师首先必须编制好学期教学进度计划，随着教学的进行，教师要在上课之前逐课写好课题计划与课时计划。备课应做好下述主要工作。

---

① 唐炎，刘昕．学校体育学[M]．北京：高等教育出版社，2020．

1）钻研教材

教师首先要认真钻研课程标准，明确学科的性质与教学的特点、所教部分内容的要点与要求；再着重钻研教材，厘清基础知识、基本概念和基本技能、重点与难点；然后思考启发、探究的路线和师生互动的方式；还要查阅参考书与相关资料。在上述工作的基础上，才能对本课的任务内容如何处理、如何教，有较全面、深入、独到的认识。

2）了解学生

了解学生包括：了解学生现有的知识、技能的质量，有何优点与缺陷；学生的兴趣、欲求、需要与思想状况；学生的学习特点和习惯等；学生学、用新的知识可能出现的困难和问题等。

3）设计教学

设计教学即根据教材的内容与要求、学生的状况，结合教师个人的智慧、才能和客观条件，对如何引导学生学习新课的活动做出全面系统的设计。

2. 上课

上好课，是提高教学质量的关键。怎样才能上好每堂课呢？应以现代教学理念为指导，遵循教学规律与原则，创造性地运用教学方法，并注重做到下述几点。

1）明确教学目的

这是上好一堂课的前提。教学目的既包括探求知识、发展能力的目的，也包括培养思想情操与审美的目的。它不仅应在教案中明确，而且应在课堂教学过程中落实，使师生的双边活动围绕教学目的进行，成为师生为之奋斗的目标。故课堂教学是否有正确的目的，是否自觉贯彻和实现了预定的目的，是衡量一堂课成功或失败的一个主要依据。

2）保证教学的科学性与思想性

这是上好一堂课的基本质量要求。在科学性上，教师要准确无误地向学生传授知识，引导他们进行操作，及时纠正学生在学习中的种种差错，以掌握学科的基础知识和基本技能。在思想性上，要深入发掘教材内在的思想性，弘扬师生共同切磋、认真探求真知的风气。

3）调动学生的学习积极性

这是上好一堂课的内在动力。上课时，教师要调动和爱护学生的积极性，尊重、爱护学生，民主平等地对待学生，适当地对学生给予肯定和真诚的鼓励，以调动和保护其积极性；在教学过程中，要随时关注教学的内容、探讨的方式与深度、运用的方法等是否能激发学生的求知欲、主动性，使教学真正成为师生双向互动的活动，一旦发现问题就要立即改进，以推动教学活动生气勃勃地向前发展。这样，教学与发展的质量才会全面提升。

4）注重解惑纠错

这是上好一堂课的关键。学生掌握知识、技能，是在解决疑难、纠正差错的过程中一步一步实现的。

5）组织好教学活动

这是上好一堂课的保障。上课铃响，教师立即走上讲台，保持安静，让学生做好学习的心理准备，并自始至终注重做好组织教学工作，使课堂气氛始终处于紧张、热烈而又愉快、活跃之中，讲求教学的效率，不浪费一分钟时间。同时，也要防止分散注意力、破坏课堂纪律的不良现象发生。对突发事件要冷静、机智处理，不宜使其影响教学的正常进行。

6）布置好课外作业

下课前，要讲明作业的要求、完成的时限，对较难作业做必要的提示。切忌下课后，匆匆布置作业，以免学生因不明确作业的要求而影响作业的完成质量。

3. 课后的教导工作

课后教导工作的目的是让学生个人消化、运用和巩固课堂所学的知识技能，以发展他们的智能，为学习下一节新课做好准备。如果只重课堂教学，不重学生作业、自学和教师督促、辅导，那么学生个人往往不能消化与运用课堂所学知识。

2.5 篮球教学质量评价

2.5.1 教学质量评价的目的

1. 监控教学质量

采用科学的手段和方法对篮球教学过程进行测量与评价，这对于有效地控制篮球教学过程具有重要意义。教学过程评价主要由阶段性教学工作和阶段性学习效果评价构成，通常评价的内容有教师教学文件齐备情况、备课质量、教学组织、教法运用、作业与辅导，学生参加篮球课学习的主动性、学习兴趣、技术掌握情况等等。这些内容通过简单的可观测指标来进行测量，获得教学过程中反映上述内容的有效信息，对信息进行科学分析，与常模(往届相同指标)参照标准进行对比，就可得出相对准确的评价结论。

2. 评价教学效果

篮球教学的效果评价是对教学任务实际完成情况进行的评价。依据教学大纲的有关规定，采用大纲规定的方法对所有学生进行严格的考核，得到学生的学习成绩有效信息，对这些信息进行对比分析，使教师和学生都能够及时、准确地掌握教学的实际效果，从而对教学工作和学习行为进行有针对性的改进和调整，使教学质量不断提高。

2.5.2 教学质量评价内容

篮球教学评价的内容，通常为教学过程的可观测指标。首先要对指标含义进行界定，然后确定分级指标，并依据指标的重要程度进行加权，赋予相应的权重，制成过程评价指标体系和评价量表，以便采用模糊评判的方法进行评价。

1. 教学目标的评定

教学目标的评定包括两部分内容：一是目标制订的合理性评定，二是教学目标达成情况的评定。合理性评定是对教学大纲和课时计划中确定的篮球教学目的、任务进行客观分析，判断大纲的教学目标是否符合教学计划的规定，课时计划的目标是否符合大纲的规定。达成情况评定是指在教学过程中进行的对阶段目标完成情况和教学结束后进行的对教学任务完成情况的测量与分析，通过评价来准确地把握教学的进程，并对教学的效果做出客观的估计。

2. 技术、战术掌握的评定

采用一定的方法对学生学习掌握篮球技术、战术情况进行测量，是教学过程的重要环节。在课程教学过程中和结束时进行的临场实践考试，测量的主要内容是技术、战术学习与掌握情况的信息。技术测量的内容包括技术达标和技术评定：技术达标是指学生经过学习后完成定量技术指标的能力，如命中次数和运球跑动的速度等等；技术评定是指学生经过学习后完成定性指标的能力，如投篮技术动作的规范性、防守动作姿势的规范性和对抗的能力等等。

3. 理论知识掌握的评定

理论知识掌握的评定的目的主要是通过考核，了解学生掌握篮球理论的情况。通常采用的测量方法有笔试和口试，也可通过撰写论文的形式来进行。

(1) 笔试：笔试分闭卷和开卷两种。闭卷主要考核学生对记忆性篮球知识的掌握程度，开卷主要考核学生运用知识分析问题和解决问题的能力。前者适用于低年级学生的理论考核，后者适用于高年级学生的理论考核。

(2) 口试：口试的方法适用于各年级学生。低年级可以通过课堂提问的形式进行，高年级可以采用专题答辩的形式进行。通过口试，可以了解学生掌握篮球理论知识的深度和广度、分析和解决问题的能力及语言表达能力。

(3) 撰写论文：撰写论文是一种对综合能力进行考核的方法。其特点是必须把学习掌握的知识与篮球运动实践结合起来，因此，撰写论文的目的主要是了解学生对理论知识的理解深度，以及在实践中运用的能力。

4. 其他内容评定

篮球教学测量与评价的内容很多，在不同教学层面上要求有不同的测量与评价内容。例如：教学起始状态的测量与评价，主要分析学生学习篮球课程前的基础情况，在篮球教学实践中大量采用；篮球意识的测量与评定，主要分析通过教学训练，学生在篮球意识水平方面提高的情况；裁判能力的评定，主要测量学生通过学习所达到的裁判能力，授予相应的等级裁判员称号；篮球运动能力的评定，通过参加的比赛和获得的比赛名次，判定运动员的篮球运动能力，授予相应的等级运动员称号；等等。无论进行何种内容的测量与评价，都必须采用与之相适应的方法，确保测量与评价的真实性。

2.5.3 教学评价分类

1. 根据评价在教学中的作用分类

1) 诊断性评价

它是在学期教学或单元教学开始时，对学生现有的知识水平和能力发展的评价，如各种摸底考试。其目的是弄清学生现有知识和能力发展情况、优点与不足之处，以便更好地改进教学，因材施教，因势利导。

2) 形成性评价

它是在教学过程中，对学生的知识掌握和能力发展情况所做的比较频繁、及时的测评，包括对学生的提问、书面测验、作业批改等。其不注重成绩的评定，而是使师生都能及时获得反馈信息，以更好地改进教与学，促进教师和学生的发展、提高。

3) 总结性评价

它是指在一个大的学习阶段，对学生学习的成果进行制度化的正规考查、考试及其成绩评定，也称终结性评价。其目的是评定学生一定阶段的学习成绩。

2. 根据评价所运用的方法和标准分类

1) 相对性评价

它是用常模参照性测验对学生成绩进行的评定，依据学生个人的成绩在该班学生成绩序列中或常模中所处的位置来评价和判断其成绩优劣,而不考虑其是否达到教学目标的要求。故相对性评价也称常模参照性评价。小规模(班级)的常模可以通过简单的计算得到。但科学的常模是经过大规模的抽样测试、实验研究才能求得的。它适用于选拔人才用,但不能表明他在学业上是否达到了特定的标准。

2) 绝对性评价

它是用目标参照性测验对学生成绩进行评定,依据教学目标和教材编制试题来测量学生的学业成绩,判断学生是否达到了教学目标的要求,而不以评定学生之间的差别为目的。故绝对性评价也称目标参照性评价。它适用于升级考试、毕业考试、合格考试,不适用于甄选人才。

3. 根据评价的主体分类

1) 教师评价

它主要是指任课教师与班主任对学生的学习状况与成果进行的各种评价。这种评价不仅包括教学中正式的提问、作业、测验、考查、考试及其成绩评定,还包括教师在同学生广泛接触中,特别是在学习与作业的个别辅导、答疑和谈话中,对学生不拘一格进行的评价。它具有广泛性、互动性、针对性的特点。

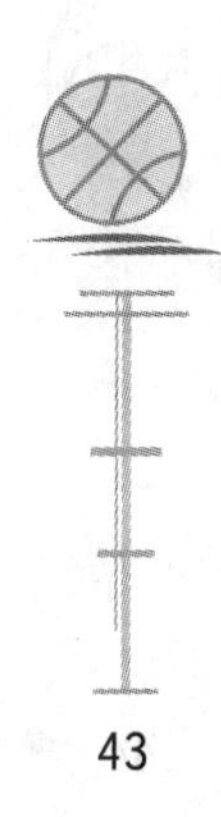

2) 学生自我评价

它是指在教师的引导下学生对自己的作业、试卷、其他学习成果进行的自我评价。学生学会自我评价具有重要的意义。这意味着他们开始有意识地、细心而严格地检验自己的学习成果,分析其正误、优劣,悉心改进。

2.5.4 篮球教学评价原则

1. 客观性原则

教学评价要客观公正、科学合理,切实反映教师的教学质量和学生的学业水平,不能掺杂个人情感,不能主观臆断,这样才能使人信服。客观性是教学评价发挥其功能的基础,违反客观性原则评价就会丧失意义。教学评价的客观性,不仅与评价的目标和方法是否科学有关,还与评价者的心理因素密切相关。

2. 发展性原则

教学评价应着眼于学生学习成绩的进步与能力的发展,其目的在于激发学生的积极性和创造性,而不是压抑和扭曲学生的发展。

3. 指导性原则

教学评价应在指出师生的长处与不足的基础上提出建设性意见,以便他们扬长避短,不断前进。所以,教学评价应重视经常给师生以教学效果的反馈信息,指引并激励其前进。否则,就可能使师生陷入盲目性,或夸大自己的优点而骄傲自满,或只看到问题而丧失信心。

4. 计划性原则

教学评价应当全面规划,使每门学科都能依据制度与教学进程的要求,有计划、规范地进行教学评价,以确保其效果和质量。这样,考试与评价才不至于失范、失控,或考评太多,或过于集中,造成学生和教师负担过重、教学秩序紊乱和教学质量下降。

2.5.5 篮球教学评价方法

1. 一般教学评价方法

1）观察法

观察法是直接认知被评价者行为的最好方法。它适用于在教学中评价那些不易量化的行为表现（如兴趣、爱好、态度、习惯与性格）和技艺性的成绩（如唱歌、绘画、体育运动和手工制成品）。为了提高观察的可靠性与精确度，一方面应使观察经常化，并记一些学生的行为日志或轶事报告，使评价所根据的资料更全面；另一方面可采用等级量表，力求观察精确。

2）测验法

测验主要以笔试方式进行，是考核、测定学生成绩的基本方法。它适用于对学生学习文化科学知识的成绩进行评定。其优点是能在同一时间、用同一试卷测验众多的对象，不仅简便易行，结果也较可靠，故历来受到重用。但它难以测定学生的智力、能力和行为技能的水平。

3）调查法

调查法是收集有关学生成绩评定的资料以探明他们学习的真实情况及原因的方法。对学生的成绩有疑问时，则需调查解决，了解学生的学习态度、方法和习惯更需要调查。调查一般通过问卷、交谈（亦称访谈）进行。

4）自我评价法

自我评价十分重要，可以帮助学生明确学习目标，自觉改进学习方法。

2. 篮球教学测量与评价

1）定性指标测量与评价

定性指标是指无法用具体度量单位来衡量而又必须测量的指标。在篮球教学实践中大量采用定性评价指标，各类篮球课程的考试、考核中采用的技术评定就属于定性指标。根据篮球技能教学的特点，定性指标主要有两类：一类是技术动作完成的规范程度指标，依据预先确定的技术规格进行分数赋值，测量时由多名主试教师根据受试学生完成技术的实际情况来评定分数；另一类是技术动作完成的熟练程度指标，依据主试教师的经验进行分数赋值。定性指标的分数赋值通常要进行细化，使其能代表技术若干环节的完成情况。

2）定量指标测量与评价

定量指标是指可以用具体度量单位来衡量的指标，如命中次数、跑动速度和跳起高度等等。篮球教学中采用的定量指标主要有速度指标、高度指标和准确性指标三类。各类指标的选用依据测量与评价的目的而定，如测量技术熟练性可采用速度指标，测量弹跳能力可采用高度指标，测量投篮和传球可采用准确性指标。采用定量指标进行教学测量与评价，必须事先依据一定的样本制定出测量的方法和评价标准，使方法与受试对象的总体水平相适应。评分表的制订可采用统计学的方法，使分数赋值具有较好的区分度，客观反映受试者的实际水平。

思 考 题

1. 简述篮球技术、战术的教学步骤。
2. 简述篮球教学理论知识掌握的评定方法。
3. 试述制订篮球课时计划的意义、依据与基本要求。
4. 试述当前我国篮球教学改革存在的问题，以及如何改进。

第3章 篮球训练理论与方法

章节提要

1. 篮球训练概述；
2. 篮球训练方法与步骤；
3. 篮球训练计划制订；
4. 篮球训练水平评定。

关键术语

篮球训练、篮球训练方法、篮球训练特点、篮球训练原则。

3.1 篮球训练概述

3.1.1 篮球训练的概念

篮球训练是在教练员的指导和运动员的参与下，为不断地提高和保持运动员的技术水平而专门组织的教育过程。在竞技能力提高过程中，教练员要根据篮球运动项目的特点及发展趋势，遵循教育与教学训练的原则，运用科学训练方法和手段，对运动员的身体、技术、战术、心理、智力等方面进行有计划的训练。

3.1.2 篮球训练目的与任务

篮球训练的目的就是通过教育过程不断地提高运动员的全面综合素质和运动技术水平，促进身体形态、机能协调发展，并在比赛中创造出优异的运动成绩。为达到上述目的，篮球训练必须完成以下任务：

(1) 促进身体素质的发展，改善身体形态，提高机体的机能。

(2) 提高运动员篮球专项技术、战术水平，掌握篮球运动的理论知识。

(3) 提高运动员参加篮球训练和比赛时的良好心理素质。

(4) 贯彻综合素质教育，培养篮球运动员热爱篮球事业和顽强拼搏精神。

3.1.3 篮球训练特点

1. 技术训练特点

篮球技术是篮球战术的基础。任何正确战术意图和战术配合的实现，都要求运动员掌握一定数量和质量的技术动作为前提，只有掌握扎实、熟练、全面的技术，才能保证战术的多变性和高质量。

2. 战术训练特点

战术特点则表现为战术方法、比赛阵型和比赛意识有机结合，整体攻防战术协调发展，个人、组合与全队战术协调发展。在全队训练中强调提高整体攻防技能，注重攻守训练内容的同步化。

3. 体能训练特点

在体能训练中，要强调提高完成动作的速度，即反应速度、移动速度和完成技术与战术行为的速度，强调训练的负荷强度和加速疲劳后的疲劳消除，注重训练内容的全面化和内容组合的最佳化。

4. 心理、智力训练特点

篮球运动员心理特征主要包括球感、情绪、注意力和意志品质等；而智能特征主要表现在三个方面，即观察记忆能力抽象思维能力及独立、创造性地解决各种技术与战术问题的能力。“创造性”是篮球运动员达到较高水平的重要标志。除自我心理控制能力、稳定的情绪、广泛的视野等“常规性”心理训练外，如何培养运动员高度的"创造性"，是心理与智能训练需要解决的重要问题。

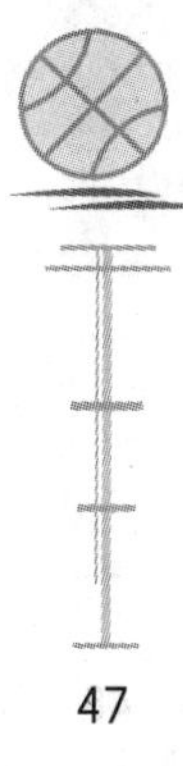

3.1.4 篮球训练的主要内容与要求

篮球训练的主要内容有思想素质与职业道德教育、身体训练、技术训练、战术训练、心理训练、恢复训练。

1. 思想素质与职业道德教育

在篮球训练过程中，要把提高学生和运动员政治思想、素质和职业道德品质及敬业精神教育放在重要的位置，作为培养人才不可缺少的基本内容，并结合篮球运动特点、学生或运动员的实际比赛任务，贯穿于训练工作的全过程，以便使受训者在德、智（篮球知识技能）、体诸方面得到全面发展。使他们具有明确的政治方向，崇高的道德风尚，刻苦的学习精神，为集体、为祖国勇攀高峰，争取荣誉。具体内容既要有针对性，还要重视综合性，克服竞技运动训练中容易出现的单纯技能能力训练的片面性。

2. 身体训练

身体训练是指运用各种身体练习，有效地影响人体各组织和器官的机能、代谢及形态结构，从而达到促进健康、提高竞技能力的训练目的。

1）身体训练的内容

篮球运动中的身体训练包括一般身体训练和专项身体训练。一般身体训练是指在篮球运动训练中，运用多种非专项身体练习的手段，进行的旨在增进运动员身体素质、改善身体形态、提高各器官机能水平、全面发展各项运动素质、为专项训练打下基础的训练。专项身体训练是指在篮球运动训练中，采用与篮球运动特点相似的方法进行的力量、速度、耐力、柔韧性、灵敏性、弹跳素质等方面的专门训练。

2）身体训练的基本要求

(1) 在多年训练过程中，要合理地、全面地、有计划地安排身体训练。

(2) 身体训练要和篮球技术训练、战术训练、恢复训练、心理训练相结合。

(3) 身体训练要根据篮球运动专项特点、训练对象、训练时期、比赛要求、训练条件等具体要求，进行科学合理的安排。

3. 技术训练

篮球技术是篮球战术的基础。任何正确战术意图和先进战术配合的实现,都要求运动员必须掌握一定数量和质量的技术动作,只有技术掌握得扎实、熟练、全面,才能保证战术的多变性和高质量。

1) 技术训练内容

篮球技术内容繁多,形式多样,主要有进攻和防守两大类。每一类技术中,既有基本技术(单个技术),又有组合技术和位置技术。技术训练的基本方法有心理训练法、讲解示范法、完整与分解练习法、重复法、变换法、组合法、间歇法等。

2) 技术训练基本要求

(1) 技术训练要运用现代的科学理论知识和技术手段。随着篮球运动的发展,新的技术不断代替旧的技术,从而使运动员的竞技能力得到充分的发展。

(2) 技术训练要全面安排,突出重点,发展个人技术特长。技术全面,就是要求运动员全面掌握各种技术。在掌握全面技术的基础上,还要培养运动员的技术特长。

(3) 基本技术训练应贯彻始终。基本技术是掌握复杂技术和创新的基础。因此,运动员应该长期、系统地坚持基本技术训练,使基本技术与高难技术结合起来,不断提高技术水平。

(4) 要充分利用运动技术间的积极迁移。在技术训练中,应根据技术动作结构的相似性和难易程度,安排技练习的先后顺序,使其产生积极影响,促进新技术的形成。

(5) 技术训练要与战术训练相结合。技术训练要以战术训练为背景,要适应战术的具体要求,运用战术局部配合的各种练习方法、手段,提高技术动作质量并培养战术意识。

(6) 技术训练要适应篮球比赛规则的发展变化,严格按照规则规定进行训练。遵循从易到难、从简单到复杂的原则。先练习单个技术动作,再进行组合技术练习,然后根据运动员的特点和位置分工,进行专门的位置技术练习,逐步形成并发展个人技术特长。

4. 战术训练

战术训练是指根据本队的训练目标和实际情况,在选择与设计战术打法的基础上,按战术基本结构、组织形式、配合方法进行系统的练习、运用和提高的一种教育过程。战术训练的目的是使运动员具有一定的战术素养,熟练、全面地掌握各种基础配合和整体战术配合阵势与方法,达到能在实战中应用的目的。

1) 战术训练内容

篮球战术的训练内容包括进攻和防守两大类,每类战术中有基础战术配合和全队战术配合,每种战术可以在全场和半场范围内组织进行,每一个战术又有很多的战术阵型与方法。

2) 战术训练基本要求

(1) 要树立正确的以辩证唯物主义为指导的战术指导思想。战术指导思想是制订战术的准则。战术训练要正确处理高度和速度、进攻与防守、内线与外线、局部与全局、个人与整体的关系。在设计战术方案时,既要根据战术的发展,又要结合本队的实际情况。通过战术训练,建立本队的战术体系,形成本队的战术风格。

(2) 要十分重视培养运动员的战术意识。比赛中的情况瞬息万变,要求运动员根据临场情况的变化,及时、准确地观察判断,并迅速果断地决定自己与同伴合理配合的行动。这就需要通过训练和比赛培养运动员机动灵活的战术意识。

（3）要把基础战术训练同整体战术训练结合起来。把基础战术训练与多种应变性战术结合起来才能适应比赛中战术变化的要求。

（4）战术训练要与身体训练、技术训练、恢复训练、心理训练、智力训练相结合。要在战术训练中不断提高训练的水平。

（5）战术训练应该遵循从易到难、从简到繁的原则，合理地安排战术训练内容的顺序。一般来说先练进攻，后练防守；先练局部战术配合，再练全队战术配合；全队战术训练先采用完整演示法，后用分解法，再用完整法，这种训练过程有助于整体地掌握战术。

5. 心理训练

心理训练是指有意识地对篮球运动员心理过程和个性心理特征施加影响，帮助运动员学会调节自己心理状态的各种方法，使之能更好地参加训练和完成复杂比赛任务的训练过程。心理训练的目的是培养运动员具有适应篮球比赛和训练中所需要的各种心理品质，克服在训练和比赛中出现的各种心理障碍，激起运动员从事训练和比赛的良好动机，提高自我控制、集中注意力和防止各种干扰的能力，使运动员能在训练和比赛的各种困难条件下，具有积极的、适宜的、稳定的心理状态，从而保证训练的成果在比赛中表现出来创造优异的成绩。

1）心理训练形式与内容

篮球运动心理训练有一般心理训练、准备参加比赛的心理训练和比赛中的心理训练。在安排心理训练时，必须考虑它们之间的条件和相互依赖的关系，才能圆满地完成心理训练的任务。心理训练的方法很多，在篮球运动训练中，主要采用的有模拟训练、放松训练、自我暗示训练、集中注意力训练、生物反馈训练、系统脱敏训练等。

2）心理训练基本要求

（1）要想获得良好的心理训练效果，必须激发运动员想要进行训练的心理需求，自觉地投入心理训练。

（2）科学地选择和运用心理训练手段，处理好心理训练中的各种反应，以便及时调整和巩固心理训练效果，防止发生副作用。

（3）根据运动员的个性特征进行心理调理训练，这样才能获得良好的心理状态。

（4）对运动员进行心理训练的任务、内容、方法、要求的安排，都要由易到难，由简到繁，逐步深化，不断提高，这样才能收到良好的心理训练效果。

（5）心理训练必须与身体训练、技术训练、战术训练及思想政治教育等有机结合起来进行，只有这样，心理训练的目的才能达到。

6. 恢复训练

运动员在训练和比赛后，身体机能能否迅速而充分地恢复，直接影响着运动水平的提高。因此，加强训练和比赛后的恢复训练，是极其重要的。恢复训练，是指使用合理的恢复手段，加速消除运动员体力和精神上的疲劳，使机体活动能力得到恢复与提高。

1）恢复训练的形式与内容

恢复训练有身体恢复和心理恢复。身体恢复包括能量物质的恢复、心血管功能的恢复、呼吸功能的恢复、肌肉系统功能的恢复、神经系统功能的恢复，心理恢复主要是心理能量的恢复。恢复训练的方法主要如下：

（1）教学方法。包括训练中练习的合理间隙，运动负荷大中小的合理安排，训练结束前所采用的轻松、愉快、富有节奏性的练习,以及合理的作息制度和文娱活动等。

(2) 医学生物学方法。包括营养、理疗(按摩、热敷、淋浴、桑拿)、药物等方法。

(3) 心理恢复方法。主要包括肌肉和呼吸放松训练、集中注意和言语暗示训练。

2) 恢复训练的基本要求

(1) 根据训练负荷的大小、性质和特点,安排不同的恢复训练时间。

(2) 要有针对性地使用恢复训练的方法与手段。

(3) 根据超量恢复、恢复的异时性原理等,注意区别对待和循序渐进进行恢复训练。

3.1.5 篮球训练理论基础

1. 训练适应原理

由运动而产生的机体与施加负荷的外环境不断取得平衡的过程称为训练适应。训练适应具有以下特性。

1) 普遍性

训练适应的普遍性是指机体在形态、机能、运动素质、技术、战术和心理过程等方面都能发生训练适应现象。

2) 特殊性

机体对训练适应的特殊性表现在不同性质的运动负荷,可以引起特殊的适应性变化。

3) 异时性

机体由于运动训练而产生适应性变化需要一定的时间,而机体各个方面的训练适应现象出现的时间也有所不同。机体在机能上的适应性变化往往先于结构的适应性变化。

4) 连续性

机体各方面训练适应的形成具有连续性。由于机体在形态、机能、运动素质、技术、战术、心理等方面的适应具有异时性的特点,因此机体全面适应以渐进积累的方式形成。机体对某一运动负荷形成了训练适应之后,其反应会越来越小,最终这种负荷便不再能引起竞技能力的提高。为了使机体各方面的训练适应进一步发展,就要不断增加运动负荷。负荷提高后,机体又能产生一个新的适应过程,使竞技能力进一步提高。

2. 竞技状态形成原理

运动员获取优异成绩的最适宜状态称为竞技状态。竞技状态的形成与发展是一个连续的发展变化过程,主要包括以下几个阶段:第一阶段,初步形成竞技状态阶段。此阶段又分为两个小的阶段,前一个阶段为"形成竞技状态前提条件阶段",前提条件包括有机体机能水平不断提高,运动素质得到全面发展,专项运动技术、战术的形成和心理素质的初步养成。后一个阶段为"初步形成竞技状态阶段",前后两阶段彼此有机、和谐地结合起来,形成了一个完整的统一体,基本上形成了竞技状态。第二阶段为发展和保持竞技状态阶段,并使运动员在参加重大比赛前,通过赛前调控和热身赛等手段,达到最佳竞技状态。第三阶段为竞技状态暂时消失阶段。此阶段中竞技状态暂时消失,运动员进入调整、恢复阶段,并为进入下一次竞技状态周期做好准备。

3. 超量恢复原理

在运动后的恢复过程中,被消耗的能源物质含量,不仅能修复到原有水平,而且在一段时间内还出现超过原有水平的情况,称为超量恢复。超量恢复是对未来重复进行较大运动负荷时，能源物质再一次耗尽时的一种预防性、保护性机制，是机体对运动负荷产生训练适应的第一阶段。它对训练调控具有重要的理论意义和实践意义。超量恢复的程度及出现的时间与运动量（或消耗程度）有密切关系。在一定的范围内，运动量越大，物质消耗得越多，超量恢复越明显，但出现的时间延迟；反之，超量恢复不明显，但出现的时间较早。如果运动量过大，超过了生理范围，恢复过程将会进一步延长。

4. 应激性原理

应激是人体对外部强负荷刺激（包括生理和心理刺激）的一种生理和心理的综合反应，它是指当机体受到异常刺激时产生的心理状态，这种状态称为应激。在运动训练中，运动负荷不可能始终停留在一个水平上，要想不断提高运动竞技能力，就要不断地提高运动负荷水平，打破机体对原有负荷的平衡状态，达到一个新的负荷水平。稳定一段时间后，再增加负荷。如此循环往复，从而达到提高训练水平的目的，这是"超量负荷原理"，而这一原理的生理学基础就是应激学说。应激学说应用于运动训练中，不单是为了防止机体衰竭过程的发生，避免过度训练，更重要的是在运动后恢复期中改变酶的活性和细胞的通透性，从而对恢复过程进行调整，以加强合成代谢，加速适应的过程。因此，在运动训练中，不但要掌握应激过程中肾上腺皮质系统的活动，也要充分提高垂体性腺系统在合成代谢中的机能，这是当前应激系统在运动训练中应用的发展。

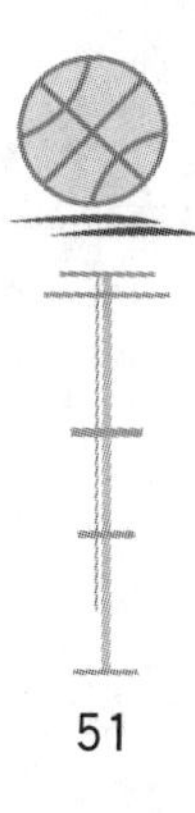

运动应激提高人体机能的适应性，包括提高机体能源储备能力、机体调节能力和机体防御能力等。而运动应激的核心是激素调节，即由激素调节引起酶活性改变和机能储备提高，以及机体免疫能力提高等适应过程。

5. 运动负荷原理

运动负荷原理是指运动训练中运动员机体承受运动刺激并由此产生的机体内部生理效应和心理效应的一系列变化的应答过程。运动训练负荷的特征是给运动员的负荷能冲击自身的"生理极限"，最大限度地挖掘其内在潜力。具体表现在下面几个方面：①负荷水平的极限化；②负荷量度的个体化；③负荷内容的专门化；④负荷内容的定向化；⑤负荷水平的动态化。

运动负荷具有以下几个共同的特征：

（1）运动负荷内容的目的性与选择性。任何负荷结构都有它一定的目的性和功能特点，根据训练任务和目的来选择。

（2）运动负荷调控的综合性。同一个总负荷可以由不同的量和强度组合而成。

（3）运动负荷的个体性。由于运动员的生理机能、素质、技术和战术要求的不同，他们承受负荷的能力也不同，因而安排的运动负荷应具有明显的个体性特点。

（4）负荷量度的定量性与等级性。负荷的表示有两种方法，一种是以大、中、小等定性方式表示，另一种是以具体的定量方式表示。在训练中，为了提高负荷调控的精确性和科学性，越来越要求对各种负荷量度进行定量化。

（5）负荷的动态性。运动负荷是一个持续的过程，这与训练过程的持续性直接有关。运动负荷表现出的动态性有以下几个特征：负荷的连续性、负荷的系统性、负荷的节奏性、负荷的周期性。

（6）负荷的可监控性。运动负荷的定量化特点表明了运动负荷的可监控性。训练计划中要求有反馈调控，所以必须确定各训练过程的监控指标与训练水平的评定指标，建立相应的负荷监测机制。

3.1.6 篮球训练原则

篮球训练原则是运动训练过程客观规律的反映，是运动训练实践经验的总结，是进行运动训练必须遵循的准则。

1. 自觉性和积极性原则

同篮球理论课教学过程一样，训练过程要注重思想政治教育，激发运动员训练的自觉性和积极性，使运动员深刻认识并自觉主动地参加训练，积极地进行训练思考，创造性地完成训练任务。

2. 一般训练与专项训练相结合原则

在运动训练过程中，应根据专项特点、运动员训练水平和不同训练过程的任务，把一般训练和专项训练结合在一起进行合理安排，从而使其协调发展。一般训练是在运动训练中以多种多样的身体练习，以及训练方法和手段，来提高运动员各器官系统的机能，全面发展运动素质，改进身体形态和一般心理品质。专项训练是指在运动训练中以篮球专项的技术动作、战术方法，提高篮球专项运动所需要的器官系统的机能，发展篮球专项运动所需要的心理品质。

3. 合理安排运动负荷原则

在训练过程中，要根据训练任务、对象水平与要求，科学合理地在各个训练环节中提高运动负荷量，直至达到最大负荷要求。

4. 全队训练与个人训练相结合原则

全队训练是指在训练中，根据全队必须掌握的技术、战术，组织全队进行旨在提高队员之间技术、战术组合能力和在对抗下配合能力的集体练习与竞赛。个人训练是指在训练过程中进行个人技术等方面的训练。

5. 训练与比赛相结合原则

训练与比赛相结合是指在篮球运动训练过程中，技术、战术的训练要符合竞赛实际的需要，通过训练与竞赛，发现问题，促进技术、战术水平的提高。在比赛中提高竞技能力，也是一种重要的训练手段。

3.2 篮球训练方法与步骤

3.2.1 篮球训练方法

篮球训练是教练员与运动员合作的双边活动，通过教练员的组织、指导，使教练员的教育主导作用和运动员积极参与的主体作用相互依存、相互促进，运动员的能力得到充分施展与发挥。篮球运动训练不仅是运动技能不断提高的过程，也是一个复杂细致的教育过程，只有遵循专项训练与思想教育相结合的原则，采用科学而合理的训练方法与手段，才能使训练顺利进行，达到既定目的。篮球运动训练基本方法有以下几种：

1. 重复训练法

重复训练法是指多次重复同一联系，两次(组)练习之间安排相对充分的休息时间的练习方法。

2. 变换训练法

变换训练法是指让学生在学习同一类动作时体验多组合方式的练习方法。

3. 循环训练法

循环训练法是指根据训练的具体任务，将若干个练习手段设置为相应的若干个练习站（点），运动员按照既定顺序和路线，依次完成每站（点）练习任务的方法。

4. 比赛训练法

教学性比赛训练法是指在训练条件下，根据教学的规律或原理、专项比赛的基本规则或部分规则，进行专项比赛练习的训练方法。

3.2.2 篮球训练步骤

1. 技术训练步骤

1）单个技术训练

篮球技术由大量的单个技术动作组成。单个技术训练的目的在于使运动员掌握、提高单个技术的动作技能。单个技术是掌握复杂技术和创新的基础，运动员应该坚持进行单个技术训练，不断提高技术水平。

2）组合技术训练

篮球组合技术，是指两个以上单个技术动作有机衔接所形成的各种特殊的技术群的总称。在进行组合技术训练时，要从实战角度出发，分析和提炼比赛中出现的各种复杂情况，设计不同的组合技术练习手段，掌握各种组合技术，为在对抗条件下运用技术打好基础。

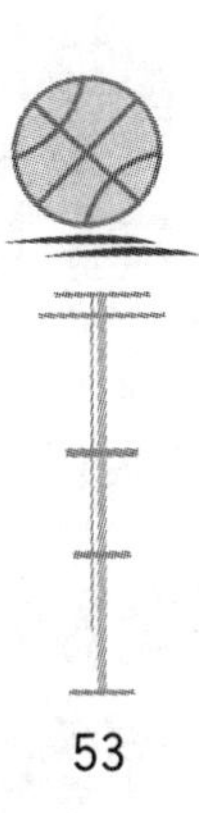

3）位置技术训练

篮球比赛中队员的位置分为中锋、前锋和后卫，不同位置的队员在比赛中承担着不同的职责和攻守任务。教练员必须根据队员的位置和攻守任务，有针对性地强化位置技术训练。

4）攻防技术的对抗训练

在掌握单个技术、组合技术及位置技术的基础上，学会在攻守对抗的情况下克服对手的阻拦和制约，达到及时、准确、合理地运用技术的目的。

2. 战术训练步骤

1）基础战术配合训练

篮球比赛的战术形式繁多，但都离不开基础配合。基础配合是全队攻防战术训练的基础，只有熟练地掌握和运用这些基础配合，才能在运用全队战术时更加灵活机动，更有效地发挥战术的作用。

2）全队战术配合衔接训练

在局部基础配合的训练有了一定基础的情况下，可以进行战术配合的衔接训练，包括局部战术配合的衔接训练和全队战术配合的衔接训练。局部战术配合的衔接训练，就是将局部的基础配合进行组合训练。在这种训练中，要强调主次配合的衔接、进行过程中的连接性和变化。全队战术配合的衔接训练，就是在局部战术配合训练有了一定基础后，所进行的全队完整的战术训练。通过这种训练，提高全队配合的整体观念，明确在全队配合下自己的行动，以提高行动与配合的合理性和攻击性。

3）战术配合得综合应变训练

在掌握两个或两个以上全队战术的基础上需要进行各种战术综合变化的组合练习，提高运用战术的应变能力。一方面要提高进攻与防守战术的转化能力，另一方面要提高与掌握综合运用战术的能力。

4）战术配合比赛训练

战术配合的比赛训练是检验战术训练水平的重要手段，具有很强的对抗性。通过比赛训练，可以发现战术配合训练中存在的问题，提高队员运用战术的能力。

3.3 篮球训练计划制订

篮球训练计划是一个有组织、有目的的过程。为了使篮球训练顺利进行，必须制订出科学的训练计划。其中包括全年训练计划、阶段性训练计划、赛季制训练竞赛计划、周训练计划、课训练计划。

3.3.1 全年训练计划

全年训练计划是多年训练安排的组成部分。全年训练计划是以分期理论和训练原则为基础，以重大比赛期间达到最佳竞技状态为出发点而制订的计划。制订全年训练计划首先要确定本年度参加的主要比赛及其目标，根据应达到的目标提出训练任务及技术、战术、各种素质、专项能力应达到的具体训练指标与要求，确定总体的运动负荷要求，确定全年中的最大负荷、最大数量、最大强度出现的大体时间，以及确定全年运动负荷的曲线。有了全年总体任务与要求，再具体落实到各个时期、各个阶段去逐步完成。全年训练计划如表 3-3-1 所示。

表 3-3-1　按照阶段和周期划分的全年训练计划示例

	年训练计划						
训练阶段	准备阶段				比赛阶段		休整阶段
初级阶段	一般准备阶段		专项准备阶段		赛前阶段	比赛阶段	休整阶段
大周期							
小周期							

全年训练计划的类型包括单周期计划、双周期计划和多周期计划。

1. 单周期计划

全年训练按一个完整的大周期组织实施的计划，称为单周期计划。包含一个准备期、一个比赛期和一个过渡期。由于只有一个比赛阶段，所以运动员只为一次重大比赛实现一次竞技状态高峰。

2. 双周期计划

全年训练按两个完整的大周期组织实施的计划，称为双周期计划。双周期实际上是由两个连接在一起的短一些的单周期组成的，中间有一个不长的减量和准备阶段。运动员可用两三个月的时间做准备，使总体竞技能力或竞技能力的某一个方面发生明显的改变，并在一个半月至两个月的时间内，参加一系列的比赛，把已具有的竞技能力充分地表现出来，再加上半个月至一个月的减量或短时间的准备阶段，总共在 1～7 个月的时间内完成一个大周期的训练过程。因此，一年便可以安排两个训练大周期。

3. 多周期计划

按三个以上训练周期组织全年训练过程的计划，称为多周期训练计划。多周期训练目标要求运动员能在三个月左右的时间内，有效地提高竞技能力，并在比赛中充分表现出来。这就要求有更为科学的训练方法，更为有效地恢复手段。在制订三周期训练计划时，三次比赛中最重要的一次应出现在最后一个周期。在三个准备阶段中，第一个周期应当最长。这一阶段所打下的身体准备的基础会一直影响后面的两个周期。

3.3.2 阶段训练计划

阶段训练是指全年训练中特定时间范围内的训练，它有两种类型。

1. 大周期的阶段训练计划

(1) 准备期的训练计划。准备期对全年的训练有着极为重要的意义，在这一阶段，运动员为比赛阶段做好了身体、技术、战术及心理等方面的全面准备。

准备期可以分为两个阶段，即一般准备阶段和专项准备阶段。一般准备阶段的目的是完成一般身体准备，改善技术和基本战术，主要是提高机体能力。专项准备阶段是向赛季过渡的阶段，这一阶段的训练更为专项化。

(2) 比赛期的训练计划。比赛期的主要任务是完善所有的训练要素，形成最佳竞技状态，参加重大比赛。比赛期可以分为两个基本阶段，即赛前阶段和重大比赛阶段。赛前阶段是在正式进入赛季和准备参加重大比赛前，从准备期进入比赛期的衔接阶段，在这一阶段，运动员在体能、技术、战术和心理等方面进行专门训练，为参加大赛做准备。比赛阶段是指进入正式比赛的这段时间，主要任务是保持最高竞技状态，争取优异成绩。

(3) 过渡期的训练计划。过渡期是指从比赛结束到下一周期开始训练的这段时间。它的主要任务是防止出现过度疲劳，防止耗竭机体对比赛的适应的可能性，以及借助于积极性休息恢复这些可能性，保证前后两个训练大周期之间的衔接。

2. 赛前中、短期集训的阶段训练计划

为准备某些特定的比赛，要组织赛前集训。这种赛前的中、短期集训，通常为几周至两三个月。赛前中、短期集训的内容和计划具有较为鲜明的特点。

(1) 赛前中、短期阶段集训计划的结构及负荷特点。在大多数情况下，可将中、短期阶段集训看作若干个周训练的组合。这些周训练过程，既有各自明显的特点，又彼此连接，共同组成一个统一的阶段训练过程。

(2) 赛前中、短期集训中的区别对待。对集训前一直系统坚持训练的运动员，中、短期集训应该被看作是系统的全年训练的一个组成部分。对那些没有经过系统训练的队员，在制订训练计划时，应以中等强度的运动负荷为主，只有在能够保证有足够的时间且运动员身体机能得到必要恢复的条件下，才可以安排带有强化性质的运动负荷。对一些长期间断训练的老运动员，应以适应性及诱导性的训练为主，注意负荷安排的循序渐进，使身体机能尽快地适应一定强度的负荷。根据篮球运动项目的特点，中、短期集训应主要抓好全队的协调配合，通过集体配合来提高全队的战斗力和弥补个别队员在某些方面的不足，努力创造更高的集体竞技能力。

3.3.3 赛季制训练竞赛计划

赛季制是“赛季型竞赛制度”的简称，是我国男子篮球甲级联赛所实行的一种新的竞赛制度。其命名是根据竞赛的时间安排、竞赛方式和竞赛办法来确定的。赛季制的特点是竞赛期跨度长，比赛场次多，各场比赛之间间隔均匀分布，并采用主客场的方式。这种竞赛制度最明显的特点是训练与竞赛频繁交替，每次训练时间只有3～6天。因此，赛季中的训练基本是一个小周期的连续。

1. 赛季制竞技状态的变化

赛季制比赛具有准备期和过渡期（调整期）较短、竞赛期较长的特点。在这种情况下，教练员可以以提高小周期（三天和四天）比赛成绩为训练目标，以三四天为单位的小周期来安排运动训练，以适应主客场赛制的特点。根据竞技状态发展变化的特点与规律，可把主客场制竞赛的状态分为几种不同的类型。

1）状态发展的稳定型

这种类型的竞技状态，表现为在整个主客场的比赛过程中，其进攻得分比较稳定，基本上保持在一定范围之内。

2）状态发展的锯齿形

这种状态类型竞技状态的特点是，在整个赛季过程的竞争中，其状态时好时坏，呈连续的锯齿状。造成这种状态的主要原因是心理因素，即由于主客场制竞赛的心理影响所致。

3）状态发展的波浪形

这种类型的竞技状态，表现为在整个主客场的比赛过程中，比赛的效率指数是低—高—低，或者是低—稳定—低这样一个发展过程。这一类型的状态在竞赛中比较普遍。这种状态类型的共同特点是在赛季的开始和最后阶段，未能进入或保持良好的竞技状态，中间的稳定阶段的比赛效率指数明显高于两端的起伏段。产生这种状态类型的原因有两个。一是赛前的训练安排存在问题，不能使队伍在赛季一开始就进入良好的竞技状态。二是在赛季的最后阶段，竞争越来越激烈。在这种激烈的竞争中，有三个方面的问题可能解决不好：其一，训练、竞赛过程中的安排不合理，造成运动员体力下降；其二，心理压力增大，心理调整不够；其三，主客场因素的影响。

2. 不同状态类型的训练竞赛安排

1）稳定型及其训练竞赛安排

稳定型的发展状态，说明在整个赛季中，能较充分地发挥自己已有的竞技水平。这种稳定性，根据各队的实力，可以表现出高、中、低三种不同的层次。实力强的队，表现出的是一种高水平的稳定状态。根据竞技状态形成的规律，结合训练、竞赛安排，科学、合理地进行训练，是这种类型的特点。

2）锯齿形及其训练竞赛安排

锯齿形的发展状态，造成的原因主要是心理因素影响，其次是训练竞赛综合因素安排不尽合理。因此，应加强对客场作战抗干扰能力的心理训练及实战模拟脱敏训练和加强主场作战的心理放松训练，还应根据竞赛目标与对手，调整好训练、竞赛的负荷安排，使生理、心理均处于良好的状态。

3）波浪形及其训练竞赛安排

波浪形的发展状态，表现为赛季的前后两个阶段的比赛效率指数偏低，状态不甚理想，在安排上存在问题。因此，必须根据不同队的不同目标、不同的竞争对手，在整个赛季的训练、竞赛安排上采取针对性的周期类型和负荷安排，并注意加强心理上的调整，采取积极措施改变这种在赛季前、后阶段的起伏现象。

3. 运动负荷安排的基本要求

更合理、科学地安排好主客场制赛季中的运动负荷，并在不同阶段、与不同对手的竞赛中保持良好的竞技状态，应该明确本赛季的目标和达到这一目标所必须战胜的最主要的对手，根据目标和与主要对手比赛的时间，选择不同的赛季负荷安排模式。根据主客场竞赛状态发展特点，在整个赛季中，至少有 2～3 个竞技状态的形成与发展过程，在这个过程中须注意：

(1) 状态与状态之间的过渡与衔接，必须通过边调整、边训练、边竞赛来进行；

(2) 把过渡与衔接之间的竞赛，当作一种强度训练，并纳入小周期或中周期的计划与安排中；

(3) 注意过渡与衔接阶段运动训练量与强度的合理安排及心理调整。

3.3.4 周训练计划

周训练计划是指以一周中的一系列训练课为摹本单位安排的训练。周训练计划是所有训练计划实施的最基本环节，也是教练员十分重视的一种训练计划，如表 3-3-2 所示。

表 3-3-2 周训练计划示例

____年____月____日至____年____月____日　训练阶段第____周

星期	主要训练内容	训练方法与手段	负荷
一	上午：快攻、投篮、半场区域联防练习	完整练习法、分解练习法、重复练习法	中
	下午：速度素质训练；投篮练习	间歇练习法、重复练习法	
二	上午：速度素质训练；投篮练习	间歇练习法、重复练习法	大
	下午：投篮练习；全场区域紧逼防守练习	重复练习法、分解练习法、完整练习法	
三	上午：速度、耐力素质训练；投篮练习	间歇练习法、重复练习法、变化练习法	小
	下午：快攻练习；分组比赛	完整练习法、分解练习法	
四	上午：投篮、对抗与无对抗下多点投篮练习	重复练习法	中
	下午：个人攻防、区域联防练习	完整练习法、分解练习法、重复练习法	
五	上午：投篮练习	重复练习法	大
	下午：教学比赛	比赛练习法	
六	上午：个人攻防；快攻练习	重复练习法	中
	下午：力量练习；投篮练习	间歇练习法、重复练习法	

1. 周训练计划的基本内容

(1) 每周训练的总任务与每天、每次课的任务与要求；

(2) 一周训练的日数、周总课次数和每天的课次数，以及每次训练的具体时间及安排；

(3) 每日和每次课的主要训练内容；

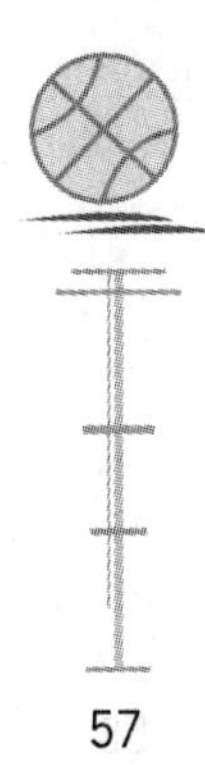

（4）每日负荷及周负荷节奏；

（5）每日的恢复措施；

（6）测验、比赛的安排。

2. 周训练计划的不同类型

周训练的持续时间一般为3～7天，但随着现代篮球训练的发展，在一些特定条件下，尤其是临近比赛时经常打破7天的固定型小周期训练，以适应比赛安排的需要，如联赛主客场制就有三天型和四天型小周期。根据竞技状态的发展过程，可把小周期分为引入性小周期、准备性小周期、比赛性小周期和恢复性小周期。

1）引入性小周期

引入性小周期的主要任务是将运动员的机体引入即将开始的紧张的基本训练，常安排在准备期第一阶段的开始。引入性小周期的安排能促使运动员机体尽快地进入工作状态。

2）准备性小周期

准备性小周期的主要任务是为比赛做好一般与专门的准备，因此，又分为一般准备小周期和专门准备小周期。一般准备小周期的任务是发展运动员的一般体能，形成竞技状态所需要的各种身体条件。专门准备小周期的任务是发展专项体能和技能，提高运动员机体对比赛的训练适应性，为过渡到比赛期训练打下良好的基础，完成向专项训练的转化。

3）比赛性小周期

比赛性小周期最主要的任务是使运动员能在比赛日的比赛中表现出最佳的竞技状态。比赛性小周期分为赛前诱导小周期和比赛小周期两种类型。赛前诱导小周期主要用于比赛期的重大比赛前的专门准备性训练，其主要任务是力求使运动员的机体适应比赛的要求和条件，把长期训练过程中获得的各种竞技能力集中到篮球竞赛上。比赛小周期是指即将参加的主要比赛的小周期，其主要任务是为运动员在各方面进行最后的调控，使之在比赛中达到最佳竞技状态。比赛小周期的安排，是根据竞赛的规程确定的。

4）恢复性小周期

恢复性小周期的主要任务是通过降低负荷和采取各种恢复措施，消除运动员机体由于比赛期或准备期中因大负荷训练而产生的疲劳感，以求尽快地实现能量物质的再生，促进超量恢复的出现。恢复周的安排多在比赛期激烈、紧张比赛后的过渡期和大负荷训练周后，而且多为两个大负荷之间安排一个恢复性小周期，这种安排可称为“练二调一”的训练模式。

3. 确定周训练计划结构的依据

（1）依据实现训练任务的需要选择训练的内容。小周期训练内容必须与小周期训练所要完成的任务相吻合。

（2）不同的训练形式，会产生不同的生理效应。负荷后所需要的恢复时间也是不同的。在一次训练后，人体有些系统会深度疲劳，而另一些系统则只产生中度或轻度的疲劳。因此，在设计周训练计划的结构时，必须对不同负荷后所必需的恢复时间予以考虑。

（3）提高身体素质、技术、战术等不同的竞技能力的训练，对运动员机体的状态有着不同的要求。运动员只有在神经系统处于适度兴奋的状态下，才能有效地学习和掌握篮球的技术、战术。运动员只有在体力充沛时，才能有效地发展弹跳力和最大速度素质。

而对于发展篮球运动员的速度耐力及培养顽强拼搏的精神以及在疲劳情况下仍具有较好地发挥技术、战术水平的能力，则应在运动员略感疲劳的情况下进行，这样才能取得理想的训练效果。

3.3.5 课训练计划

课训练计划由三部分组成，即准备部分、基本部分和结束部分。课的各个部分由各自的目的与任务、内容、组织教法的要求等构成一个紧密联系的整体。因此，教师必须根据课的任务和学生的实际情况，选择适宜的练习手段，提出具体明确的要求。

1. 课的准备部分

目的：使学生从生理上、心理上尽快地进入教学过程，为顺利地解决基本部分和全课的任务做好准备。

主要任务：组织学生，明确课的具体任务，集中注意力，使神经系统、内脏器官、各肌肉群的活动积极化，使其有适宜的兴奋性。

内容：教学的组织工作和准备活动。教学的组织工作有：整队、班(队)长或值日生向教师报告出席人数，请教师上课。教师进行考勤检查，简要地讲解本课的任务、内容和要求，布置学生的作业。准备活动的内容有：走步、跑、轻松地跳跃、徒手体操、活动性游戏，以区用球的各种练习。

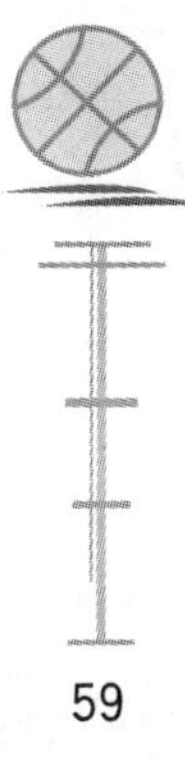

课的准备部分一般采用集体练习形式，教师要善于引导学生进入教学活动，且重视思想教育工作。准备部分练习的选择，一般是容易做且不需要长时间讲解的，针对性强。

2. 课的基本部分

目的：使学生巩固和改进篮球技术、战术技能，发展身体素质和培养良好的道德品质与意志品质。

主要任务：使学生掌握和改进规定的篮球技术、战术，与此同时，培养篮球意识，安排发展身体素质的练习，进行心理品质的培养。

内容：根据教学进度安排的内容，结合学生的具体情况，选择相应的各种教学方法和手段，组织学生练习。为了掌握和改进技术可以做基本动作练习；为了掌握和改进战术可以做个人的、集体的和全队进攻和防守系统整体方法的练习；为了发展和提高学生的身体素质可以做不同的专门性和准备性练习及活动性游戏、接力练习等；为了提高技术、战术的运作能力，可以组织教学比赛，提高篮球实战的能力。

基本部分要合理安排教学内容的学习顺序，一般来讲，先学习技术或战术(即新教学内容)，然后巩固和改进已学过的技术或战术(即复习和提高教学内容)，再进行教学的比赛或发展身体素质的专门练习。根据课的任务，学生的具体情况及时间分配、场地、器材等条件，选择适宜的练习方法和手段。同时考虑教学内容(技术、战术)本身的联系和该课教材内容之间的关系，要循序渐进、由简入繁，逐渐增加完成技术动作或战术行动的数量、速度、难度、对抗条件等。教师要善于调整运动量。变换练习形式，增减练习的时间和次数。改变练习的间隙，从而提高或降低课的密度与强度。

3. 课的结束部分

目的：有组织地结束课的教学工作。

主要任务：使学生的身体还逐渐恢复到相对安静的状态，进行课的小结。

内容：一般根据基本部分最后一个教学内容的性质、练习强度与密度，选择一些降低运动负荷的练习。如慢跑、放松自然的走步等放松性质的练习、较平静的活动性游戏、简单的注意力练习、比较容易的技术动作练习(如罚球、投篮等)。简短扼要的小结,指出完成技术、战术总的情况和练习中最典型的错误及消除错误的方法。还可以布置课外作业和预告下次课学习的主要内容。

结束部分一般以集体形式结束,要对本课完成任务情况作出恰当的评价。要善于激发鼓励学生进一步学习的愿望、热情和信心,要正确而有组织地结束每次课的作业。

3.3.6 体育院校体育教育专业学期训练计划

篮球训练计划是用来控制、指导、实施和检查训练工作的重要依据。体育教育专业的学期教学计划分为四个周期,包括基本训练阶段、赛前准备阶段、比赛阶段、总结与考核阶段,如表 3-3-3 所示。教学计划的科学划分是顺利进行训练工作的保证。

表 3-3-3 学期教学计划示例

时间划分		第一周期 第 1~6 周	第二周期 第 7~10 周	第三周期 第 11~12 周	第四周期 第 13~18 周
阶段划分		基本训练阶段	赛前准备阶段	参赛阶段	总结与考核阶段
教学主要任务		1. 系统掌握篮球运动基本理论知识; 2. 掌握篮球基本技术、战术; 3. 发展学生专项身体素质	1. 加强基本技术、战术练习,提高战术配合意识; 2. 加强临赛前的教学比赛和实战比赛,培养和调整好学生赛前状态	通过比赛发现个人及教学班组在教与学的过程中存在的问题并细致分析;调整教学训练内容	1. 赛后总结,教学改进; 2. 学期考核
基本内容及比重		加强各种方式的投篮训练,巩固行进间传接球和防守脚步练习,强调两三人间配合意识。 身体训练:20% 基本技术:40% 战术配合:40%	提高以多打少能力,提高投篮命中率及基础配合意识,巩固防守盯人和联防战术训练。 身体训练:20% 基本技术:20% 战术配合:60%	根据比赛中出现的问题进行有针对性的改进练习,同时辅助以简单的攻防基础配合练习。 身体训练:20% 基本技术:50% 战术配合:30%	复习考试内容:基本技术练习,结合一些基础配合练习。 专项身体素质:20% 基本技术:50% 战术配合:20% 日常考勤:10%
负荷总量	量	大	小	小	小
	强度	小	大	大	小
	变化	稳定	增大	保持	—

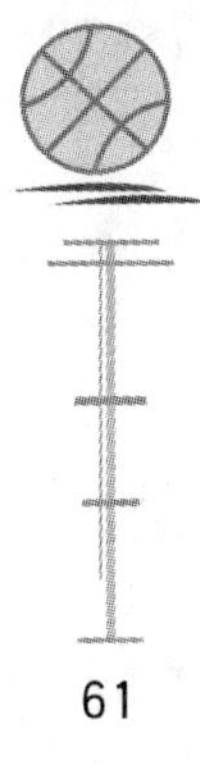

续表

时间划分	第一周期 第1～6周	第二周期 第7～10周	第三周期 第11～12周	第四周期 第13～18周
阶段划分	基本训练阶段	赛前准备阶段	参赛阶段	总结与考核阶段
措施与要求	1. 课堂上注意力要高度集中，精神饱满，积极认真完成每一堂课的任务，营造良好的训练环境； 2. 切实做到周有计划，课有教案，建立资料统计和考勤制度； 3. 严格训练纪律，提高训练质量	1. 采取“以练为主，练战结合”的举措，不断提高全队比赛能力和水平； 2. 认真观察和分析每个学生的综合能力和个人特点，从全面发展的角度出发，对每个队员进行针对性的指导	1. 培养学生团结协作、顽强拼搏的思想作风； 2. 培养学生的责任心、荣誉感和不断进取的精神； 3. 教师要善于总结，不断提高业务水平，抓住细节，研究规律	1. 选择适宜的恢复方法消除比赛负荷； 2. 认真按考试内容和方案进行复习，对技术精益求精

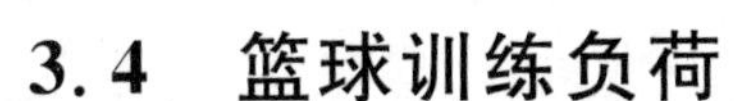

3.4 篮球训练负荷

3.4.1 训练负荷内容概述

运动负荷是一个由多因素、多层次结构构成的系统，对其有着不同的分类，常见的有外部负荷与内部负荷之分。刺激于篮球运动员机体的训练因素称为外部负荷；引起运动员生理上、心理上变化的负荷称为内部负荷。篮球运动训练中任何一个外部的运动负荷都包含着负荷量和负荷强度两类要素。负荷量是指负荷的数量，反映出机体所承受刺激的数量特征，主要由练习持续的总时间、总组数（次数）、总重量、总距离等因素组成。其中练习持续的总时间是指各种练习占用时间的总和；总组数（次数）是指练习组数（次数）的累计数；总重量是指负重练习的重量累加总量；总距离是指练习的地面位移距离的累加数量。负荷强度反映机体承受刺激的深度，主要由速度、高度、远度、重量、难度、质量、密度等负荷要素组成。负荷量与负荷强度相互依存、相互影响。任何负荷强度也都以一定的负荷量为基础而存在，一方的变化势必导致另一方的相应变化。负荷量与负荷强度是评定运动量大小的量度。通常，篮球运动训练的运动负荷是指外部的运动负荷。

3.4.2 训练负荷决定因素

训练负荷是以身体练习为基本手段对运动员机体施加的训练刺激，其负荷量和负荷强度又各自通过不同的方式表现出来。

1. 训练负荷定性的依据

1）训练负荷的专项性

专项性是指负荷要与运动员的训练水平和篮球比赛要求相符。训练中负荷的练习分为篮球的专项练习与非专项练习。专项练习是提高专项运动技术、战术水平的直接因素。只有专项训练才是取得高水平成绩的重要途径。

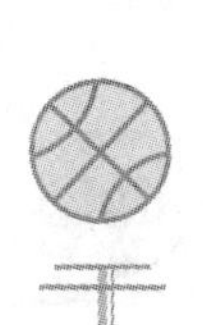

2）训练负荷对供能系统的作用方向

确定练习时机体工作的供能系统，是为训练负荷定性的内容之一。篮球运动ATP-CP和乳酸供能占80%，乳酸和有氧代谢占20%。篮球运动训练应采用无氧代谢为主、有氧代谢为辅的方法发展运动员的运动能力。由于不同的训练内容和手段消耗的能量物质不同，因而与这些内容和手段有关的运动能力的超量恢复时间也是不同的。

3）动作的复杂程度

动作的复杂程度是运动负荷定性的一个方面。在篮球运动中，动作复杂程度决定着负荷大小。动作复杂程度是训练中客观存在的，区分它是控制训练负荷的需要，但目前对此做出量化评定难度较大，因为在篮球运动的竞争中，许多动作并不是事先预定的，必须根据对手的表现做出选择性反应。

2. 训练负荷定量的依据

1）外部负荷指标

外部负荷指标又称负荷的外部指标或外部负荷，包括负荷量和负荷强度。负荷量是指练习的数量指标，负荷强度是指练习对机体刺激强烈程度的指标。负荷量和负荷强度对刺激机体时所引起的反应是不同的。如果机体对负荷量的反应不强烈，比较缓和，则所产生的适应程度也较低，比较稳定，消退也较慢。而负荷强度刺激所引起的机体的反应比较强烈，则能较快地提高机体各器官系统的机能水平，所产生的适应性影响也比较深刻，不太稳固，消退也较快。

2）内部负荷指标

内部负荷指标是指由于运动员在训练过程中进行各种身体练习、技术练习、战术练习，练习的负荷使运动员机体内发生一系列变化，可以用心率、血压、血红蛋白、血乳酸、尿蛋白、氧债、最大吸氧量等指标去进行测量，从而确定其变化的程度。因此，用内部负荷的指标来测量训练负荷是现代运动训练广泛采用的方法。它能比较科学、准确地反映机体在负荷时产生的各种变化，从而可以根据这种变化去掌握训练过程，安排训练负荷。

3.4.3 篮球训练的负荷特点

篮球竞赛是一个比技术、战术、身体、心理等综合性能力的运动项目。技术、战术复杂，身体、心理承受压力大。系统地进行篮球训练必须遵循篮球教学与训练的客观规律，循序渐进地安排教学与训练内容。

1. 技术训练的负荷特点

篮球运动技术训练的负荷特点，表现在教学训练过程中。掌握难、新技术时，负荷量与强度要较小；在发展运动机能时，负荷量与强度要大；在提高动作熟练性和对抗性能力时，负荷强度要大，负荷量相对减小；在培养技术运用的比赛能力时，又要增加心理负荷。

在篮球技术的教学训练中，运动负荷的大小，要根据教学训练任务进行安排。一般而言，教学形式上，按照教学规律循序渐进地练习，先原地练习，然后行进间练习，最后在有对抗和比赛压力下进行练习，运动负荷逐渐由小变大。

2. 战术训练的负荷特点

篮球战术训练中负荷的大小，随着战术结构的不同而变大或减小。一般而言，个人战术行动训练的负荷量和强度较大，安排两三人之间的战术配合和全队战术行动时负荷量与强度相对较小。篮球战术训练的负荷也与技术水平和身体素质有直接的关系。技术越熟练,身体素质水平越高,负荷量与强度越大。要解决好在训练实践中出现的战术配合不佳,甚至中断练习的情况,克服由此对教学训练的组织、安排与增大运动负荷所带来的不良影响。

3. 身体训练的负荷特点

篮球身体训练主要包括力量、速度、耐力、灵敏度和柔韧度训练。从负荷特征而言,主要分为两类:一类是以增加负荷强度为主的身体训练,如速度等;另一类是以增加负荷量为主的身体训练,如耐力等。由于发展身体素质的训练目的不同,安排运动负荷的方式方法也不一样。如力量素质训练中,为了增加绝对力量,多采用大负荷强度、小负荷量的训练方法。

篮球运动身体训练的负荷安排,必须考虑以下几项因素:运动员的承受能力、训练周期的节律性,以及专项负荷特征。提高负荷水平,要依据训练对象负荷后的反应、身体的恢复情况、心理承受力、生理机能周期性调节规律及竞技状态形成的规律进行。

4. 心理训练的负荷特点

篮球心理训练的负荷特点表现为心理负荷大。应在教练员、运动员的共同努力、密切配合下,抓住篮球运动员的主要心理素质并结合个性心理特征,进行训练。篮球心理训练是指通过各种训练手段,有意识地对篮球运动员心理过程和个性特征施加影响,使运动员学习调节自己的心理状态并获得良好心理状态的训练过程。篮球心理训练必须在运动员的配合下实施。运动员从思想上向往心理训练并自觉配合,是进行心理训练的前提,否则也就无所谓心理训练的负荷。

由于篮球比赛中运动员心理压力大、情绪易波动,因此篮球心理训练必须有足够大的心理负荷和重点加强情绪控制、意志品质等主要心理素质的训练。要加强赛前心理训练,做好心理准备,增强篮球运动员情绪的稳定性和必胜信念,提高赛前激活水平,并把最适宜的激活水平控制在比赛期间。

篮球心理训练的负荷应逐渐加大、循序渐进。例如,意志品质是篮球运动员的重要心理素质之一,它表现为目的性、主动性、坚定性、顽强性、果断性、自制力和勇敢精神,是篮球比赛中克服困难、发挥水平、战胜对手的重要条件。意志训练过程是建立新的条件反射形成的过程,应逐步增加难度、持之以恒,并注意结合技术、战术意识等进行训练。

篮球运动员各自的心理特征、心智能力、意志品质、教育程度、身体状况、技术战术水平等不同,其心理训练的内容、方法、负荷也应有区别。

5. 篮球比赛的负荷特点

篮球比赛负荷的特点主要表现为负荷的强度大。同时篮球比赛的紧张激烈对抗,还会造成思想紧张和注意力高度集中。在这种情况下,运动员承受的比赛负荷对内脏器官的影响加大,因此,运动后的疲劳消除较慢。

另外,比赛压力所引起的运动员心理活动的变化,常常会使许多运动员赛前兴奋性增高,这种植物性神经系统的过早兴奋,所导致的心跳加快、呼吸加深,会使运动员在比赛中过早疲劳。

篮球运动员应激能力较强。替补运动员上场后要立即承担较大的负荷量和负荷强度。因此,其要能够快速适应大强度的对抗,以保证篮球运动技术的正常发挥。

3.4.4 篮球训练负荷安排

篮球运动负荷安排是通过训练计划来实施的。只有深入了解篮球运动的项目特点,掌握篮球运动技术、技能、战术形成的规律，分清训练中负荷的主客观因素及其内在联系，才能科学地制订训练计划，合理地安排运动负荷，发展专项需要的机能能力和运动能力。

篮球训练计划通常分为多年训练计划、年度训练计划、周期（大周期）训练计划、阶段训练计划、周（小周期）训练计划和课时训练计划，按照一定的训练目标分阶段实施。篮球运动负荷安排正是通过这些计划的落实，逐步达到训练目的，从而最终实现训练目标的。

1. 年度计划负荷

篮球年度训练计划是对本年度训练过程做出的科学计划。它根据多年训练计划的安排及上一年度训练工作总结而制订。篮球周期训练计划是指围绕本年度比赛任务，把全年训练过程划分为单、双或多训练周期所制定的周期过程计划。目前国内大型篮球比赛通常每年一次，所以年度计划以单训练周期计划的形式出现在篮球运动项目中较为多见。

2. 学期计划负荷

根据学校教学规律及竞技状态形成的一般规律，把学期分为五个阶段，即：恢复阶段、基本训练阶段、赛前准备阶段、参赛阶段和调整考试阶段。要根据本阶段的主要任务并结合运动员的特点和承受负荷的能力来安排训练计划负荷。如恢复阶段的主要任务是把篮球运动员逐步引向有效完成专项训练，其负荷安排应逐步加大；基础训练阶段的主要任务是提高篮球运动员机体机能水平，发展篮球运动技能和培养良好的心理素质，其负荷安排需广泛采用大负荷；赛前训练的主要任务是做好赛前调控，使篮球运动员以最佳竞技状态参加竞赛，常采用加强负荷强度的周训练和轻负荷的周训练，以促使篮球比赛能力的提高，加速恢复过程。在准备期的篮球阶段训练计划中，须有1～2个大负荷周，一般不超过3个，大负荷周后需有1～2个中、小负荷周用于调整和恢复。对于篮球运动员来说，赛前和调整考试的阶段计划采用跳跃式负荷安排，更有利于加强对运动员机体的刺激和加速机体疲劳的消除。

3. 周期计划负荷

建立周期的训练模式应以多种因素为先决条件，包括运动员的训练水平、心理素质、适应能力，篮球比赛的特点及对手的综合实力等，并根据运动竞技状态形成的客观规律和教学原理，以及运动员的心理适应过程等进行制订。周期分为准备期、比赛期和过渡期。

1）准备期

准备期是培养和初步形成竞技状态的时期。该时期有利于机体机能能力的改善，从而为提高运动能力打下基础。

准备期第一阶段：全面进行身体训练，提高无氧强度和体力，狠抓篮球基本功的训练，熟练掌握两三人的基础配合。采用适宜的负荷强度，逐步提高负荷总量，使其达到大周期的峰值水平。

准备期第二阶段：负荷总量减少，主要减少一般身体训练的负荷量。而篮球专项训练的负荷量增加或保持在较高水平，负荷强度（主要是一般身体训练的负荷强度）应达到最高水平，使训练负荷的总体水平逐步接近比赛要求。

准备期第三阶段：负荷总量和强度要达到篮球运动员承担负荷的最高水平，两者的增加尤应表现在篮球专项训练负荷上。赛前三至五天，应逐步降低负荷总量，特别是一般身体训练的负荷量，以保证比赛竞技状态的适宜兴奋。

2）比赛期

比赛期指某联赛的第一场比赛到最后一场比赛结束的时期。其负荷安排应以强度为主，特别是注意安排专项训练强度，适当降低负荷总量，减少赛后的疲劳积累，减轻心理压力。

3）过渡期

过渡期指比赛结束到下一个大周期开始的身体、技术、战术、心理的调整时期。其负荷总量应减少，负荷的间歇时间相对延长，主要保持一般身体训练水平，使运动员能恢复并保持赛前的机能水平。

4. 课时计划负荷安排

篮球课时计划既是篮球训练计划的组成部分，又是调整和实施变更措施的基本单位。篮球运动属于非周期持久运动项目，在课时训练中运动负荷的安排，既应发展无氧强度水平，又应发展体力。发展无氧强度，以提高身体肌肉在不需要氧气的情况下生成ATP供能的速率，在高强度对抗的篮球比赛中，保证每一次动作速率、爆发力和攻防速度等。发展体力，以提高短时高强度不变的持续重复次数的能力，保证篮球比赛时自始至终维持高水平的运动能力。

一般而言，在课的准备部分，可先安排负荷量小的辅助性练习，如徒手操、柔韧练习、协调练习、移动练习、熟悉球性练习和专项技术动作练习等。在辅助性练习之后，可安排负荷量稍大的趣味性游戏，最后安排与课的主要内容相衔接、负荷量强度中等、重复次数多、间歇时间短、密度较大的发展篮球技术动作的练习。然后逐步增加运动强度、延长持续时间，以提高速度、抗阻等篮球比赛需要的运动能力。基本部分的后半部分多根据需要进行无氧训练和发展体力的练习，最后安排负荷强度小、密度大的战术配合练习或者专项技术练习。课的结束部分，常常安排负荷量小的整理性活动。对于篮球训练课负荷安排的典型结构模式，应根据训练的任务要求不同而调整其顺序，如赛前训练常常在准备活动结束后，就进行负荷量大的争开局的模拟比赛训练。总之，课时计划应合理安排负荷，使专项需要的机能能力和运动能力协调发展，共同提高。

3.5 篮球训练水平测量与评定

3.5.1 篮球训练水平测量与评定基本内容

1. 身体形态测量与评定

1）身高

篮球运动训练对身高的增长有积极的影响，特别是对青少年运动员更为明显，身高指标可以作为挑选人才的重要条件之一。

2）体重

在运动训练中，体重的变化是明显的，而且有一定的规律性。通过一次或一周训练课前、后或整个阶段训练前、后的体重测定，可以综合分析训练对机体的影响，还可以观察其适应和恢复情况。

3）胸围

胸围指标可以用来间接判断运动员的心肺功能。胸围/身高的比值越大，心肺功能的水平越高。

4）体型

布罗卡指数($W-L+100$)取1～15范围内时个人体型为匀称，最佳指数男为5～8，女为3～5。L代表身高，W代表体重。

5）腿围(大、小腿围)和臂围(上臂围、前臂围)

腿围和臂围指标可以间接反映上、下肢的肌肉力量，而肌肉力量是速度、弹跳和灵活性的基础。

2. 身体机能测量与评定

1）心率

测量心率的最简单方法是计算脉搏。脉搏的频率即脉率，在正常情况下是和心率一致的。心率与吸氧量成线性关系。因此，心率快慢能反映运动量和强度的大小。

2）血压

血压是大动脉内的血流对血管壁产生的侧压力，它是心室射血和外周阻力两者相互作用的结果。通常用上臂肱动脉血压代表血压。

3）肺活量

肺活量是检查人体肺通气功能的指标之一，它是人体尽全力深吸气后，再尽全力呼出的气体总量，即一次深呼吸的气量。肺活量的数值与性别、年龄、身高、体重、肺组织的健全程度以及锻炼水平等因素有关。

4）血红蛋白

血红蛋白是人体血液红细胞中含有的含铁蛋白质，它的主要生理功能是携带氧气。在运动中人体的氧气供应是否充足，将直接影响到人体的运动能力。因此，测定血红蛋白则成为评定运动员机能的指标。

5）尿蛋白

尿蛋白是指尿液中的蛋白质。运动员的尿蛋白含量与一般常人无差异。运动引起尿蛋白增加的现象，称为运动性尿蛋白。

6）血乳酸

乳酸是糖代谢(无氧酵解)的重要产物，在进行肌肉活动时其生成率和训练水平负荷强度、运动持续时间、糖原含量、环境温度以及缺氧等因素有密切关系。

7）血尿素

蛋白质和氨基酸等含氧物质在分解代谢中，先脱下氨基，氨在肾脏转变为无毒的尿素排出体外。正常人的生成和排泄处于平衡状态中，故血尿素保持相对恒定。运动时肌肉中能量平衡遭到破坏，蛋白质及氨基酸的分解代谢加强，尿素生成增多而使血中含量升高。

8）心电图

在确定运动员心电图特点之前，首先应查明心电图上的改变是否属病理现象。因为在实践中发现，运动员心电图上的改变很多。

9）反应时

反应时是指从对感受器施加刺激起到肌肉产生收缩的一段时间。机体的一切生理过程，无不受神经系统的支配与调节。人在运动时，运动神经支配骨骼肌产生相应的动作。反应时越短，机体对刺激的反应愈迅速，灵活性也愈高。

3. 身体素质水平测量与评定

1）力量测量

可用各种专门的测力计来测握力、背力、上下肢力量。如无测力计，可用引体向上、俯卧撑测上肢力量，用仰卧起坐测腹肌力量。还要结合篮球专项特点测定某些专项力量，如篮球传远可测臂力，投篮的投远、投准（按投篮技术规格要求）可测手腕、指和前臂的力量。可用原地纵跳和助跑摸高测下肢力量和弹跳力。

2）速度测量

可用专门测量仪器测定视觉反应速度，还可以用100米、200米来作为一般速度的测量指标。还要测量结合篮球特点的专项速度，如30米跑、变向跑、折回跑、短距离滑步和直线跑、曲线运球等的速度。

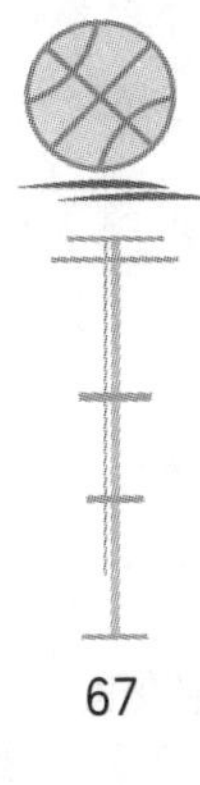

3）耐力测量

可用300米、越野跑作为一般耐力测量指标。

4）柔韧性

篮球运动员的柔韧性是非常重要的，它可以减少损伤，增大运动幅度。

4. 技术水平测量与评定

1）基础技术水平的测量与评定

可采用摸高、跳投、传球、运球、Z形跑、脚步移动等方式进行测量。

2）攻防技术的测量与评定

篮球攻防技术的测量与评定，在实际当中主要是根据比赛的技术统计来进行的。

5. 战术水平观察与评定

主要根据比赛中运动员战术行动的合理性和所起的作用进行评定。

进攻方面：个人攻击意识和能力，配合意识和能力，调整位置、助攻传球意识和能力等。

防守方面：防守的策略、攻击性，以及协防意识和能力。

6. 心理机能水平测量与评定

1）运动焦虑的测量

产生运动焦虑时常出现不同的心理和生理反应，如思维混乱、注意力过度狭窄、感知觉退顿、表象模糊、想象力缺乏、心跳加快、血压升高、呼吸深度加强、肌肉颤抖、出汗、尿频、失眠、无食欲等，因此，对焦虑的测量可以采用多种方法，目前常用的有以下几种。

(1) 脑电测量：对放松与紧张时脑电图中的阿尔法波与贝塔波的变化进行测量，以鉴定焦虑及焦虑的程度。

(2) 皮电测量：人在紧张时，毛细血管收缩，汗腺活动增强，皮肤出汗，从而产生皮肤电阻变大、电流量增高的现象。通过皮肤电的变化就可以对焦虑进行测量。

(3) 肌电测量：心理紧张还会伴随肌肉紧张的变化。通过肌电的测量可以发现运动员的心理紧张状态。

(4) 生化测定:人在紧张时,某些腺体分泌的激素(如肾上腺素、去甲肾上腺素)就会增加,在血和尿中可以测得这些变化。

(5) 心率测量:心跳加快、心律不齐等变化都是焦虑增大的表现。

(6) 血压测量:血压升高是心理紧张的表现之一。

(7) 问卷调查:用设计良好的问卷对运动员在赛前或赛中的状态、焦虑感受进行书面调查,以诊断和鉴定运动员的焦虑水平。

2) 反应能力的测量

(1) 落尺法:主要测试运动员的视动反应。此方法的优点是简单易行,不足是准确性稍差。

(2) 神经机能测试法:此方法可以测试运动员的简单反应时(光反应时、声反应时)和选择反应时。简单反应时主要是测试被试者对简单刺激做出快速反应的能力,选择反应时主要测试被试者将某一刺激从多种刺激中选择出来并做出快速反应的能力。

(3) 综合反应测试法:主要测定运动员视觉-动觉调节,手、脚协调配合反应的敏捷性和准确性。

3) 肌肉用力感觉的测量

肌肉用力感觉是肌肉收缩的程度在大脑中的反映。它是运动技能形成的最基本的心理成分,是准确地完成技术、提高技能质量的保证,是发现和纠正误差的必备前提。肌肉用力感觉的测试一般都是在遮眼排除视觉的情况下复制出指定的肌肉用力,复制的误差越小肌肉感觉越准确。

4) 动觉方位的测量

动觉方位指的是大脑对躯干和四肢位置变化的反映。动觉方位感受性也是运动技能形成、改进和提高的心理因素之一,对运动员准确地完成动作有重要意义。动觉方位感受性的测试主要是在排除视觉的情况下根据动觉表象进行的。目前,国内采用较多的是用动作方位测量仪对运动员臂和腿动觉方位准确性进行测定。

5) 深度知觉的测量

深度知觉是人脑对知觉对象的深度与主客体的距离的反映。深度知觉以视觉为主,并由动觉和视觉的协同活动来实现。在篮球运动中,运动员对知觉对象的判断能力具有极其重要的意义。因此,深度知觉可作为选择和诊断篮球运动员心理素质的一个指标。深度知觉准确性的测试可用深度知觉测试仪进行。

6) 注意分配的测量

篮球运动员不仅视野要开阔、注意范围要大,而且要有比较强的注意分配的能力,要具备在同一时间内将注意分配在球、攻防队员的位置与意图等活动的能力,合理地完成传、接、运、投、突等技术动作。注意分配能力的测验可用注意分配仪。

7) 操作思维的测量

操作思维的测量主要采用三筹码的方法进行,主要测量运动员操作思维的准确性和敏捷性。

3.5.2 篮球训练水平测量与评价基本要求

1. 测量基本要求

(1) 采用的基本方法必须具有可靠性、有效性和客观性。

(2) 测量的方法应符合篮球运动的要求，并能反映训练水平的主要因素。如篮球运动员跑的特点是短距离多、变速多，以视觉信号为刺激物多等。在选择和设计测量速度的方法时应考虑上述特点。

(3) 测量方法与手段要简便易行。

(4) 制订测试的细则，严格遵守操作规程。

(5) 在安排测量时间时，要考虑运动员的体力情况与精神状态。

2. 评价基本要求

(1) 对测定的各项数据，必须进行统计学处理。

(2) 对各种测定指标要进行综合分析，只有在全面分析各项指标的基础上，才能够对运动员的训练水平做出正确的评价。

(3) 确定或制订评价运动员训练水平的具体标准。评价是通过对标准的对比来判断测定的结果，并对这一结果给以一定的分析与评价。

(4) 尽可能用图表来表示评定的结果。

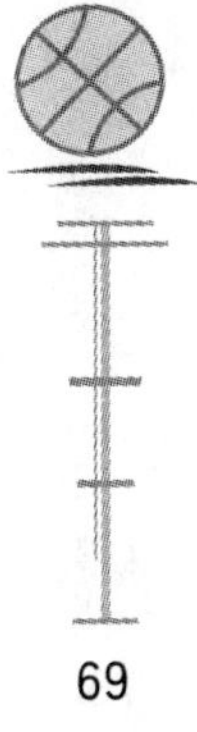

思 考 题

1. 简述篮球技术、战术的教学步骤。
2. 简述篮球训练水平的测定内容。
3. 试述不同类型训练计划的负荷特点。
4. 试述制订篮球学期训练计划的阶段划分、内容选择与负荷安排。

第4章

青少年及女子篮球训练

章节提要

1. 青少年篮球运动选材；
2. 青少年篮球训练内容；
3. 青少年与女子篮球训练。

关键术语

选材标准、选材方法、青少年训练内容。

4.1 青少年篮球运动选材

4.1.1 运动选材的概念

运动选材是指挑选具有良好运动天赋及竞技潜力的儿童少年或后备力量参加运动训练[①]。在选拔篮球运动员时，需采用科学的手段与方法，通过客观指标的测试，全面、综合地评价和预测，把先天条件优越、适合从事篮球运动的人才从小选拔出来，进行系统培养，并不断监测其发展趋势。

4.1.2 运动选材的标准与方法

儿童、少年篮球运动员选材是最基础阶段，它关系到培养质量及成才率。一般按家系调查、生长发育状况调查、篮球专项选材指标调查和综合评价与分析四个步骤进行。

1. 家系调查

人类遗传基本规律表明：人体运动方面的各种性状优势在一定范围内受遗传因素的制约。优秀运动员后代中，有50%以上的在运动能力方面会有突出的表现。所以，在选材工作中，可以通过家系调查，运用遗传学方法来分析、评价被选运动员运动能力的发展潜力，提高预测的准确性。

（1）调查父系和母系上下几代成员的形态特征，如身高、体重、臂长、肩宽特征等。

（2）调查上述亲属的身体健康水平，患有哪些慢性疾病，特别是有无遗传性较高的疾病。

（3）调查上述亲属的运动能力（包括劳动能力）与兴趣爱好，有无运动基础，尤其要注意体育世家和运动员后代。

① 田麦久.运动训练学[M].北京：高等教育出版社，2017.

(4) 调查上述亲属和被选者的意志品质,意志品质包括自觉性、果断性、自制性、坚韧性。

(5) 调查被选者在家庭中遗传谁的基因最多,对该长辈的情况要着重了解,注意他们之间可能更多相似的遗传联系。调查被选者出生情况,包括出生时是否早产、难产,出生时父母年龄及社会经济背景,母亲在孕期的健康水平,被选者是第几胎,是否双胞胎等。

2. 生长发育状况调查

一般从肌肉、骨骼、心血管系统、呼吸系统、肝功能、血液、尿及个人病史8个方面进行调查,其结果能比较全面地反映被选者的健康情况。

(1) 肌肉系统:测量体重是否在正常的范围之内,检查肌肉系统的发达程度与生长发育规律是否一致,注意两侧肌肉群发育的对称性;测量握力、背力,并用正常的标准予以评价;通过卷腹测试,评定腰腹肌群的发育水平。

(2) 骨骼系统:评价骨骼发育水平,是否能达到项目要求的高度;在立正站立姿势下,观察肩、髋及四肢的发育是否对称;观察胸廓是否正常,是否属于鸡胸、桶胸、漏斗胸等畸形;检查脊柱生理弯曲线是否正常,有无前曲、后曲或左右侧弯;检查上肢外展内收、外旋内旋,手腕活动功能是否正常;检查下肢是否是X形腿、O形腿或对线不正,是否扁平足等。

(3) 心血管系统:检查心律是否正常,有无窦性心律不齐、收缩期或舒张期杂音等;检查血压是否正常。

(4) 呼吸系统:测量肺活量、肺通气量,做胸透以排除胸部疾病。

(5) 肝功能检查:排除肝脏疾病。

(6) 进行血常规和尿常规检查:看其是否在正常值范围内。

(7) 发育程度的鉴别与分型。

①发育程度鉴别:人的生活年龄并不能真正反映其成熟程度。在选材中,只有区分了运动员的发育程度后,再根据发育程度进行分组,才能对运动员的体态、机能、素质、运动成绩做出正确评价,才能将那些生活年龄与发育程度相一致或略偏小,而形态机能、素质、运动成绩为这一发育程度中的高档者,作为要选择的目标。鉴别发育程度的主要方法如下。

a. 骨龄鉴别法:骨龄表明了人体骨骼生长发育的实际年龄,是青少年生长发育水平的评定指标。测量骨龄是目前鉴别发育程度最准确的方法之一。

b. 第二性征鉴别法:人体骨化程度与第二性征生长发育程度基本一致,可通过检测第二性征来评价儿童、少年的生长发育程度。

②发育程度分型。生长发育的类型与运动员成才关系密切,准确地确定儿童、少年运动员的生长发育类型,是运动员科学选材的重要手段。儿童、少年生长发育程度不同,一般将其分为三类九型。生长发育的类型又与运动员成才关系密切,所以准确地确定儿童、青少年运动员的生长发育类型是运动员科学选材的重要手段。

a. 确定进入青春发育期的时间:我国男女少年进入青春发育期的骨龄分别是13岁和11岁。此时骨龄片显示出拇指种子骨化中心,在体征上男、女少年均出现乳节。当发育程度的标志提前(男少年在10~11岁、女少年在8~9岁)或推迟(男少年在15~16岁、女少年在13~14岁)出现时,则表明发育期的提早或推迟。

b. 确定青春发育期高潮持续时间的长短。

骨龄鉴别：若骨发育在2个或更少的日历年龄中跨过4个骨龄年（G-P标准）或更长，则属于发育期高潮持续时间缩短的表现；若骨发育在3个日历年龄中跨过4个骨龄年，则属于发育期高潮持续时间正常的表现；若骨发育在4个日历年龄中跨过4个或更长的骨龄年，则为发育高潮延长的表现。

第二性征推断发育程度方法鉴别：进入青春发育期后，其发育程度各个阶段的标志均按正常的顺序出现，为发育高潮持续时间正常的表现；进入第二年即表现出第四年发育程度标志的为发育高潮明显缩短；在进入青春发育期后，其发育程度的标志推迟一年或一年以上出现者，为发育期高潮持续时间延长的表现。

进入青春发育高潮期后每年身高增长程度鉴别：先将进入青春发育期第一年的身高增长值定为100%（男子13～14岁、女子11～12岁的年增长值），再连续观察第二年、第三年的身高增长值变化的百分比。若第二年只有第一年增长值的25%，则为发育高潮期缩短型；当第二年增长值为第一年增长值的70%以上，第三年增长值为第一年的28%时，为发育高潮持续时间正常型；当第二年增长值为第一年的90%以上（甚至超过第一年），第三年增长值仍有第一年的70%时，则为发育高潮期明显延长型。如果女性少年进入青春发育期的第二年（12～13岁）、男性少年进入第三年（11～16岁）骨发育达到或接近G-P标准，身高增长在5厘米以上者，也可以判定为发育高潮延长型。

3. 篮球专项选材指标及测试内容

根据篮球运动具有的综合性、对抗性和集体性的特点，儿童、少年篮球运动员的选材应考虑从形态、机能、生理与生化、素质、技术和心理六个方面确定选材指标，并结合教练员对被选对象对篮球运动是否真正喜爱，以及协调与应变能力、接受与创造能力、意志品质和训练、比赛作风等方面的评定进行综合选材。

1）常规形态指标测量介绍

篮球比赛的双方始终处于动态攻守对抗状态，高空争夺异常激烈。体型高大自然就成为篮球运动员的主要形态特征。

（1）身高：身高是反映人体生长发育水平的重要体态指标，身体的高度对篮球运动高度及运动成绩有积极影响，选材时必须重视现实身高及其潜在的发展能力。目前，世界篮球强队的男子平均身高多在2.00米以上，中锋多在2.10左右；女子平均身高多在1.88米以上，中锋多在2.00米左右。我国国家男女篮球队运动员平均身高分别在2.05米左右和1.85米左右。

（2）指距-身高：指距-身高指数也是篮球运动员的重要形态之一。它是指两臂按水平方向充分伸展时两手手指指尖之间的距离减去身高的数值。此数值越大，说明手臂越长，对篮球运动来说优势也就越大。

（3）去脂体重：体脂成分越高，说明人体中肌肉含量越少，则肌肉系统潜在的发展能力越低；如果体脂百分比过低，则说明营养不良，发育会受到影响。一般来讲，体脂在8～12岁期间，男子的正常范围为10%～12%，女子的正常范围为13%～15%；在13～18岁期间，男子的正常范围为12%～15%，女子的正常范围为13%～18%。儿童、少年运动员的体脂百分比控制在正常水平，既有利于生长发育，又有利于训练。

2）机能指标测量介绍

篮球比赛对抗激烈、负荷强度较大，要求运动员具有较强的呼吸系统和心血管系统的工作能力，这两大系统工作能力的高低直接影响运动员承担运动负荷的大小、持续工作时间的长短、恢复速度的快慢和程度的高低，是选材的关键因素之一。

（1）最大摄氧量（$V_{O_2 max}$）：指在运动强度进一步增长而吸氧量不再继续增加时，一分钟被机体所消耗掉的氧气数量。其数值代表着人体吸进氧、运输氧和利用氧的能力。

（2）血乳酸：血乳酸是选材的重要指标，也是控制和调整运动强度的重要依据。血乳酸除受运动强度、运动持续时间、运动膳食以及训练水平的影响外，还受遗传因素（遗传度为0.81）的影响。另外，儿童、少年的身体正处于生长发育阶段，其血乳酸最大浓度常低于成年人，评价该指标时予以注意。找出每名运动员的乳酸阈，并确定全队乳酸阈的范围，对科学控制训练强度、选择合理训练方法和提高训练质量有重要意义。

（3）视野：是指两眼固定不动时余光所能看到的范围。篮球运动员只有在及时观察和准确判断球场上的情况的变化后，才能做出符合本队要求的技术、战术行动。视力不好或不会利用视野都将影响篮球运动员运动水平的提高。因此，篮球运动员选材要注意对视力和视野的考核。

（4）心率：心率是心血管系统最容易测定的评定指标，它既能反映心血管的机能，又可反映该机能的节省程度和恢复情况。一般来说，心率越快，心输出的血量越多。但心率超过170～180次/分钟，心室充盈量便减少，导致每搏输出量减少，心输出量下降。所以，心率的变化能反映运动员心血管机能，并可以推断机体能力的高低。

（5）身体工作能力：身体工作能力是指人体在某种负荷下能连续工作的时间，或在某段时间里接受多大负荷的能力，一般以PWC170测试评定。PWC170指把心率定位在170次/分钟的稳定负荷状态下，单位时间内所做的功，是运动员机能评定中一种常用的次极限负荷测验方法。对于儿童、少年篮球运动员，PWC170可用来鉴别心脏容积发展的速度；对于青少年篮球运动员来说，则主要评定心脏射血能力的高低。

3）素质指标测量介绍

身体素质由健康素质和运动素质构成。健康素质是防病、抗病和保持长期参加系统训练的重要保证；运动素质则是技术、战术的物质基础。身体素质不仅与训练效率相关，而且还决定着运动员运动水平的提高幅度及达到的最终高度。素质选材指标既是评定运动员的标准，又是衡量训练效果的依据。

（1）30米、60米、100米、800米、1500米跑：使用口哨一个、发令旗一面、秒表若干块（误差不得超过0.2秒/分）。受试者至少2人一组，穿球鞋，用站立式起跑。发令员在发出“跑”的口令的同时从上往下挥动令旗。计时员视旗动开表计时，受试者胸部到达终点线的垂直面停表。记录以秒为单位，精确到小数点后一位。

（2）助跑单脚起跳摸高：使用皮尺一个、带刻度长板一块（固定在篮板上）。受试者手指尖沾粉笔末，助跑用单脚起跳摸高，并且用手指在所达最高处留下印迹。每只手连续测两次，取左、右手最佳成绩的平均值。记录时以厘米为单位，取整数。

（3）收腹举腿：使用秒表、垫子各一块，受试者仰卧垫上，两腿伸直，肩胛骨贴垫，两臂伸向头两侧并贴垫。发令开始，受试者两臂、上体和两腿同时向上折叠，膝关节不得弯曲。双手碰到脚面为完成一次，连续计30秒钟完成的次数。

（4）十字跳：使用秒表一块，在平坦的地面上画两条垂直的交叉线，按图4-1-1标明1、2、3、4四个区。受试者听到口令后，双脚由起点跳入1区，并连续依次跳至2、3、4区。计10秒钟内跳的次数及跳错的次数（包括跳错格、踩线、双脚未同时落地等）。每跳一次计1分，跳错一次扣0.5分，以得分多少记录成绩。

4）技术类指标测量介绍

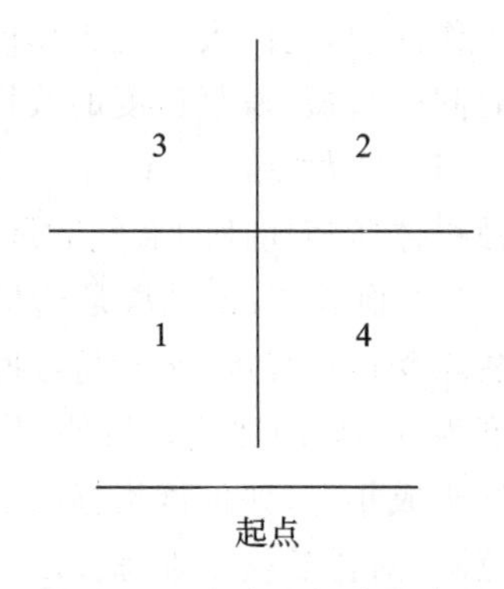

图4-1-1 十字跳场地示意图

(1) 两分钟投篮：两分钟投篮是计算运动员在两分钟内投中的次数，这种方法既考验生理压力，又考验心理压力，是接近比赛状况的有实际意义的评定方法。

(2) 综合运球：运球是运动员在比赛中变化控制球的一种形式，可将多种运球方法组合在一起，按规定路线和距离完成运球，可用这种方法来检测运动员的球感和运球技巧。

(3) 滑步防守：滑步是防守的重要技术动作之一，在滑步时做好控制好身体平衡、逼近对手、封堵干扰破坏对手的攻击企图，是提高防守能力和质量的重要环节。可以设计不同方式进行测试。

5）心理类指标测量介绍

由于篮球比赛具有激烈对抗、长时间作战、比赛情况瞬息万变、集体配合的相互依存与制约等独特的比赛环境，因此，要求篮球运动员必须具备坚定、沉着、勇敢、机智、善于应付复杂局面的心理素质。

(1) 手动稳定性指标：篮球是以投篮得分多少来决定胜负的，因此，手的灵活性和稳定性对篮球运动员极为重要。九孔仪能通过测验手的稳定程度来推测其心理素质中的某些特性。

(2) 综合反应能力指标：反应是指人受到刺激后所做出的判断和应答。比赛的对抗性、技术和战术的多样性特点，决定了篮球运动员必须具备良好的观察力；比赛时无论是投篮、突破和传球的选择与变换方面，还是配合中主攻与助攻的变化方面，甚至在攻守的突然转换方面，都需要从感知到注意、从注意到选择应答的迅速变换和交替。综合反应能力测验仪用来测验和观察、判断和选择应答的能力，利用能力测验仪进行训练也是提高运动员复杂反应能力的练习手段。

(3) 教练员经验评定：科学选材必须遵循科学原则，运用科学方法，但有一些关系运动才能和发展潜力的因素不能直接测定，可是又必须在选材和育才中反映出来。教练员在多年的训练生涯中积累了丰富的经验，他们尤其对篮球运动员心理、智力、作风、毅力等十分重要的因素有直接的感受和经验，如能有效地对运动员进行经验评定，将会使篮球运动员的选材更具全面性和实用性。教练员经验评定的基本内容包括运动员的协调和应变能力、接受能力和创造能力以及意志品质与比赛作风等。

4. 综合评价与分析

(1) 家系调查应优先把优秀篮球运动员的后代选择出来，对于其他运动项目优秀运动员的后代应突出符合篮球运动特点的遗传特点，受试者的长辈虽从未从事过篮球或其他体育运动，但本人已有突出表现的也应选拔出来。在儿童阶段，不应过分苛求条件、特点的突出，但对青春期少年应以遗传优势为重要依据。

(2) 体格检查是十分重要的一环，因为它的好坏表明应选对象是否健康或能否承受长期大强度篮球训练的要求，同时健壮的体格及生理机能也是防止意外及事故发生的保障。

(3) 发育程度是人体在生长过程中各个阶段特殊性状的描述，选材就是要把同一生长阶段的人放到一起进行比较、甄选，将那些表现出色，又有巨大潜力的儿童、少年选拔出来进行系统的培养。所以调查测试之后，首先要按性别与骨龄将被选者分组与分档，并按选材测试卡中总分多少排出顺序。

(4) 由于选材测试的多项性和综合性，使得测试总分相同的人并不是各项指标全部相同，所以对总分同一档次者，就要看单项指标的差别，为选材的特殊要求提供参考依据，同时也为教练员提供反馈，可加强训练计划的针对性及训练方法、手段的有效性。

(5) 综合评价是各类测试指标的成绩相加的总分，按照篮球运动员综合评价等级，对受试者做出总的评价。一般来说，总评达到及格以上就可入选，达到优秀者可作为重点对象培养。

决定运动员是否能入选的方法：测试总成绩及各项指标都优秀的，入选当然没有问题。但对于那些总分在及格线边缘的，去留就很难把握了。应该说，那种总分刚刚超过及格线，但单项指标并不突出，且年龄又偏大的则不选；对于总分略低于及格线，但却有突出的优势项，或年龄较小且形态好，或形态一般但篮球专项能力突出的运动员，则应考虑入选或建议观察一段时间再进行测评。

选材测试一方面是优者入选的方法，另一方面还可起到跟踪测试、监督、检验训练效果的作用，以利于选材、育才经验的总结，提高人才培养的效益。实践证明，对儿童、少年运动员增长趋势的评价，要从起点、增长速度和持续时间三个方面进行综合考虑。起点高、进步迅速而持续时间又长的儿童、少年是属于具有运动天赋者；起点居中、进步速度快而持续时间长的是成才率较高的一类儿童、少年；起点居中、进步速度中等、持续时间也比较长的儿童和少年是篮球运动的基础队伍；而起点虽高，但进步不快且持续时间又短的儿童、少年则很难在篮球运动项目上成才。

4.1.3 篮球运动员选材注意事项

1) 注意选择"遗传度大""可塑性小"的指标

在选材中，年龄越小，层次越低，就越要注意"遗传度大""可塑性小"的性状因素，因为这些优势性状在其发展的"敏感期"内会受到训练环境的诱发和促进，为其运动成绩的提高和达到预定目标打下坚实的基础，是育才工作的高起点，但随年龄和训练时间的增长，可塑性大的因素对其成绩的提高变得越来越重要，并关系到能否达到高目标。所以，对层次较高、训练年限较长的候选者，应逐步向遗传度小、后天影响大的选材指标转移。这样，才符合人体发育的规律，符合运动训练的规律。

2) 选材指标要反映篮球运动的特点

从篮球运动的发展趋势看，世界强队的运动员身高仍在不断增加，因此，身高与指距-身高为形态选材的重要指标。但如果身体肌肉不发达，充实度差，就会在身体的接触对抗中处于劣势，因此，我们把去脂体重也作为形态指标，就是想把运动员的身体形态训练得既高大又强壮，既有力而又不笨拙。

在机能选材中采用心功指数、最大摄氧量和血乳酸三项指标，是针对我国运动员在世界大赛中快速攻守能力弱，在激烈对抗中体能、技术跟不上去的状况，试图从选材、训练两方面来影响、提高运动员心肺功能和无氧代谢水平。

目前还没有更为实际、准确、有效的神经系统和心理选材方法来确定某些应达到的准确指标，只能从现有测试手段和应用理论方面来表达篮球运动对神经系统和心理品质的要求。

对运动素质和专项技术的选材指标，都应遵循训练和比赛的规律，再加上教练员的经验评定，使选材工作做到更加客观和实用。

3）正确处理选材工作中的几个关系

（1）正确处理选材过程与选材点的关系：篮球运动员的选材是一项严格细致、阶段连续性很强的工作，是一项“选”与“育”配合一致的优胜劣汰的人才培养的系统工程。虽然儿童、少年阶段的选材非常重要，但也不可能一蹴而就。如果把选材看成一个点或一次性测试，就可能出现运动员因思想紧张未测出应有水平的情况；因测试方法熟悉程度不同造成不同运动员之间的差距不真实，或同一个人不同项目的成绩带不在同一起点上；或因测试项目的复杂程度不同形成技术性的误差。为了杜绝这些现象的发生，就要进行观察与复测。所以，把选材点和选材过程结合起来，才能准确地掌握选材的真实情况。

（2）正确处理客观测试与专家评定的关系：客观测试是指借助科学仪器与设备、选择敏感有效的指标进行测试。这种测试一般都能准确地反映指标的量化结果。但是，篮球运动是一项较为复杂的竞技运动，机体状况和运动能力之间的关系仍有许多难解的奥秘。属于篮球运动员情感和意识之类的指标很难量化，只能意会难于言传、只能定性而不易定量。即使运用了测试手段，得到的也只是间接的关系量值。只有和运动员朝夕相处的教练员，或者经验丰富并与之接触的专家，才能凭经验和体会作出符合运动员实际情况的定性鉴别。可见，科学的选材既需要客观测试，也离不开专家评定。

（3）正确处理心理测试与平时观察的关系：心理素质对运动能力有极其重要的影响，心理素质的形成与先天有很大的关系，心理选材关键在于发现、判定某种显露和表现是篮球优秀运动员最佳心理素质的“萌芽”，仅凭一两次选材就能准确地测定运动员的心理品质是不现实的。目前，心理选材测试仪器还很难描绘人的复杂心理变化过程，特别是对意志品质的测定，即使科技发展到较高水平，在一次性的心理测试中，评估意志品质的优、良、中、劣，也有相当大的难度。人的心理素质会在日常的生活与训练中有所表现，良好的心理品质必须经历反复磨炼。因此，只有把心理测试结果与日常观察结合起来，才能准确全面地判定运动员的心理品质。

（4）正确处理简单测试与复杂测试的关系：任何测试方法手段的选择，都是为了达到准确与可靠的目的。在选材测试工作中，根据被测对象的年龄特点和选材指标的特征，能够用简单方法测试的就不要追求复杂。如对心功指数和量大摄氧量的测定都可以在实验室分别采用哈佛台阶试验法与功率自行车来完成，后经试验对比，得到的结果与用蹲起测验法和 12 分钟跑测得的这两项指标的结果并没有显著差异。而后两种方法显然简便实用，便于推广。测定力量的方法也很多，BIODEX 力量测定仪是目前世界上先进的仪器，可以精确地测出人体多环节肌肉向心和离心收缩时的用力情况。然而，这种仪器价格昂贵，基层选材网点无法配置。采用简单易行的立定跳远和杠铃负重法所得到的数据也能满足初级选材的要求。所以，从实际出发、以实效为准是处理不同测试方法的准则。

4.2 青少年及女子篮球训练

4.2.1 青少年篮球训练目标与内容

1. 训练目标

经过五至六年(12或13岁至17或18岁)的系统训练,多数少年篮球运动员已表现出身高、臂长的优势,身体素质全面而且达到一定水平,基本功及基本技术较扎实、规范而且全面,有较好的篮球意识,而且开始显露特长,能在实战中熟练运用二至三人配合并有一定效果,具有较好的全队作战意识。

2. 训练内容

1) 理论知识

介绍篮球运动发展趋势以及国内外职业俱乐部现状;讲解身体训练意义、方法和要求以及易犯错误和纠正方法;进一步讲解攻、守基础配合的变化和应用;详细讲解各种全队战术的概念、方法及优点和缺点;介绍完整的篮球规则;传授医务监督的理论知识和如何记训练日记。

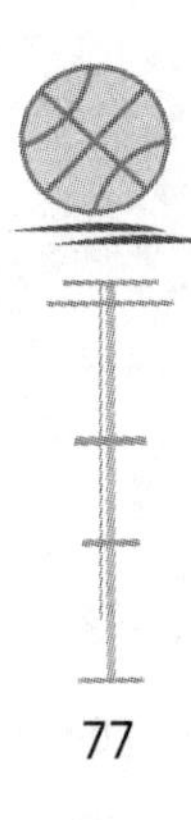

2) 身体训练

强化素质基本功训练,继续进行一般和专项身体训练,全面发展身体素质。加强反应、动作和移动速度训练;进行快速力量和力量耐力训练,16～17岁少年可适当增加绝对力量训练;进行单、双脚起跳摸高和各种不规则跳的训练;在有氧耐力训练的基础上,可增加无氧耐力训练。

3) 技术训练

进行分类攻、守技术中的基本功训练;提高脚步移动、运球、突破、持球、传球、接球、投篮、抢篮板球等技术动作的规范性和组合技术衔接性训练;提高动作质量,适当增加位置技术和难度技术训练;进行各种假动作及其变换训练;增加个人防守训练;增加一对一个人攻、守技术训练。

4) 战术训练

进行基础配合及其变换训练,快攻、防快攻训练,攻、守半场人盯人训练,攻、守半场区域联防训练,攻、守全场人盯人紧逼训练,攻、守全场区域紧逼训练,攻、守混合防守战术训练,各位置间的攻、守配合训练,加强适合本队特点的一两套攻、守战术训练。

4.2.2 青少年及女子篮球训练的特点

1. 儿童、少年篮球训练特点

1) 自然增长的特点

处于身体生长发育时期的儿童、少年参加篮球运动训练,不但能促进身体健康发育,还会全面提高身体素质和运动技术。儿童、少年时期的身心发育是不平衡的,内脏器官的发育明显落后于运动器官;运动器官中,肌肉的发育又落后于骨骼的发育;在肌肉的发育中,大肌肉群又比小肌肉群的发育要早;神经系统发育得最早,所以反应速度和动作频率较早地显示出优势;骨骼与肌肉发育速度的不同,又限制了绝对力量的过早发展;儿童、少年的肌肉系统耐受乳酸的能力较低，过早地利用乳酸性无氧代谢负荷会影响心脏的良好发育等等。因此，儿童、少年的篮球训练，要特别小心谨慎，对暂时处于薄弱情况的身体部位要注意保护，加强医务监督，以避免训练过量而损伤这些部位。同时还要通过合理安排、适度训练，使暂时处于薄弱情况的部位得到改善和发展，促进身体的全面提高。

2）基础性特点

儿童、少年的训练是打基础时期，要特别重视打下扎实基本功，形成正确的技术动作定型，使动作符合解剖学和生物力学的要求，达到规范化的标准。在基础技术训练中，注意手、脚、腰、眼的有机结合，做到左右手平衡、上下肢协调，要不断改进和完善技术动作，提高动作质量，使技术动作达到一定力度、速度和幅度，力争使技术动作协调、准确、熟练，取得较好的效果。到少年后期（16～17 岁），要进一步加大训练的强度和难度，加强动作的衔接和转换，并适当进行位置技术的专门训练。在儿童、少年的基本技术训练过程中，要始终注意培养运动员观察、判断能力与合理、有效的技术运用能力。在对抗训练中，在加强品质和作风培养的同时注意提高技术的运用意识和能力。

3）敏感性特点

儿童、少年是身体素质全面发展的良好时期，一般男孩在 17 岁和女孩 13 岁以前（除柔韧素质外），各项身体素质均随着年龄的增加而增长。而且还会出现一个突增期，这个突增期被称作某项素质的发展敏感期。每种素质都有自己的敏感期，而且出现与持续的时间也不尽相同。其顺序为柔韧、反应速度、动作速度、移动速度、有氧耐力、速度力量、最大力量、力量耐力、无氧耐力。而且对于 12～14 岁时男女柔韧性，14～16 岁时女子速度力量，在 16～18 岁时男女反应速度、动作速度、移动速度、有氧耐力及女子无氧耐力等，可进行较多训练，可取得较大的提高。

4）适应性特点

儿童、少年篮球训练的适应形式是指球的大小、重量，篮圈的高度，篮板的大小，场地的标准，比赛的时间和上场的人数等均适应儿童、少年生长发育的特点和身心发育的规律。儿童、少年训练时若采用成人用的大篮球和高篮圈，容易产生恐惧心理，在技术上容易形成偏差和错误，长大以后不易改正，对将来的提高带来不利影响。儿童、少年训练和比赛采用适宜的小篮球、低球篮、小场地和适宜的人数与时间，这样不仅可以促进他们良好的发育，而且还有利于形成正确的技术动作定型，有助于提高观察能力、注意力、记忆力和思维想象力。采用适宜的形式，可使一些儿童、少年用大球在高篮圈做不出的技术动作能和成人一样表现出来，丰富了攻守技术和战术意识，提高儿童、少年训练的兴趣，促进了技术、战术水平的快速增长，为以后的训练打下坚实的基础。

5）兴趣性特点

篮球运动的本质是一个趣味性游戏，因此要加强儿童、少年对篮球运动兴趣的诱导，使他们喜爱篮球，所以注意力素质在教学训练中有重要意义。只要教练员的引导性讲解有吸引力，就能使他们注意听讲，加之组织有趣味的多次重复练习，就能促使他们理解动作概念和要领，就有助于学会和掌握技术动作。儿童、少年时期无意注意占主要地位，而兴趣是无意注意的重要源泉。儿童、少年对某些技术动作和练习方式感兴趣，自然就能保持较长时间的注意。因此，在安排教学和训练时，练习方式和手段应多样化，可穿插一些游戏和竞赛，尤其是对于儿童时期的训练，寓教学技术于游戏竞赛之中，既能提高练习的兴趣，又能收到良好的训练效果。

2. 女子篮球运动员身体素质的特点

1）力量和速度

女子的肌肉力量平均为男子的2/3左右，因此，女子在需要绝对力量及绝对速度的项目中，其运动能力明显弱于男子。例如，女子投掷运动的能力为男子的50%～70%；跳跃运动的能力为男子的75%～85%；短跑运动的能力为男子的50%～85%；在爆发力及力量性项目上的差异更为显著。这是由于女子肌纤维横截面积小于男子的，因而肌肉的收缩力量较小。女子对静力性运动的适应能力则优于男子。

2）耐力

如前所述，女子的有氧能力弱于男子，这与女子最大摄氧量水平较低、运氧能力及耐酸能力较差等综合因素有关，限制了运动中氧的利用，使得耐力水平较低。

3）柔韧和平衡

由于女子的肌肉和韧带弹性好，关节活动范围大，因而动作幅度大而稳定，具有较好的柔韧性。另外，女子特有的肩窄盆宽体型决定了女子具有身体重心较低的特点，因此平衡能力强于男子。

4.2.3 青少年篮球训练

1. 青少年篮球训练内容安排

青少年训练时间、次数、内容比例以及比赛场次等安排如表4-2-1所示。

表4-2-1 青少年篮球训练安排

年龄/岁		6～8	9～10	11～12	13～15	16～17
训练内容比例	理论	5%	5%	5%	5%	5%
	身体	50%	45%	40%	40%	35%
	技术	45%	45%	40%	40%	40%
	战术	0%	5%	15%	15%	20%
每周训练	次数	3	4	4	7～9	8～10
	时间/小时	4.5～5	6～6.5	8～8.5	16～20	18～22
每学期比赛场次		15～20	16～26	20～30	25～35	30～40

2. 青少年篮球训练方法

1）模仿训练法

模仿训练法是指队员徒手或用球跟随教练员、挂图、电影或录像片的动作而练习的训练方法。少年儿童的第二信号系统发育不完全，第一信号系统的活动占优势，直观形象思维能力较强，善于模仿，而抽象思维能力较差，容易接受示范等直观形象教学，通过模仿训练，有利于形成规范的技术动作。模仿训练法最好在儿童、少年初学动作或纠正错误动作时运用。例如：在学习原地单手肩上投篮技术时，可首先让队员徒手模仿持球动作；其次让队员徒手模仿举球动作，即把球由胸前举至肩上；再次让队员徒手模仿伸臂、翻腕和拨指动作；最后练习完整的投篮动作。

2）纯化训练法

纯化训练法是指在学习过程中，教练员让运动员将注意力集中在身体各环节的用力顺序、大小和姿势上，而不过多考虑准确性和动作完成质量的训练方法。少年儿童正处于生长发育期，肌肉水分较多，蛋白质和无机盐较少，肌肉较柔软，肌纤维较细且横截面积较小，肌肉力量小，大脑皮层的抑制过程虽得到发展，但由于分化能力不强，肌肉运动感觉不够精细，协调性不强，注意力的范围不大，注意力的分配能力差，所以掌握复杂精细的技术动作比较困难。而篮球技术动作比较复杂，对技术动作的准确性要求也高，让少年儿童在完成技术动作的同时还要有很好的准确性，这很难达到，很容易出现为了准确而使动作变形的错误。所以在训练时可让运动员先进行单纯的动作练习，培养他们完成动作时的动作感觉，不强调动作的准确性，等技术动作基本定型以后再进行完整的动作练习。例如：学习原地单手肩上投篮时，不要直接就对篮练习投篮，而是让儿童、少年运动员在无篮的情况下做模仿投篮练习，按投篮动作的顺序做双脚蹬地、伸膝、展体、伸臂、扣腕、拨球动作，将球投向前上方，而不强调准确性，排除其他干扰，将注意力集中在投篮时身体各环节的用力顺序、大小和动作基本正确性上。

3）诱导训练法

诱导训练法是指以某种条件为诱因对运动员的动作进行限制，以帮助运动员形成正确的动作定型的训练方法。儿童神经活动过程不稳定，抑制过程占优势，兴奋和抑制过程在大脑皮层很容易扩散，神经活动的强度和程度都较弱，因此活泼好动，注意力不易集中，做动作时不协调、不准确，容易出现多余动作，条件反射建立快、消退快、重新恢复也快。通过设立一定的诱因，可以减少或防止运动员出现错误动作，使运动员形成正确的动作概念。例如：在进行侧滑步练习时，儿童、少年运动员极易出现在滑步过程中重心升高和两脚并步的错误动作，这时教练员可以让队员在一定高度的网下面并且两脚之间放置一定宽度的木条（木条可以用绳子系住两端挂在队员脖子上）进行滑步练习，迫使运动员的重心保持在一定高度上，而不出现重心升高的动作，并使两脚间在滑步时保持一定宽度，避免出现并步的错误动作。

4）重复训练法

重复训练法是指在不改变动作结构和运动负荷的情况下，按照既定的要求，反复练习，每次练习之间的间歇能使机体机能得以恢复的一种训练方法。运用重复训练法，每次练习要保持预先确定的强度。强度的确定要以运动员所能承受的最大强度为限，一般均应接近或达到比赛的强度，训练段落之间的休息要充分，等机体机能基本恢复后再进行第二次练习。另外，重复训练法由于反复练习同样的动作，运动员容易感到单调乏味，从而产生厌烦情绪，影响练习的积极性，而且机体局部负担较重，易疲劳。因此，在重复练习时，练习方式应多样化，比如结合游戏、比赛的方法，提高运动员练习的兴趣，这样才能使重复练习取得更好效果。

5）交换训练法

交换训练法是指在练习过程中，有目的地变换练习的内容、运动负荷、动作的组合以及变换练习的环境、条件等而进行训练的方法。变换训练法的主要特点在于练习的条件、形式可以根据训练的任务加以变换，因此比较灵活、机动，而且可以根据不同的训练目的、训练中出现的不同情况而针对性地进行训练，提高训练效果。变换训练可以提高运动员练习的兴趣和积极性，降低训练的单调性、枯燥性，符合少年儿童的生理和心理特征。例如：练习传球时，可以用两人原地传球，两人行进间传球和通过防守人传球等方法进行变换练习。

6）持续训练法

持续训练法是指在相对较长练习时间内，没有明显中断的、连续进行练习的训练方法。持续训练法的主要特点是练习时间相对较长，一次练习的量比较大，但强度不太大。由于这一特点，持续训练法对机体刺激所产生的影响比较缓和，训练效果产生得慢，但效果比较稳定。

运用持续训练法有助于学习、掌握、巩固、提高篮球运动技术。在运用此法时，要控制好负荷强度。持续训练法负荷的加大，一是靠练习时间，二是靠提高练习强度。要根据不同训练水平、运动员的具体情况以及训练所要完成的具体任务，确定不同的练习强度和练习时间。例如：做熟练球性的练习时，可用持续训练法练习高运球几百次，以增加对球的控制能力。

7）循环训练法

循环训练法是指根据训练的具体任务，建立若干个练习“站”（或称点），运动员按照规定的顺序、路线依次完成每“站”所规定的练习和要求，并周而复始地进行训练的方法。

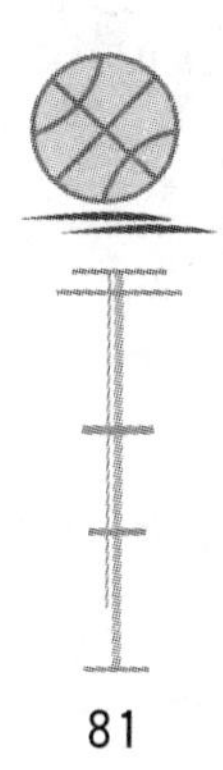

循环训练法的主要内容是设立一些“站”，每个“站”规定的练习内容，以及每个“站”的练习负荷和循环的次数，这些因素都可根据训练所要达到的具体目的和对象的水平灵活地确定。由于这种训练法目的明确、要求具体，全体运动员同时按顺序进行练习，练习过程是“站”接“站”，没有不必要的停顿现象，因此在此法中可以加大训练的密度。循环训练法每“站”的练习负荷和循环的次数，都可因人而异、区别对待。这种训练方法比较生动活泼，还能提高运动员的情绪和练习积极性。

运用循环训练法要根据需要和具体的任务，预先选定循环训练每“站”的内容，安排好场地。由于练习是连续进行的，因此内容以运动员已基本掌握的为宜。例如：把一个篮球场分成四块，全队分成四组，每组分别在一块场地上练习不同内容。第一组在一个篮下练习面向篮投篮，第二组在另一个篮下练习背向篮投篮，第三组在中线右边练习通过防守人传球，第四组在中线左边练习运球突破。

8）游戏和比赛训练法

游戏和比赛训练法是指以游戏和比赛的方式进行训练的方法。游戏和比赛这两种方式联系密切，许多运动项目的正式比赛，都是由最初的游戏方式发展而来的。这里所指的比赛，不但是那些有严格规则限制的正式比赛，而且包括一些简化或附加了某些规则的，或改变了原有场地条件的非正式比赛。例如：为提高队员在比赛中传接球意识和能力，可规定在比赛训练时进攻队员只能传球而不能运球，若运球则属于违例，从而达到训练目的。

游戏和比赛训练法最显著的特点就是具有兴趣性和竞争性，对提高运动员练习的积极性和进取精神起很大作用，而且游戏和比赛一般都是在不断变化的环境中进行的，除了规则规定的条件外，运动员还可以发挥自己的主动性和创造性，以适应不断变化的环境，这对于培养运动员的独立思考能力和判断能力都有积极的作用。

3. 青少年身体素质发展的注意事项[①]

1）力量训练应注意的事项

（1）掌握儿童、少年力量发育的趋势，以便科学地安排力量训练。8岁以后，男孩、女

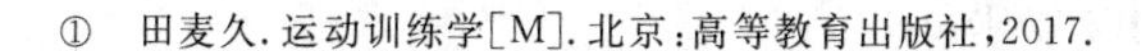

① 田麦久.运动训练学[M].北京：高等教育出版社，2017.

孩力量开始显露差别，男孩绝对力量自然增长的敏感期为11～13岁，此后，绝对力量增长速度缓慢，到25岁左右最大。女孩10～13岁时绝对力量增长速度很快，三年中总的绝对力量可提高46%，13～15岁时绝对力量增长速度下降，15～16岁时又回升，16岁以后再度下降，到20岁左右基本上可以达到最大力量。

在儿童、少年时期，速度力量的发展比绝对力量的发展快一些并且早一些。7～13岁是速度力量发展的敏感期，13岁以后男孩增长得比女孩快。

力量耐力的自然发展趋势较为稳定，男孩7～17岁基本处于直线上升趋势；女孩13岁以后增长速度缓慢，14～15岁甚至出现下降趋势。

（2）应多做发展力量耐力的训练，通过小负荷，特别是克服自身体重的练习，如做俯卧撑、仰卧起坐、下蹲等练习，使全身肌肉力量得到发展，增加肌肉中毛细血管和肌红蛋白的数量，改善氧运输功能。

（3）儿童、少年力量训练应以动力性练习为主，少用或不用静力性练习，特别要尽量避免出现憋气动作，以免因胸膜腔内压的突然变化而影响心脏的正常发育。

（4）儿童力量训练，不要过早强调与专项运动技术相结合，应着重身体全面发展的力量训练。

2）柔韧性训练的注意事项

（1）发展青少年柔韧性训练较容易，这是因为儿童、少年与成年人相比，关节面软骨比较厚，关节内外的韧带较松弛等。一般来说，要争取7岁以前就进行柔韧性练习，力争在12岁以前柔韧性得到较好的发展。

（2）儿童、少年柔韧性练习，应多用“缓慢式”和“主动”活动。这是因为儿童、少年关节牢固性差、骨骼易弯曲变形，长时间用力振压，容易造成关节、韧带的损伤和骨骼的变形，不利于孩子的健康成长。

（3）少年在13～16岁之间生长发育较快，少年的身高、体重明显增加，柔韧性下降，骨骼能承担的负荷较弱，易出现骨骼损伤，因此，要避免过分扭转肌肉骨骼的活动，以免造成损伤。16岁以后，可逐渐加大柔韧性练习的量和强度。

3）灵敏素质训练的基本要求

（1）灵敏素质要从儿童、少年时期开始培养。

（2）应根据不同运动项目的要求，采用不同手段，运用不同方法，发展灵敏素质。

（3）灵敏素质训练一般安排在训练课的前半部分，在运动员体力充沛、精神饱满时进行。

（4）在进行灵敏素质训练时，教练员应采用多种手段，消除运动员的恐惧心理或紧张状态，以保证训练取得良好的效果。

4. 女子篮球运动员训练的注意事项

1）不同时期运动能力的变化

月经周期中由于女性激素水平的规律性波动，机体的运动能力会发生相应变化。在月经周期不同时相中，人体运动能力的变化具有明显的个体差异。但有研究证实，人体有氧工作能力及整体体能以黄体期最强，卵泡期及排卵期其次，经前期及月经期最弱。因此，在女性运动员的训练和竞赛安排中，应充分注意其体能与月经周期的关系，根据各时期体能的变化规律合理安排训练负荷量，大负荷训练应与体能的高峰时期相吻合，以使负荷作用达到最佳状态，从而提高训练效果。

2）运动性月经失调

大多数运动项目对女性的月经周期没有影响，但大强度、长时间的剧烈运动则易引起运动性月经失调(athletic menstrual irregular)，表现为周期延长或缩短、月经过多或过少，甚至闭经。如长跑运动员约有20%发生长期闭经或月经过少，我国女运动员中闭经的发生率为17%。运动性月经失调的发生与运动负荷、体脂含量、运动项目、饮食营养和应激等因素有关。而长期运动训练中，下丘脑-垂体-卵巢轴的功能状态对月经周期的影响具有重要作用。这条轴的任何一个环节出现障碍，均可能导致月经失调。

研究证实，运动性闭经的产生与长期大强度、长时间运动训练后雌激素和孕激素水平下降有关，亦与一个月经周期中雌激素、孕激素正常规律的改变有关。这种变化的原因，一方面可能是下丘脑功能改变，调整激素的分泌模式，并修正其对运动应激的反应；另一方面，可能与运动时激素的代谢廓清率加快、性腺分泌能力下降有关。

思 考 题

1. 简述青少年力量训练应注意的事项。
2. 简述女子篮球运动员身体素质的特点。
3. 论述篮球运动员选材的标准与方法。
4. 论述当前我国青少年及女子篮球训练存在的问题，并提出改进措施。

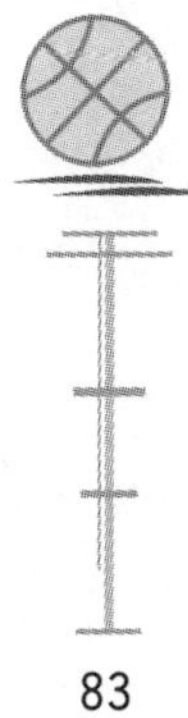

第 2 篇

教学实践篇

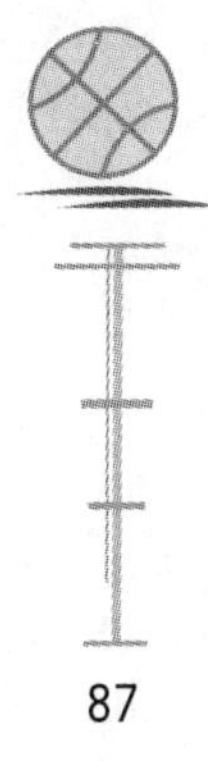

第 5 章

篮球技术教学与训练

章节提要

1. 移动技术教学与训练；
2. 投篮技术教学与训练；
3. 传接球技术教学与训练；
4. 运球技术教学与训练；
5. 抢篮板球技术教学与训练；
6. 防守技术教学与训练。

关键术语

移动技术、投篮技术、传接球技术、运球技术、防守技术、抢篮板球技术。

5.1 移动技术教学与训练

5.1.1 移动技术的概念及分类

移动是篮球运动中队员为了改变位置、方向、速度和争取高度、空间所采用的各种脚步动作方法的总称。移动技术是完成各项技术动作的基础，也是实现篮球战术目的的重要因素。移动技术分类如图 5-1-1 所示。

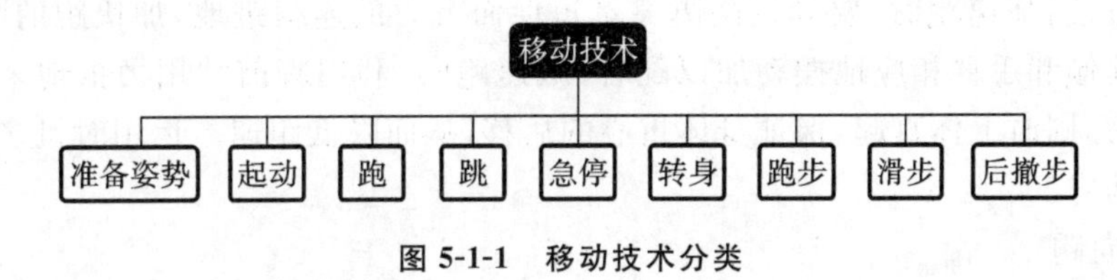

图 5-1-1 移动技术分类

5.1.2 移动技术的基本特点

(1) 行动距离短，方向莫测，比赛中攻守矛盾相互转化。攻守双方运动员的行为受到这对矛盾的制约，移动的距离和方向必须随着攻守节奏的变化而变化，有时要在短时间内做出迅速反应。

(2) 动作间变化的频率快。行动距离短，变化多，攻守双方都在积极利用脚步动作进行制约与反制约的活动，达到攻守目的。

(3) 由于运动员是在动态中完成各种动作的，因此身体重心要在动态中保持平稳。

5.1.3 移动技术的技术分析

移动动作主要是以踝、膝、髋关节为轴的多个运动动作组合成的,包括以下两个主要环节。

1. 准备环节

(1) 两脚前后(或左右)开立,两脚间距离与肩同宽,脚掌着地,两膝弯曲。

(2) 身体重心的投影点(以下简称重心)落在两脚之间,上体微向前倾。

(3) 两臂屈肘自然下垂置于体侧(准备接球或持球),两眼注视场上情况。

2. 身体协调用力环节

(1) 通过脚前掌的蹬地、碾地或脚跟先着地的制动抵地等动作作用于地面产生的反作用力来实现脚步动作。

(2) 髋、膝、踝关节预先弯曲到一定的角度,然后主动伸展,使力通过脚部的动作施加于地面,与此同时,腰、胯协调用力,配合或加大对地面的作用力,并利用地面的支撑反作用力来克服人体重力和惯性力,以保证身体平衡和重心的控制和转移,从而使人体获得起动、起跳、旋转、制动等位移的变化。

(3) 各种脚步动作虽然主要是下肢与髋、膝踝关节肌肉合理的动作过程,但也离不开其他部位动作的协调配合,调整或转移身体重心,保证人体诸力集中到力点与地面的反作用力很好地结合,都起着很重要的作用。

(4) 上肢应协同动作从而更好地保证各种脚步动作的协调性、快速性和实效性。

5.1.4 移动技术动作方法

1. 跑

跑是队员在球场上改变位置、发挥速度的重要方法,也是比赛中运用最多的一种移动动作。篮球场上的跑具有快速、多变的特点。在比赛中经常运用的跑有以下几种。

1) 变速跑

变速跑是队员跑动中利用速度的变换来争取主动的一种方法。

动作方法:加速跑时,要利用两脚突然短促而有力的连续蹬地,加快跑的频率,同时上体稍向前倾和手臂相应地摆动加以配合;减速跑时,利用脚前掌用力抵地来减缓快跑的向前冲力,同时上体直起,保证身体重心的后移,从而降低跑速。运用时机多是通过变速来摆脱防守。

2) 变向跑

变向跑是队员在跑动中突然改变方向来摆脱防守或者堵截进攻队员的一种方法。

动作方法:变向跑时(以从右向左变方向为例,见图 5-1-2),右脚着地,脚尖稍向内扣,用脚前掌内侧用力蹬地,屈膝,腰部随之左转,快速移重心,左脚向左前方跨出,这一步要快,右脚迅速随着跨出,继续加速跑动前进。变速跑和变向跑结合在一起用来摆脱防守。

3) 侧身跑

侧身跑是队员向前跑动中为了观察球场上的情况,侧转上体,进行攻守行动的一种跑动方法。

动作方法:在跑动中头部与上体侧转向球的方向,而脚尖要朝着前进方向,既要保持

图 5-1-2　变向跑

跑速或加速，又要完成攻守任务。多用于下快攻，或组织由守转攻时采用的移动形式。

4）后退跑

后退跑是队员为了观察场上攻守情况，在球场上背对前进方向的一种跑动方法。

动作方法：后退跑时，两脚提踵，用脚前掌交替蹬地提膝向后跑动，上体放松直起，两臂屈肘相应摆动，保持身体平衡，两眼平视，注意场上情况。常用于由攻转守时，观察队友防守位置积极进行交流，观察对手进攻策略采取的移动形式。

2. 跳

跳是队员在球场上争取高度及远度的一种动作方法。分为双脚跳和单脚跳。

1）双脚跳

动作方法：双脚起跳。起跳时，两脚开立，两膝快速下蹲，两臂相应后摆，上体前倾。然后，两脚用力蹬地，伸膝、提腰，两臂迅速向前上摆，使身体向上腾起。上体在空中要自然伸展，收腰，下肢防守。落地时，用前脚掌先着地，并屈膝缓冲身体下落的重力，保持身体平衡，以便衔接下一个动作。双脚起跳都在原地运用，也可以在上步、并步、跳步和助跑情况下运用。

2）单脚跳

动作方法：单脚起跳。起跳时，起跳腿微屈前送，脚跟先着地，并迅速从屈膝过渡到前脚掌用力蹬地，同时提腰摆臂。另一腿提膝积极上抬，帮助重心上移。当身体上升到最高点时，摆动腿放膝向下与起跳腿自然合并，使腾空动作协调。落地时，双脚要分开，注意屈膝缓冲，以便迅速完成动作。单脚跳多与助跑相结合，进行封盖或者是投篮等。

3. 急停

急停是指队员在快速移动中突然制动速度的一种方法，是各种脚步动作衔接和变化的过渡动作。比赛中急停多与其他技术结合在一起运用。急停分为跨步急停和跳步急停。

1）跨步急停

动作方法：如图 5-1-3 所示，急停时先向前跨出一大步，用脚跟先着地并迅速过渡到全脚抵住地面，降低重心，身体稍后仰。第二步落地的同时，两膝深屈并内扣，身体稍侧转，两脚尖自然转向前方，前脚掌内侧用力抵住地面制动向前的冲力，上体稍后仰，两臂屈肘自然张开，然后上体迅速自然前倾帮助身体平衡。跨步急停多用于奔跑速度过快无法使用跳步急停时，或者是距离篮筐较远而要进行快攻时，以及摆脱防守时。

图 5-1-3　跨步急停

2）跳步急停

动作方法：跑动中用单脚或双脚跳，使双脚稍有腾空。上体稍后仰，两脚平行或前后落地（略宽于肩）形成基本进攻站立姿势。多用于进行无球移动。尤其在低位区背对篮筐接球时，跳步急停具有特殊的优势。

4. 转身

转身是指队员一脚做中枢脚进行旋转，另一脚蹬地向前后跨出，改变原来身体方向的一种动作方法。它可与急停、跨步、持球突破结合运用，有效地摆脱防守，创造传球、投篮机会。转身分为前转身和后转身。

1）前转身

移动脚向中枢脚脚尖方向跨出改变身体方向的动作称为前转身，如图 5-1-4 所示。转身时，中枢脚前脚掌用力碾地，移动脚蹬地并迅速跨步，同时转腰转肩并保持平衡。在接球后一般采用前转身进行进攻。

图 5-1-4　前转身

2）后转身

移动脚向中枢脚脚跟方向跨出改变身体方向的动作称为后转身，如图5-1-5所示。转身时，中枢脚碾地旋转，移动脚蹬地并向自己身后后撤步，同时腰胯主动用力旋转，身体重心随着转移，保持身体平衡。常常是为了摆脱对手获得更加有利的位置，背身单打时，常采用后转身。

图5-1-5　后转身

5. 跨步

跨步是一种起步的动作方法。跨步的动作方法是以一脚为中枢脚，另一只脚向前或向侧方跨出，以便衔接其他动作。这个移动技术的特点是突然性，它在进攻和防守中经常用到。

6. 滑步

滑步是防守移动的一种主要方法，它易于保持身体平衡，可向任何方向移动，多用于外线防守。

1）侧滑步

动作方法：两脚平行站立，两膝较深弯曲，上体微向前倾，两臂侧伸，如图5-1-6所示。向左侧滑步时，右脚前脚掌内侧蹬地，左脚向左（移动方向）跨出，在落地的同时，右脚紧随滑动，向左脚靠近，两脚保持一定距离，左脚连续跨出。在滑步时，要保持屈膝低重心的姿势，身体不要上下起伏，重心保持在两脚之间，眼要注视对手。向右滑步时脚步动作相反。

图5-1-6　侧滑步

2）前滑步

动作方法：两脚前后站立，向前滑步时，后脚的前脚掌内侧蹬地，前脚向前跨出一小步，着地后，后脚紧随着向前滑动，保持前后开立姿势。

3）滑跳步

动作方法：两脚平行开立，稍比肩宽，两膝保持弯曲，移动时，不停顿地用前脚掌蹬地，用小而快的步法向左、右、前、后移动。移动时步幅小，保持平步防守姿势，上体不要起伏。

7. 后撤步

后撤步是变前脚为后脚的一种起步方法。队员为了保持有利位置，特别是当进攻队员从自己前脚外侧持球突破或摆脱时，常用后撤步移动堵截，并与滑步、跑等结合运用。

动作方法：撤步时，用前脚掌内侧蹬地，腰部用力向后转体，前脚后撤，同时后脚的脚前掌碾地，当前脚后撤着地后，紧接滑步保持身体平衡与防守姿势，如图 5-1-7 所示。后撤角度不宜过大，动作要迅速，身体不要起伏。

后撤步常用来保持有利位置，摆脱防守。

图 5-1-7 后撤步

8. 攻击步

攻击步是防守队员突然向前跨出的一种动作，是对防守习惯好的队员采取的压迫性防守。

动作方法：利用后脚蹬地，前脚迅速向前跨出，逼近对手。运用攻击步时，用前脚同侧的手伸出抢球、打球或干扰对手的进攻。

9. 绕步

绕步分为前绕步和绕后步。

做前绕步时，右脚向右前方跨出半步，左脚迅速蹬地绕过对手向侧跨出或跃出。腰胯要用力，手臂根据防守的需要做出相应的阻挠、伸展、挥臂的动作。绕后步的动作与前绕步相同，方向相反。

绕步是一种特殊形式的防守，针对固定情况采取的防守方式，但弊端也比较明显，容易失位。

5.1.5 移动技术的教学训练步骤与练习方法

1. 移动技术教学训练步骤

(1) 通过讲解、示范，建立正确的技术概念；

(2) 原地移动技术练习；

(3) 行进间移动技术练习;

(4) 在基本动作练习基础上增加强度、次数;

(5) 通过口令、哨声等提示做出相应动作,培养应变能力。

2. 移动技术练习方法示例

1) 准备姿势练习方法示例

练习要点:

①蹬地有力、手眼协调、保持重心。

②手脚协调,快速发力。

练习方法:

①在原地,由教练员下达“预备”的口令后,队员们迅速将身体姿势调整为预备姿势。

②在队员向前移动过程中,由教练员下达“预备”的口令后,队员们迅速将身体姿势调整为预备姿势。

易犯错误:

①起动前身体重心过度,不便于迅速蹬地。

②重心移动不及时。

③起动时后脚或异侧脚蹬地不充分;步幅大,步频慢。

纠正方法:

①教师可采用对比和分解示范的方法,使队员对正确的技术有明确的概念。

②分解练习:学生呈体操队列,按照教师的要求原地做后蹬、侧蹬练习和快速摆臂练习,以及迅速向起动方向转移身体重心的练习。

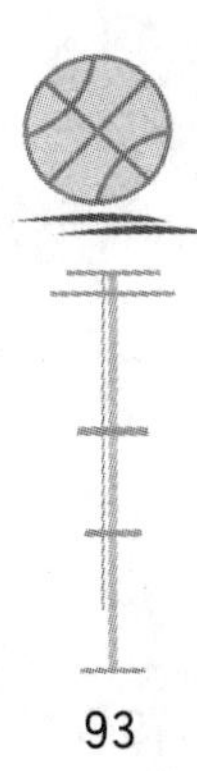

2) 跑练习方法示例

练习要点:

①身体协调。

②保持身体平衡,注意观察场上情况。

练习方法:

①以两个篮筐的连线将篮球场地分为两块,队员分成两组依次进行不同形式跑的“之”字练习。

②以一块篮球场地的底线和边线,进行不同形式跑的组合练习,如在底线进行后退跑,在边线进行变速跑。

易犯错误:

①在练习各种形式的跑时,身体姿势不正确,身体表现不协调;

②不能目视前方,注意力集中在脚下;

③在训练中,轻视跑动作练习,不能很好地领会动作要领;

纠正方法:

①强调动作要领,可以是教练,也可以是队员之间的相互促进。

②端正训练态度,积极重视各种形式跑的动作练习。

③对于协调性和平衡性着重练习。

3) 跳练习方法示例

练习要点:身体协调,手脚并用。

练习方法:

①双脚起跳。可以在原地进行双脚起跳动作练习，也可以结合球，将球简单抛起，采用双脚起跳的方式，抢到球并保护球。

②单脚起跳。在慢跑中，进行单脚起跳练习。可以结合三步上篮步法进行单脚起跳练习，变化起跳脚，协调左右，双臂要自然摆动。

易犯错误：

①在双脚起跳中，身体保持平衡性差，不能衔接其他动作。

②在单脚起跳中，身体不协调，手臂和腿的动作不协调。

纠正方法：

①严格按照动作反复进行练习。

②注重平衡和协调性的专项体能训练，提高基本运动素质。

4）急停练习方法示例

练习要点：中枢脚的区分，保持身体重心。

练习方法：

①队员以中速向场地另一端跑去。当听到教练员“急停”口令时，做跳步急停动作；当听到“跑”的口令时，继续跑进。

②队员以中速向场地另一端跑去。当听到教练员“急停”口令时，做跨步急停动作。当听到“跑”的口令时，继续跑进。

易犯错误：

①在做跳步急停和跨步急停时，脚步凌乱，造成走步。

②做完急停动作不能衔接其他技术动作，失去平衡。

纠正方法：

①可以通过喊口令的方式交代脚步问题，确保不会走步违例。

②重视身体重心的保持，以便衔接其他技术动作。

5）转身练习方法示例

练习要点：保持身体平衡，注重动作结构要领，体会动作细节。

练习方法：

①排头队员用高运球或低运球至端线后，做跳步急停，再做一次前转身，然后将球传给下一名队员。

②队员分布在全场，做低运球，当听到教练员的“前转身”口令时，做一次跳步急停，然后再做前转身动作。重复进行练习。

易犯错误：

①中枢脚区分不清，造成走步。

②转身后重心失去，身体不协调。

纠正方法：

①正确理解中枢脚的重要性。

②保持重心，以便衔接动作。

6）跨步练习方法示例

练习要点：蹬跨有力，快速发力。

练习方法：

①在原地不断小碎步，达到一定次数后，迈出一只脚，然后加速向前跑出。

②结合球，做试探步，然后加速向前运球。

易犯错误：向前跨出步伐较大，失去重心，不能再做其他动作。

纠正方法：脚适当向前迈出，不可失去身体重心。

7）滑步练习方法示例

练习要点：保持身体平衡，重心不要上下起伏。

练习方法：

①队员进行全场不同方向的滑步练习。

②在限制区的方框内，听从教练员的口令，进行滑步的不同方向练习。

易犯错误：

①重心上下起伏，上体不能保持正直。

②脚下移动缓慢，不能跟上教练员口令。

纠正方法：

①强调保持重心稳定，保持上体正直。

②调动学生训练积极性，保持注意力集中。

8）后撤步练习方法示例

练习要点：后撤角度要适宜，保持身体重心。

练习方法：

①听口令进行后撤步动作练习。

②结合球进行后撤步动作练习。

易犯错误：

后撤角度过大，失去重心。

纠正方法：因人而异，调整后撤角度。

9）攻击步练习方法示例

练习要点：结合手部动作，养成良好习惯。

练习方法：采取某一固定运球方式，由防守队员进行攻击步动作的练习。随着熟练程度的提升，可以提高对抗强度，攻守进行转换。攻击步是进攻队员起动步的选择，在学习了其他技术动作后，可组合进行练习。

易犯错误：攻击步的同时进行抢、打、断球。

纠正方法：积极进行提示，养成良好习惯。

10）绕步练习方法示例

练习要点：预判对手意图，采取合适策略。

练习方法：一名进攻队员，一名防守队员。通过防守队员的积极绕前防守或绕后防守，使进攻队员的队友无法将球传给该进攻队员。一次练习过后，攻守互换。

易犯错误：因错误判断情形，造成失位。

纠正方法：在练习动作时，应使队员学会判断情形，适时采取有效防守方式。

思 考 题

1. 试述移动动作效果的影响因素。
2. 简述学习移动技术动作的意义。
3. 论述各防守移动技术和进攻移动技术的区别。
4. 论述移动技术与其他技术的联系。

5.2 投篮技术教学与训练

5.2.1 投篮技术

1. 投篮技术概念及分类

投篮是进攻队员为了将球投入篮筐而采用的各种专门动作方法的总称。篮球运动是集体同场对抗的比赛项目，一切进攻技术、战术运用的最终目的，都是为了创造更多的投篮机会，力争投中得分。所以，投篮是篮球运动中最重要的技术。投篮技术的分类如图 5-2-1 所示。

图 5-2-1 投篮技术的分类

2. 投篮技术分析

1）准备阶段

(1) 建立良好的投篮自信心。集中注意力，沉着冷静不要分心。

(2) 根据不同的情况选择合适的投篮方式。保持身体平衡，控制好出手的力量和方向。

2）持球方法

(1) 单手持球（以原地单手肩上投篮为例）。

①投篮手五指自然分开，用手掌外沿和指根以上部位托住球的后下方；

②手心空出，手腕后仰，球的重心落在食指和中指之间；

③肘关节自然下垂，置球于同侧肩的前上方。

(2) 双手握球（以原地双手胸前投篮为例）。

①两手手指自然分开，拇指相对成“八”字形；

②用指根以上部位握球的两侧后下方，手心空出；

③两臂自然屈肘，肘关节下垂，置球于胸与颚之间。

3）投篮动作方法

(1) 投篮动作。

①脚蹬地发力，腰腹用力向上伸展，手臂向前上方伸直，手腕前屈（或翻转），手指拨球，用全身综合协调的力量将球投出。

②伸臂举球和手腕前屈或翻转与手指拨球的力量，是控制与调节身体各部位用力的关键，也是取得合理的投篮出手角度与速度的保障。

③一般投篮距离越近，身体综合用力的程度越小，以手指与手腕动作用力为主。远距离投篮时，身体综合用力的要求则越高，特别是手腕与手指调节力量的能力要求也越强。因此，投篮时身体各部位的肌肉用力要互相配合、连贯协调，这样才能合理地完成投篮动作。

(2) 瞄准点。

瞄准点是投篮时眼睛注视篮圈或篮板的某一点。它是为了精确地目测投篮的方向、距离,从而决定投篮出手的用力大小、速度的快慢、球飞行弧线的高低,它是提高投篮命中率的重要因素。

①直接投篮的瞄准点:篮圈离投篮队员最近的一点,通常是指篮圈前沿的正中点。这种瞄准点有实体目标,在球场的任何地方投空心球都适用。

②碰板投篮的瞄准点:以篮板的某一点作为瞄准点,就是投篮时将球投向篮板入篮的一点。碰板投篮适用于与篮板成 15°～45°的位置,以接近 30°角的地方最适宜。在通常的情况下,投篮的碰板角度等于球的反射角。若碰板角度小,距离远,则瞄准点离篮圈的距离高而远,投篮所需要用的力量相对较大;如果碰板角度大,距离近,则碰板点离篮圈就较低而近,投篮所需要的力量相对较小。

(3) 球的旋转。

①投篮时,球的旋转是依靠手腕前屈、手指拨球动作所产生的力。

②由于投篮的动作方法与用力的方向不同,球的旋转也就不同。一般中、远距离高手投篮时都是使球围绕横轴向后旋转。向后旋转的球不但有助于保持飞行的稳定性,而且有助于增加飞行弧度。

③向后旋转的球碰到篮圈时,球的反弹方向是向下的,比不带旋转的球容易落入篮圈内。

④在篮下侧面碰板投篮时,应使球向侧旋转;行进间低手投篮时,应使球向前旋转。

(4) 抛物线。

①投篮出手后球在空间飞行过程中受重力的影响而形成一条弧线称为投篮的抛物线。抛物线的高与低,对命中率有重要影响。

②抛物线的高与低取决于投篮出手角度和出手力量。投篮时必须根据不同的投篮距离运用不同的抛物线。

低弧线:球的飞行距离短,力量容易控制,但由于球飞行弧度低,近于水平,篮圈在球下的面积较小,而大部分被球篮的前沿所遮盖,因而不易投中。

高弧线:球飞行入篮的弧线过高,近于垂直,篮圈暴露在球下面的面积最大,球容易入篮。但球飞行的路线太长,不易掌握飞行方向,从而影响命中率。

中弧线:球飞行弧线的最高点大致与篮板的上沿在一条水平线上,球篮的大部分暴露在球的下面,容易投篮命中,是一种比较适宜的抛物线。

4) 投篮技术方法

(1) 原地投篮。

原地投篮是最基本的投篮方法,它是行进间和跳起投篮的基础。这种投篮方法身体比较平稳,便于协调用力,是一种比较容易掌握的投篮技术。

①原地单手肩上投篮(以右手投篮为例,见图 5-2-2)。

动作方法:

右手持球于肩上,左手扶球的左侧,右臂屈肘,前臂与地面接近垂直;两脚左右开立或前后开立,两膝微屈,重心落在两脚上。但由于动作习惯不同和力量的差距往往使得每个人的投篮姿势各有不同。

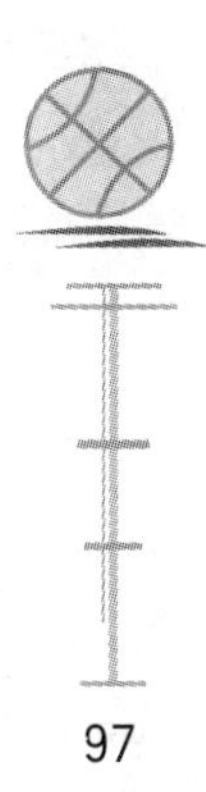

图 5-2-2　原地单手肩上投篮

投篮时，脚蹬地发力，右臂向前上方伸直，手腕前屈，食指、中指用力拨球，通过指端将球投出。球出手时，身体随投篮方向向上伸展，脚跟微提起。

运用时机：

原地单手肩上投篮是日常训练以及比赛中使用最为常见的一种投篮方式。

②双手胸前投篮。

动作方法：

双手持球于胸前，肘关节自然下垂，双脚前后或左右开立，双膝微屈，重心落在两脚上，眼睛注视瞄准点。

投篮时，双脚蹬地发力，两臂向前上方伸直，前臂内旋，拇指下压，手腕前屈，食指、中指用力拨球，通过指端将球投出。球出手时身体随投篮出手方向自然伸展，脚跟微提起。

运用时机：

双手胸前投篮在实战中的运用相对较少，主要是一些由于力量不够的幼儿阶段的球员使用。

(2) 行进间投篮。

①行进间单手低手投篮(以右手投篮为例，见图 5-2-3)。

动作方法：

右脚跨出一大步的同时接球，接着左脚跨出一小步并用力蹬地起跳，右手托球向前上方伸展，当身体接近最高点时右手屈腕，食指、中指用力拨球。

运用时机：

一般多在快攻或切入篮下时运用，也可以在中、近距离运用，俗称跑动中投篮。

②行进间单手肩上投篮(以右手投篮为例，见图 5-2-4)。

动作方法：

球在空中运行时，右脚向来球方向或投篮方向跨出一大步同时接球，左脚向前跨出一小步，脚跟先着地，上体稍后仰，然后迅速过渡到前脚掌着地，并用力蹬地起跳，右腿屈膝上提，左脚蹬离地面。

双手向前上方举球，腾空后，右臂向前上方伸展，腕、指动作同原地单手投篮。投篮

图 5-2-3　行进间单手低手投篮

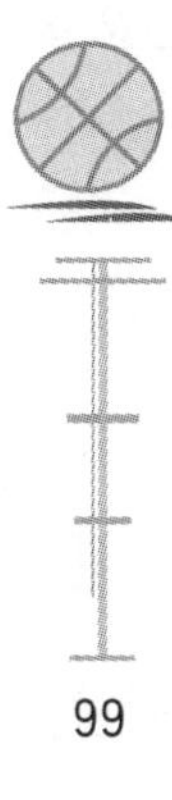

图 5-2-4　行进间单手肩上投篮

出手后，两脚同时落地，两腿弯曲，以缓冲落地的力量。

运用时机：

运用时机与行进间单手低手投篮相同。

(3) 跳起投篮。

①原地跳起单手肩上投篮(右手投篮为例，见图 5-2-5)。

动作方法：

两手持球于胸前，两脚前后或左右开立，两腿微屈，重心在两脚上；起跳时两腿迅速屈膝，脚掌用力蹬地向上起跳，双手举球至肩上，右手托球，左手扶球的左侧方；当身体接近最高点时，左手离球，右臂向上方伸直，手腕前屈，食指、中指拨球，通过指端将球投出；落地时，屈膝缓冲，准备下一个动作。

运用时机：

原地跳起单手肩上投篮是原地单手肩上投篮的一种变换，其运用比较广泛，是在跳起的过程中通过全身力量的协调发力来做距离更远的投篮。

图 5-2-5　原地跳起单手肩上投篮

②急停跳起投篮。

急停跳起投篮是进攻队员在行进间运用突然急停摆脱防守转而进行跳起投篮，如图 5-2-6 所示。

动作方法：

接球急停跳起投篮：在快速移动中接球，用跨步或跳步急停，急停的同时，突然向上起跳，两手持球迅速上举，当身体接近最高点时，前臂向前上方伸直，手腕前屈，食指、中

图 5-2-6　急停跳起投篮

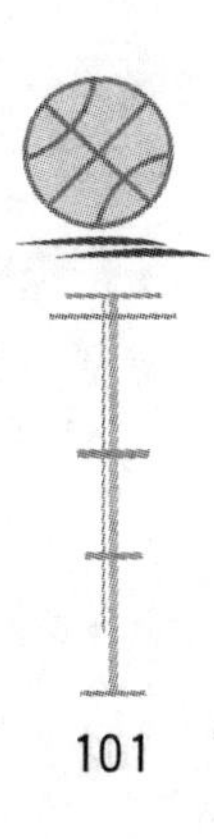

指拨球，通过指端将球投出。

运球急停跳起投篮：在快速运球中，运用跳步或跨步急停突然向上起跳的同时两手持球上举；当身体接近最高点时，前臂向前上方伸直，手腕前屈，食指、中指用力拨球，通过指端将球投出。

运用时机：

对方严密防守时，常常与空切、策应、掩护等战术结合来制造投篮得分的机会。

5.2.2 投篮技术教学训练步骤与练习方法

1. 投篮技术教学训练步骤

(1) 通过讲解、示范，建立正确技术概念；

(2) 原地投篮；

(3) 行进间投篮；

(4) 跳起投篮；

(5) 投篮与传接球、运球、脚步动作、抢篮板球等技术结合起来培养应变能力。

2. 投篮技术练习方法

1) 原地投篮练习方法

练习要点：

形成正确的投篮手法：五指自然分开，用手掌外沿和指根以上部位托球的后方，手心空出，手腕后仰，肘关节自然下垂，另一手扶球的一侧。

动作顺序：

脚蹬地、伸臂举球、手腕前屈和手指拨球，各环节之间相互联系，相互影响，形成一组完整的动作。

(1) 罚球练习。

罚篮练习除了常规的队员罚球线站成一排自投自抢以外，在这里再介绍一种练习方法。如图 5-2-7 所示，球员围绕三秒区呈逆时针或顺时针移动，移动到罚球线的球员要及时投篮。在练习过程中要求球不落地，这需要在练习中的所有其他球员要跟随罚球队员的投篮及时地移动争抢篮板球。

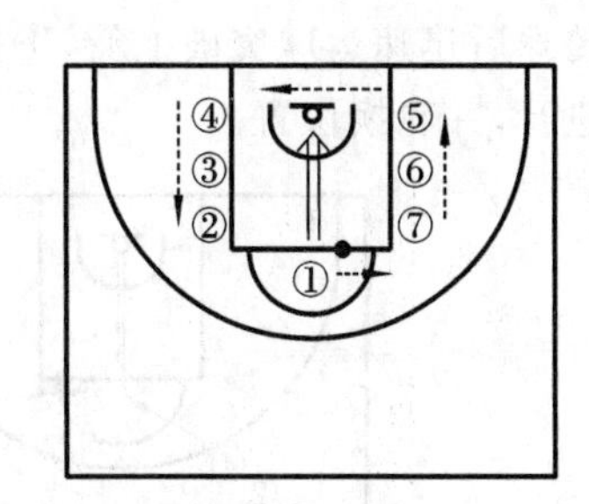

图 5-2-7 罚球

还可适当增加练习内容，例如规定投进数量、模拟比赛罚篮争抢篮板球等。

(2) 多角度投篮练习。

如图 5-2-8 所示，将球员分成五个小组分别站在五个投篮点上，投篮可根据具体的要求进行调整，每人依次在投篮点上投篮。自投自抢，按顺时针方向依次轮换。

练习中需要注意不图快和准，但要求做到技术动作正确规范。

(3) 两人一组投篮练习。

如图 5-2-9 所示，每两个球员一个球，一名球员投篮时另外一名球员在篮下积极移动抢篮板球后回传给投篮队员。练习时可规定投进一定的数量以后进行交换。

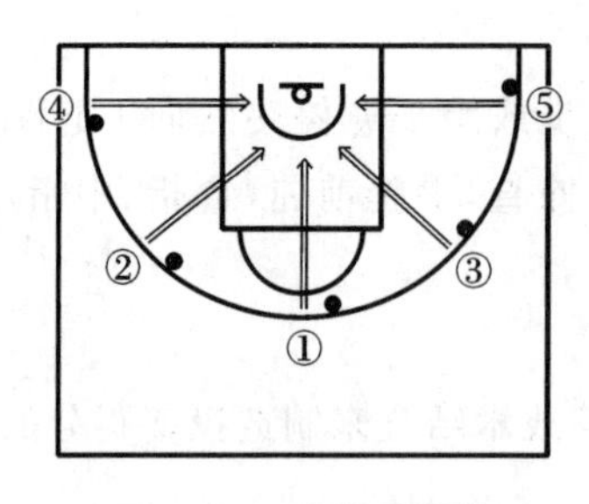

图 5-2-8　多角度投篮

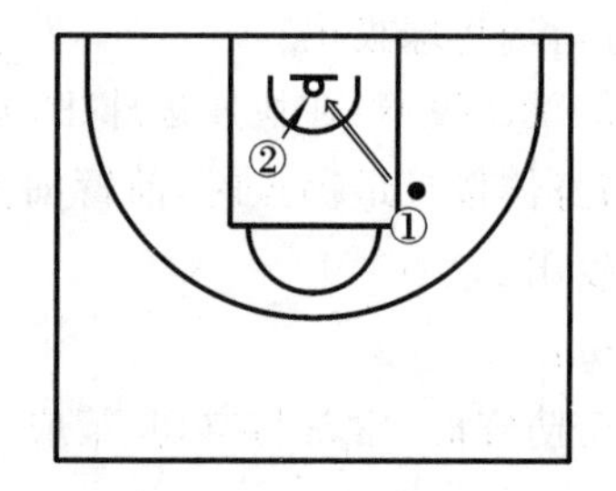

图 5-2-9　两人一组投篮

2）行进间投篮练习方法

练习要点：

行进间单手肩上投篮的脚步动作应是第一步跨出要大，第二步要小，第二步着地的同时应迅速用力蹬地，使身体向上跳起；行进间单手低手投篮的手法是掌心向上托球，向球篮上方伸直手臂，而初学者上篮时往往手臂没有充分伸展，而是大臂由下向上撩球，因此教学中要强调跨步接球后的举球动作。

跨步拿球动作对完成技术起到关键作用，跨步拿球必须要手脚协调配合，如果是右手投篮，那么当球在空中运行时，右脚向投篮方向跨出一大步的同时双手拿球。

动作顺序：

身体在跳起过程中，双手向上举球，当身体腾空到接近最高点时，向前上方伸臂、屈腕，将球投出。

（1）罚球线接球急停投篮练习。

如图 5-2-10 所示，球员分成两组，一组做横向移动到罚球线附近接另一组的传球后运球做急停投篮。

（2）半场行进间投篮综合练习。

如图 5-2-11 所示，将球员分成两组分别站在圆弧线 45°两侧，左侧学生拿球，④接①的传球后迅速运球突破上篮，①抢篮板球绕至右侧⑥的队尾，④到左侧③队尾排队。依次进行，并轮换位置。

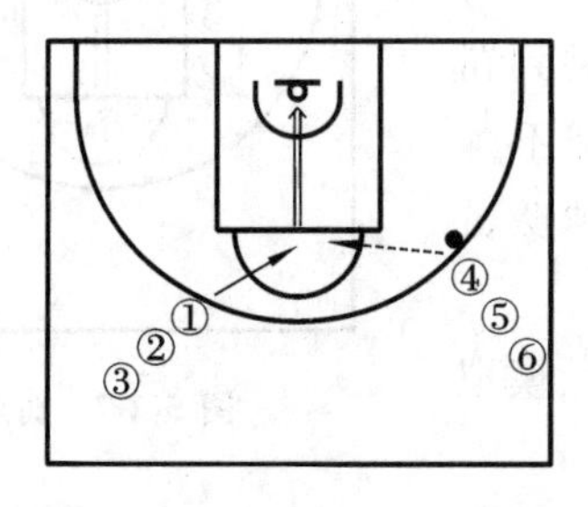

图 5-2-10　罚球线接急停投篮

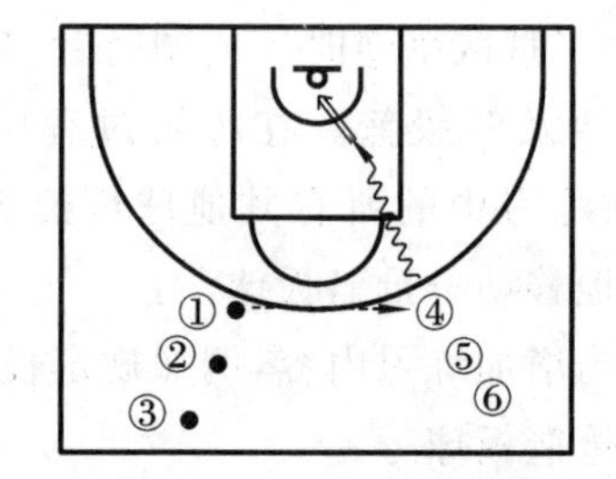

图 5-2-11　半场行进间投篮

（3）全场行进间传接球上篮练习。

如图 5-2-12 所示，球员 2 人一组，行进间传接球上篮。要求传球与投篮衔接协调连贯，投篮手法正确，投篮准。

（4）传接球上篮综合练习。

如图 5-2-13 所示，每人一球，运球 3 次后传球，然后快跑接回传球，接球后马上再传球，然后再接球上篮。

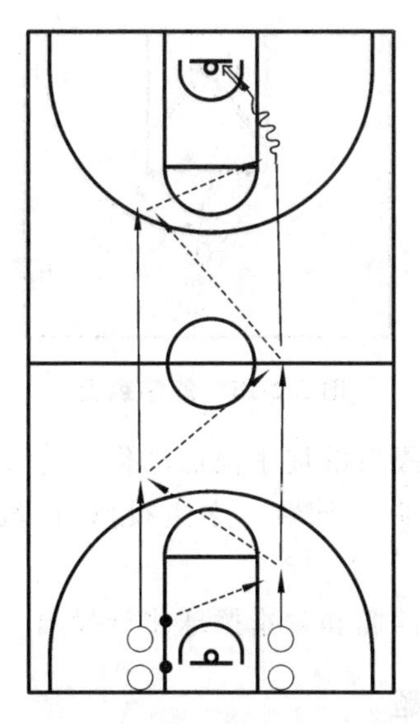

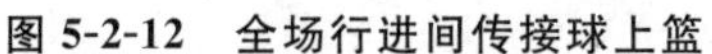

图 5-2-12 全场行进间传接球上篮

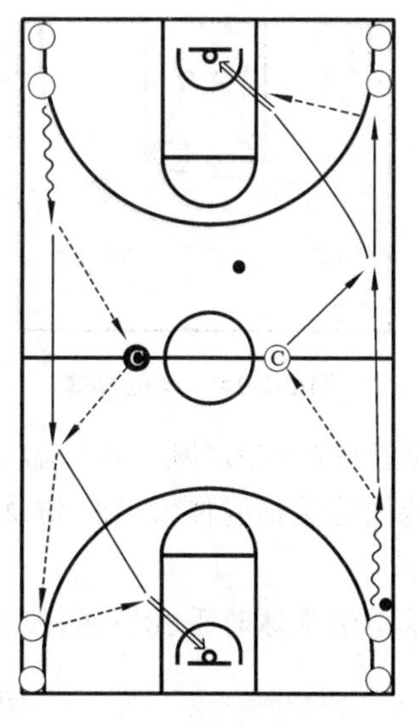

图 5-2-13 传接球上篮

易犯错误:起跳时身体前冲,控制不好身体平衡,以致投篮用力过大。投篮时屈髋,身体、手臂没有向上伸展。

纠正方法:要求球员助跑接球时第一步要大,第二步要小,并先以足跟着地过渡到全脚掌着地再用力向上起跳。教师反复强调并用语言提示身体伸展、手臂上伸的动作。

3. 跳起投篮练习方法

练习要点:

跳起单手肩上投篮要求起跳突然性强,在两脚用力蹬地向上起跳的同时,上体向上伸展,双手举球至投篮手同侧肩上方。

跳起单手肩上投篮动作方法与原地单手肩上投篮动作方法相同,只是投篮动作是在跳起空中完成的。当身体接近最高点时向上提肘伸臂,接着手腕前屈,用食、中指拨球将球投出。落地时,双腿要屈膝缓冲,以准备下一个动作。

(1) 点位投篮练习。

跳起练习中的练习方法与前面的原地投篮练习方法相似,练习的方法有很多种,在这里介绍一种两人之间的练习形式。如图 5-2-14 所示,一名球员在罚球线两端来回移动接三秒区负责抢篮板与传球队员的回传球后完成跳起投篮。

练习过程中根据掌握程度适当增加难度,如内线队员传球后迎上防守、增加投篮距离等。

(2) 急停跳投练习。

如图 5-2-15 所示,①传球给罚球线教练后,跑到左侧或右侧接回传球完成急停跳投。在练习过程中要求学生不断变换左右位置尤其是弱侧的急停跳投练习,要做到移动迅速、接球稳,提高命中率。

易犯错误:

(1) 投篮出手时间掌握不好,影响动作的协调性。

(2) 球飞行弧度过低。错误原因是抬肘不够和伸臂方向错误。

(3) 投篮时手腕旋转,并用无名指和小指侧拨球的力量投出。

纠正方法:

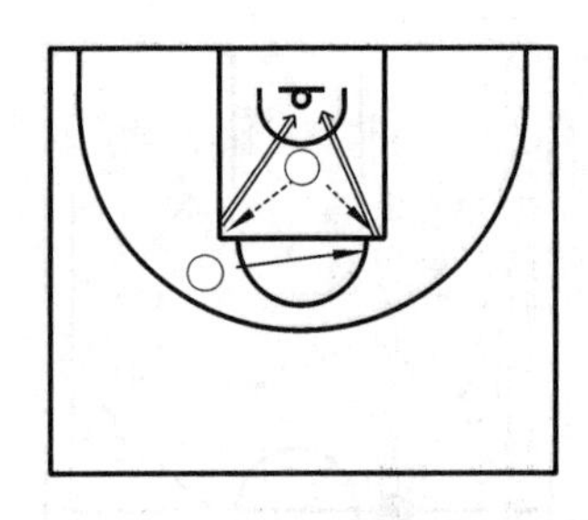

图 5-2-14 点位投篮

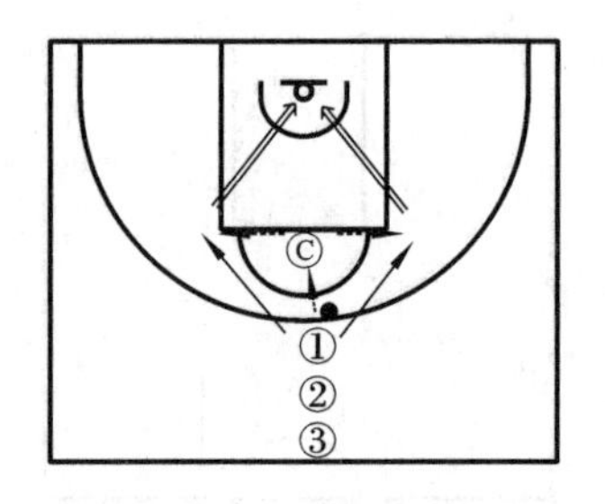

图 5-2-15 急停跳投

(1) 根据教师的信号“跳—投”,做原地跳起投篮的徒手模仿动作。

(2) 原地做持球抬肘伸臂的模仿练习,要求向上伸臂。学生投篮时,教师要及时给予反馈信息。

(3) 要求学生举球时手腕后屈,投篮时用腕前屈和食指拨球将球投出。

思 考 题

1. 简述如何正确地选择投篮瞄准点。
2. 简述影响投篮命中率的因素。
3. 简述投篮技术教学步骤。
4. 论述在篮球比赛中如何创造良好的投篮时机。

5.3 传接球技术教学与训练

5.3.1 传接球技术

1. 传接球技术的概念及分类

传、接球是篮球比赛中进攻队员有目的地转移球的方法,是进攻队员在场上互相联系和组织进攻的纽带,是实现进攻战术配合的具体手段,其分类如图 5-3-1 所示。

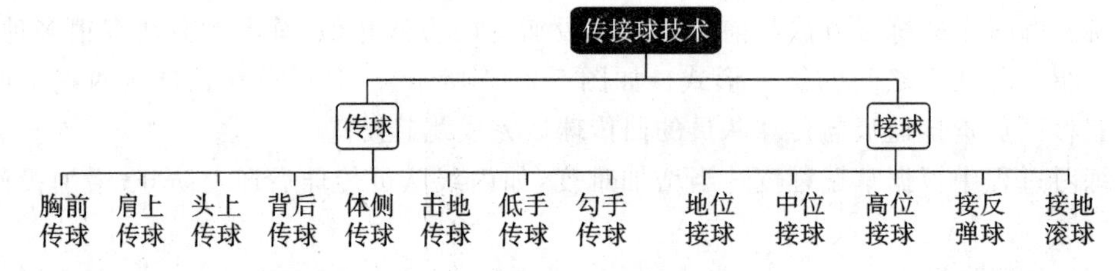

图 5-3-1 传接球技术的分类

传、接球技术的好坏,直接影响进攻战术质量和比赛的胜负,及时、准确地传接球,能够创造更多更好的投篮得分机会。

2. 传接球技术基本特点

随着篮球技战术快速发展,防守的攻击性和进攻的高效性越来越成为球队制胜的关键。现代篮球运动中运动员运用隐蔽、及时、多变、准确的传接球,可以巧妙地打乱对方的防守和进攻部署,创造良好的进攻机会,提高防守的攻击性和攻击的效率。

3. 传接球技术分析

传接球技术的方式、方法多种多样，并与移动、运球、投篮紧密相连。在比赛中绝大多数传、接球是在动态中和攻守对抗条件下完成的。所以，传接球技术必须有全面进攻技术作基础，才能随机组合传接球技术，灵活运用，创造更多更好的投篮得分机会。

1）传球

（1）持球方法。

双手持球方法：双手持球多运用在双手胸前传球。其持球的方法是双手手指自然分开，拇指相对成八字形，指根以上部位持球，手心空出，两肘自然变曲于体前，持球于胸前部位。

单手持球方法：单手持球也是由双手持球开始，然后引向传球部位时另一只手放开，变成单手持球后即刻用单手将球传出。目前一些高大男队员，因手大，往往一只手抓住球在身前摆动后再做传球。持球手法的正确与否，直接影响传球技术的正确。

（2）传球动作方法。

传球动作是由双脚蹬地，全身协调用力，最后通过伸臂、屈腕和手指拨球的力量将球传出的动作。

在传球动作方法中，前臂的动作有伸、摆绕等不同的用力方法。运用这些方法可以增加出球点，扩大出球面。由于传球目标的距离和方向的不同，所以传球用力的大小和用力方向也有所不同。传球目标距离远，用力大；目标近，用力小。传平直方向的球是向正前方用力，传高球是向前上方用力，传低球是向前下方用力。由于传球用力的方向不同，使球在空中呈直线、弧线或者折线飞行。传球时，应根据接球队员的位置和移动速度，决定传球的用力大小和用力方向。一般将球传给接球队员的胸部位置，如将球传给移动中的队员，则应判断队员的移动速度，要做到人到球到、人球相遇。

双手传球的出球方法：双手胸前传球是两手腕由内向外急促翻转，最后球通过拇指、食指、中指用力将球弹拨出去；双手低手传球是由手指手腕向上用力，最后通过小拇指、无名指和中指用力将球轻轻地弹拨出去。

单手传球的出球方法：单手传球时，是手腕向传球方向扣，最后通过手指力量作用于球，将球弹拨出去。传球时，出球的手法是主要的，但前臂的伸、摆、甩和挥动以及脚蹬地、全身的协调用力是不可忽视的。特别是前臂的用力动作，关系到出球的速率，它的伸、摆、甩和挥动以及各种不同的用力方法，决定了不同的传球方法，提高了传球的灵活性，增加了比赛中传球的威力和效果。近距离传球，只用手指手腕的力量即可；距离拉大时，可加上前臂的力量传球；距离再拉大时，可加上腰腹力量传球；随着距离的不断加大，可再加上腿部蹬地的力量。不管加上何部位的力量，其力量应协调，最后集中用到手指手腕上。不管前臂或腰腹或腿的用力多大，手指手腕传球时用力的幅度要小，越小越好。这样传球隐蔽，难防守。

（3）球飞行路线。

球的飞行路线有三种：直线、弧线和折线（反弹）。在比赛中，由于进攻队、守防队站的位置、距离和移动的速度及意图不同，所以传球时球飞行的路线不可能相同。中近距离传球，在没有防守人的情况下多用直线传球。中间有防守人时多用折线传球；远距离的传球一般是用弧线传球。给高大中锋传球并且中间有防守队员时，多用弧线传球。

(4) 球的落点。

球的落点要根据接球人的位置、接球后的下一个动作、接球人的习惯、接球人移动的速度,以及防守人的位置,决定球的落点。

传球给原地站立的队员时,如果没有防守,那么球的落点应是接球队员的面前,球的高度为接球人胸部高度。如果有防守人,应将球传到接球队员无防守队员一侧,即远离防守队员的一侧。

传给原地摆脱对手的队员时,球的落点也应在远离防守队员的一侧,球的高度为接球人胸部高度,传球的速度要快。

传球给原地要位的高大中锋时,传出的球要有一定的弧度,落点可在其头部以上,使其接球后便于投篮。

传球给摆脱防守向篮下移动的队员时,在其刚摆脱超越对方时,就要传球,球的落点要领先摆脱者一步或一大步,即以球领人,使同伴接到球就可以上篮。如果同伴是高大队员,弹跳又好,平时又有默契,这时可传高吊球,使同伴跳起接球直接投篮。如果是技术好的队员,还可以空中接力,直接扣篮。

如果是传快攻篮,应根据同伴移动的速度决定球飞行速度的快慢和球领先同伴的远近。同伴速度快,球飞行的速度可快,领先同伴可一大步;同伴的速度一般或较慢,球飞行的速度可慢些,领先同伴可一小步。总之,应做到人球相遇,人到球到,球到人到。球的落点应在接球队员的胸部。传折线球(反弹),击地点一般应在传球人距离接球人三分之二的地方,球反弹后正好到接球人的手中。

2) 接球

(1) 移动摆脱接球既要符合战术要求,又要观察持球队员的进攻行动,选择传、接球时机。

(2) 移动摆脱接球要用身体抢占有利的位置,挡住对手可能抢断球的路线,保证接球安全。

(3) 接球后要迅速转入下一个进攻动作,根据防守情况选择投篮、运球、突破和传球进攻机会。

5.3.2 传接球技术动作方法

1. 传球技术

1) 双手胸前传球

(1) 动作方法(图 5-3-2)。

两手手指自然分开,拇指相对成“八”字形,用指根以上部位持球,手心空出。两肘自然弯曲于体侧,将球置于胸腹之间的部位。身体成基本站立姿势,眼睛注视传球目标球员。传球时,后脚蹬地,身体重心前移的同时前臂迅速向传球方向伸出,拇指用力下压,手腕前屈,食、中指用力拨球将球传出。出球后身体迅速调整成基本站立姿势。传球距离越近,前臂前伸的幅度越小;远距离的传球,则需加大蹬地、伸臂和腰腹的全身协调用力,而且传球距离越远,蹬地、伸臂的动作幅度就越大。

(2) 运用时机。

可在不同方向,不同距离中使用,而且便于和投篮、突破等动作结合运用。

图 5-3-2 双手胸前传球

2）双手头上传球

（1）动作方法（图 5-3-3）。

双手举球于头上，两肘弯曲，持球手法与双手胸前传球相同。近距离传球时，前臂内旋，手腕前屈，拇指、食指和中指用力拨球，将球传出。传球距离较远时，脚蹬地，腰腹用力，前臂迅速前摆，手腕前屈，手指用力拨球，将球传出。

图 5-3-3 双手头上传球

（2）运用时机。

双手头上传球可与头上投篮相结合，也可与突破、运球及其他传球结合，但后者要增大动作幅度。这种传球多用于中、近距离传球，如抢篮板球后的传球、外围队员的转移球，以及向内线队员传高吊球。

3）单手肩上传球（以右手传球为例）

（1）动作方法（图 5-3-4）。

双手持球于胸前，两脚平行开立，传球时，左脚向传球方向迈出半步，同时将球引到右肩上方，右肘部外展，上臂与地面近似平行，手腕后仰。右手托球，左肩对着传球方向，重心落在右脚上，右脚蹬地，转体，前臂迅速向前挥摆，手腕前屈，通过食指、中指拨球，将

图 5-3-4　单手肩上传球(以右手传球为例)

球传出。球出手后,随着身体重心前移,右脚向前迈出半步保持基本站立姿势。

(2) 运用时机。

单手肩上传球是单手传球中一种最基本的方法,这种传球的力量大,球飞行速度快,常用于中、远距离传球。

4) 单手体侧传球(以右手传球为例)

(1) 动作方法。

两脚开立,两腿弯曲,双手持球于胸前。传球时,右手持球后引,经体侧向前做弧线摆动,手腕前屈,用食指、中指的力量拨球,将球传出。

(2) 运用时机。

单手体侧传球也是一种较为隐蔽的传球方式,常在近距离的传球中使用,多用于外线队员向内线队员传球。这种传球也可演化成单手体侧反弹传球或单手胸前传球,在传球时如能结合反方向的跨步假动作运用则会取得更好的效果。

2. 接球技术动作方法

1) 双手接球

双手接球是最基本的接球方法,也是在比赛中运用最多的动作之一。其优点是握球牢稳,易于转换其他动作。

(1) 双手接胸部高度的球。

接球时,两眼注视来球,两臂伸出迎球,手指自然分开,两拇指成"八"字形,手指向前上方,两手成一个半圆形。当手指触球后,两臂随球后引缓冲来球的力量,两手握球于胸腹之间。保持身体的平衡,做好传球、投篮或突破的准备。

(2) 双手接头部高度的球。

动作方法和双手接胸部高度的球相同,只是迎球时臂要向前上方伸屈。

(3) 双手接低于腰部的球。

接球时屈膝降低重心,一条腿向来球方向迈出一步,上体前倾,眼睛注视来球,双手伸出迎球。当手指触球后,两臂随来球后引,握球于胸腹之间,成基本站立姿势,以便转换或衔接其他进攻动作。

(4) 双手接反弹球。

接球时,迎球跨步,上体前倾,眼睛注视来球反弹的高度,两臂迎球向前下方伸出,五指自然张开。手指触球后,两手握球顺势将球移至胸腹间,保持身体平衡。

(5) 双手接地滚球。

接球时一般要向来球方向迈出一步,身体下蹲,眼睛注视来球,两手向来球方向伸出,手心向前,手指朝下。触球后顺势将球握住,随即保持基本持球姿势。

2) 单手接球

单手接球控制的范围大,能接不同方向的来球。但是单手接球不如双手接球牢隐,因此在一般情况下应尽量用双手接球。

如用右手接球,右脚向来球方向迈出,两眼注视着来球。接球时,手掌成勺形,手指自然分开,右臂向来球的方向伸去。当手指触球时,手臂顺势将球向后下引,左手立即握球,双手将球握于胸腹之间,保持基本持球姿势。

5.3.3 传接球技术教学训练步骤与练习方法

1. 传接球技术教学训练步骤

(1) 通过讲解、示范,建立正确的技术概念;

(2) 双手胸前传球;

(3) 双手头上传球;

(4) 单手肩上传球;

(5) 单手体侧传球;

(6) 在传球动作中融合接球动作进行练习;

(7) 变换单手、双手练习内容,增加强度、次数。

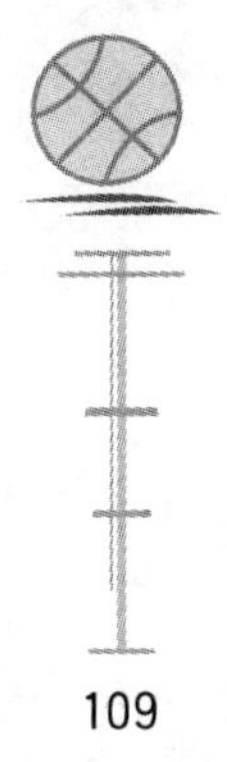

2. 传接球技术练习方法示例

1) 原地隔位传接球练习

练习要点:传接球动作方法正确,动作连贯,击地点选择适当。

如图 5-3-5 所示,队员 5 人一组,相距 4～5 米成五角形站位,按顺时针(或逆时针)方向间隔一个同伴完成反弹传接球。为了增加练习的密度和强度,可同时使用 2 个或 3 个球进行练习。

2) 四向传球

练习要点:传球过程中把握准确时机,适时传球给行进间的球员。

如图 5-3-6 所示,将队员分为四组分别落位在底线及中线的四个角落上,队员①和⑤持球;与此同时,另外两侧的③、⑦迅速向罚球线移动接球(③接①的传球、⑦接⑤的传球);接球后,迅速传给自己相对方向球员(③传给⑧、⑦传给④)并迅速绕至传球方向的队尾。依次反复进行练习。

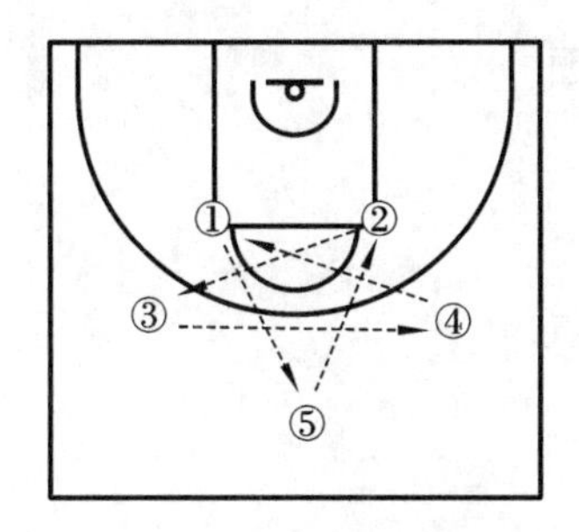

图 5-3-5 原地隔位传接球

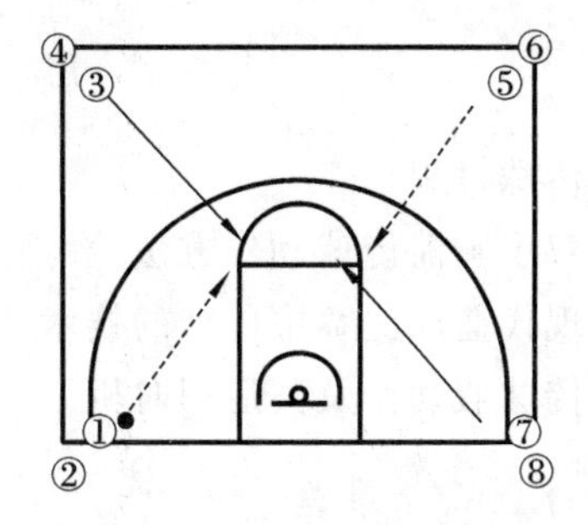

图 5-3-6 四向传球

3）两人一组移动传接球练习

练习要点：

①跑动和传接球协调配合。

②传球快速准确，跑动中保持一定的距离，速度由慢到快，传球后要加速跑。

如图 5-3-7 所示，两人一组，在跑动中完成传、接球练习，直至对面篮下，然后返回。

4）三人一组传接球练习

三人一组传接练习的方式有很多种，在这里介绍一种使用较多的三人全场跑动传接球练习方法。如图 5-3-8 所示，在图示配合中最终由②完成上篮，③争抢篮板球。

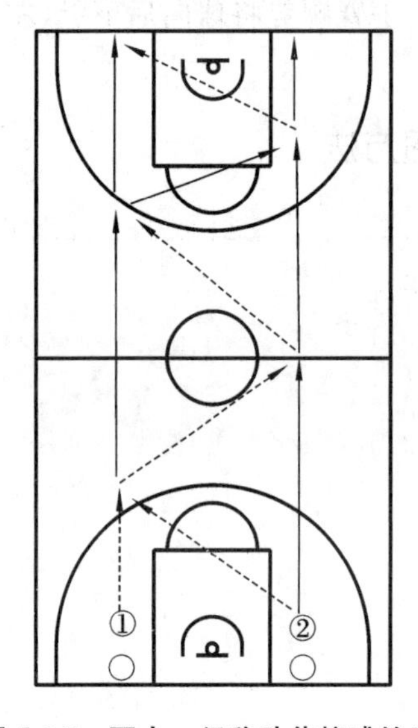

图 5-3-7　两人一组移动传接球练习

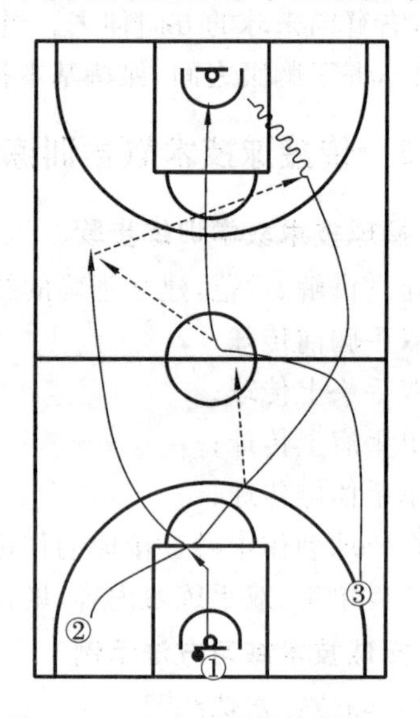

图 5-3-8　三人一组传接球练习

易犯错误：

①持球手法不正确，两手接触球的部位不正确。

②传球时，发力的顺序不正确，没有遵循先伸臂，后翻腕，最后手指拨球的顺序发力。

③两个肘关节在传球时不是主动向前伸，而是先向两侧抬肘，然后再伸臂。

④在传球的最后阶段，大拇指的主动下压不够。

纠正方法：

①采用反复进行徒手练习或采用重量较轻的球（如排球）进行辅助练习。

②让传球人一侧靠墙站立，进行传球练习，这样可限制其向两侧抬肘。

③通过要求增加传出球向后旋转力度来实现。

思　考　题

1. 简述传球过程。
2. 简述双手胸前传球动作方法。
3. 简述现代篮球比赛中传球的技术动作特点。
4. 试述传球假动作及其运用时机。

5.4 运球技术教学与训练

5.4.1 运球技术

1. 运球技术的概念及分类

运球是持球队员在原地或移动中，用手连续拍按由地面反弹起来的球的动作。它是篮球基本技术之一，是比赛中队员带球合法的移动方式。运球技术的分类如图 5-4-1 所示。

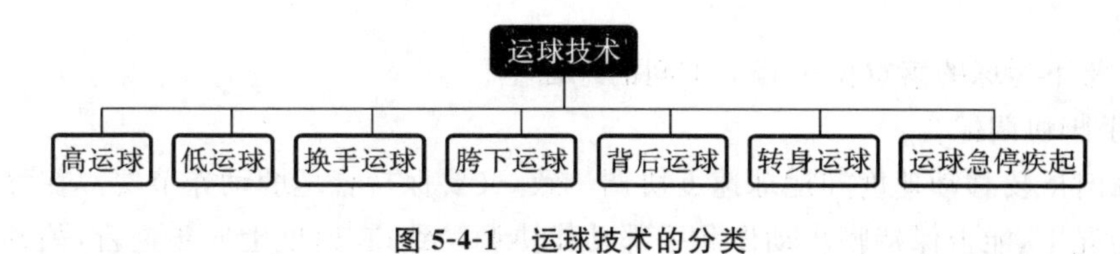

图 5-4-1 运球技术的分类

2. 运球技术基本特点

(1) 娴熟的运球不仅可以减少失误，还可以调整进攻空间、调整进攻节奏、调整传球角度、转移进攻区域。

(2) 运球技术作为突破技术的重要组成部分，可以加大进攻威胁，破解紧逼防守。

3. 运球技术分析

1) 身体姿势

(1) 两脚前后开立，两膝微出，上体稍前倾，头抬起，双目平视；

(2) 非运球手臂屈肘平抬，用以保护球。

(3) 运球时，脚步动作的幅度和下肢各关节的屈度随运球的速度和高度的不同有所变化：

①慢速高运球时，脚步动作幅度小，而各关节的角度则大；

②快速高运球时，则脚步动作幅度大，各关节的角度小；

③低运球时，脚步动作幅度和各关节角度均小。

2) 手臂动作

(1) 球接触手的部位。

运球时，五指分开，扩大控制面积，用手指和手指的根部以及手掌的外缘接触球、控制球，手心空出。

(2) 运球时的动作。

低运球时，主要以腕关节为轴，用手腕手指的力量运球；身前高运球和变向高运球时，主要以肘关节为轴，用前臂和手指力量运球，这种运球动作幅度较小，灵活性大，速度快。

体侧或侧后的提拉式高运球主要是以肩关节为轴，用上臂、前臂、手腕和手指力量运球，这种运球方式控制球时间长，活动范围大，便于保护球。

(3) 拍按球部位及力量运用。

拍按球时应随球上下迎送，尽量延长控制球的时间，这样有利于保护球、改变动作和观察场上情况。

拍按球的部位是由运球的方向和速度来决定的,因为拍按球的部位不同,运球的入射角和球反弹起来的反射角也不同;由于按拍球的力量不同,球从地面反弹的高度和速度也不同。原地运球时,拍按球的上方。向前运球时,拍按球的后上方。

3) 球的落点

运球时,运球的速度、方向和攻守情况不同,球的落点也不同。

(1) 在无人防守或消极防守情况下直线高运球,球的落点在运球手同侧脚前外侧约20厘米处,速度越快,落点越靠前,离自己越远。反之越近。

(2) 在积极防守情况下,运球的落点应在体侧或侧后方,以便保护球。

(3) 变向运球(包括身前变向、背后变向、转身变向等)其落点基本上位于异侧体侧或侧前方。

(4) 胯下运球的落点位于胯下中间的地面上。

4) 手脚协调配合

运球时既要移动速度和运球速度协调一致,又要保持合理的动作节奏。在移动速度不变的情况下,能否保持脚步动作和手部动作协调一致,在速度上同步进行,关键在于拍按球的部位、落点的选择和力量大小的运用。

(1) 脚步移动越快,拍按球的部位越是靠后下方,落点越远、反弹起来的力量越大。反之,部位越靠上,落点越近,力量越小。

(2) 运球时手、脚动作要保持一定的比例关系和节奏。一般直线运球,运球一次,跑两步或三步,在个别情况下则不受此限。

5.4.2 运球技术动作方法

1. 高、低运球

如图5-4-2(a)所示,高运球时,肩、肘、腕关节依次向前下方伸展,按压球的后上方,球的落点在身体的侧前方,球的反弹高度在胸腹之间。运球时,眼睛平视前方。手接触球时,五指微屈,自然张开,成球面附于球上,掌心空出。向前下方按拍球,始终保持球在前,人在后,移动速度越快,球的落点越往前。

如图5-4-2(b)所示,低运球时,非运球手架于身体侧前胸部高度,同侧的脚向前跨出半步,躯干挺直稍前倾,抬头保持眼睛观察场上情况。用运球一侧躯干和四肢挡住对手,使身体保持在球和对手之间。

2. 体前变向换手运球(右手换左手为例)

如图5-4-3所示,以右手运球开始,右手按拍球的右后上方,同时上身向左转体,右肩下压,右脚向左前方跨大步,左手接反弹至左侧的球,向前下方按拍球,左脚蹬地加速推进。

3. 胯下运球(以右手运球为例)

1) 动作方法

如图5-4-4所示,变向时,左脚在前,右手拍按球的右侧上方,将球从两腿之间运至身体左侧,然后上右脚,换手运球,加速前进。变向时球的击地点在腿胯之间。变向后另一只手快速迎上运球。

2) 运用时机

当对方防守队员迎面堵截时,用这种方法摆脱对手。

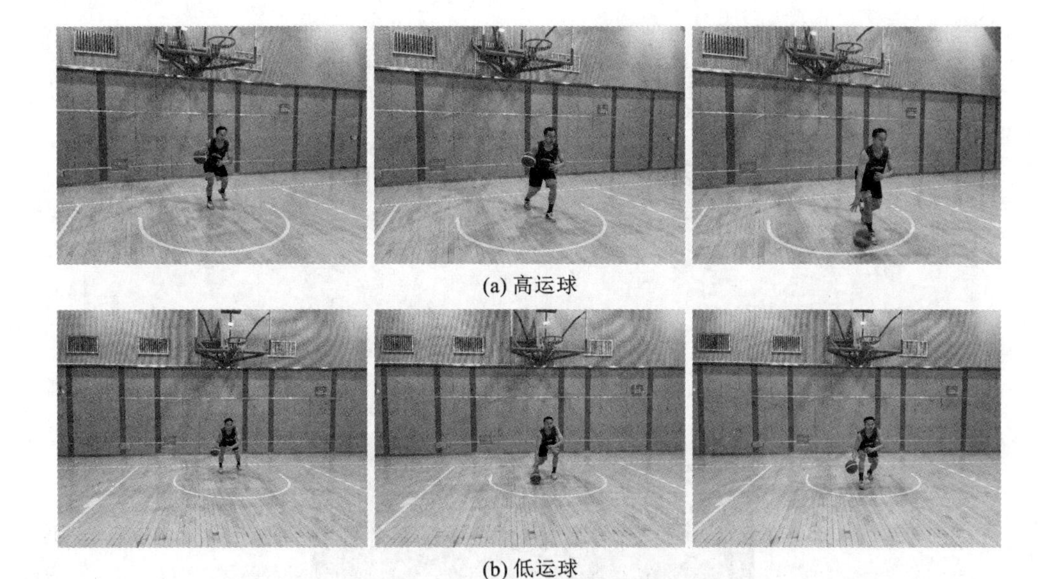

(a) 高运球

(b) 低运球

图 5-4-2 高运球与低运球

图 5-4-3 体前变向换手运球(以右手换左手为例)

4. 背后运球(以右手运球向左侧变向为例)

1）动作方法

如图 5-4-5 所示，变向时右脚往前，右手将球拉到右侧身后，迅速转腕拍按球的右后方，将球从身后拍按至身体的左侧前方，然后换左手运球，左脚向前，加速前进。运球时提拉球的前上方，将球由右侧拉到身后，屈手腕和中指、无名指、小指用力按拍球，将球控制在身体的左侧前方。手、脚配合要协调。

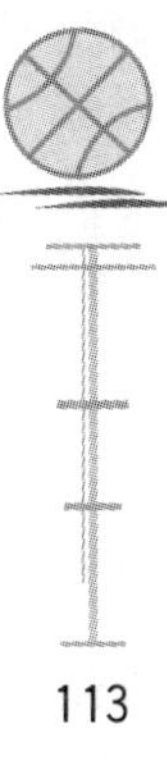

图 5-4-4　胯下运球(以右手运球为例)

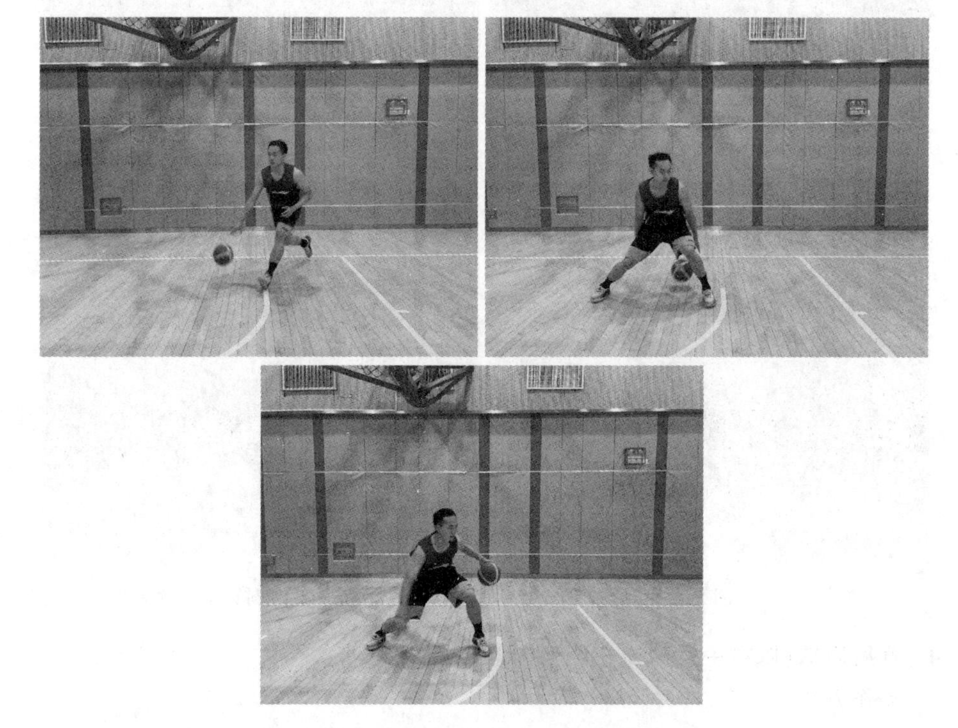

图 5-4-5　背后运球(右手运球向左侧变向)

2）运用时机

当对手紧逼,无法用体前变向运球时,可用背后运球过人。

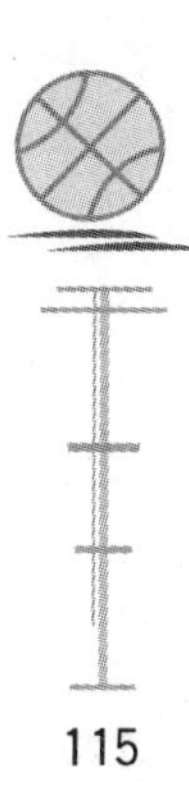

5. 转身运球(以左手运球为例)

如图 5-4-6 所示,变向以右脚为中枢脚做背后转身,左手拍按球的前上方,随着后转身,将球拉向身体的后侧方,然后换右手运球加速推进。

图 5-4-6 转身运球(以左手运球为例)

6. 运球急停疾起

1) 动作方法

在快速的运球中,突然急停时,手拍按球的前上方。运球起动时,速度要快,拍按球的后上方,要注意用身体和腿保护球。在运球急停疾起时,要停得稳起动快,人和球的速度一致,手、脚和上体要协调配合,这样才能有效地达到摆脱防守的目的。

2) 运用时机

在对手防守较紧的情况下,运球向前推进时,可利用急停疾起的变化来摆脱对手。

5.4.3 运球突破

1. 运球突破技术概念及分类

运球突破技术是控球队员运用躯体和脚步动作与娴熟运球技术相结合,快速摆脱和超越对手,实施有效攻击的一项实用性、攻击性、杀伤性很强的进攻技术。

持球突破与传球、投篮结合起来运用能使进攻技术更加灵活、机动,富有攻击性,从而为同伴创造出更好的攻击机会。因此,突破能力的提高对全面提高进攻质量有重要意义。

运球突破的分类如图 5-4-7 所示。

2. 运球突破技术基本特点

(1) 运球突破技术最能体现运动员体能素质、心智技巧和意志品质。

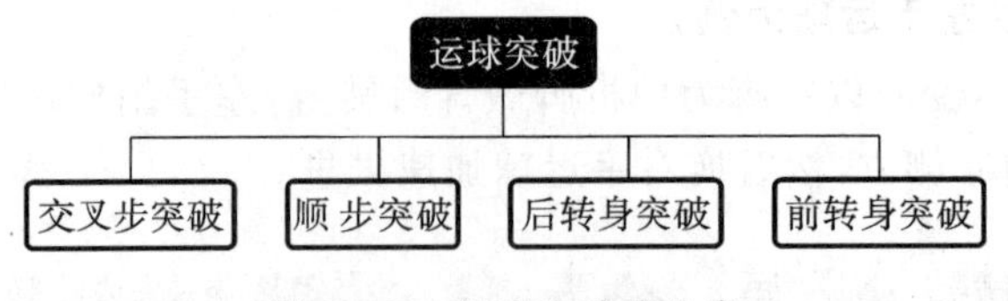

图 5-4-7 运球突破的分类

(2) 运球突破技术不仅能创造良好的个人攻击机会,而且能造成对方犯规,削弱对手的战斗力。

(3) 运球突破技术的合理运用不仅可以压缩和突破对方,扩大盯人防守阵势,而且可以刺穿对方联合防守的屏障。可以使进攻更富有灵活性、机动性和攻击性,做到你疏我攻、你补我分,使防守方难以防范。

3. 运球突破技术分析

1) 蹬跨

原地持球队员必须迅速、积极有力地蹬地才能迅速起动突破对手。在突破时,屈膝降低重心并上体前倾,使重心前移,从而提高移动的水平速度。重心前移与积极有力蹬地相互配合,能达到迅速起动的效果。

突破时跨出的第一步要稍大些,抢占有利的突破位置,但以不影响前进速度为宜。跨出的脚要落在紧靠对手的侧面,脚尖向着突破方向,便于第二步蹬地加速突破防守。

2) 侧身探肩

上体前移与侧身探肩同时进行。重心向里靠,内侧手臂前摆,迅速占据空间有利位置,便于突破对手和保护球。

3) 推放球

突破前,双手持球于腰胯部位。在侧身探肩的同时将球稍向侧前移,同侧手扶球的后上部位,另侧手托球的下部。突破时立即向前下方推放球,要做到球领人,以利于衔接下个动作和保持速度。

4) 加速

在完成上述动作之后,中枢脚迅速蹬地,加速前进。蹬跨、侧身探肩、推放球和加速等环节之间互相衔接,互相促进,快速连贯地完成突破。加速是前三个环节的继续,只有熟练地掌握这几个环节,才能较好地掌握持球突破技术动作。

5.4.4 运球突破技术动作方法

1. 交叉步突破(以右脚做中枢脚为例)

(1) 两脚左右开立,两膝微屈,身体重心降低,持球于胸腹之间。

(2) 突破时,左脚前脚掌内侧迅速蹬地,上体稍向右转,左肩向前下压,重心向右前方移动,左脚向右侧前方跨出,将球引于右侧,接着运球,中枢脚蹬地向前跨出迅速超越防守。

2. 顺步突破(以左脚做中枢脚为例)

(1) 两脚左右开立,两膝微屈,身体重心降低,持球于胸腹之间。

(2) 突破时,右脚向右前方跨出一步,向右转体探肩,重心前移,右手运球,左脚前脚掌迅速蹬地,向右前方跨出,突破防守。

3. 后转身突破(以左脚做中枢脚为例)

(1) 身体背向篮站立,两脚平行(或前后)开立,两腿弯曲,重心降低,两手持球于腹前。

(2) 突破时,以左脚为轴转身,右脚向右侧后方跨步,上体右转,脚尖指向侧后方,右手向右脚前方放球,左脚内侧迅速蹬地,向球篮方向跨出,运球突破防守。

4. 前转身突破(以左脚做中枢脚为例)

(1) 身体背向篮站立,两脚平行(或前后)开立,两腿弯曲,重心降低,两手持球于腹前。

(2) 突破时,重心移至左脚上,右脚前脚掌内侧蹬地,左脚为轴,右脚随着前转身而向球篮方向跨步时,左肩向球篮方向压,右手运球后左脚蹬地,向前跨出,突破对手。

5.4.5 运球技术教学训练步骤与练习方法

1. 运球技术教学训练步骤

(1) 通过讲解、示范,建立正确的技术概念;

(2) 基本运球技术练习;

(3) 运球突破技术练习;

(4) 将运球基本练习与持球突破技术结合进行训练。

2. 运球技术练习方法

1) 原地运球综合练习

(1) 原地左、右手高低运球。

练习要点:要求运球的身体姿势正确,手臂的动作放松,紧张度适宜。

如图 5-4-8 所示,学生以体操队形站立,做高、低运球练习。

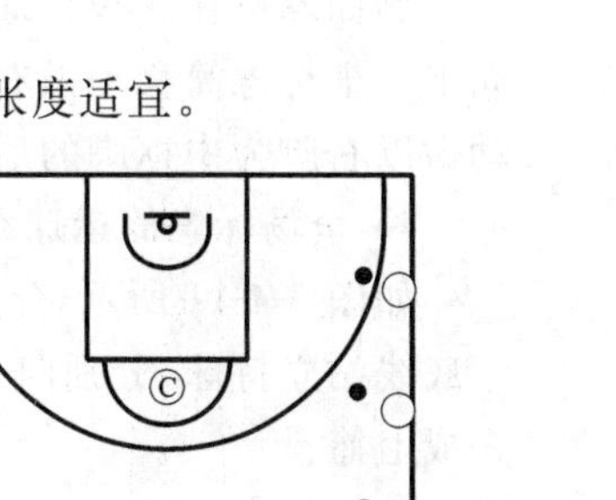

图 5-4-8 原地左、右手高低运球

(2) 原地前推后拉、体前换手变向、向左右拨球的运球练习。

练习要点:运球时手的触球位置要正确,手腕的动作幅度大,整体动作协调。

学生以体操队形站立,根据教师的信号做体前换手变向、向左右拨球的运球练习。

(3) 原地胯下换手变向运球。

练习要点:

①球在胯下的落点要准确,两手配合好,要抬头运球,不要低头看球。

②学生先练习侧身的胯下运球,在此基础上练习连续的胯下“8”字运球。

易犯错误:

①运球时身体姿势不正确,不屈膝降低重心而只是弯腰。

②运球时低头看球,不注意观察场上情况。

③低运球时,手指、手腕的动作僵硬,不放松;高运球时,手臂和手腕配合用力不协调。

纠正方法:

①运球练习之前,先进行身体姿势的练习,要求队员屈膝、抬头、含胸。

②增加一些熟悉球的练习来提升球感,使队员逐渐把眼睛从球上解放出来。

③教师可让学生做徒手的运球动作练习,体会手臂的运球动作。

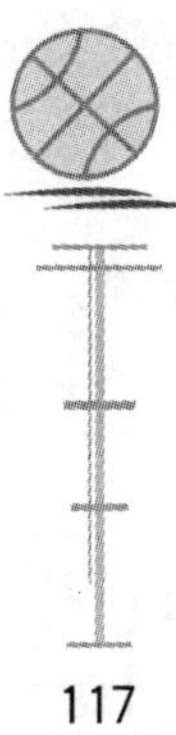

2）运球急停疾起练习

练习要点：运球急停时两脚前后分开，身体重心下降，保持身体平衡。球在体侧，用身体保护好球。

如图 5-4-9 所示，学生 3 人一组，篮球场全场纵向运球。运球 5 米急停一次直至对面底线，反复进行。

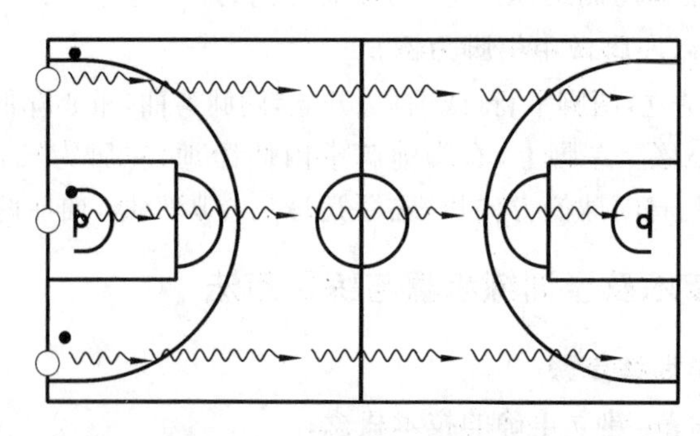

图 5-4-9　运球急停疾起练习

3）全场标志筒运球练习 1

如图 5-4-10 所示，分别在场地的罚球点两端、三分线与中线之间、跳球圈两端以及对侧场地以相同方式摆放标志筒。在练习过程中可以根据练习内容的不同做针对性的训练或者多项技术综合的练习。

例如球员在底线持球先向罚球线标志筒做由左向右体前变向运球；动作完成后加速向下一个标志筒移动做右手向左侧身后的背后运球；动作完成后加速向下一个标志筒移动做以右脚为中枢脚的后转身，依次循环练习。

4）全场标志筒运球练习 2

如图 5-4-11 所示，分别在球场的罚球线、中线、对侧罚球线摆放三个标志筒，球员位于底线站立持球，分别向三个标志筒移动做转身运球、背后运球、胯下运球等突破动作，完成上篮。

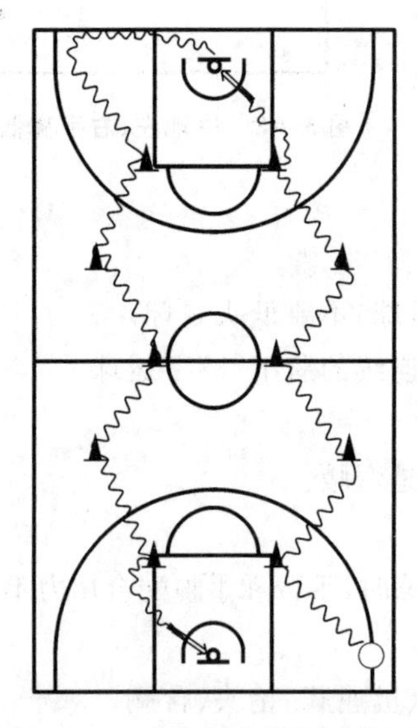

图 5-4-10　全场标志筒运球练习 1

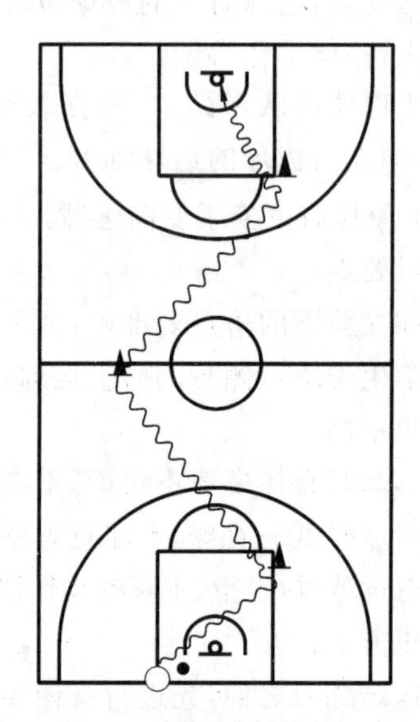

图 5-4-11　全场标志筒运球练习 2

相比第一项练习，在这项练习中更加侧重的是运球突破动作的规范以及最后上篮的成功率。由于全场只摆放了三个标志筒，所以在练习时对球员持球跑动的速度、动作的规范需要随着训练时间的推移提出更高要求。

思 考 题

1. 简述运球技术动作组成环节。
2. 简述运球技术教学训练步骤。
3. 简述交叉步技术动作要领。
4. 论述现代篮球比赛中运球技术与过去的差异。

5.5 抢篮板球技术教学与训练

5.5.1 抢篮板球技术的概念

比赛中双方队员争抢投篮未中从篮板或篮圈反弹出的球，统称为抢篮板球。进攻队员争抢本队投篮未中的球称为抢进攻篮板球，防守队员争抢对方投篮未中的球称为抢防守篮板球，如图 5-5-1 所示。

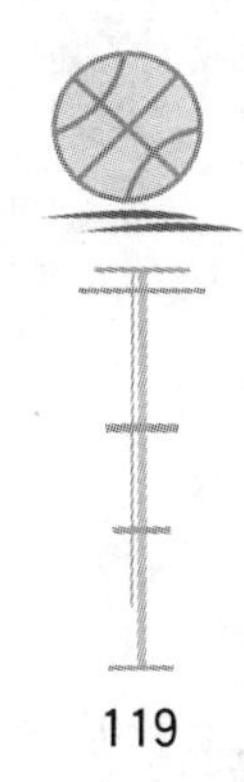

图 5-5-1 抢篮板球技术分类

5.5.2 抢篮板球技术分析

抢篮板球技术是一项较复杂的技术，虽然抢攻、防篮板球在具体方法上有许多不同，但在抢篮板球技术动作上有共同特点：由抢占位置、起跳动作、抢球动作和抢球后动作所组成。

1. 抢占位置

抢占有利位置是抢篮板球技术的关键，它对能否抢到篮板球起着极其重要的作用。无论进攻队员还是防守队员，都应设法抢占对手与篮板之间的有利位置，力争把对手挡在身后。抢占位置时，应根据对手和投篮队员所处的位置，正确判断篮板球的反弹方向、距离，运用快速的脚步动作，配合身体动作抢占有利位置。

抢占有利位置一定要考虑球的反弹规律，一般而言，篮板球的反弹规律是，投篮距离与球反弹距离成正比。此外，投篮位置、角度的不同，球反弹的方向也是不同的，一般来说，在场地一侧投出的球有很大可能会反弹到场地的另一侧，从篮板正前方投出的球会反弹到罚球线附近。因投篮的力量、角度、球的旋转弧度和篮板篮圈的弹性不同，球的反弹也是千变万化，这就需要根据当时的具体情况及时采取合理的动作去抢占有利位置。

2. 起跳动作

抢占到有利位置后，身体应保持正确的起跳准备姿势。起跳前，两腿微屈、重心降低、上体稍前倾、两臂屈肘举于体侧、重心置于两脚之间，观察和判断好球的反弹方向，及时起跳。起跳时,两脚用力蹬地,几乎同时两臂上摆、手臂向上伸、腰腹协调用力、充分伸展身体,并控制身体平衡。

抢篮板球以双脚起跳为主,因此要能够在各种情况下做原地双脚起跳,同时要结合滑步、上步、撤步、交叉步、转身、跨步等步法起跳。防守队员一般多采用转身跨步和上步起跳方法;进攻队员则多采用交叉步摆脱上步双脚起跳的方法。此外,还应掌握向侧上方起跳、后上方起跳和连续起跳的动作。

在准确判断球的反弹方向和落点的基础上,起跳的时间性好、爆发力强、速度快,就能抢先达到最高点,早于对手触及球。

3. 抢球动作

抢球动作可分为双手抢篮板球、单手抢篮板球和点拨球三种。

1）双手抢篮板球

跳到空中时,身体充分伸展,两臂用力伸向球的方向,指端触球刹那,双手用力握球,腰腹用力,迅速屈臂将球拉至胸腹部位,同时双肘外展,保护球。高大队员抢到篮板球后,为了防止对手围守,可以双手将球举在头上。双手抢篮板球的优点是握球牢,有利于保持身体平衡,便于衔接其他进攻动作。缺点是不如单手抢球的触球点高和控制空间范围大。

2）单手抢篮板球

身体在空中要充分伸展,达到最高点时,用近球侧手臂尽力向球伸展,指端触球迅速屈指、屈腕、屈肘收臂,将球下拉,另一只手要尽早扶握、护球于胸腹部位。一般在处于对手背后或侧面的不利位置时,可采用这种方法。其优点是触球点高,控制空间范围大。缺点是不如双手握球牢。

3）点拨球

点拨球的技术要领和单手抢篮板球相似,是用指端点拨球的侧方、侧下方或下方,而不是直接抢球。点拨球一般有两种:一是点拨给同伴;再有就是点拨到有利自己起跳抢球的位置。点拨球多在遇到对方身材比较高大或处在不利位置时采用。其优点是触球点高,可以直接补篮和缩短传球时间,便于发动快攻第一传。

4. 得球后的动作

当进攻队抢到篮板球后,首先补篮或继续投篮,如果没有投篮机会,应迅速将球传给同伴,重新组织进攻。防守队员抢到篮板球时,最好能在空中将球传给同伴,创造快攻的有利条件。如果在空中不能传球,落地后应迅速传出或运球突破后及时传给同伴。空中抢得球落地时,两脚分开,前脚掌先着地,两膝稍屈,保持身体平衡。如对手在身体后面,则应把球置于胸腹之前,两肘自然外展护球。如遇对方防守时,则应把球放在对方防守的远侧,运用肩背或转身保护球,防止对方将球打落或抢走。高大队员得球时,可将球置于头上,这样更容易护球。

5.5.3 抢篮板球技术运用

1. 抢进攻篮板球

一般进攻队员是站在防守队员的外侧,本身是处在不利于直接抢篮板球的位置。因此,当本方队员投篮时,既要及时判断球的反弹方向,又要运用快速的移动步法,配合身体动作,摆脱对手,冲抢篮板球或补篮。

1）篮下进攻队员抢篮板球

当同伴投篮时，靠近球篮的进攻队员，要及时判断球的反弹方向，运用假动作、快速的脚步动作，摆脱防守队员堵挡，及时移向球的反弹方向，迅速起跳，跳到最高点进行补篮或抢篮板球。

2）外围进攻队员抢篮板球

外围队员离篮较远，同伴投篮时稍有迟疑就会失去抢篮板球的机会。因此，外围队员积极的冲抢意识非常重要。每当同伴投篮时，都要有充分的冲抢准备，趁防守不备，突然起动冲向球的反弹方向，进行补篮或抢篮板球。

进攻队员投篮后要养成跟进冲抢篮板球的意识。每当投篮出手后，根据球的反弹方向，趁防守队员转身观察球的一瞬间及时起动冲抢篮板球。

3）抢进攻篮板球的配合与战术组织

在进攻中，有组织、有计划地部署抢篮板球是一种行之有效的办法，这样更有利于靠集体合作的力量共同抢篮板球。考虑到攻守平衡，一般靠近篮下的三名队员主要争抢进攻篮板球。当同伴投篮时，积极抢占限制区两侧和罚球线前的区域，形成三角形抢篮板球阵势。

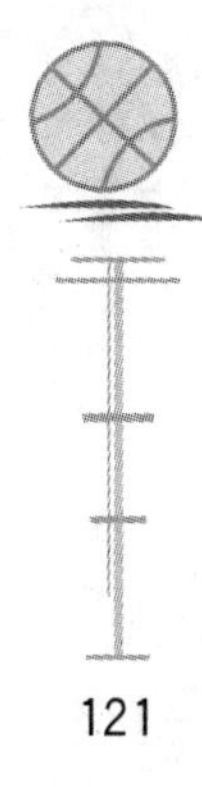

组织抢进攻篮板球配合时，应使队员养成左投右抢、右投左抢、外投里抢、里投外抢（外线队员向篮下冲抢）和自投跟进冲抢的习惯。

2. 抢防守篮板球

防守队员首先应明确对方抢到篮板球会给本方构成极大的威胁，所以必须增强拼抢防守篮板球意识。防守队员一定要充分利用自己靠近篮圈的有利条件，养成“先挡人再抢球”的习惯。一旦抢到篮板球，要迅速反击。

1）篮下队员抢篮板球

当进攻队员投篮时，篮下防守队员要根据进攻队员的行动，选择不同的挡人方法。因距离篮较近，攻守距离也近，一般多采用后转身挡人。挡人抢位动作应是低重心，两肘外展，抢占空间，保持最有力的起跳姿势。挡人主要是为了延误对手抢位起跳，所以转身挡人动作完成后，应迅速起跳抢篮板球。亦可以适时地、合理运用直接冲抢篮板球的方法，抢到球后，力争在空中传球或将球点拨给同伴发动快攻。如果没有空中传球机会，落地同时应迅速观察场上情况，及时传球或突破，充分发挥篮板球的攻击作用，不能只是消极地保护球。

2）外围队员抢篮板球

当对方投篮时，外围队员的第一个任务就是要用前、后转身，左、右滑步堵挡对手冲抢篮板球。然后及时判断球的反弹方向，去抢夺篮板球。同样可以适时合理地运用直接冲抢篮板球的方法。

3）抢防守篮板球的配合与战术组织

有组织有计划地部署抢防守篮板球，能更有利于发挥集体合作的力量。

(1) 区域抢位挡人法：这种方法是部署三名防守队员抢占限制区域两侧和罚球线前三个区域，形成三角形抢篮板球的有利位置。

(2) 人盯人抢位挡人法：防守方无需像进攻方一样考虑攻守平衡，五名防守队员尽可能“彻底”挡住各自的对手，切断所有对手向篮下冲抢篮板球的路线，然后抢篮板球。

(3) 向固定接应点点拨球法：利用向固定接应点点拨球给接应队员的方法争抢篮板

球。在提高制高点的同时，还可以充分发挥篮板球的攻击力，提高发动快攻的速度和突然性。

5.5.4 抢篮板球技术的训练步骤与练习方法

1. 抢篮板球技术训练步骤

(1) 正确示范完整的技术动作，建立正确的技术概念。

(2) 抢占位置练习。

(3) 徒手模仿练习。

(4) 起跳抢球练习。

(5) 抛球碰篮板抢球练习。

(6) 进攻队员、防守队员抢篮板球练习。

(7) 实战练习，加强抢篮板球技术与攻守战术的结合训练。

2. 抢篮板球技术练习方法示例

1) 抢占位置练习

(1) 两人一组，相距1米，对面站立，进攻队员运用假动作设法摆脱防守，抢占有利位置。防守队员利用转身将攻方挡住，并起跳模仿抢篮板球的动作。做一定的次数后，攻守交换。

(2) 两人一组，站在距离球篮3米处，一人进攻，一人防守。教师在罚球线投篮，开始攻方可以消极移动，防守人练习转身挡人抢篮板球。也可以让防守人消极移动，练习攻方冲抢篮板球，然后逐渐加强对抗性。

(3) 半场二对二、三对三的抢位练习。要求攻方只许传球、投篮，投篮后，进攻队员积极摆脱对手，冲抢篮板球。抢到球继续进攻，守方则积极挡人抢篮板球。可规定守方抢到五次篮板球后，交换攻守。

2) 起跳和抢球练习

(1) 原地连续双脚起跳，单手或双手触篮板或篮圈10～20次。

(2) 前、后转身跨步连续起跳，单手或双手触篮板或空中标记10～20次。

(3) 自抛自抢，跳到最高点时用单或双手抢球15～30次。

(4) 两人一组，一人向篮板或篮圈抛球，另一人开始面向持球人，然后转身跨步(上步)起跳用单或双手抢球。数次后交换练习。

3) 抢进攻篮板球练习

(1) 抛球碰篮板起跳抢球练习。学生面对篮板站成一路纵队，每人持球，向篮板自抛球后，上步起跳，单、双手在空中抢球后落地，依次进行。

(2) 半场二攻二守，左投右抢的练习。进攻队员分别站在与球篮45°角两侧，距离球篮5～6米，如果左侧投篮，右侧进攻队员积极冲抢篮板球。当右侧进攻队员抢到篮板球，将球拿到右侧6米处进行投篮，此时左侧进攻队员冲抢篮板球。防守队员抢到篮板球，迅速传给靠弧顶的教师。防守队员抢到五次篮板球，攻守进行交换。

4) 抢防守篮板球练习

(1) 挡人抢位步法练习。两人一组面对面站立，围成圆圈，圈内放一篮球，教师发球后，防守队员立即插步转身挡人，进攻队员则设法冲进圈内摸球，连续数次后，两人交换位置继续练习。

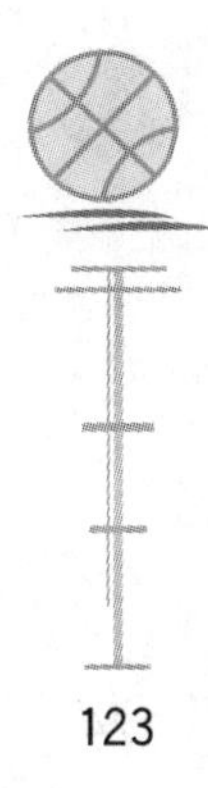

（2）半场五对五抢篮板球结合发动快攻第一传练习：守方明确接应第一传的队员和地区，当防守队员抢到篮板球后力争在空中转体将球传给接应第一传的队员。如果空中不能传球，落地后马上传出。

易犯错误：

①在抢到球后，未能保护好球，被对手轻易打掉。

②抢防守篮板球时，看球不看人，挡人不及时。

③抢进攻篮板球时，冲抢时重心高，导致起跳无力。

纠正方法：

①重点强调抢篮板球技术要领，多做示范分析。

②强调练习中养成认真观察与分析的习惯。

③反复进行半场对抗抢篮板球练习。

思考题

1. 试述抢进攻篮板球技术训练方法。
2. 如何准确地判断篮板球落点位置？
3. 试述抢防守篮板球的技术训练步骤与方法。
4. 简述抢篮板球的意义。

5.6 防守技术教学与训练

5.6.1 防守技术概述

1. 防守技术概念及分类

防守技术是防守队员为阻挠和破坏对手的进攻，合理运用脚步移动和手臂动作，积极抢占有利位置，以达到争夺控制球权的目的所采用的各种专门动作方法的总称。它是一项综合的技术动作，其分类主要包括防守无球队员和防守持球队员两个方面，如图5-6-1所示。

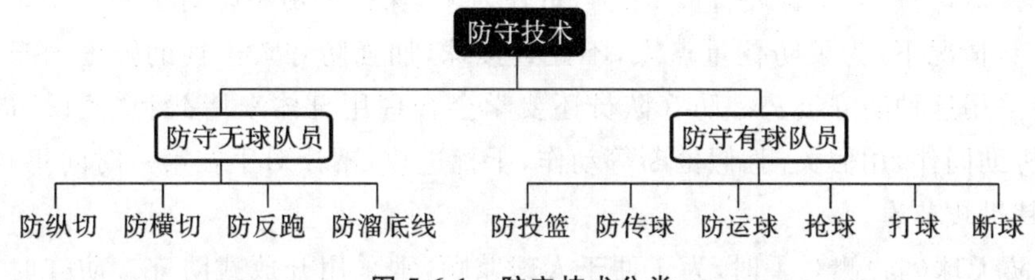

图 5-6-1 防守技术分类

2. 防守技术基本特点

（1）防守技术是一项综合性的个人技术，它不仅需要快速的脚步动作和灵活多变的手部攻击动作，而且还要具备良好的观察、判断能力和敏捷的反应能力。

（2）防守队员要积极地抢占合理的位置，干扰、破坏对手的进攻行为，争夺控制球权，同时，还要想方设法破坏对方的战术配合和阻止对方的进攻速度。

（3）防守对手是个人防守技术，也是集体防守战术的基础。

5.6.2 防守无球队员

在比赛中，防守队员绝大部分时间是防守无球队员，这充分说明了它的重要性。它的主要任务是尽可能不让对手在有效攻击区内接球，或使对手勉强接球后处于被动。防守队员及时判断对手的位置及其与球和篮的位置关系，并随对手的切入方向、球的转移和是否有掩护等，合理运用防守动作，阻截对手进入有利攻击区和习惯位置，隔断对手重要的配合位置和区域间的联系，并尽可能抢断传向自己防守对手或传越自己防守区的球，力争主动，以达到破坏进攻，争得控制球权的目的。

1. 防守无球队员技术分析

1）防守位置

（1）防守时正确合理地抢占有利位置，是防守主动的重要条件。防守队员要根据对手、球篮和球的位置与距离，以及对手的身高、速度、进攻特点、战术需要和自身防守能力来选择防守的位置和距离。

（2）为做到人球兼顾，应与球和对手保持一定的角度和距离。选位于对手与球篮之间偏向有球一侧的位置上。

（3）防守的距离要根据对手与持球人距离而定。根据球在场上的位置，可将球场分为强侧和弱侧。球所在的一侧为强侧，远离球的一侧为弱侧。

①强侧：强侧防守无球队员时，应站在对手与球篮之间，偏向有球一侧。无球队员离球近则防守队员离无球队员近，无球队员离球远则防守队员离无球队员远。防守时要能达到干扰对方之间传递球，形成球、对手与防守者之间的三角形关系。

②弱侧：弱侧防守无球队员的位置，应选择在与对手相对远些、靠近球篮一侧的位置。

2）防守姿势与步法

（1）防有球侧：防守距离球较近的对手时，常采用“封闭式”防守，即取面向对手侧向球的斜前站立姿势。靠近球侧的脚在前，屈膝，重心在两脚之间，便于随时起动，堵截对手摆脱移动的接球路线，同时伸出靠近球侧的手臂，拇指向下，掌心向球，封锁传球路线，干扰对手接球，另一只手臂屈臂以“暗力”抵住对手，保持平衡和防对手的反切。

在特殊情况下，为了防住重点人，不让其接球，加强防守攻击性的强度，在远球侧的防守也会采用这种防守姿势。防守队员还要学会合理用身体来堵截和“延误”进攻队员的移动，协助同伴，用假关门、假抢断等动作，干扰进攻，不让对手在第一时间里顺利地接球，破坏其进攻节奏。

（2）防无球（弱）侧对手时，为了便于人球兼顾，常采用开放式防守。防守时，两脚开立，两臂半屈伸于体侧，一手指向球，一手指向所防守的人，密切观察球、人的动向，并随着球和人的移动，调整自己的防守位置，收缩在球与篮下附近。在全场攻转守的退防中也常用这种防守姿势。

（3）高效率的瞬步移动，合理地运用碎步、上步、滑步、撤步、交叉步、小跑等脚步动作，并配合身体动作抢占有利位置，堵截对手的摆脱路线。在与对手发生对抗时，重心下降，两腿弯曲，双脚用力蹬地，扩大占位面积，上体保持适宜紧张度，在发生身体接触的瞬间提前发力，主动对抗。

2. 防守无球队员动作方法

1）防纵切

如图 5-6-2 所示，④传球给⑧，❹及时偏向球侧错位防守，当④向篮下纵切要球时，❹应抢前移动，合理运用身体堵截纵切路线，同时伸出左臂封锁接球，迫使对手向远离球方向移动。

2）防横切

如图 5-6-3 所示，④持球，⑥横切要球时，❻上左脚，合理运用身体堵截，同时伸左臂封锁接球，不让其从自己身前横切要球。这时如果⑥变向沿底线横切时，❻应面向、贴近对手迅速撤步、滑步，同时转头、伸右臂封锁接球，不让其在限制区内接球，迫使❻向场角移动。亦可撤左脚后转身面向持球队员移动，然后再上右脚前转身伸右臂封锁接球。

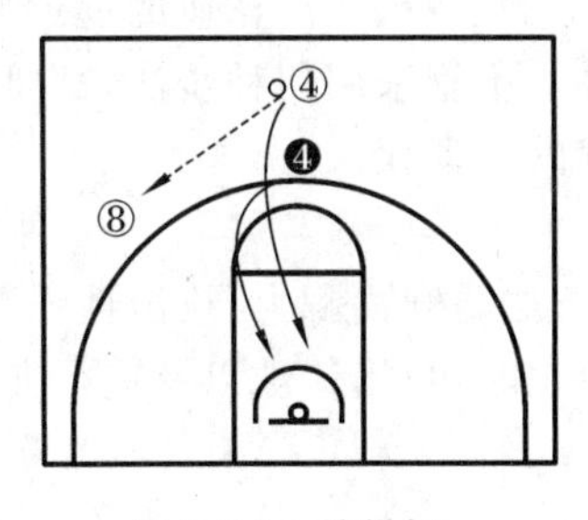

图 5-6-2　防纵切

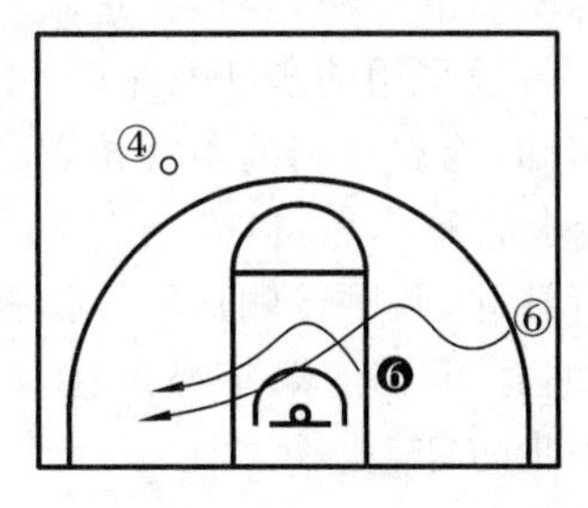

图 5-6-3　防横切

3）防反跑

如图 5-6-4 所示，④持球，❻贴近错位防守，当⑥向上摆脱做要球假动作后纵切时，❻应迅速下滑、面向、贴近对手，同时转头伸左臂封锁接球。此时，也可以撤前脚后转身时，面向持球队员，伸右臂封锁接球。利用左手或身体接触对手。

4）防溜底线

如图 5-6-5 所示，当⑥直接从底线横切时，❻开始面向球滑步移动卡堵对手，以身体某部位接触对手，跟随其移动，同时伸左臂封锁接球。待对手移过纵轴线进入强侧时，❻迅速上右脚前转身贴近对手，伸右臂封锁接球，将对手逼向场角。

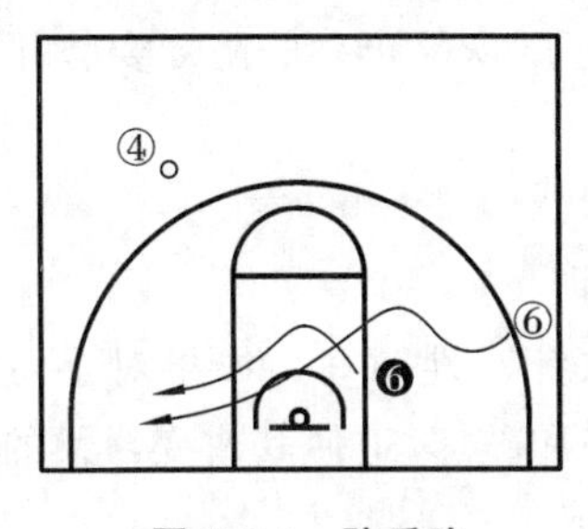

图 5-6-4　防反跑

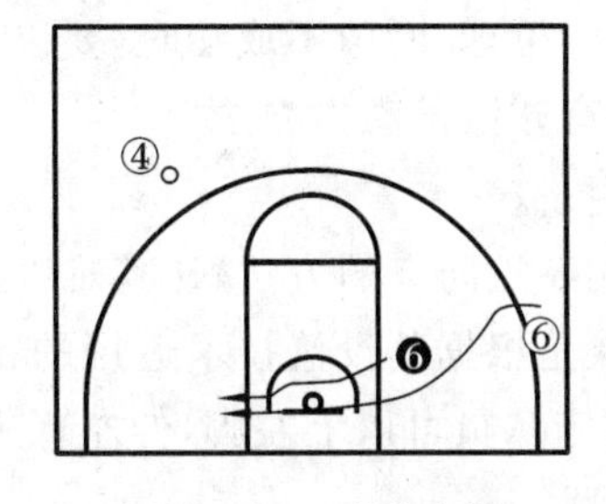

图 5-6-5　防溜底线

5.6.3　防守有球队员

篮球比赛中持球队员的进攻对防守的威胁最大，因为只有持球队员才有得分的机会，或传球给无球队员创造得分机会，所以防守持球队员的主要任务是要尽力干扰对手的投篮、传球，堵截其运球突破，封堵其助攻传球，并积极抢打球，以达到控球的目的。

1. 防守有球队员技术分析

1）防守位置

（1）当进攻队员接球瞬间，防守队员应及时站位于对手与球篮之间，保持适当的距离，并用正确的防守姿势，积极移动，阻截和干扰其进攻。

（2）防守的位置要根据所防对手的特点和本队战术的需要做适当的调整以达到能控制对手的原则。如进攻队员投篮较准而运球突破技术较差，则应大胆地靠近投篮队员，封盖其投篮；如进攻队员运球突破技术强，又习惯于向右侧突破，防守队员应距离对手稍远些，并站在对手向右侧突破的路线上；如进攻队员不习惯于左手运球，防守队员在移动过程中应尽量迫使其用左手运球，以便造成其失误或给本队创造夹击的机会。

2）防守步法

防守持球队员的步法，要根据进攻队员在场上的位置、距离球篮的远近、持球队员的特点等选用。一般采用的步法有平步和斜步两种。不管采用何种步法，都要以灵活的脚步动作作为基础，抢占有利的防守位置，争取防守的主动权。

（1）平步步法。

两脚平行站立，两手臂侧伸不停挥摆。这种方法防守面积大，攻击性强，便于向左右移动，适合于贴身防守运球、突破。在对手运球停止时，封堵传球以及进行夹击防守配合时均可运用平步防守。

（2）斜步步法。

两脚前后开立，以便前后移动，对防投篮较为有利。

3）抢球、打球、断球

（1）准确判断就是首先看准球的所在位置，球的移动路线，以及球的速度和球所到的位置，了解对方的配合意图及习惯动作，然后不失时机地、准确地出击。

（2）快速移动就是移动的步频要高，起动要突然。不管抢球、打球或断球，突然性很重要。突然跃出，接近对手，才能使对方猝不及防。

（3）手部动作正确与否，是获得球的重要因素。比赛中，在看准时机时，手臂的伸拉、挡、截，手腕和手指的拍击、点拨、扭转、封盖等动作，要迅速果断。手臂动作幅度不要太大，身体用力不要过猛，要控制身体平衡，以免犯规。

（4）打球、抢球、断球不成功时，要以最快的速度恢复正确的防守姿势和重新选位。

2. 防守有球队员动作方法

1）防守投篮

（1）采用贴近防守的方法，让其难以投篮出手。

（2）其次是根据其投篮技术运用的特点采取针对性防守。如果对手习惯向右脚侧起跳投篮，防守队员可以上左脚，伸左臂进行阻挠和破坏，迫使其改变习惯的投篮动作。

2）防传球

防守队员要积极阻挠其传球。防守时要根据其位置和视线，判断其传球意图。防守队员有时上前贴近对手，挥动手臂封锁其传球，迫使其向无攻击威胁的位置传球；有时可向后撤步，协助同伴防守，使对手不能顺利传球给处在有利位置的进攻队员，同时要伺机抢断球。

3）防运球

积极移动，两臂侧下伸出扩大防守面积，堵截运球球员的运球突破路线。防守中应遵循两条原则：

(1) 堵中路迫使其向边、角运球。

(2) 堵惯用手迫使其用弱侧手运球。在防守持球突破能力较强的对手时,要根据对手习惯、技术特点(中枢脚、突破方向、假动作等)来采取相应对策。

4) 抢球

抢球时首先要接近持球队员,看准持球的空隙部分,双手突然抓住球用猛拉或转拖的动作将球抢过来。

(1) 拉抢。

防守队员看准对手的持球空隙部位,迅速用两手抓住球后突然猛拉,将球抢夺过来。

(2) 转抢。

防守队员抓住球的同时,迅速利用手臂后拉和两手转动的力量,将球从对方手中抢过来。抢球时,为了加大夺球的力量,可以利用转体动作,迫使对方无法握球。如果抢球不成功时,应力争与对手造成"争球"。

运用时机:①当对方刚接到球时;②当对方持球转身时;③当对手跳起接球下落时;④当对方运球停止时;⑤当持球队员只注意防守他的队员,而忽略其他防守队员时。

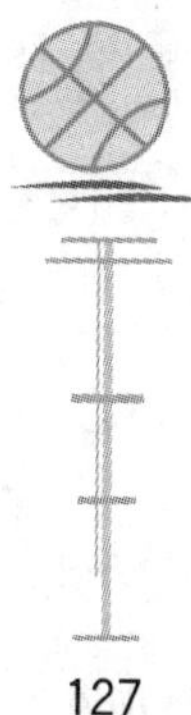

5) 打球

打球时接近对手是前提,要掌握好时机,根据对手持球部位的高低和走势、运球时球反弹的方向与速度、投篮举球到出手前的过程等,分别由下向上、由上向下或从侧面快速伸出前臂,用腕、指的力量拍击球,动作要快而短促。

(1) 打持球队员的球。

当进攻队员接到球的一刹那,没保护好球或因观察场上情况而失去警惕时,防守队员突然上步打球。如果进攻队员持球部位较高,一般采用由下而上的方法打球,打球时,掌心向上,用手指和指根击球的下部。如果进攻队员持球较低,则多采用由上而下的方法打球,打球时,掌心向下,用手指和手掌外侧击球的上部。

(2) 打运球队员(以右手运球为例)手中的球。

运球队员向前推进时,防守队员用侧后滑步移动,用右手臂堵住运球队员左面,防止运球队员向自己的右侧变向运球,左手臂干扰运球,当球刚从地面弹起,尚未接触运球队员的手肘时,及时以手指、手腕和前臂的力量从侧面迅速将球打出,并及时上前抢球。

(3) 打行进间投篮队员手中的球。

进攻队员运球上篮时,防守队员要随之移动,当运球队员跨出第一步接球时,就要靠近运球队员,当运球队员跨出第二步起跳举球时,迅速移动到运球队员的左侧稍前方,用手从运球队员的胸部向下将球打落。

在打球过程中防守队员的脚步应伴随投篮队员移动,保持适当的距离,这样才能掌握打球的时机和取得有利的打球位置。

6) 断球

(1) 横断球。

断球时屈膝,身体重心下降,准备起动。当球由传球队员手中传出的一刹那突然起动,单脚或双脚用力蹬地跃出,身体伸展,两臂前伸,将球截获。如距离较远,可加助跑起跳。

(2) 纵断球。

当防守队员从接球队员的右侧向前断球时,右脚先向右侧前方跨出半步,然后侧身跨左脚绕到接球队员的前方,左脚或双脚用力蹬地向前跃出,身体伸展,两臂前伸,将球截获。

（3）封断球。

封断球是在封堵持球队员传球时截获球的动作。当持球队员暴露了自己的传球意图，或传球动作较大，防守队员可在对方球出手的一刹那突然起动，伸臂封盖或将球截获。

5.6.4 防守技术教学训练步骤与练习方法

1. 防守技术教学训练步骤

（1）通过讲解、示范，建立正确的防守技术概念；

（2）防守持球队员；

（3）防守无球队员；

（4）抢球、打球、断球；

（5）防守技术的教学与训练要发扬“攻击性防守”思维，重点要在日常的技术、战术训练中着重调使用，尤其是实战以及模拟实战中体会总结。

2. 防守技术练习方法

1）防守位置练习

如图 5-6-6 所示，进攻队员在外围传球，可做摆脱接球动作，但不能穿插、掩护；防守队员根据球的位置做相应选位，积极防守摆脱接球，反复练习数次后，攻守交换。

2）半场三对三综合防守练习

如图 5-6-7 所示，进攻队员可以进行传、切、投、突等动作，防守队员根据对手从有球转入无球、无球到有球、强侧到弱侧、弱侧转入强侧的不同情况变化进行积极防守练习。

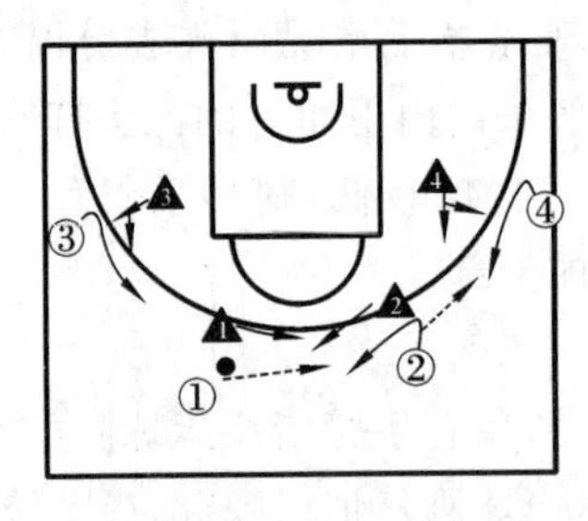

图 5-6-6　防守位置练习

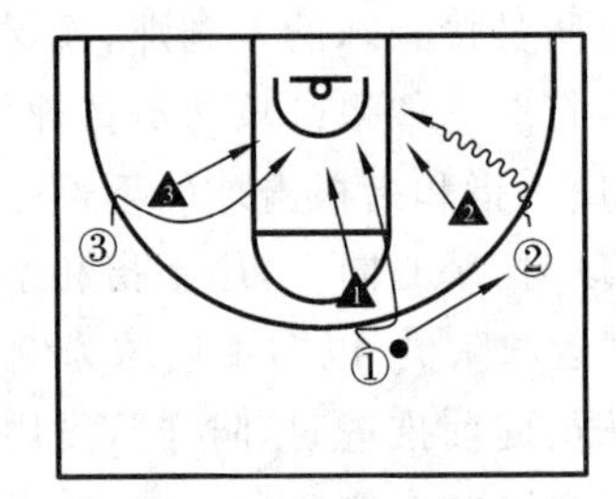

图 5-6-7　半场三对三综合防守练习

3）围守中锋抢球练习

如图 5-6-8 所示，6 人一组，三攻三守，两名进攻队员传球，当球传至中锋时，防外围的两个防守队员立即转身抢夺中锋手中的球。抢球时机判断准确，避免犯规。

4）断球反击练习

如图 5-6-9 所示，6 人一组，①和②传球，❶和❷防守，❶和❷断球后，二人迅速向前场推进，到罚球线附近，原地互相传球，③和④断球反击。进攻者①和②在原地变为防守队员，准备断③和④的传球反击，连续进行练习。断球后，跟进队员传接球推进速度要快。

易犯错误：

①断球时机判断不好，行动不果断。

②防守位置选择不适当，不便断球。

③断球起跳腾空，身体和手臂没有充分向来球方向伸展。

纠正方法：

图 5-6-8 围守中锋抢球练习

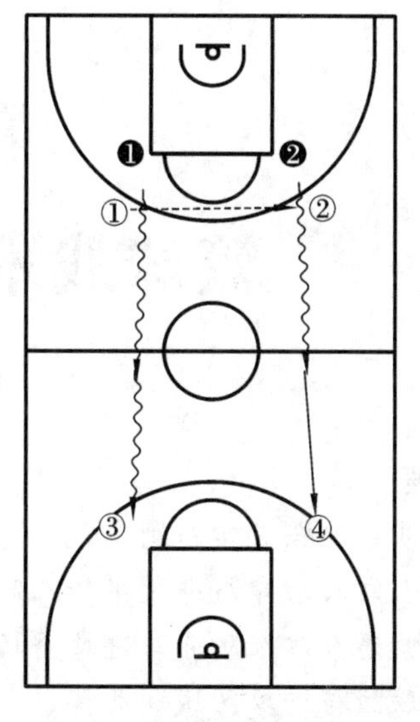

图 5-6-9 断球反击练习

①针对学生出现的不同错误反复强调防守位置和断球时的动作要点，可做些侧面和背面的断球示范动作及正误对比。

②学生两人一组，相距 1.5～2 米。面对面站立，其中一人持球向后退，边退边向左右两侧抛球，同伴随持球者向后起动，根据对方的抛球情况，迅速起跳横断球。断球队员获球后迅速传球给对方，如此连续地进行练习(此练习亦可由持球者向前边走边抛球，对方在后退中进行断球练习)。

5）比赛练习

为了鼓励学生大胆运用防守技术，可以在教学比赛中增设附加规则，例如：抢断、封盖到球一次增加 3 分或每个防守队员增加一次罚球。在小结时要鼓励积极防守的队员。

思 考 题

1. 简述防守技术概念与分类。
2. 简述防守技术的教学步骤。
3. 简述防守无球队员与防守持球队员的异同点。

第6章

篮球战术教学与训练

章节提要

1. 战术基础配合教学与训练；
2. 半场人盯人防守与进攻半场人盯人防守；
3. 全场紧逼人盯人防守与进攻全场紧逼人盯人防守；
4. 区域联防与进攻区域联防；
5. 区域紧逼与进攻区域紧逼；
6. 快攻与防守快攻。

关键术语

战术基础配合、人盯人防守与进攻人盯人防守、区域防守与进攻区域防守、快攻与防守快攻。

6.1 战术基础配合

6.1.1 战术基础配合

战术基础配合是两三人之间有目的、有组织的协同作战的简单攻守配合方法。它是运动员在场上捕捉或利用不同时机、不同人员位置、不同路线、不同动作、不同节奏，相互协同行动、相互配合、相互帮助，创造机会，以达到预定的攻守目的。它是组成全队攻守战术的基础。

6.1.2 战术基础配合分类

战术基础配合的分类如图6-1-1所示。

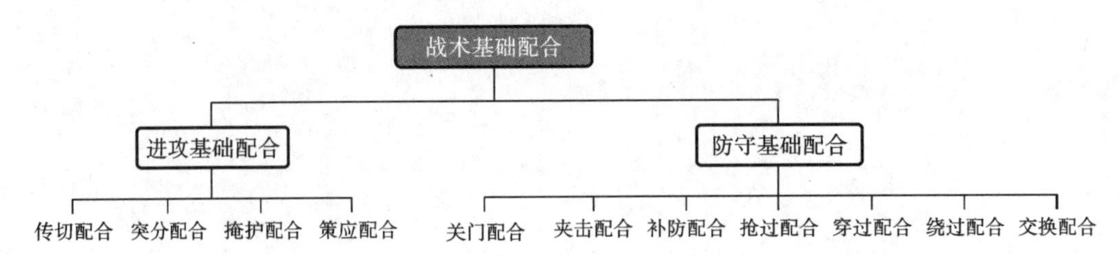

图6-1-1 战术基础配合的分类

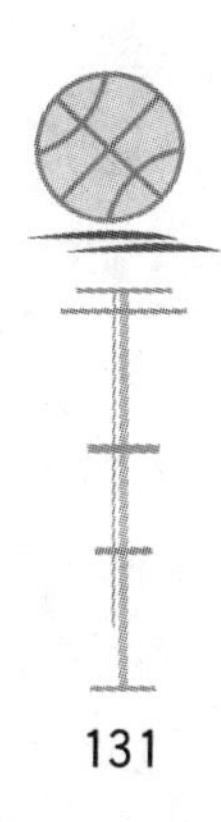

1. 进攻基础配合

进攻基础配合是指两三名进攻队员为了创造攻击机会合理运用技术而组成的合作方法。主要包括传切配合、策应配合、掩护以及突分配合。它是整体进攻战术的基础，对培养队员配合意识、移动摆脱技巧、战术思维习惯、保证个人特长和全队特点的发挥有着重要意义。

(1) 传切配合。

传切配合是指无球队员向篮圈方向切入，试图通过接传球来超越防守并投篮时所做出的一系列技术集合。

配合方法：

①如图6-1-2所示，②传球给①后，②立即做摆脱❷的动作向篮下切入，接①的回传球投篮。

②如图6-1-3所示，①传球给③后，②立即做摆脱❷的动作向篮下切入，接③的回传球投篮。

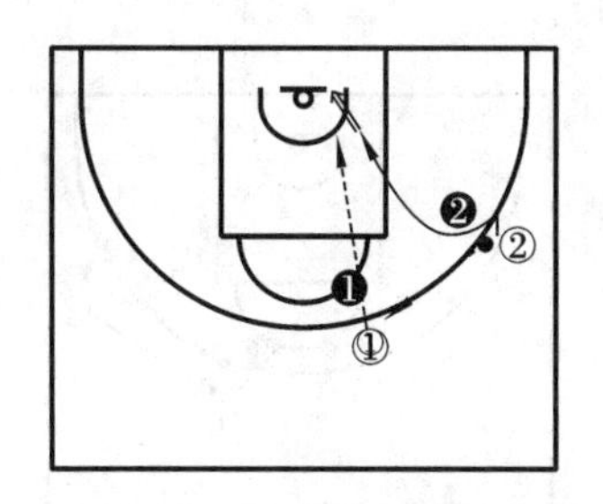

图6-1-2 传切配合1

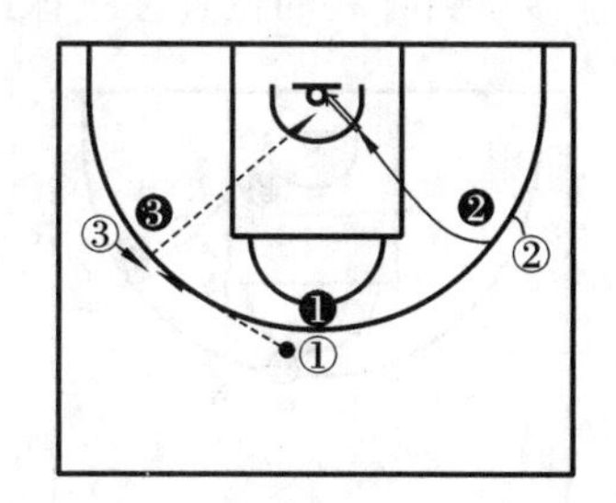

图6-1-3 传切配合2

运用时机：与其他配合紧密结合。传切与突分、掩护、策应结合运用，突破与空切、借助掩护切入、运球突破后不能直接投篮时转身为同伴策应传球等，并随时保持场上平衡。

(2) 突分配合。

突分配合是指持球队员在突破过程中遇到防守队员的协防补防时，主动或应变地将球传给无人防守或离防守较远的进攻队员，为同伴创造投篮机会的一种配合方法。

配合方法：

①如图6-1-4所示，外线①持球快速向❶左侧突破，吸引❷过来协防包夹。此时②及时跑到最有利的进攻位置接①的传球完成进攻配合。

②如图6-1-5所示，底线②持球向篮下快速突破❷，吸引❶或❸封堵其向篮下的突破路线。此时②可以选择传球给外线的①或处于另一侧的③完成进攻配合。

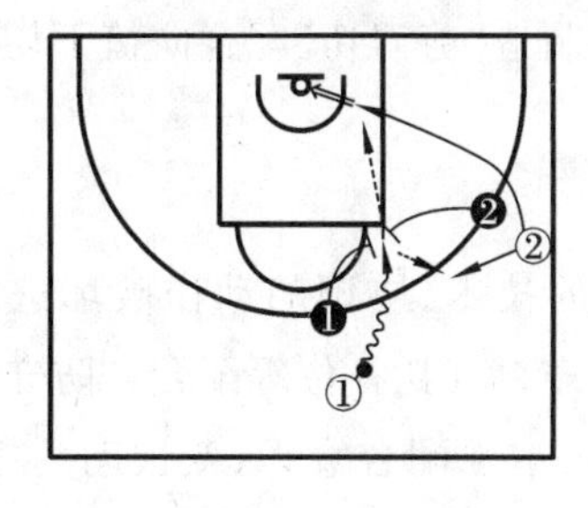

图6-1-4 突分配合1

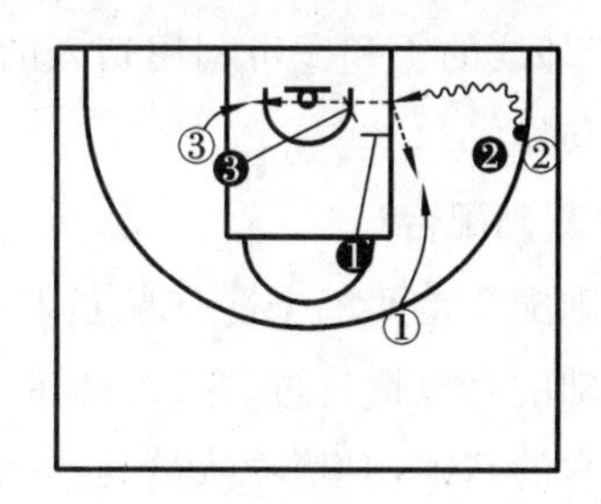

图6-1-5 突分配合2

运动时机:突破分球与掩护、策应密切结合。运球与掩护、二三人连续为运球人掩护挡拆配合、突破后受阻转身策应传球、突破传球后为接球人掩护等,明显扩大了突破分球的战术效能。

(3) 掩护配合。

掩护配合是队员采用合理的行动,用自己的身体挡住同伴防守人的移动路线,使同伴借以摆脱防守,或利用同伴的身体和位置使自己摆脱防守的一种配合方法。

配合方法:

①如图 6-1-6 所示,掩护队员站在同伴防守者的前面,用身体挡住防守者向前移动的路线,使同伴借机摆脱防守接球进行攻击的一种掩护方法。②摆脱防❷的防守后移动到❸的前方给③做前掩护,③利用掩护拉出后接①传来的球投篮或做其他攻击动作。

②如图 6-1-7 所示,①传球给②后做假动作迅速移动到❷的侧面做掩护,②接球后做投篮或突破的动作,吸引❷的防守,当①到达掩护位置时②持球从❷的右侧突破投篮,①掩护后及时移动到有利的位置去接球或抢篮板。

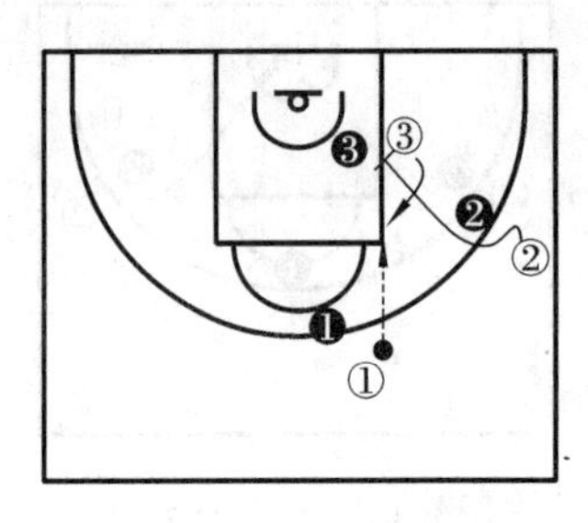

图 6-1-6 掩护配合 1

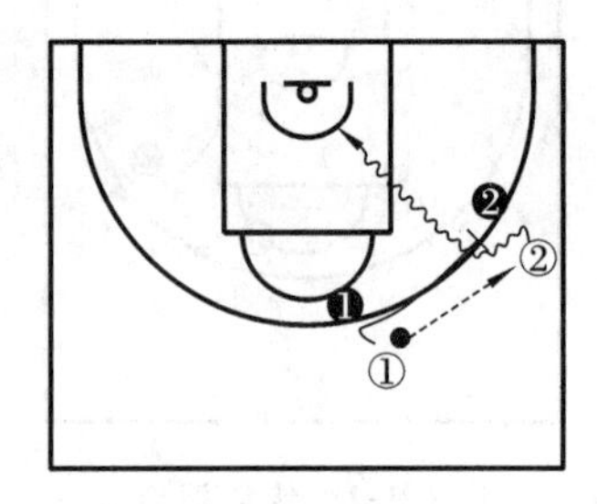

图 6-1-7 掩护配合 2

(4) 策应配合。

策应配合是指进攻队员背对或侧对篮筐接球,以进攻队员为枢纽,与同伴配合而形成的一种里应外合的配合方法。

配合方法:

①如图 6-1-8 所示,②摆脱❷的防守后立即向罚球线右端的策应点移动并快速占领策应点后接①的传球,①传球后做摆脱❶的动作后向内线切入从策应点的②左侧移动接球完成投篮或做其他攻击动作。如果防守过于紧迫,此时位于策应点的②还可在策应点做假策应动作迅速向篮筐左侧移动完成攻击动作。

②如图 6-1-9 所示,位于底线附近的③上提向罚球线附近的策应点移动接①的传球,此时位于外线的①和②可利用切入的时间差制造"剪刀切"配合向篮下切入完成上篮或其他进攻动作。

2. 防守基础配合

防守基础配合是两三个防守队员利用合理的技术、协调的动作破坏进攻的一种方法。防守基础配合包括挤过、穿过、绕过、交换防守、关门、补位等配合。防守战术配合是整体防守战术的基础,对培养队员观察判断能力、增强配合意识、变被动为主动、提高防守质量具有重要意义。

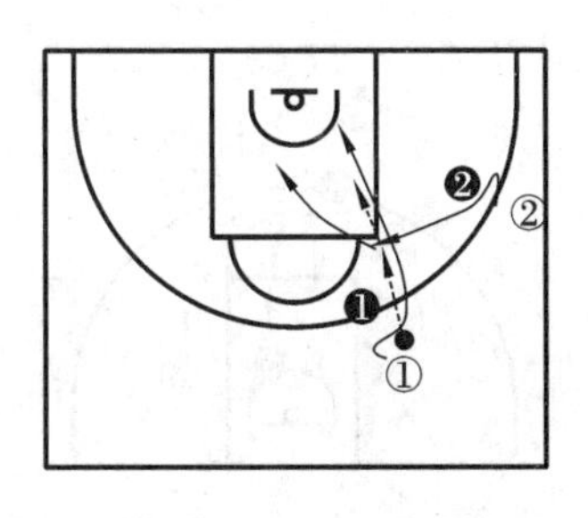

图 6-1-8　策应配合 1

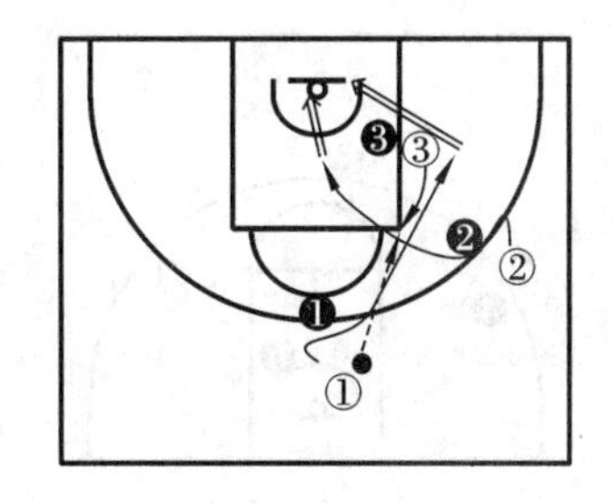

图 6-1-9　策应配合 2

(1) 关门配合。

关门配合是两防守队员靠拢协同防守突破的配合方法。

配合方法:如图 6-1-10 所示,当⑤从正面突破时,❹、❺或❺、❻进行关门配合。

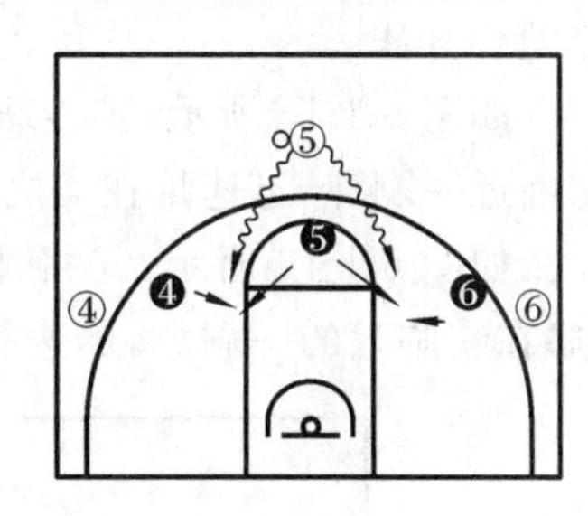

图 6-1-10　“关门”配合

运动时机:防止对方控球能力较强的队员向内线突破上篮。防守时,队员应积极堵进攻者的突破路线,临近突破一侧的防守队员要及时向同伴靠拢进行关门,不给突破者留有通过的空隙。关门配合也运用于区域联防。

(2) 夹击配合。

夹击配合是两个防守队员积极防守一个进攻队员配合的方法。

配合方法:

①如图 6-1-11 所示,④从底线突破,❹封堵底线,迫使④停球,❺同时向底线迅速跑去与❹协同夹击④,封堵其传球路线,迫使其违例或失误。

②如图 6-1-12 所示,⑤发边线球,❺协同❻夹击⑥,两人积极封堵⑥的接球。

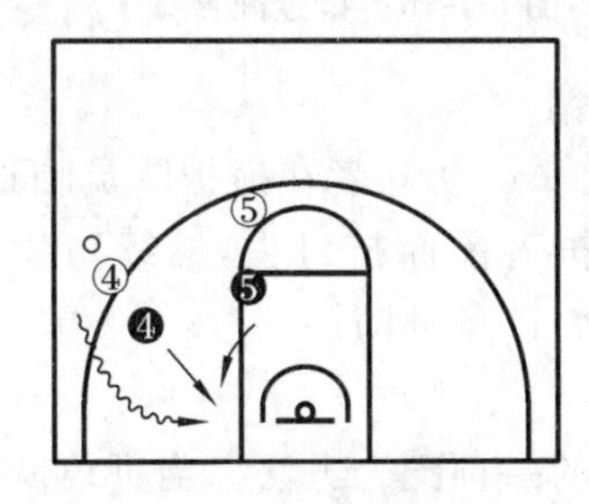

图 6-1-11　夹击配合 1

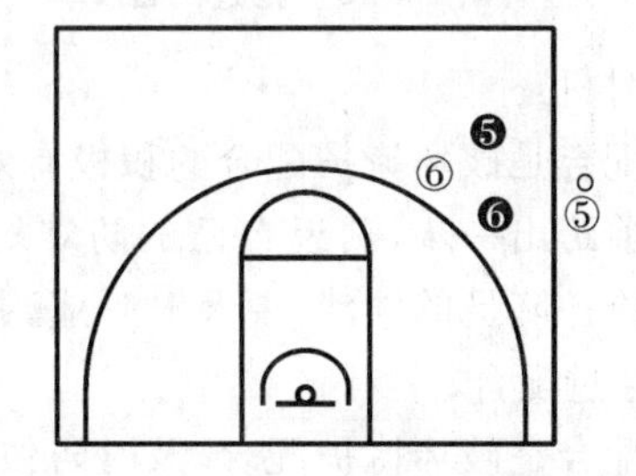

图 6-1-12　夹击配合 2

运用时机:夹击配合一般是在局部应用,在持球队员或运球队员停球后进行;在对方掷界外球时,亦可二人夹击接应者。

(3) 补防配合。

补防配合是指防守队员当同伴漏防时立即放弃自己的对手,去补防那个威胁最大的进攻者,而漏人的防守队员及时换防的一种协同防守方法。

配合方法:

①如图 6-1-13 所示,⑤传球给④,突然摆脱❺的防守直插篮下,此时❻放弃⑥的防守补防⑤,❺去补防⑥。

②如图 6-1-14 所示,⑤持球突破❺,直接威胁球篮,❻放弃⑥的防守补防⑤,而❺立即补防⑥。

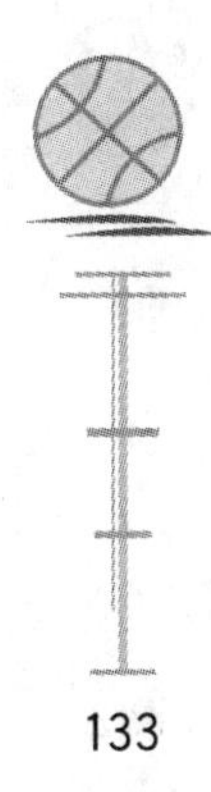

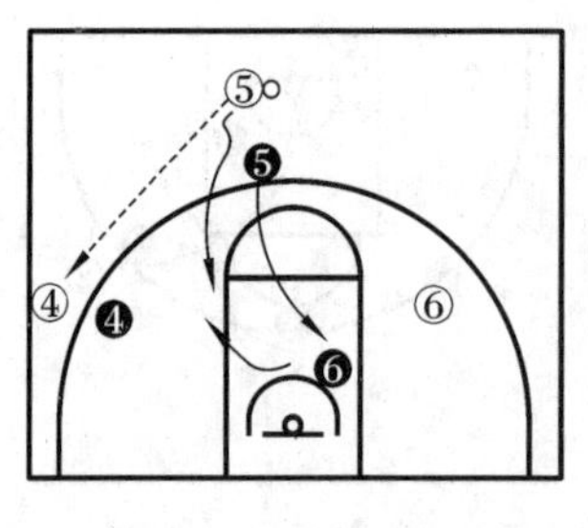

图 6-1-13　补防配合 1

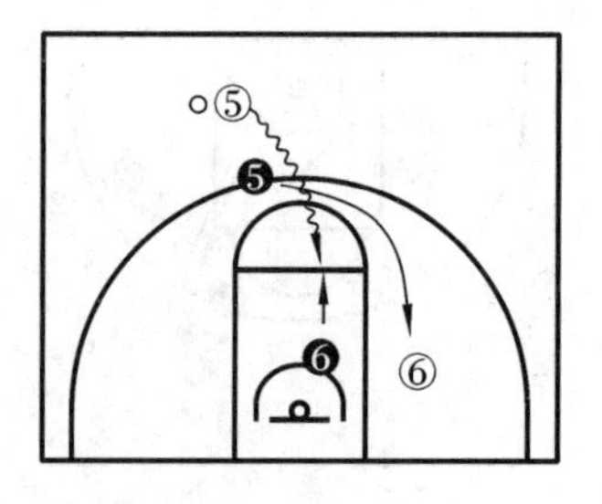

图 6-1-14　补防配合 2

运用时机：补防配合要求动作要迅速、果断、及时。漏防队员要积极补防，其他防守队员要密切注意场上情况，及时调整防守位置，随时注意补防和断球。

（4）抢过（挤过）配合。

配合方法：

①如图 6-1-15 所示，④传球给⑤跑去给⑥做掩护，❹发现后要提醒同伴❻注意。❻在④临近一刹那，迅速抢在④之前继续防守⑥。

②如图 6-1-16 所示，⑤接球后向右侧运球，④上前给⑤做掩护，此时❹要及时提醒❺，❺在④临近的一刹那，迅速靠近⑤，从④和⑤之间挤过，继续防⑤，❹要配合行动。

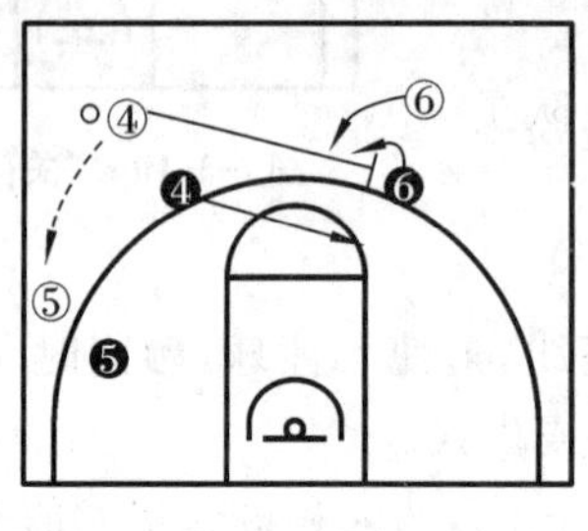

图 6-1-15　抢过配合 1

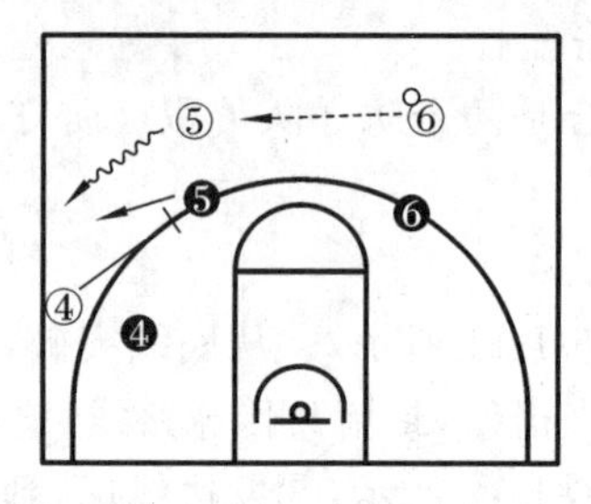

图 6-1-16　抢过配合 2

运用时机：

挤过配合是破坏掩护配合的积极有效的方法之一。防守者在掩护队员临近自己时，要积极向前跨出一步，贴近自己的防守对手，从掩护者前面挤过去，继续防住自己的对手。防守掩护队员的同伴，要及时呼应，并配合行动，以备补防。

（5）穿过配合。

穿过配合是破坏掩护配合，及时防住自己对手的一种配合方法。当进攻队员进行掩护时，防守去做掩护的队员要及时提醒同伴并主动后撤一步，让同伴及时从自己和掩护队员之间穿过，以便继续防住各自的对手。

配合方法：如图 6-1-17 所示，⑤传球给⑥后去给④做掩护，❺要提醒同伴，并离⑤远一点。当⑤掩护到位前一刹那❹主动后撤一步，从⑤和❺中间穿过，继续防守④。

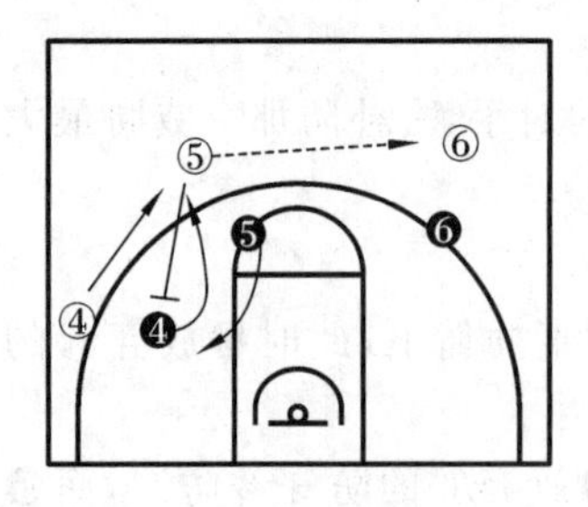

图 6-1-17　穿过配合

运动时机：穿过配合一般在无投篮威胁时运用，要求防守掩护的队员及时提醒同伴并主动让路，穿过队员要迅速穿过并调整防守位置的距离。

（6）绕过配合。

绕过配合是破坏对方掩护配合及时防止自己对手的一种配合。当进攻队员进行掩护时，防止做掩护的

队员主动贴近对手，让同伴从自己的身旁绕过，继续防住各自的对手。

配合方法：

①如图 6-1-18 所示，⑥传球给⑤并去给⑤做掩护，⑤传球给④后利用⑥的掩护切入篮下，此时防守球员❺为保持与自己对位的进攻球员⑤向篮下切入，需要立即从❻的身后绕过继续防守⑤。

②如图 6-1-19 所示，⑤传球给⑥利用④的掩护切入篮下，❺封堵⑤向球切的路线，迫使其向另一侧切入，此时❹要贴住④，❺从④和❹身旁绕过继续防守⑤。

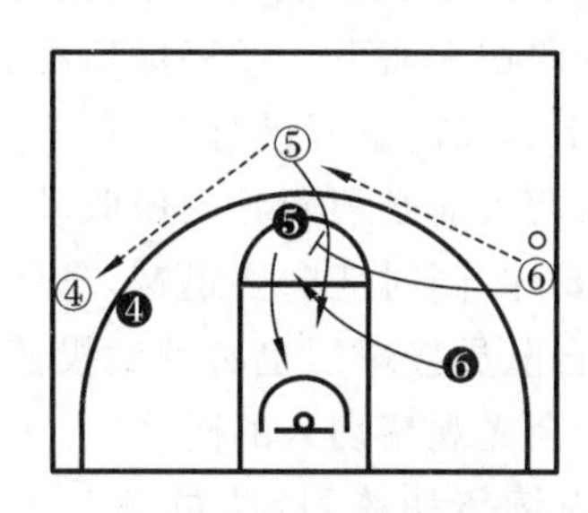

图 6-1-18　绕过配合 1

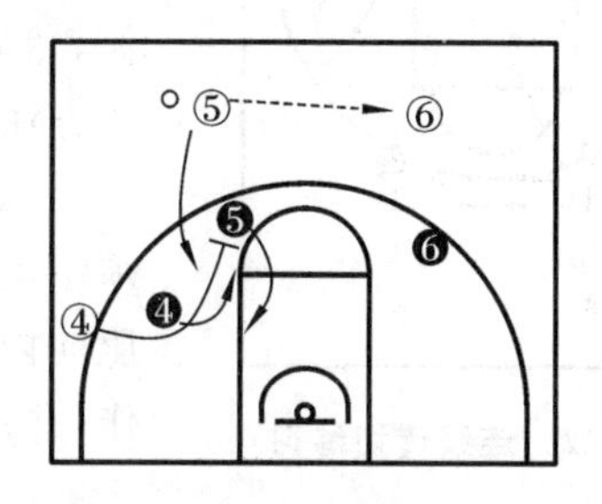

图 6-1-19　绕过配合 2

运用时机：绕过配合要求防护者要及时提醒同伴，并贴近自己的对手，绕过队员要及时调整位置、距离，继续防住对手。

(7) 交换配合。

交换配合是为了破坏进攻队员的掩护配合，防守队员之间彼此及时地相互呼应交换自己所防守的对手的一种配合方法。

配合方法：

①如图 6-1-20 所示，⑤去给④做掩护，❺要主动发出换人信号，及时封堵④向篮下突破的路线，此时❹应及时调整自己的防守位置，防止⑤向篮下空切。

②如图 6-1-21 所示，④传球给⑤并利用⑥定位掩护切入篮下，此时❻应及时提醒❹进行换防，❻防④篮下接球，❹调整位置防⑥。

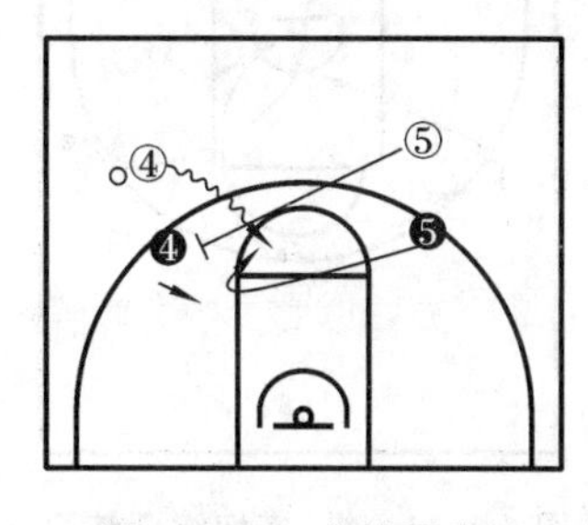

图 6-1-20　交换配合 1

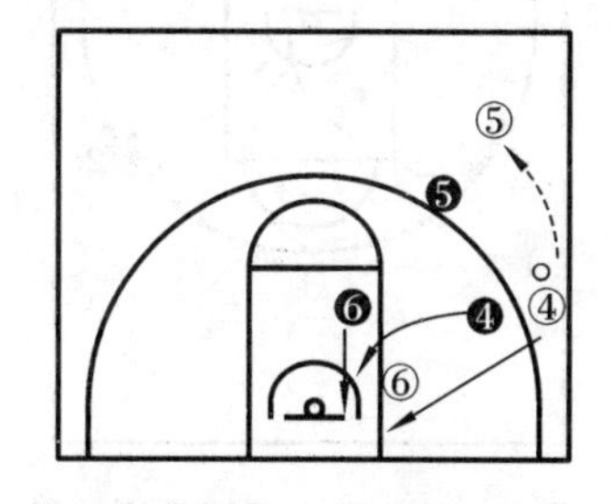

图 6-1-21　交换配合 2

运用时机：交换防守配合要求交换防守时，防守掩护者的队员要主动发出换人信号，双方准备换防。两防守队员要到位交换，及时换防。运用交换防守后，应在适当时机再换防，以免在个人防守力量对比上失利。

6.1.3　战术基础配合教学训练步骤与练习方法

1. 战术基础配合教学训练步骤

(1) 通过讲解、示范，建立正确的技术概念；

（2）进攻基础配合练习（传切—突分—掩护—策应）；

（3）防守基础配合练习（关门—夹击—补防—抢过—穿过—绕过—交换）；

（4）在掌握基本战术配合方法基础上进行变换练习、左右交替练习。

2. 练习方法

1）传切配合的练习方法

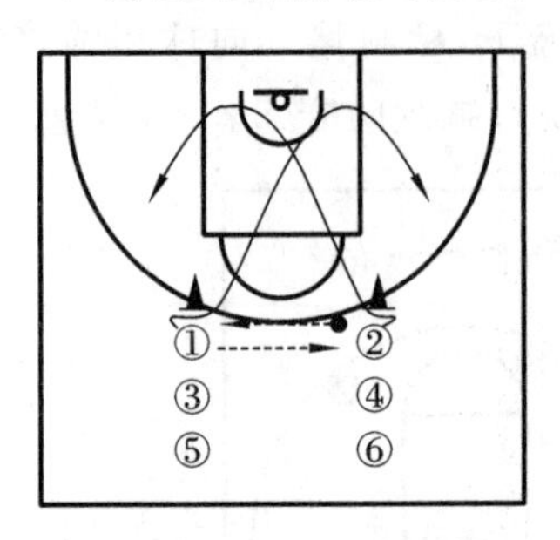

图 6-1-22 连续传切练习

（1）连续传切练习：队员站位如图 6-1-22 所示，队员分两组站立，队员①向②传球后向异侧做移动假动作，然后突然变向切入篮下。②将球传给③，也用同样的方法切入篮下。如此重复进行。

练习要求：切入前必须向异侧做假动作，切入时必须主动伸手臂要球，同时变向要迅速，身体重心要主动压向内侧。配合队员接球后也必须做投篮或突破假动作，并用眼睛的余光观察切入的同伴。

（2）三人连续传切练习：队员三人一组于半场成三角形站位，如图 6-1-23 所示，队员②下压并上提接①的传球，①传球后做假动作并向有球方向切入篮下，之后移动到②的排尾。在①切入的同时，③移动到原来①的位置，准备接②的传球。①切入后，②将球回传③，并用和①相同的方法切入篮下，后移动到原来③的位置，③接球后将球传给①。反复进行。

练习要求：切入时必须主动伸手臂要球，同时变向要迅速，身体重心要主动压向内侧。

（3）纵、横切综合练习：全队分 3 组，站位如图 6-1-24 所示，①、②组每人持球，①传球给③后，向左侧做摆脱假动作，随后迅速从右侧切入接②的传球投篮，②传球后做摆脱假动作，随后迅速横切接③的传球上篮，①、③抢篮板球。各组按逆时针方向轮转换位，依次进行练习。

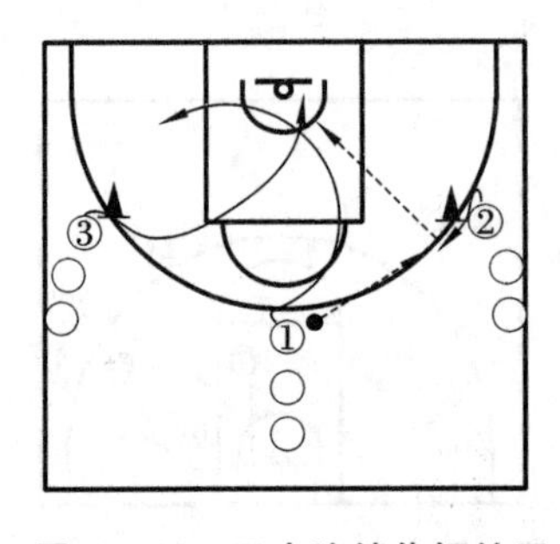

图 6-1-23 三人连续传切练习

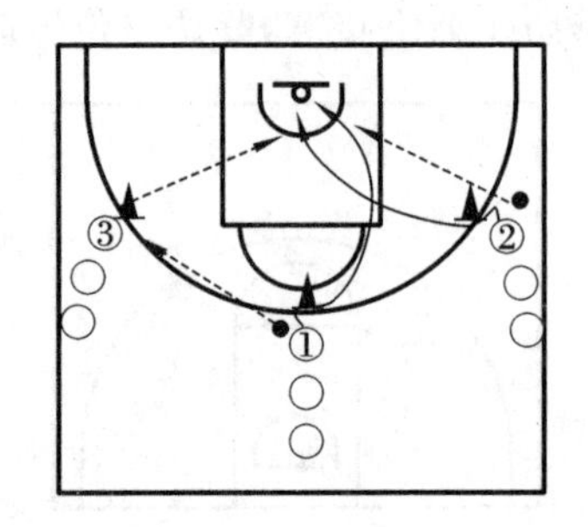

图 6-1-24 纵、横切综合练习

练习要求：切入必须快速有力，传球队员的传球要做到人球相遇。接球队员接球后要立即转入投篮的进攻动作。

（4）易犯错误与纠正方法。

易犯错误：

①切入队员在切入时不能很好地摆脱防守。

②传球队员持球后目光始终在切入队友的身上，暴露了进行传切配合的意图。

③持球队员不能主动利用投篮、突破、假传球等技术吸引防守人的注意。

纠正方法：加强脚步动作灵活性练习，多做各种徒手的变向跑，提高移动的速度和变

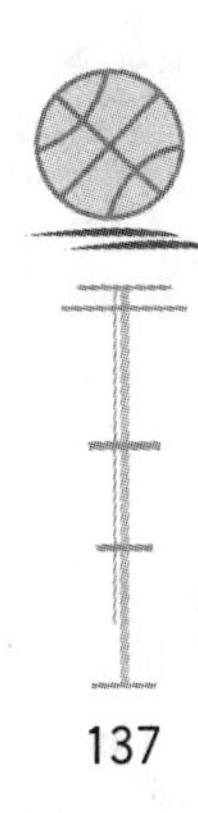

向的突然性。

在练习中反复强调持球队员持球后的基本进攻意识。

2）突分配合的练习方法

（1）两人连续突破练习：队员站位如图所 6-1-25 所示，圆弧线右侧队员②持球向篮下做持球突破，在突破过程中教练在篮下进行防守，此时②需要立即将球传给圆弧线左侧做移动摆脱向内线的队友①，外线队员接球后立即向内突破，并在突破中将球传出，如此往复至一定的传球次数后结束。

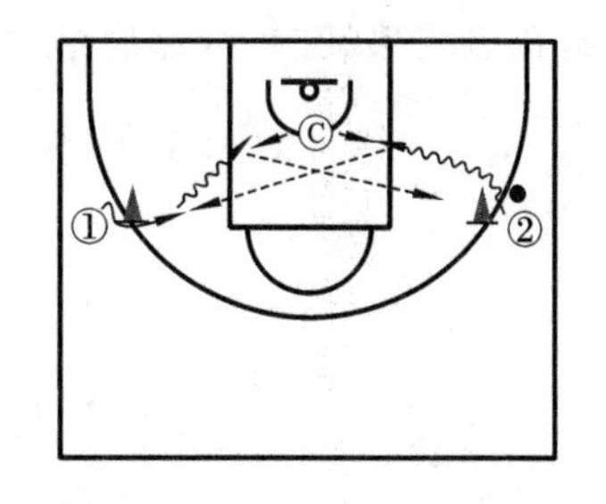

图 6-1-25　两人连续突破练习

练习要求：突破队员的突破必须有力、迅速，在突破中注意观察队友的移动。传球要及时准确。

（2）三人突破防守练习：如图 6-1-26 所示，①持球面向标志筒做顺步突破向篮下移动，在三秒区附近将球迅速传给右侧做摆脱动作向内线移动的②并防守其上篮。②在突破过程中遭到①的防守时将球传给左侧的③，然后上前防守③。依次循环。

练习要求：在突破过程中必须注意接球队友的行动，传球要准确到位。

（3）三对三突分进攻练习：如图 6-1-27 所示，③持球突破❸的防守，遇到补防时，立即将球传给插进到有利位置的①或②。

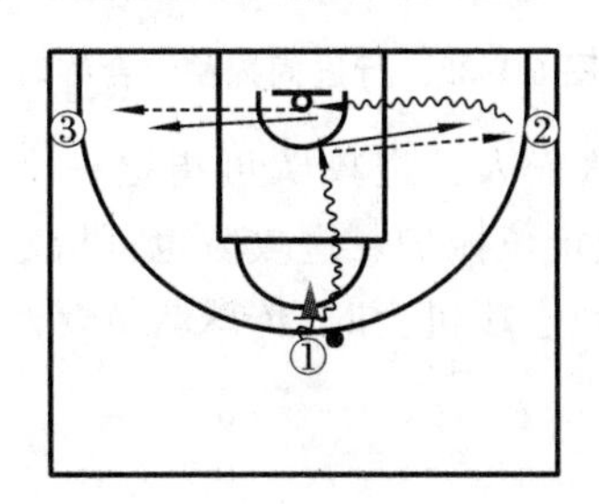

图 6-1-26　三人突破防守练习

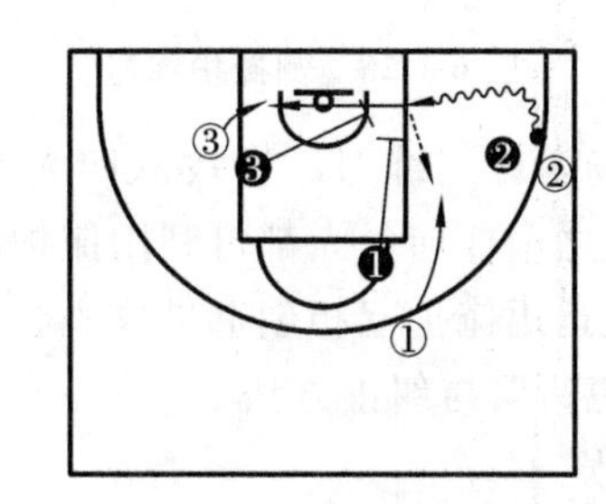

图 6-1-27　三对三突分进攻练习

练习要求：突破队员要根据防守❶、❷的选位，判断①和②之间谁有利接球，再采取果断的传球措施传球。

（4）常见错误与纠正方法。

易犯错误：

①突破队员在突破中不能及时观察到防守队员位置和意图的变化，看不到移动到有利位置的队友。

②当防守人去补防或夹击时，无球队员站在原地不动，没有突然移动到有利位置的意识。

纠正方法：

①加强突破队员的观察和判断能力，强调和提示接球队员的移动。

②在练习中规定必须完成一定的突破分球次数后才能进攻投篮。

3）掩护配合的练习方法

（1）侧掩护练习：队员分为两组，如图 6-1-28 所示，③给①做掩护，①向篮下切入，③同时转身跟进切入。相互交换位置，依次进行练习。

练习要求：队员切入前要先做吸引对手的动作，掩护者到位时再切入。切入动作要突然、快速。

(2) 行进间掩护综合练习:如图 6-1-29 所示,队员两人一组,①给②传球后立即上前给②做侧掩护,掩护完成后转身沿边线移动。②借助掩护向场内运球,接球停步后将球传给在边线移动的①,然后继续上前给①掩护,如此循环至完成上篮。

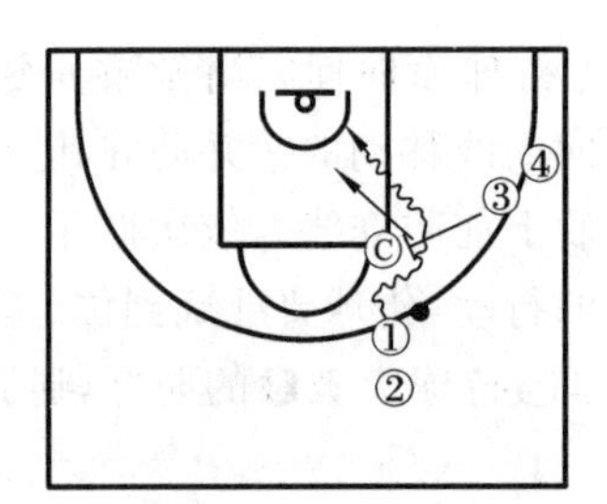

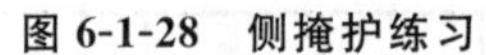

图 6-1-28　侧掩护练习

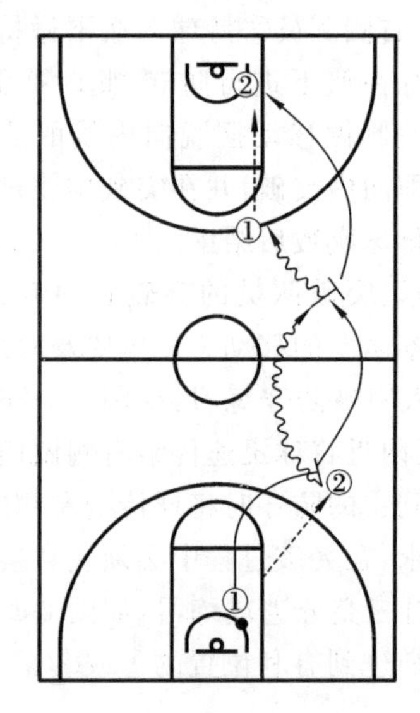

图 6-1-29　行进间掩护综合练习

(3) 半场四对三练习。进攻队四人,防守队三人。进攻队可指定一个专做掩护队员,其余三人之中任何一人都可利用掩护队员做定位掩护。进攻队也可指定一个队员传球,其余三人运用掩护互相创造进攻机会,当发现进攻机会时,传球队员要及时传球。

(4) 易犯错误与纠正方法。

易犯错误:

①行动不隐蔽,掩护意图过于明显,防守人在掩护形成前更进一步加强了防守的针对性,使掩护无法完成。

②掩护中,被掩护的队员没有假动作的配合,掩护时被防守人挤过(或穿过)。

③掩护发生时,掩护人有推、顶、拉等动作,或因掩护人在掩护时随防守人移动而造成掩护犯规。

纠正方法:

①培养主动掩护的意识,加强移动的突然性和隐蔽性。

②加强受掩护队员假动作的训练,提高观察判断的能力。

③加强规则的学习与运用。

4) 策应配合练习方法

(1) 如图 6-1-30 所示,①和②在外围互相传球,当球传给②时,③突然做摆脱防守插到罚球线后接②的传球做策应。②传球后迅速做摆脱动作向左侧移动与①交叉移动后接③的传球完成投篮。①切向③的侧前方准备接球进攻。③根据情况传球给①或②进攻,也可以自己进攻。

(2) 如图 6-1-31 所示,①将球传给策应者②后,利用②的策应快速从他的外侧跑向篮下。②做向①传球的假动作,然后传球给插到罚球线后的③,③传给切下篮下的①或自己进攻。

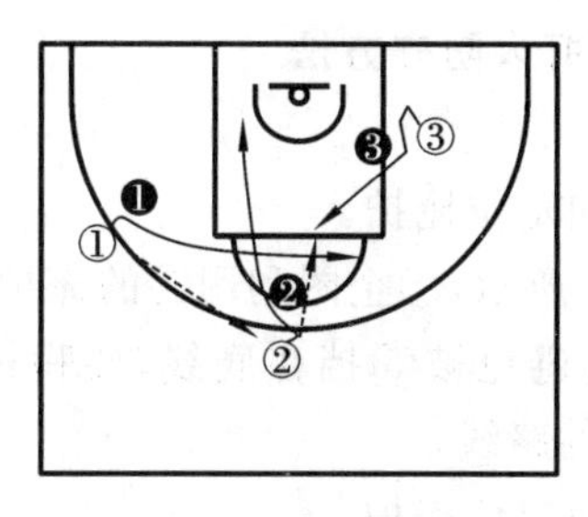

图 6-1-30 策应配合练习 1

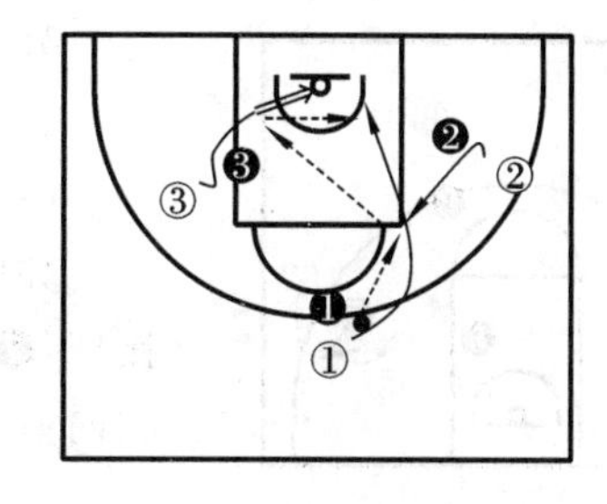

图 6-1-31 策应配合练习 2

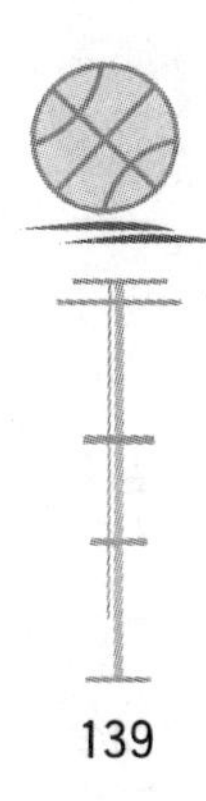

(3) 在半场进行人数相等的攻守练习。进攻队员必须运用策应配合,防守队员只许用脚步动作保持正确的位置和规定的距离进行防守。练习到一定时间或次数后攻守交换练习。

(4) 易犯错误与纠正方法。

易犯错误:

①向策应队员传球不及时或传球不到位,使策应队员难以获得有利的策应位置。

②策应队员只顾向队友传球,而忽视了自己的攻击作用。

③队友切入时,策应队员的传球不准确或不合时机。

纠正方法:

①采用各种形式反复练习向内线传球,强调传球的隐蔽性和突然性。

②当出现有利进攻时机时,鼓励策应队员积极进攻。

思 考 题

1. 简述篮球战术的概念与分类的依据。
2. 简述传切配合的基本要求。
3. 简述掩护技术动作要求。
4. 试述进攻战术基础配合教学步骤与练习方法。

6.2 半场人盯人防守与进攻半场人盯人防守

6.2.1 半场人盯人防守

1. 半场人盯人防守定义

半场人盯人防守战术是由进攻转为防守时,全队迅速退回后场,每名队员分工负责防守一名进攻队员,并与同伴相互配合,进行集体防守的全队防守战术。

2. 半场人盯人防守基本要求

(1) 由攻转守时,每个队员都要迅速退回后场,找到对手,组成集体防守。

(2) 根据对手、球、球篮,选择有利位置。有球紧,无球松;近球紧,远球松;近篮紧,远篮松。积极移动,控制对手。

(3) 做到球、人、区兼顾,与队友协防,破坏对方进攻配合,加强防守的集体性。

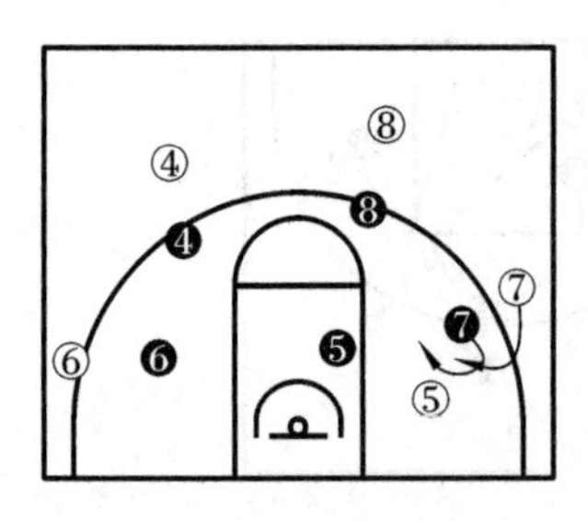
图 6-2-1 防横向定位掩护

3. 半场人盯人防守方法

1）防掩护

（1）防横向定位掩护。

如图 6-2-1 所示，⑦企图利用⑤的掩护向篮下切入接球，❼要尽量避免被⑤挡在底线，要积极挤过，堵截⑦向篮下切入的路线。

（2）防纵向定位掩护。

如图 6-2-2 所示，⑧利用⑤掩护向篮下纵切，❽应从近球一侧快速绕过，追防⑧；如对方借机高吊球给⑧，❻应补位断球。

（3）防双掩护。

如图 6-2-3 所示，⑧利用双掩护从上线空切，如❽被挡住，则❼与❽要换防。如⑦向罚球区横动，则❺立即换防⑦；❽防守⑤。

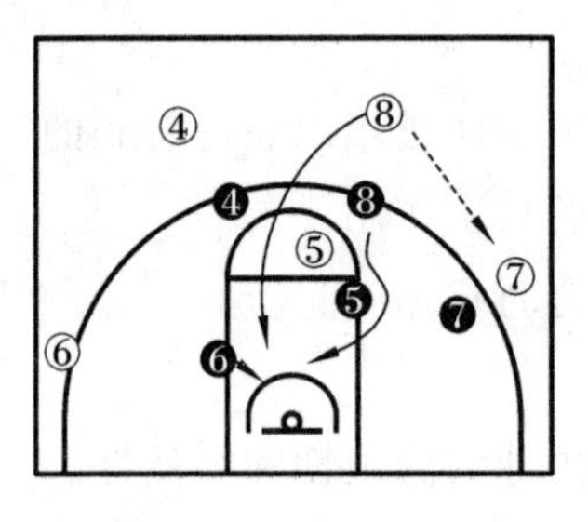
图 6-2-2 防纵向定位掩护

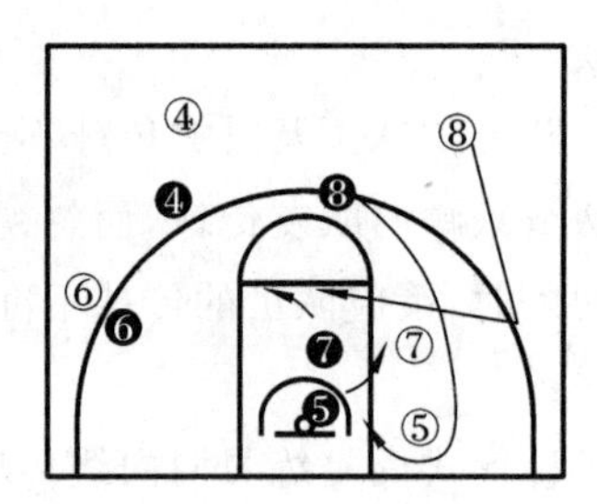
图 6-2-3 防双掩护

2）防守中锋进攻

（1）防球传向中锋队员。

如图 6-2-4 所示，当④持球时，❻错位紧逼⑥，❺绕前防⑤，切断④与⑤的配合，❽错位篮下负责断④传给⑤的高吊球，离球较远的❼应向限制区后撤准备补防。

（2）防守双中锋进攻。

双中锋进攻战术的变化，主要是两个中锋在篮下交替穿插和相互掩护寻找攻击机会。防守双中锋主要是破坏他们在篮下的相互配合。如图 6-2-5 所示，⑤持球时，❽上前防守⑤，⑥利用⑦掩护接⑤的传球，❹和❻要及时换防，❹上前防守⑥，❻防守⑦。

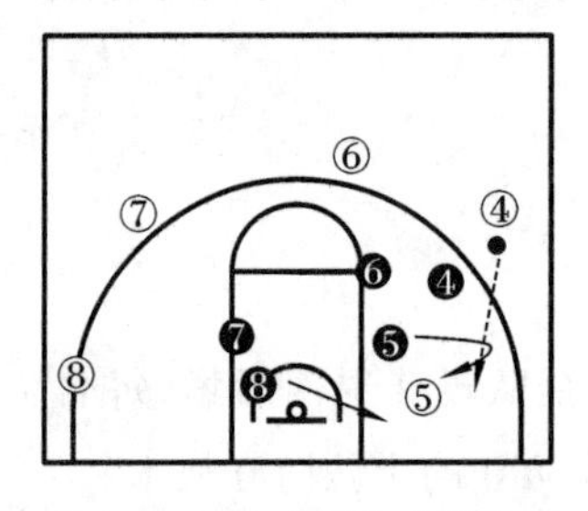
图 6-2-4 防球传向中锋队员

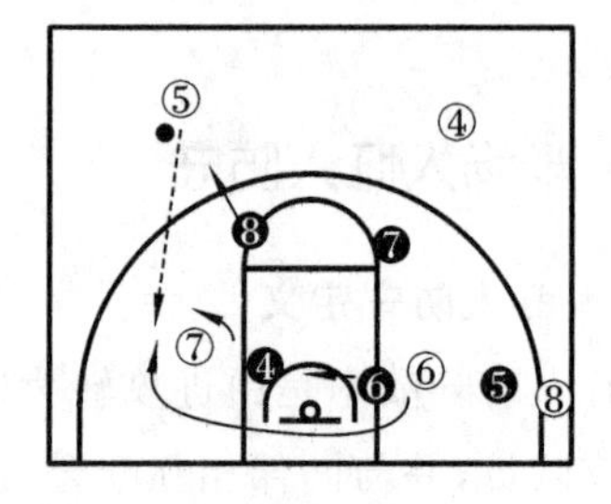
图 6-2-5 防守双中锋进攻

4. 半场人盯人防守教学训练步骤与练习方法

1）半场人盯人防守训练步骤

（1）正确示范完整的战术行动；

（2）明确联防的区域划分和分工要求；

(3) 在无防守或消极防守条件下进行全队战术练习；

(4) 半场或结合由攻转守至半场进行全队战术练习；

(5) 在教学比赛或公开比赛中进行全队战术练习,检查战术质量,提高运用能力。

2) 半场人盯人防守练习方法

(1) 半场一防二练习。

如图 6-2-6 所示,❶为防守队员,学生分为两组排成两路纵队。①向内线做运球突破,❶上前堵截时,①将球传给②,②则接球突破上篮,②投篮后变成防守人,①则排在②队尾。

在练习中需要注意防守人既要看到接球队员,又要看到无球进攻队员。①若从右侧(防守人的左侧)突破时,❶应右手、右脚在前,使②向①靠近,便于控制无球人的行动。

(2) 半场三防三补防练习。

如图 6-2-7 所示,学生分成三组依次进行防守练习,防守后排在队尾,进攻后变防守,练习开始,①传球给②,②接球后持球突破,❸补防②,❶向后退至❸的原来位置协防③与①,❷则协防①。

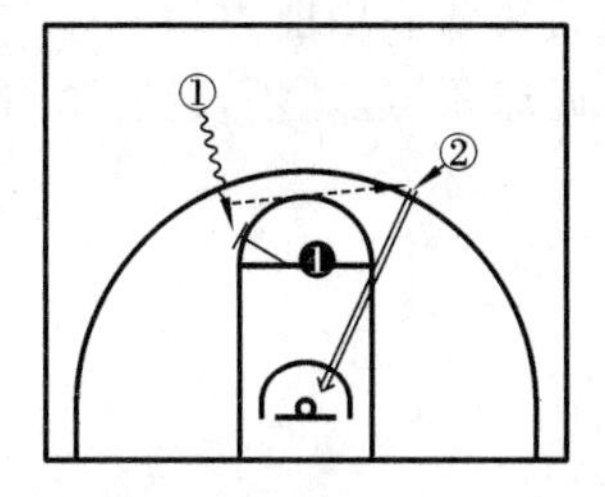

图 6-2-6　半场一防二练习

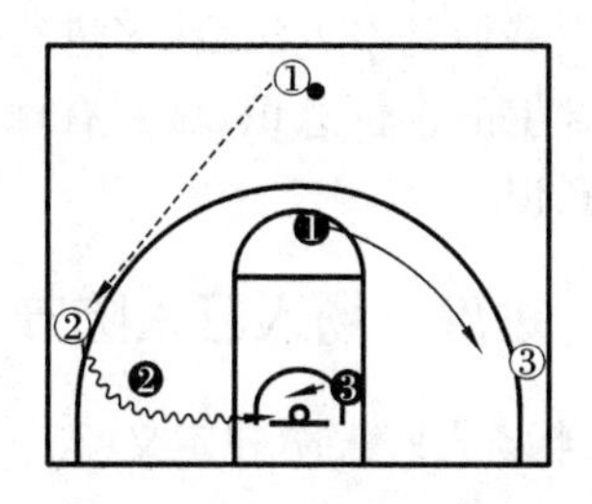

图 6-2-7　半场三防三补防练习

在练习时需要注意在协防的位置前,防守队员应各自防好自己的对手,在进攻队员移动后及时调整位置进行协防和补防。

(3) 半场四防四选位练习。

方法:如图 6-2-8 所示,学生分成四组,每组四个人,进攻方进行传球,但人不动,防守人根据球的落点位置而随机变化和调整位置,主要体会强侧与弱侧的防守位置与方法意识。

(4) 半场五防五练习。

如图 6-2-9 所示,半场五对五攻守对抗,球动人动,防守队员跟随进攻队员移动防守并积极呼应选位。练习初期进攻者慢转移球,当防守选位熟练后逐渐加快传球和移动速度,并加上运球突破和空切,防守人积极选位防守。

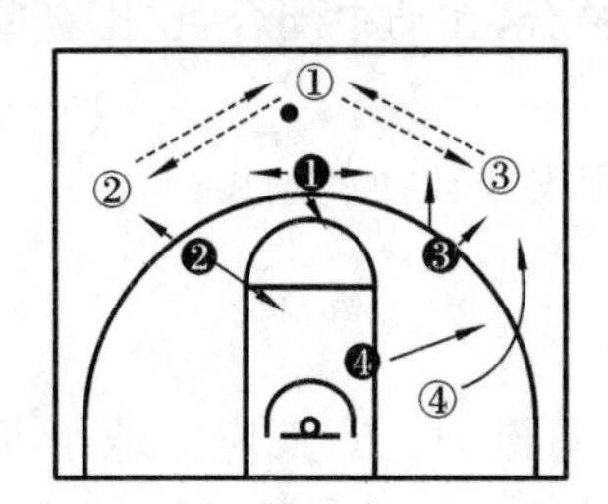

图 6-2-8　半场四防四选位练习

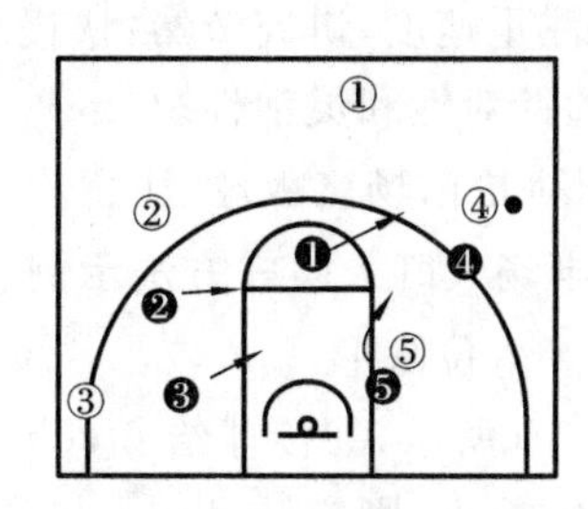

图 6-2-9　半场五防五练习

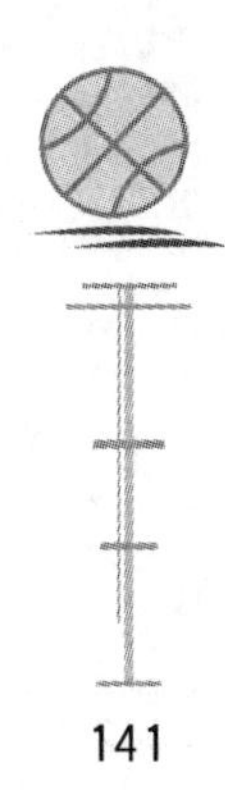

(5) 半场防守练习。

方法:将全班学生按五人一组,分成若干组在中场范围内(分两半场)进行五对五比赛,若进攻五人进攻得分则继续进攻,防守成功则交换。

(6)易犯错误与纠正方法。

易犯错误:

①基本防守原则与概念不清楚,无规律移动。

②配合观念差,只管防守自己的对手,不能兼顾相邻对手。

③个人防守方法和防守能力弱。

④防守选位意识不足。

纠正方法:

①在练习中应由简单到复杂,由个人防守到二三人配合防守,教师要边示范边讲解,让学生形成清楚的概念。

②强调在防好自己对手的前提下,协防相邻的对手,可以运用呼喊口令促使动作完成到位。

③在学生掌握基本方法后,多进行实践练习提高实践应用能力。

④强化学生的选位意识,做到有球紧、无球松,近球紧、远球松,近篮紧、远篮松,以及积极移动的意识。

6.2.2 进攻半场人盯人防守

1. 进攻半场人盯人防守定义

进攻半场人盯人防守战术,是阵地进攻战术系统中的一种战术类型,是根据防守的区域范围和队员的防守能力,而结合本队的实际,扬长避短而设计的全队半场进攻战术。它是根据半场人盯人防守战术的特点,从各队的具体情况出发,最大限度地发挥每名队员的特点,通过一定的阵型,综合运用掩护、突分、传切和策应等基础配合所组成的全队进攻战术。

2. 进攻半场人盯人防守基本要求

(1) 进入半场后应合理地组织进攻队形并迅速落位。

(2) 要充分利用基础配合及其变化来创造攻击机会,要正面进攻与侧面进攻、内线进攻与外围进攻、主动进攻与辅助进攻相结合,扩大攻击面,增多攻击点,加强进攻的攻击性。

(3) 在组织进攻中,要根据防守情况,攻其薄弱环节,有目的地穿插、换位,造成防守的漏防,同时注重速度,讲究节奏,快慢结合,动静结合,在动中配合,在比赛中形成默契,加强进攻中的针对性和灵活性。

(4) 组织拼抢前场篮板球,注意攻守平衡,保证攻守转换的速度。

3. 进攻半场人盯人防守方法示例

1) “2-1-2”落位队形

如图 6-2-10 所示,⑤传球给⑥,⑦给⑤做行进间掩护。⑥策应传球给⑤投篮,⑦掩护后,如果对方换人,则应转身切入接⑥的球继续进攻。此时⑧跟进抢篮板球,⑥传球后也要冲抢篮板球。④向中间移动,随时准备退守。

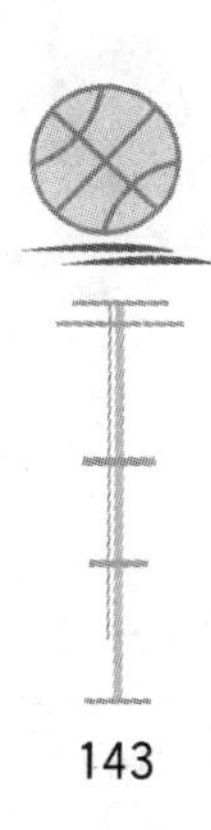

2）“1-3-1”落位队形

如图 6-2-11 所示，采用“1-3-1”队形落位，⑦传球给④时，⑤可乘机向篮下切入，⑥同时向下移动，④则传球给⑤或⑥投篮。

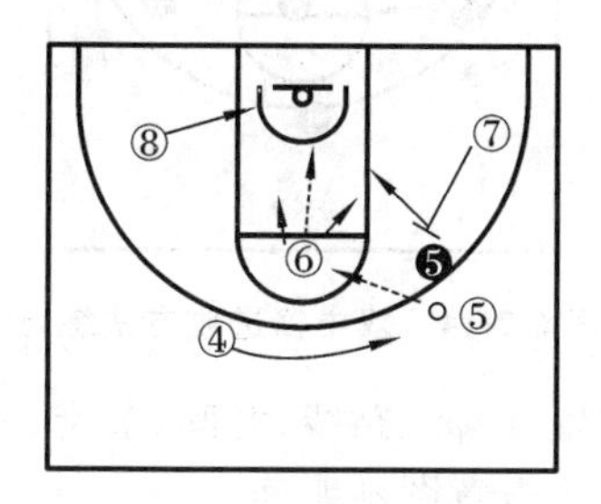

图 6-2-10 “2-1-2”落位队形

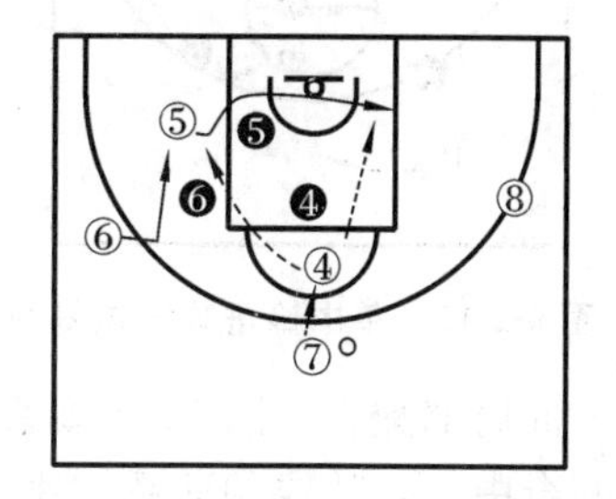

图 6-2-11 “1-3-1”落位队形

3）“1-2-2”落位队形

如图 6-2-12 所示，双中锋进攻横向移动利用定位掩护，采用“1-2-2”落位队形，⑥传球给⑦并向⑦身后绕切，⑦向左运球，同时双中锋⑤利用④做定位掩护，从④身后绕出。如防守被挡，⑦即传给⑤跳投；如⑤未被挡住，⑤可继续从④外侧向罚球区切入，接⑦传球投篮。

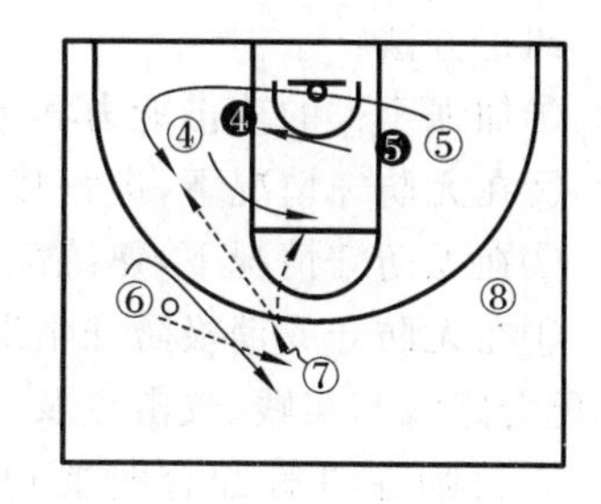

图 6-2-12 “1-2-2”落位队形

4. 半场人盯人防守教学训练步骤与练习方法

1）进攻半场人盯人防守训练步骤

（1）讲解战术的队形、发动、路线，采取不同的方法进行演示使队员形成完整的概念。

（2）在无防守或消极防守情况下进行战术分解练习。

（3）在无防守或消极防守情况下进行全队战术练习。

（4）在半场积极防守的情况下练习。

（5）结合全场退守进行半场攻守练习。

（6）通过全场比赛（教学比赛、正式比赛），检查和提高全队进攻战术运用的质量。

2）进攻半场人盯人防守练习方法

（1）单中锋进攻方法练习。

练习方法：如图 6-2-13 所示，⑤传球给⑥，⑥接球先做前转身准备进攻，有机会则得分。⑤传球给⑥同时，⑧上提给⑤做掩护，⑤向篮下切入准备接⑥的回传球。在⑤接到球后，⑦迅速向左侧底线一带移动准备接球；若⑥传球给切入的⑤后遭到❼补防，则⑥或⑤传球给向篮下移动的⑦，④向中间移动准备退守。

（2）双中锋进攻方法练习。

练习方法：如图 6-2-14 所示，进攻队形呈 1-3-1 落位，⑤、⑧为中锋，⑥、⑦为前锋，⑤接④的传球策应，⑧给⑥做后掩护，⑥切入篮下接球进攻，若⑥接不到球，则⑧向篮下横切接⑤传球进攻，若⑥接不到球则移动到场地另一侧给⑦做掩护，⑦从底线切向另一侧，再由⑧掩护接球投篮。

（3）易犯错误与纠正方法。

易犯错误：

①个人进攻行动与同伴协同配合不协调。

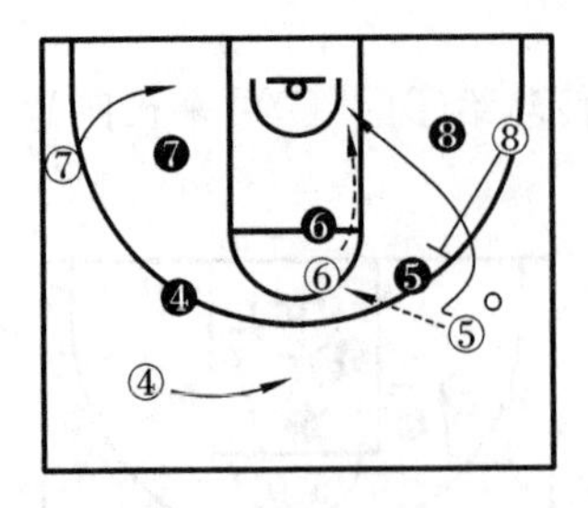

图 6-2-13　单中锋进攻方法练习

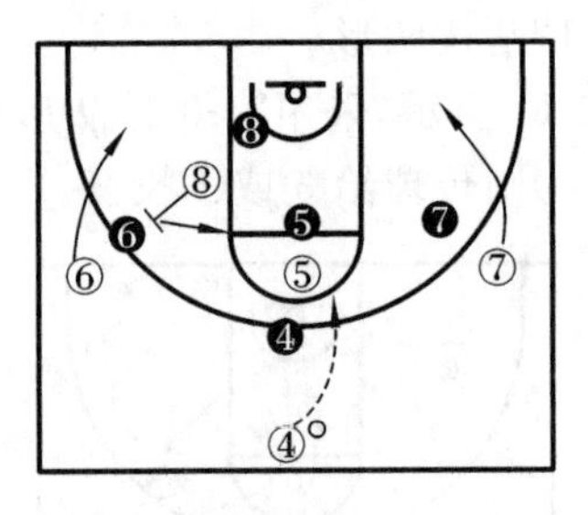

图 6-2-14　双中锋进攻方法练习

②两三人的局部配合不默契，主要表现在位置、距离、路线、时间、节奏、变化等方面。

③基础配合中，内、外线的联系不密切，各自攻击意图不明确。

④进攻中，主攻和辅助进攻练习不紧密，脱节。

纠正方法：

①加强个人的攻击能力和意识。

②在无防守情况下，进行战术分解的强化练习。

③在无防守情况下，熟练配合的距离、路线变化，加强默契。

④在无防守或消极防守情况下，进行全队战术练习，加强学生对整套战术的落位队形、配合路线与实践、攻击点及变化的理解。

⑤教师在讲解配合时要边讲边做，对不同位置的变化情况讲解强化学生的动作概念。

⑥半场防守队积极防守的情况下加强学生攻击意识和能力，同时提高团队的配合能力与意识。

思　考　题

1. 分析进攻半场人盯人防守的战术方法。
2. 简述半场人盯人防守的教学步骤。
3. 试述组织进攻半场人盯人战术的基本要求。
4. 试述进攻半场人盯人防守战术的教学步骤。

6.3　全场紧逼人盯人防守与进攻全场紧逼人盯人防守

6.3.1　全场紧逼人盯人防守

1. 全场紧逼人盯人防守定义

全场紧逼人盯人防守，是由攻转守时尽快紧逼对手，在全场范围内阻挠、限制其活动，并与队友协同配合，破坏对方有组织的进攻，是一种极富攻击性的集体防守战术。

2. 全场紧逼人盯人防守基本要求

（1）一旦失去球权，每个人都要立即找人，首先控制持球人，离球越近贴得越紧，从心理、体力、技术上给对手以巨大压力，使其每前进一步都要付出极大代价。全队要思想统一，行动一致，默契配合，制造声势压倒对方。

（2）按照分工，五个人在全场范围内积极追、堵、挡、卡，抢占对手近球侧有利位置，人、球、区、篮、时间兼顾，积极阻断对手接球；严密控制持球队员的传、运、突、投，迫使对手在被动中发生违例和失误。

(3) 积极运用协防、挤过、穿过、换防、夹击和抢前防守等配合，破坏对方向球、向篮切入(或突破)、相互掩护和中场策应。

(4) 注意造势，互相呼应，真假结合，虚实并用，抓住机会果断、准确地抢、打、断球，争取反击快攻。

(5) 在前场防守，一旦对方将球推进到前场，自己所防对手落后于球时，要迅速退回后场协防有威胁的攻击区。

3. 全场紧逼人盯人防守方法示例

1) 前场紧逼人盯人防守

(1) 一对一紧逼。

如图 6-3-1 所示，当④掷界外球时，❹应迅速上前紧逼，积极挥动双臂，注意观察④的传球意图，封堵传球角度，争取断球。❺和❻要选择在⑤和⑥的侧前方位置进行防守，并根据⑤和⑥的移动不断调整防守位置切断传球路线，争取造成④的 5 秒违例。❼和❽可采取松动防守，与⑦和⑧保持一定的距离和角度，以便当④长传球时及时断球，或在❺和❻漏防时，放弃自己的对手，及时进行补防。

如果④将球掷进场内，防守持球的队员应立即调整防守距离和位置，迫使对手沿边线运球，为夹击创造条件。同时❹迅速后撤，防止④空切，并随时准备协助同伴防守。

(2) 夹击接球者紧逼。

如图 6-3-2 所示，④掷界外球时，❹放弃对④的防守，而支协助❺夹击离球较近而控制和支配球能力较强的⑤使他没有机会接球，力求造成④发球 5 秒违例或传球失误。❺防守时，可面对或侧对⑤，阻挠他接球，❹站在⑤的侧后方，防止④传高吊球。❼和❽都抢在对手前面错位防守，准备断对方长传球。如果对方已将球掷进场，则一对一防守，严密控制对方。

图 6-3-1　一对一紧逼

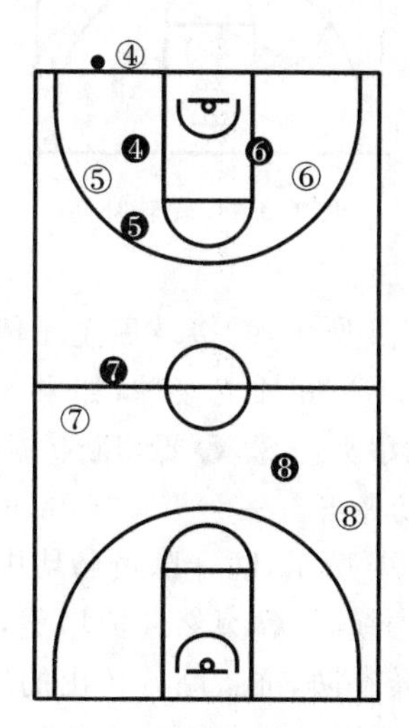

图 6-3-2　夹击接球者紧逼

(3) 机动夹击紧逼。

如图 6-3-3 所示，当④掷界外球时，❹主动放弃④，充当“游击队员”，他可以站在两个接球队员前面，也可以站在后面，但必须与❺和❻配合好，❹要判断④的传球意图，以

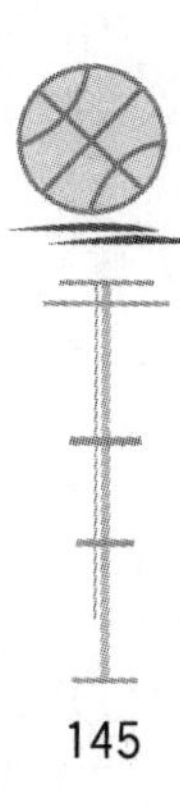

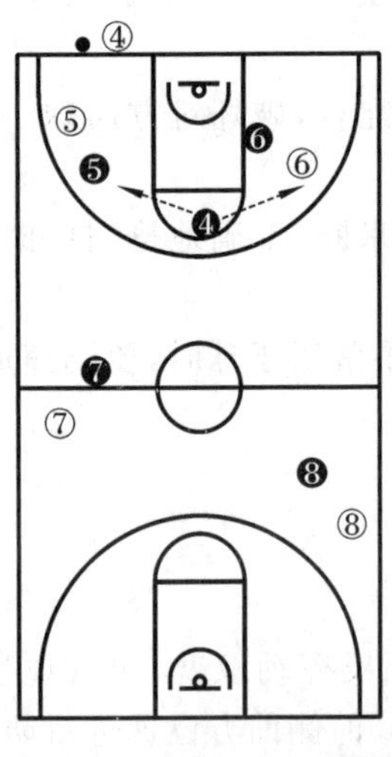

图 6-3-3 机动夹击紧逼

及谁接球的可能性大，及时移动进行夹击或断球，❼和❽应站在⑦和⑧的侧方防守，随时准备断长传球和补防。如果对方已将球掷进场，而夹击又不成功，❹和其他队员应及时调整位置，恢复原来的紧逼人盯人防守。

2）中场紧逼人盯人防守

（1）轮转补防。

如图 6-3-4 所示，⑤已突破❺的防守，沿边线运球推进，此时根据场上情况，❼应放弃自己防守的⑦而及时迎前堵住⑤的推进，❽及时补防⑦，❻补防⑧，❹补防⑥，形成连续的轮转补防。

（2）交换防守。

如图 6-3-5 所示，当球在④手中，⑦去给⑤做掩护时，❼和❺要及时交换防守破坏对方的掩护配合，交换防守的关键是❼必须及时提醒❺，一旦对方掩护成功，当⑤运球突破时，❼换防，而❺要迅速抢占内侧位置防守⑦。

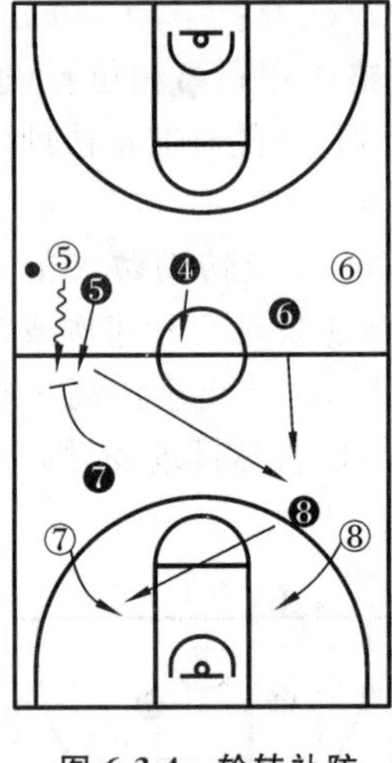

图 6-3-4 轮转补防

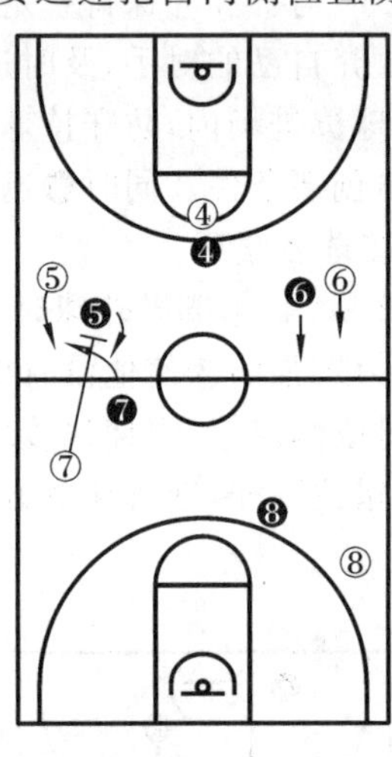

图 6-3-5 交换防守

（3）防守中场策应。

如图 6-3-6 所示，⑥接球后企图传给迎前接应的⑧，此时❻要积极封堵⑥的传球，❽要抢前防守，不让⑧插上接球，如果⑧接到球，则❻、❹、❺要主动后撤，防止⑥、④、⑤空切，❻要协助❽夹击⑧，❼要切断⑦插上做策应和空切篮下的接球移动路线。

（4）中场夹击。

如图 6-3-7 所示，防守队员❺堵中路，放边路，迫使进攻队员⑤沿边线运球推进。当⑤运球刚过中线时，❼突然迎前堵截，在中线的场角与❺形成对⑤的夹击。同时，其他防守队员要轮转补防，准备断⑤传出的球。

4. 全场紧逼人盯人防守教学训练步骤与练习方法

1）全场紧逼人盯人防守训练步骤

（1）正确示范完整的战术行动。

（2）明确全场紧逼人盯人的区域划分和分工要求。

（3）在无防守或消极防守条件下进行全队战术练习。

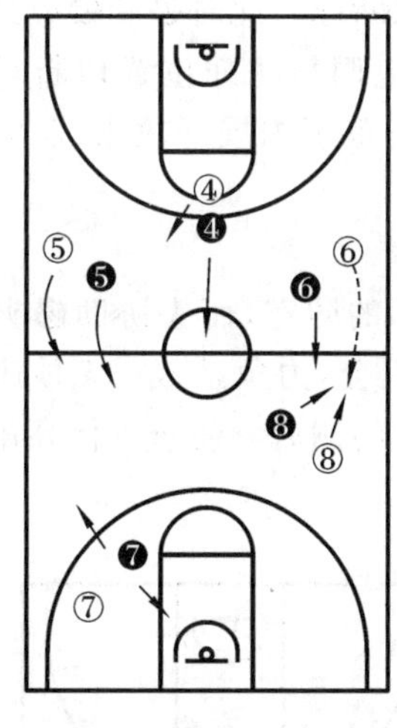

图 6-3-6 防守中场策应

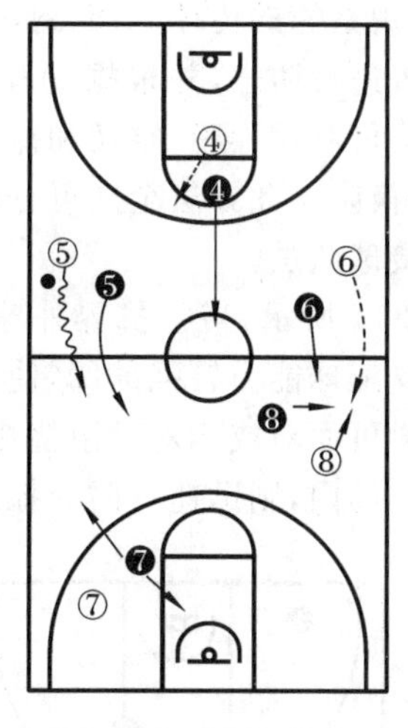

图 6-3-7 中场夹击

(4) 半场或结合由攻转守至半场进行全队战术练习。

(5) 在教学比赛或公开比赛中进行全队战术练习,检查战术质量,提高运用能力。

2) 全场紧逼人盯人防守练习方法示例

(1) 全场一对一紧逼防守练习。

如图 6-3-8 所示,全场一对一紧逼防运球队员。在练习中要注意的是防守队员的左手或右手要始终对着进攻队员的球。位置要始终选择在进攻队员前进路线的前面。

(2) 全场二对一运球轮转夹击防守配合练习。

如图 6-3-9 所示,❶紧逼自己的对手①运球,当①运球到边线时,❷立即起动上前与同伴对运球队员进行夹击。形成夹击后,❶立即快速跑到中圈附近等待与❷在中圈附近进行第二次夹击,此时❷向中圈运球,❶迎前阻截从而形成第二次夹击。然后如此反复形成第三次、第四次夹击练习。

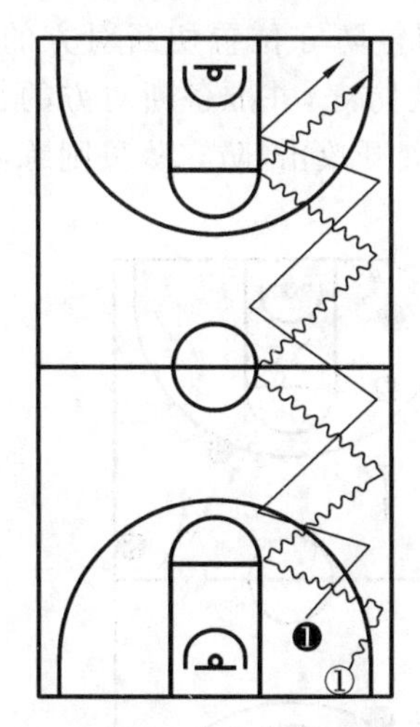

图 6-3-8 全场一对一紧逼防守

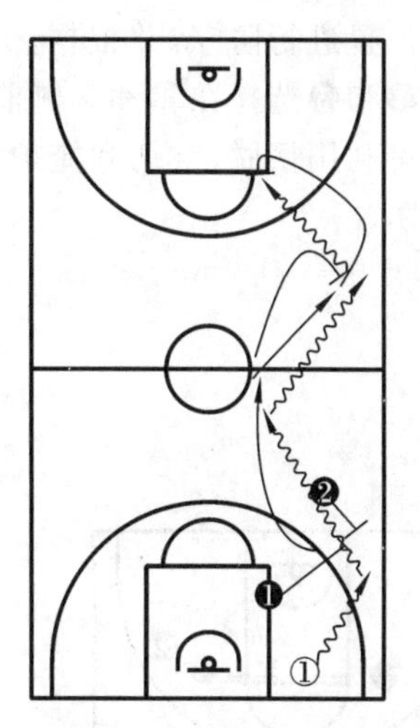

图 6-3-9 全场二对一运球轮转夹击防守

(3) 全场三对三紧逼防守综合练习。

①紧逼发球队员。

如图 6-3-10 所示,当①在端线掷界外球时,❶应迅速上前紧逼防守并积极挥动双

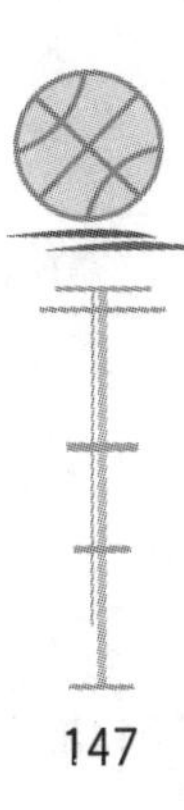

臂，同时注意观察④的传球意图，封堵传球角度，争取断球。此时❷和❸应选择在②和③的侧前方位置进行防守，并根据⑤和⑥的移动不断地调整防守位置切断对方的传球路线。进攻队员可利用摆脱、空切和掩护接球并在全场范围内展开攻击；防守队员则练习夹击、补防和换防。此方法全队可分成4组轮换做。

②夹击接球队员。

如图6-3-11所示，当①掷界外球时，❶放弃对①的防守，而去协助❷夹击离球较近而控制球和支配球能力较强的②，使②没有接球的机会，力争造成①5秒违例或传球失误。❷防守时可面对或侧对②阻挠接球，❶则站在②的侧后方防止①传高吊球。如果对方已把球传进场内，则迅速一防一控制对手。

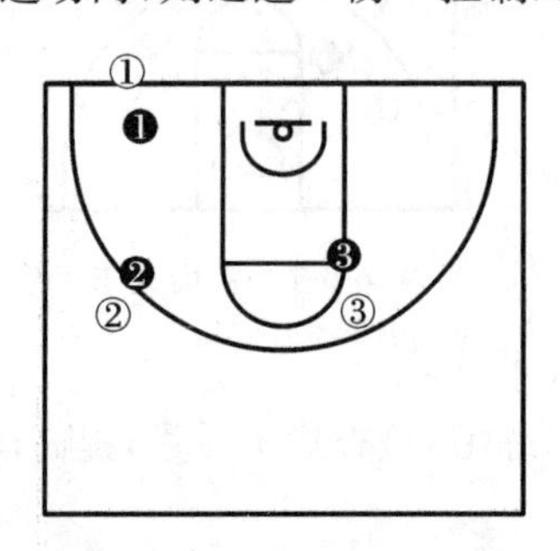

图6-3-10　紧逼发球队员

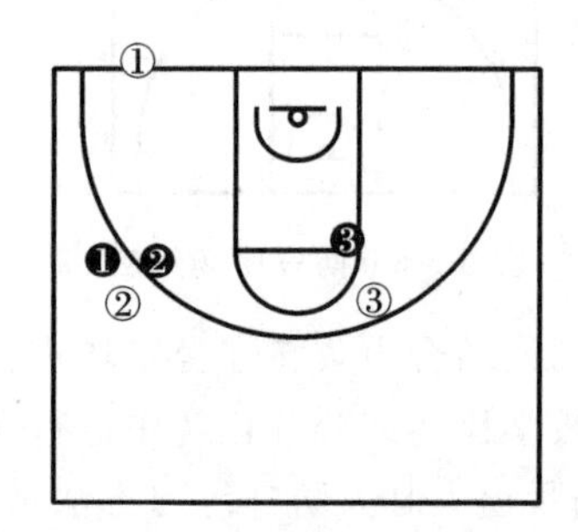

图6-3-11　夹击接球队员

(4) 全场四对四轮转补防练习。

学习方法：如图6-3-12所示，①开始运球突破并超越❶，此时❸立即放弃③快速迎前阻截运球队员①，❹见此应立即放弃④快速补防③，❷立即放弃②快速回防④，❶快速补防②，由此形成防守队的顺时针轮转补防练习。

(5) 全场五对五紧逼人盯人防守配合练习。

如图6-3-13所示，当①在端线掷界外球时，❶应迅速上前紧逼防守并积极挥动双臂，同时注意观察①的传球意图，封堵传球角度，争取断球。此时❷和❸应选择在②和③的侧前方位置进行防守，并根据②和③的移动不断地调整防守位置切断对方的传球路线。此时❹和❺选择在④和⑤侧前方偏向有球一侧错位防守，并准备断对方的长传球。进攻队员可利用摆脱、空切和掩护接球并在全场范围内展开攻击，防守队员则练习夹击、补防和换防。

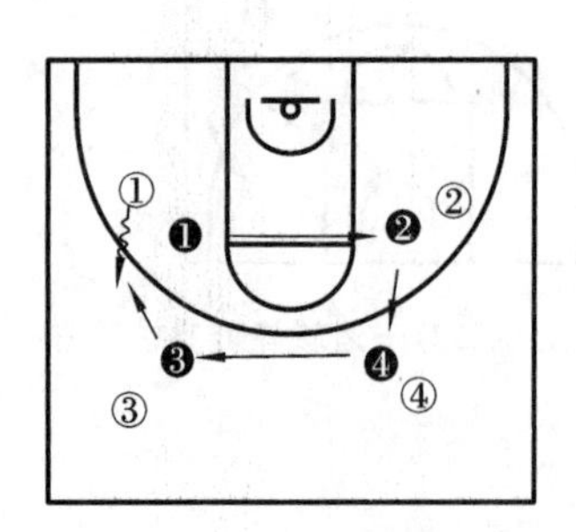

图6-3-12　全场四对四轮转补防

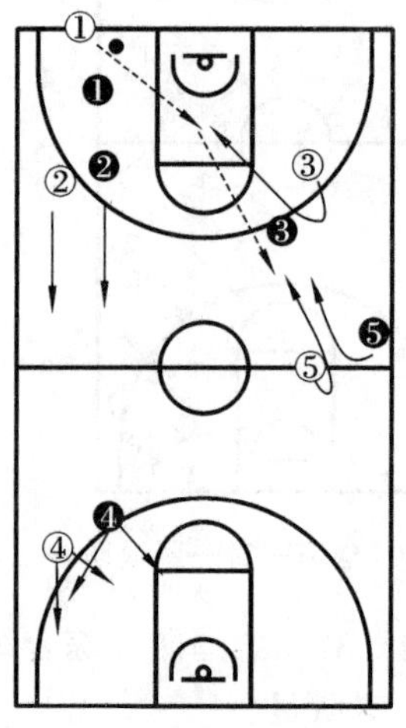

图6-3-13　全场五对五紧逼人盯人防守配合

（6）易犯错误与纠正方法。

易犯错误：

①由攻转守时找不到自己应防守的对手而失去全场紧逼的最好时机。

②防守队员找到进攻队员后所选择的位置不合理。

③轮转补防、夹击的意识不强，时机掌握不好，脚步动作不灵活，形成不了对对手在场地边角的夹击。

④防守队员抢断球出击的时机不好，反应慢，起动慢，因此抢不到球。

纠正方法：

①首先练习由攻转守后防守队员就近尽快找到任何一个进攻队员，练习并提高队员进攻结束后尽快找人的意识。

②当教学中出现此现象时教师应暂停并让所有学生原地不动，然后来到出现错误的学生面前面对所有同学讲解出现错误的原因和应选择的合理位置。

③在训练中树立和培养队员轮转补防、夹击的意识，经常练习各种防守脚步动作以提高脚步动作的灵活性，经常采用不同形式、不同位置的轮转补防、夹击练习，以提高队员轮转补防、夹击的意识及观察判断的准确性。

④加强抢断球的练习，教师可安排不同位置、不同速度、不同形式的各种抢断球练习，以提高队员在场上的观察判断能力和队员对抢断球的感性认识。加强脚步动作和各种跑跳能力的训练，特别是要加强爆发力的训练。

6.3.2 进攻全场紧逼人盯人防守

1. 进攻全场紧逼人盯人防守定义

进攻全场紧逼人盯人防守是在掌握全场紧逼人盯人防守战术规律和方法的基础上，采取有针对性的进攻策略和方法攻破对方防线，创造得分机会的一种积极进攻战术。

2. 进攻全场紧逼人盯人防守基本要求

（1）强调快速守转攻的发动与接应：要求观察快、反应快、选位和摆脱快，做到忙而不乱，力争主动；重点加强后场和中场的突分、传切、掩护和策应配合训练，关键环节上不能出现失误。

（2）进攻训练与作风培养紧密结合：进攻全场紧逼人盯人与紧逼防守一样，是最为艰苦的消耗战，必须统一思想，坚定信心，顽强拼搏；在训练中要加强心理素质、意志品质和顽强战斗作风的培养，提高大强度训练质量。

（3）提高主动应变能力：在激烈的竞争中，每个回合，每个阶段都会有变化，注意观察判断，因敌制变，应变力是重要的战斗力。

（4）掌握技术、战术最新发展动态，结合实际情况，不断总结、学习、借鉴先进方法和手段，积极改革创新。

3. 进攻全场紧逼人盯人防守方法示例

1）进攻一对一防掷界外球

如图 6-3-14 所示，④掷界外球时要与端线和篮板拉开一定距离，⑤、⑥应迅速在罚球线上重叠站位，利用掩护摆脱接球，或者拉开落位，利用个人摆脱接球。当⑥接球后，⑦向中圈附近斜插接应，然后运球突破或传球，进入中场。

2）进攻夹击接球紧逼防守

如图 6-3-15 所示，❹放弃④而去夹击⑤，此时⑤应向边线拉开接应，目的是把❹和

❺引开，给⑥创造摆脱接球的机会，⑥接球后及时把球传给斜插到中圈附近的⑦，由⑦利用运球突破或传球，进入中场。

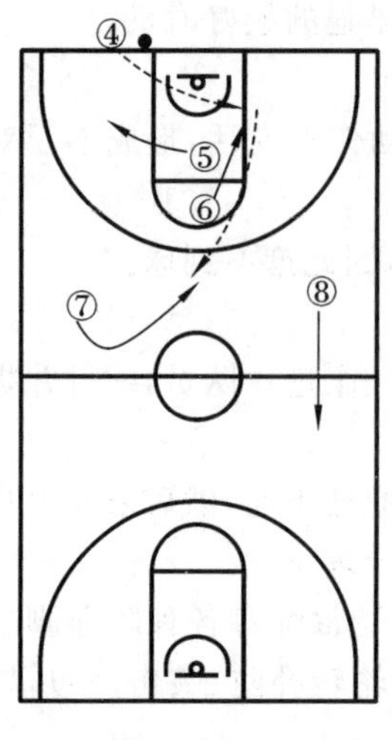

图 6-3-14　防掷界外球

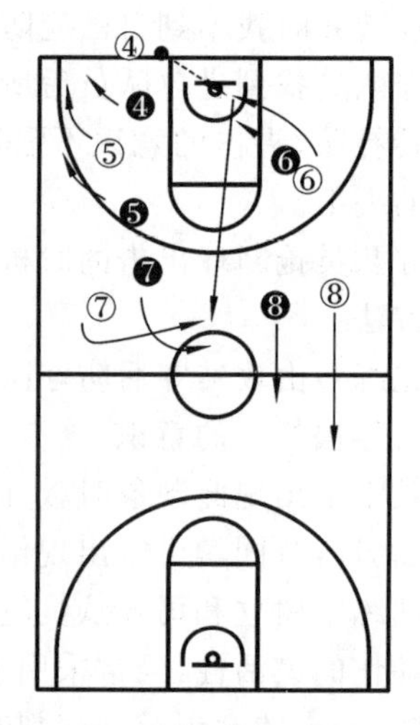

图 6-3-15　进攻夹击接球紧逼防守

3）进攻机动夹击防守

如图 6-3-16 所示，④掷界外球，⑦和⑧分别给⑤和⑥做掩护，⑤、⑥利用掩护摆脱接球。

4. 进攻全场紧逼人盯人防守教学训练步骤与练习方法

1）进攻全场紧逼人盯人防守训练步骤

（1）讲解进攻全场紧逼人盯人的方法和要求，使队员建立进攻战术的完整概念。

（2）半场接发球进攻练习。

（3）全场接发球进攻练习。

（4）模拟全场五对五比赛，在接发球时注意战术的使用。

（5）在训练工作中，加强一对一和以少对多的训练，提高运动员在快速行进中运用技术的能力，在配合训练中，重点加强后场和中场的突分、传切、策应、掩护等配合训练。

2）进攻全场紧逼人盯人防守练习方法示例

（1）接发球练习 1。

如图 6-3-17 所示，当对方采用全场紧逼人盯人防守，我队采用后场纵向“1-4”落位法时，首先②和④同时快速起动沿边线快下，吸引防守，与此同时，③和⑤分别向两侧拉开选位要球，①可根据情况将球传给任一队友。

（2）接发球练习 2。

如图 6-3-18 所示，当对方采用全场紧逼人盯人防守，我队采用后场横向“1-4”落位时。首先②和④同时快速起动沿边线快下吸引防守，与此同时③主动给⑤掩护并分别准备接应发球，①可根据情况将球传给任一队友。

（3）接发球练习 3。

如图 6-3-19 所示，当对方采用全场紧逼人盯人防守，我队采用后场“1-2-2”落位时，⑦和⑧同时分别主动去给⑤和⑥做后掩护，然后再主动去接应发球。⑤和⑥则利用⑦和⑧的掩护沿两侧边线快下准备接球上篮。④可根据情况将球传给任一队友。

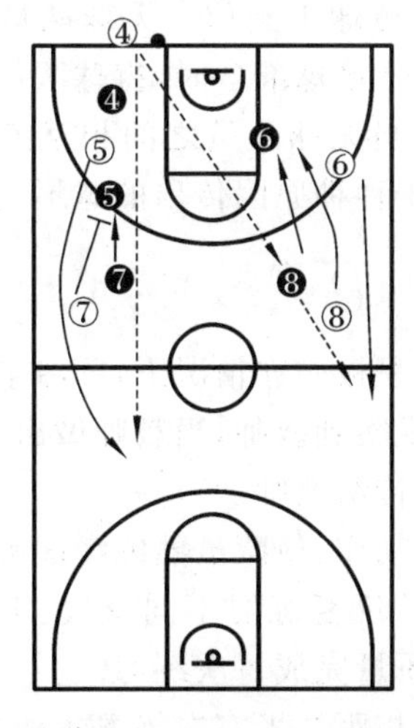

图 6-3-16　进攻机动夹击防守

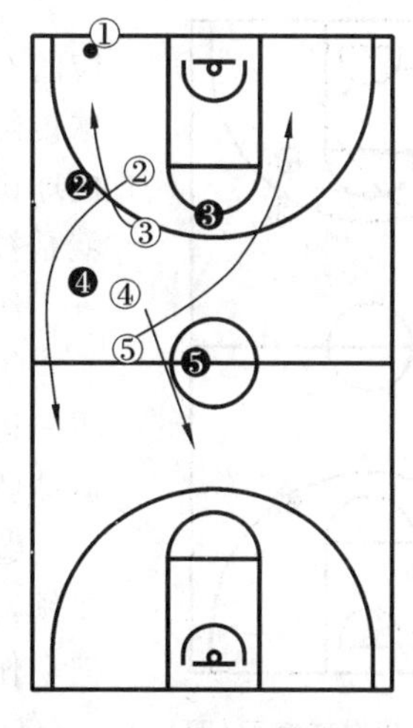

图 6-3-17　接发球练习 1

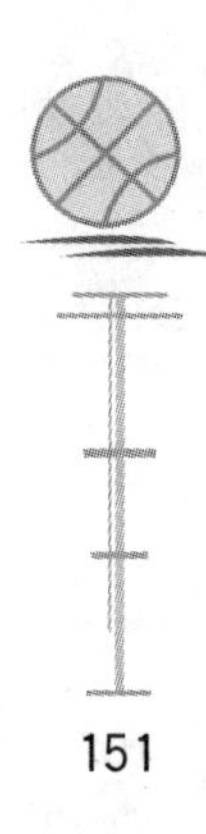

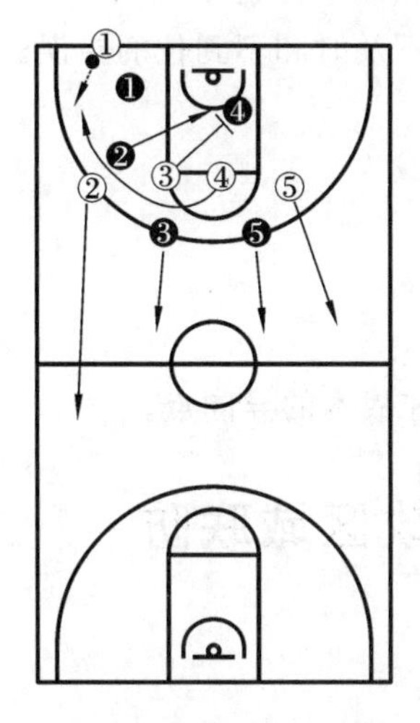

图 6-3-18　接发球练习 2

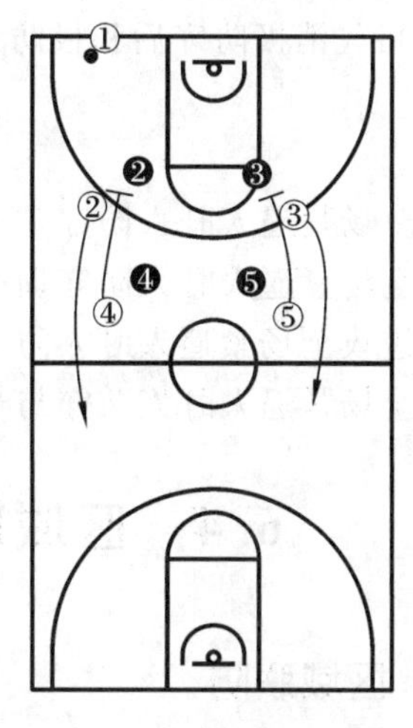

图 6-3-19　接发球练习 3

(4) 接发球练习 4。

如图 6-3-20 所示，当对方采用全场紧逼人盯人防守，我队采用全场“1-2-2”落位时，③主动去给②做侧掩护，然后再主动去接应发球，②则利用③的掩护摆脱防守准备接球，④可根据情况将球传给任一队友。

(5) 全场五对五练习。

要求：由防守转入进攻时，要迅速布防，按照既定的战术组织进攻。

(6) 易犯错误与纠正方法。

易犯错误：

①盲目运球或低头运球。当对方采用全场紧逼人盯人防守时，持球队员不顾场上防守情况盲目运球，不该运球时也盲目地运球，因而导致进攻破紧逼防守时处于被动局面。或者是只低头运球突破，不抬头看路。该传球时不传球，贻误战机。

②策应不到位或掩护不到位。当无球队员准备做策应时，由于策应位置选择不好造成传球失误，或无球队员之间相互掩护时由于掩护不到位，掩护质量不高，因此难以出现接球的机会。

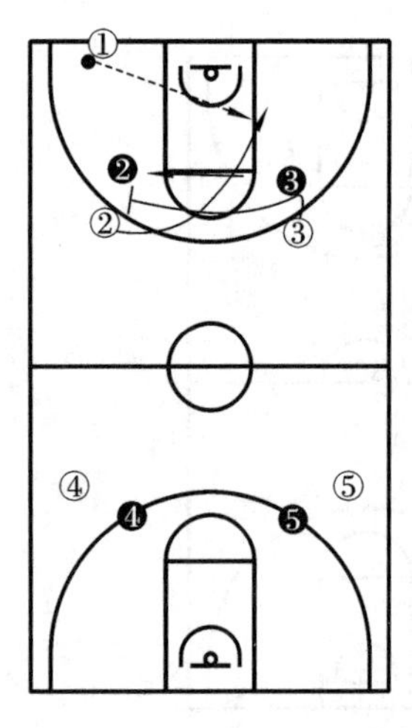

图 6-3-20 接发球练习(四)

③传球不及时或传球不到位。无球队员已经抢到策应的有利位置并已经做接球准备时,持球队员不能及时将球传给策应队员。或当无球队员之间相互掩护成功后的接球机会出现时,由于种种原因传出的球不是队友接不到就是被对手抢断。

纠正方法:

①在消极防守和积极防守情况下,练习半场或全场一防一运球,并随时能观察到教师,当教师做出要球手势后,运球队员应及时将球传给教师。

②反复练习策应动作,使队员熟练掌握策应动作方法要领,做到熟能生巧。反复练习不同形式、不同位置的掩护动作,并按要求高质量完成每次练习。

③两人一组一球相距 3 米左右练习各种方式的传球;三人一组一球,两人相距 3 米左右传球,另一人在中间防守,防守队员可先消极防守后积极防守。纠正传球不及时和不到位的错误。

思 考 题

1. 简述全场紧逼人盯人防守基本要求。
2. 简述全场紧逼人盯人防守训练步骤。
3. 简述进攻全场紧逼人盯人防守的练习方法。
4. 试述全场紧逼人盯人防守与半场人盯人防守战术的异同点。

6.4 区域联防与进攻区域联防

6.4.1 区域联防

1. 区域联防战术定义

区域联防是全队由攻转守时,防守队员迅速退回后场,每名队员分工负责防守一定的区域,严密防守进入该区域的球和进攻队员,并与同伴密切协作,用一定的队形,把每个防守的区域有机地联系起来,组成的全队防守战术。

2. 区域联防战术基本要求

(1) 根据区域联防的阵型、队员的身高和技术特长,合理地分配队员的防守区域,把快速灵活、善于抢断球、反击快的队员分配在外线防守区域,把身材高大、补防意识强、善于抢篮板球的队员分配在内线防守区域。

(2) 在分工负责防守区域的基础上,五名队员必须协同一致,积极随球移动,集中加强对有球一侧的防守,兼顾远球侧,以防球为主,人球兼顾。根据情况,队员可以换区、越位防守。

(3) 防守持球队员,按照人盯人防守的要求,积极地防守对手的投篮、传球和运球,严防从底线运球突破。

(4) 防守临近球的进攻队员时,要抢占有利的防守位置,减少对手在有威胁的区域内接球。同时,还要协助同伴进行关门、夹击、补位等防守配合;对离球远的进攻队员要

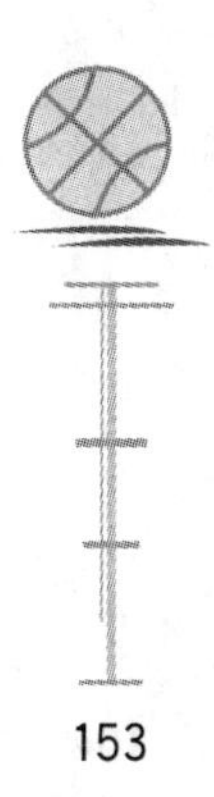

防止其背插、底线空切，还要协助防守篮下有直接威胁的进攻队员。

3. 区域联防战术方法示例

1）“2-1-2”区域联防

球在外围弧顶的防守配合：如图 6-4-1 所示，④持球时，❹、❻应根据对方的进攻阵形和对方中锋的位置决定两人的防守配合。❹上去防④，❻要稍向右移动，协助防守⑤，并准备抢断④传给⑥的球。❺向上移动防守⑤，❼向上移动防⑦，并兼顾防守篮下，❽防守⑧的篮下活动。

球在两侧时的防守配合：防守时，应由离球近的队员上去防守，如持球队员处于两个防守区域之间时，要根据对方在底线威胁大小来决定。如图 6-4-2 所示，④传球给⑥，❻迅速上去防⑥，❹稍向下移动，协助❺防守，❺站在⑤的侧后方，切断⑥与⑤的传球路线，并防止⑤向篮下空切。❽站在⑧的内侧前方，切断⑥与⑧的传球路线，减少⑧接球。❼稍向罚球区移动，既要协助防守篮下，又要堵⑦的背插，还要准备抢断⑥传给⑦的横传球。当⑥投篮时，❼、❽、❺在篮下形成三角包围圈，准备抢篮板球。

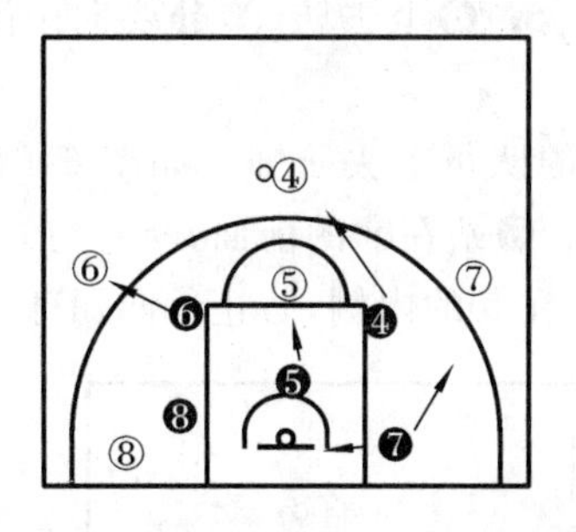

图 6-4-1　球在外围弧顶的防守配合

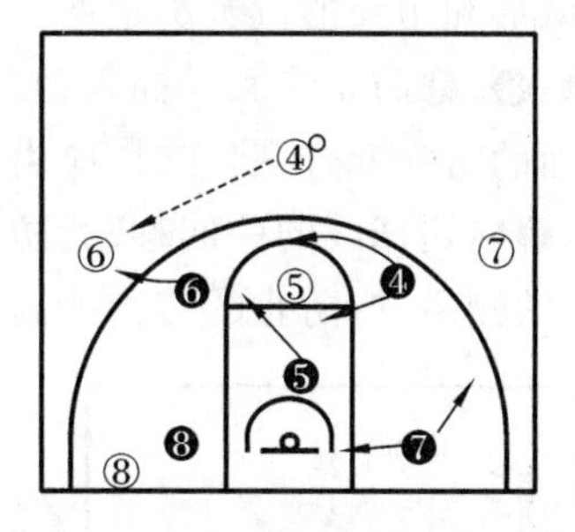

图 6-4-2　球在两侧时的防守配合

球在底角时的防守配合：如图 6-4-3 所示，当球传给⑧时，❽上去防守⑧，❻迅速跑到底角，与❽配合对⑧进行夹击。❹向下移动防⑤接球，❺向斜后移动保护篮下，❼向中间移动，防止⑦背插。

防守溜底线的配合：如图 6-4-4 所示，当④将球传给⑦时，⑧溜底线，❽应堵截⑧的移动路线，延误其配合时间，并跟随⑧，不让其的接球，并告之❼，等❽回防❼，❼退回防⑧时，再回到原来的防守区域。❺站在⑤的侧后方，防其接球和篮下空切，❻向下移动，防⑥背插。

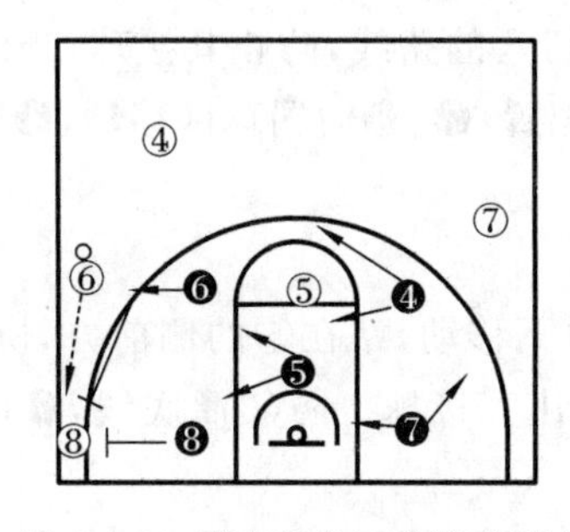

图 6-4-3　球在底角时的防守配合

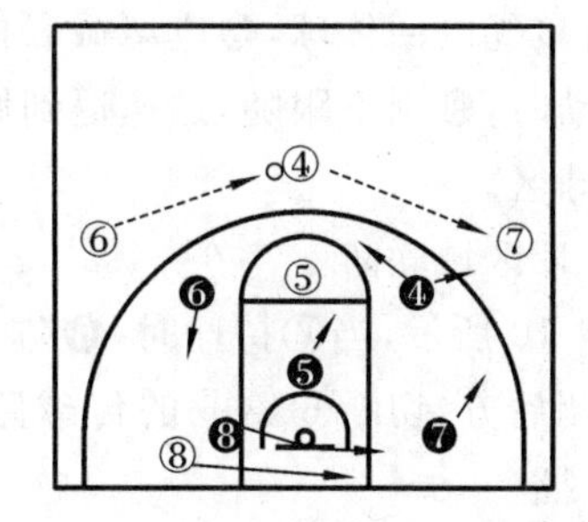

图 6-4-4　防守溜底线的配合

防守底线中锋的配合：如图 6-4-5 所示，当⑦把球传给篮下中锋时，❹、❺向下移动，与❼协同围守、夹击⑧，❻向罚球区移动防⑤接球，堵截其向下空切，❽防止⑥向罚球区空切。

防守策应的配合：如图 6-4-6 所示，当⑤接球时，❺上去防守⑤的投篮、运球突破，干扰其传球。❹、❻协助❺防守⑤，❼防止⑧插入罚球区或溜底线，❽防止⑥向发球区空切。

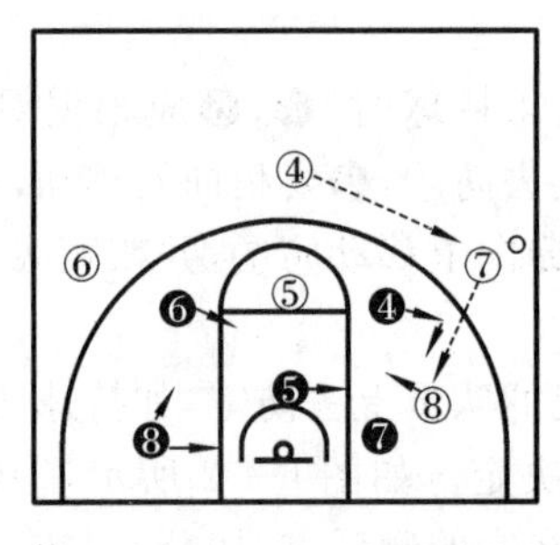
图 6-4-5　防守底线中锋的配合

图 6-4-6　防守策应的配合

2）“2-3”区域联防

球在外围弧顶时的防守配合：如图 6-4-7 所示，④接球时，突前防守的❻、❼应根据对方的进攻队形和中锋的位置决定两人的防守配合。❻上去防④，❼要向中路移动，协助❽防守，❺、❽、❹防止⑧和⑤插入罚球区。

球在侧面的防守配合：防守时，应由离球较近的队员上去防守。如图 6-4-8 所示，❼上去防守⑥，❻向罚球线的中间移动，防止④空切。❺站在⑧的前面，断⑥与⑧的传球路线，❽站在⑧的侧后方，防止⑥传给⑧高吊球，❹站在⑤的内侧，防止⑤向罚球区空切。

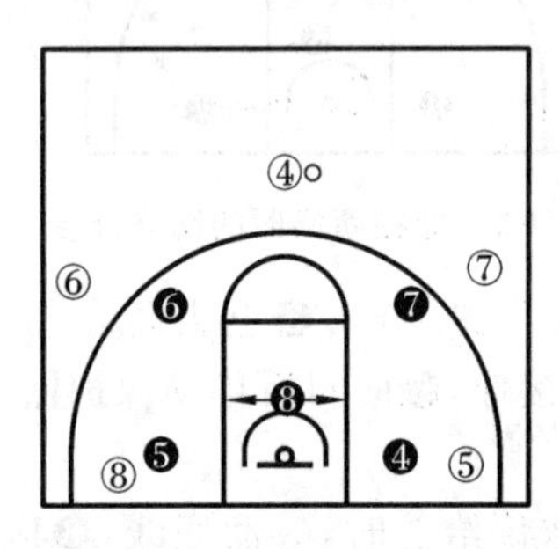
图 6-4-7　球在外围弧顶时的防守配合

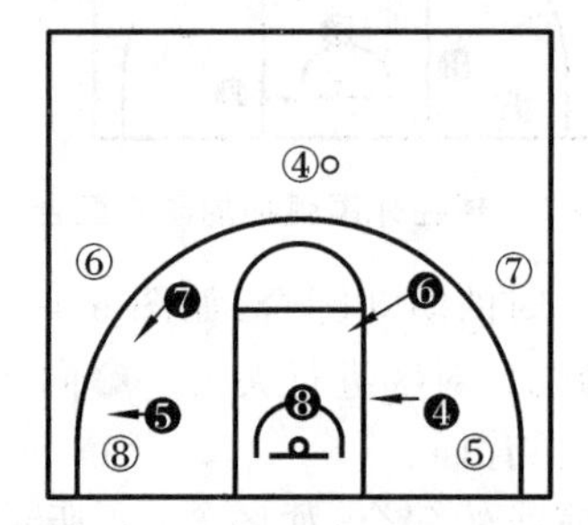
图 6-4-8　球在侧面的防守配合

3）“3-2”区域联防

球在场角的防守配合：如图 6-4-9 所示，⑧将球传给场角的⑤，❺上去防⑤，⑧向篮下切入，准备接⑤的回传球，❽应堵截⑧向篮下切入的路线，防止其接球，当⑧未接到球向另一侧移动时，❽则不跟随，迅速退到原来的位置，❼、❽向罚球区移动，❹防止④溜底线或插入罚球区。

4）“1-3-1”区域联防

如图 6-4-10 所示，当⑥持球时，❻防⑥，❹向下移动，站在⑤的侧前方，协助❺防守，❺站在⑤的侧后方，切断⑥给⑤的传球路线，不让其接球。防⑧溜底线，❼向罚球区移动，防止⑦背插。

4. 区域联防战术的训练步骤与教学方法

1）区域联防训练步骤

（1）正确示范完整的战术行动。

（2）明确联防的区域划分和分工要求。

（3）在无防守或消极防守条件下进行全队战术练习。

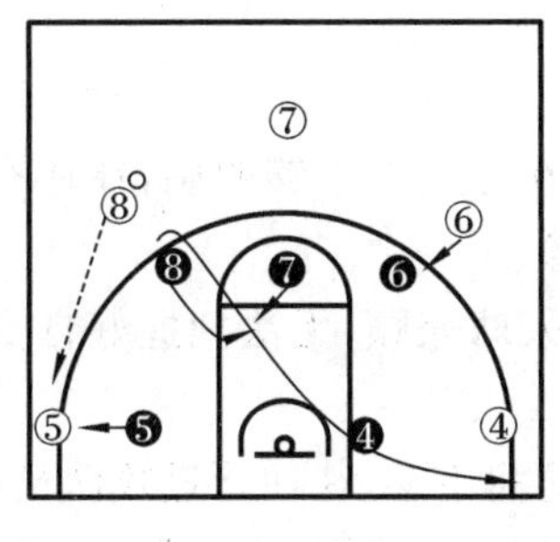

图 6-4-9　球在场角的防守配合

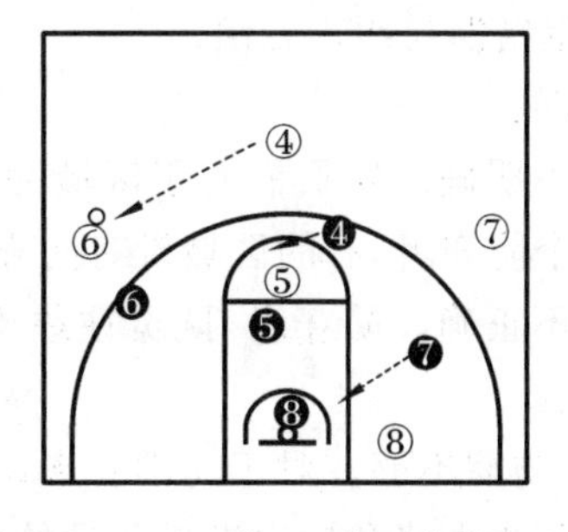

图 6-4-10　“1-3-1”区域联防

(4) 半场或结合由攻转守至半场进行全队战术练习。

(5) 在教学比赛或公开比赛中进行全队战术练习，检查战术质量，提高运用能力。

2) 区域联防练习方法示例

(1) 一防二随球移动的防守练习。

如图 6-4-11 所示，④和⑤在外围相互传球，❹随球的转移而左右移动去防有球队员。④和⑤传球时速度不要太快，可以在接球后结合瞄篮和突破动作，使❹移动到位。

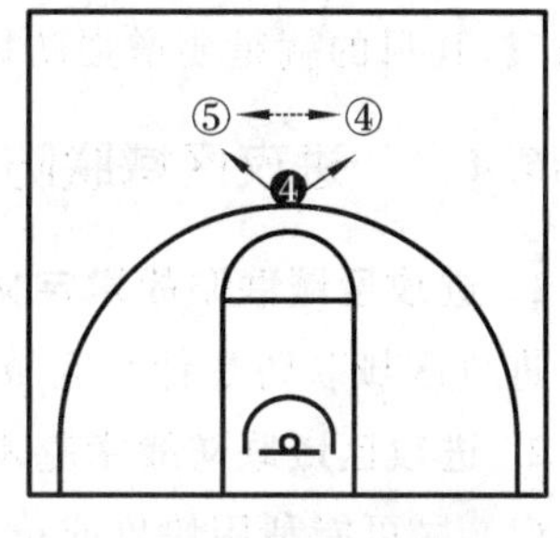

图 6-4-11　一防二随球移动的防守练习

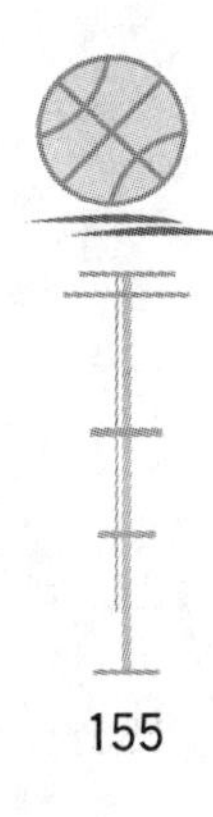

(2) 围守中锋练习。

如图 6-4-12 所示，进攻队员④有球时，❹上前防守，❻移向对方中锋⑥的右侧防守，❺后撤至⑥的左侧协防，⑤有球时，方法相同，方向相反。

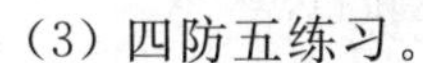

(3) 四防五练习。

如图 6-4-13 所示，进攻队员相互传球，⑧有球时，❼上前防守，❺、❻向篮下移动，并注意⑥和⑦的背插、溜底。④有球时，❹上前防守，其他队员协防，当④传球给⑤时，由❺过渡防守，❹再及时去防⑤；❺侧移协防。

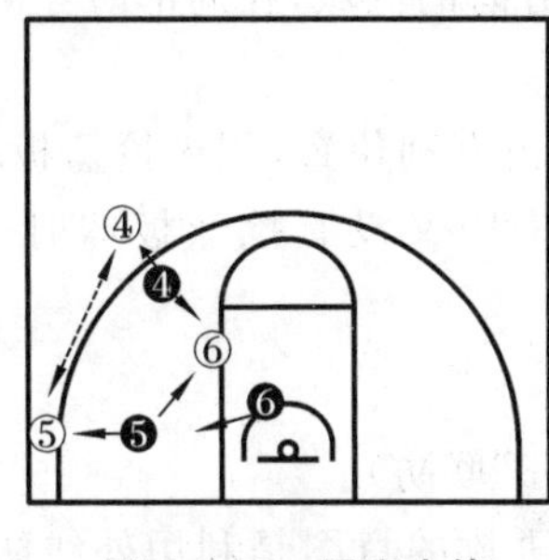

图 6-4-12　围守中锋

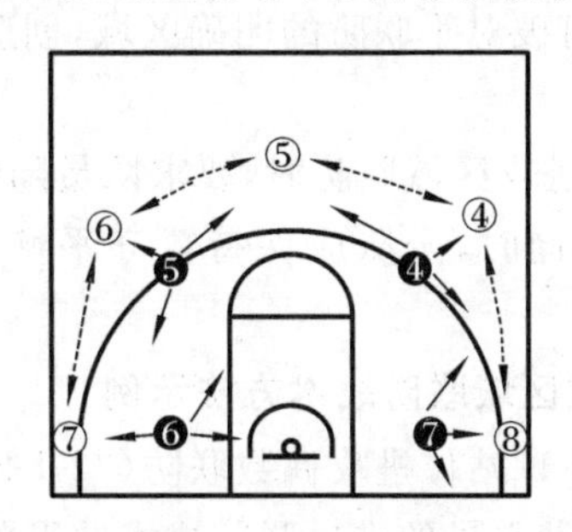

图 6-4-13　四防五

(4) 半场五对五练习。

开始可对进攻队员提出限制条件。如只可对外围传球。练习防守移动，进一步可以增加传球给内线，然后可以增加插、溜底，随后可逐步进行无限制的练习防守配合。

(5) 全场由攻转守练习。

在全场五对五比赛中，进攻队投中、防守队获得球或在比赛过程中由教练员发出信号，防守队由守转攻。要求迅速进行退防，站好区域联防队形进行防守。

(6) 易犯错误与纠正方法。

易犯错误：

①分工不明确。队员们有了区域的概念，但在分工上不够明确，往往有时会出现有的区域有两个防守者，有的区域没有防守者的现象。

②选位不正确。防守时，队员往往不能做到人球兼顾，无法把握好自身与球和队友之间的距离。

③防堵、防溜不够。对于初学者来说，防堵、防溜不够，往往让进攻队员随意跑动，不是用身体和脚步来堵和护送进攻队员的穿插和溜底。

纠正方法：

①明确分工。在明确区域分工的基础上，让队员清楚当一个区域有两名进攻队员怎么办，在上区应该谁负责，在下区应该谁负责。

②正确选位。使用二防三、三防四，逐步过渡到五人的整体联防防守。

③加强防堵、防溜训练。开始时可以在一防一的情况下训练，逐步过渡到二防二和三防三，其目的就是要增强防堵意识，养成积极利用脚步动作和身体堵位的习惯。

6.4.2 进攻区域联防

1. 进攻区域联防战术定义

进攻区域联防是针对区域联防的形式和变化特点所采用的进攻战术。

2. 进攻区域联防战术基本要求

(1) 尽可能利用快攻或抢攻，在对方没有完全落好区域防守阵型之前就展开攻击，打乱对方的防守部署，争取形成以大打小、以强打弱、以多打少的优势局面。

(2) 根据对方防守的阵型采用针对性落位阵型。如采用 1-3-1 阵型进攻 2-1-2 联防等，而在对手变化阵型后，进攻队员要根据场上具体情况转入机动灵活的站位进攻。

(3) 进攻区域联防时，主要采用迅速、不间断地大范围转移球，结合队员之间的连续穿插跑动，打破对手联防的明确区域，创造出无人盯防的区域，在局部防守薄弱区域形成以多打少。

(4) 在进攻区域联防时，要求队员随时准备抢占有利位置，积极抢篮板球，争取二次投篮机会。同时，全队应保持攻守平衡，当投篮未中又没有抢篮板球时，全队应积极退守。

3. 进攻区域联防战术方法示例

1)“1-3-1”站位进攻偶数联防(“2-1-2”或者“2-3”联防)

这是一种常见的进攻联防战术队形的打法。进攻的意图是利用外线队员的大范围移动，并结合内线队员在限制区的反复穿插和在联防阵型中的掩护，从而在外线获得空位完成投篮。

如图 6-4-14 所示，战术发动由组织后卫向位于弱侧预先确定的得分手的一侧传球开始，通常情况下得分的应该是②号位队员。当②号位队员接球时，④号位队员插到与②号位同侧的低位中锋位置，同时，⑤号位队员突然上提到 4 号位队员离开后留下的空当位置。

2) 双移动进攻奇数联防(“1-3-1”“1-2-2”等)

这是一种基于“2-2-1”站位阵型的进攻打法，进攻的意图是利用中锋在罚球线上的掩护和队员在防守区的同时穿插，给对手在局部造成过重的防守负担，从而形成多打少的局面。另外中锋队员还可以在掩护下或在罚球线上获得空位接球，然后从防守区的中路突破对手。如图 6-4-15 所示，队员配备要求有两名后卫（①号位和②号位），一名前锋（③号位），一名位于罚球线上的高大队员（⑤号位）和一名位于低位中锋位置的高大队员（④号位）。

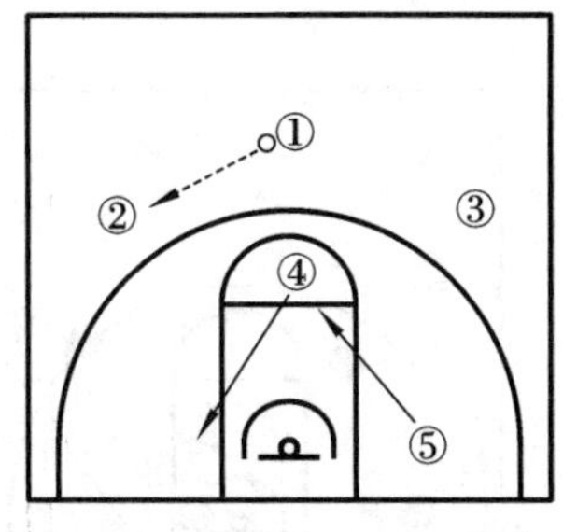

图 6-4-14 “1-3-1”站位进攻偶数联防

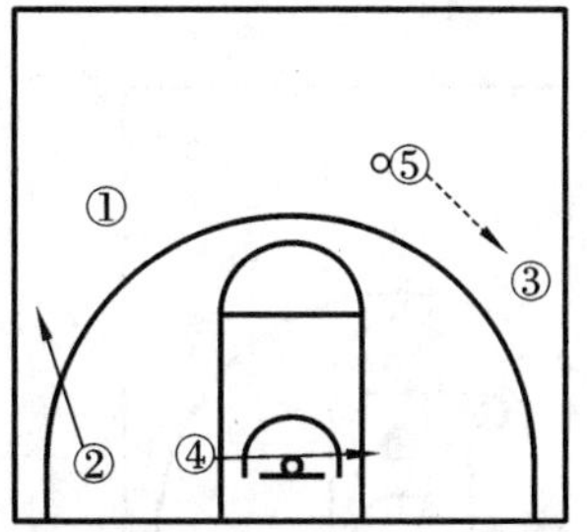

图 6-4-15 双移动进攻奇数联防

6.4.3 进攻区域联防战术的训练步骤与教学方法

1. 进攻区域联防训练步骤

（1）五人在无防守的情况下，初步熟悉进攻战术的路线和方法，明确主攻点、关键点和难点，以及战术的变化。

（2）再由消极防守分别进行战术的分解和局部配合练习（二对二、三对三练习局部配合），如前锋与中锋，后卫与中锋、后卫与前锋，后卫、前锋与中锋等。

（3）在无防守或消极防守条件下进行全队战术练习。

（4）半场或结合由攻转守至半场进行全队战术练习。

（5）在教学比赛或公开比赛中进行全队战术练习，检查战术质量，提高运用能力。

2. 进攻区域联防练习方法示例

（1）三对二正面传球的练习。

如图 6-4-16 所示，⑧、⑥、⑦利用传球调动防守，掌握投篮时机。

（2）四对三策应传接球练习。

如图 6-4-17 所示，进攻队员④、⑤、⑦和④、⑤、⑥形成两个三角，互相传球通过⑤策应进行里外、左右的传接球，在防守队员的干扰情况下，掌握策应传接球配合。

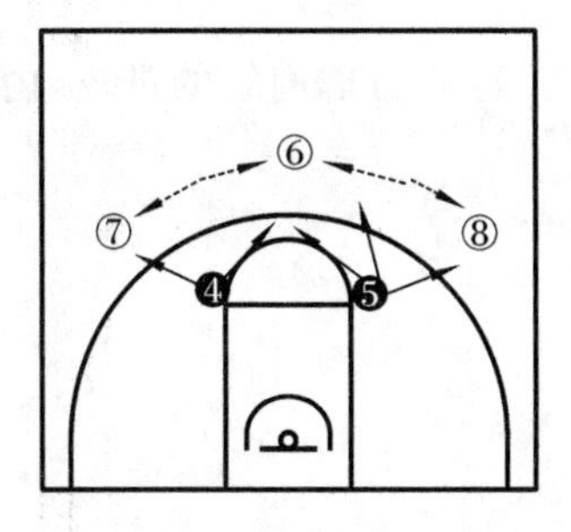

图 6-4-16 三对二正面传球的练习

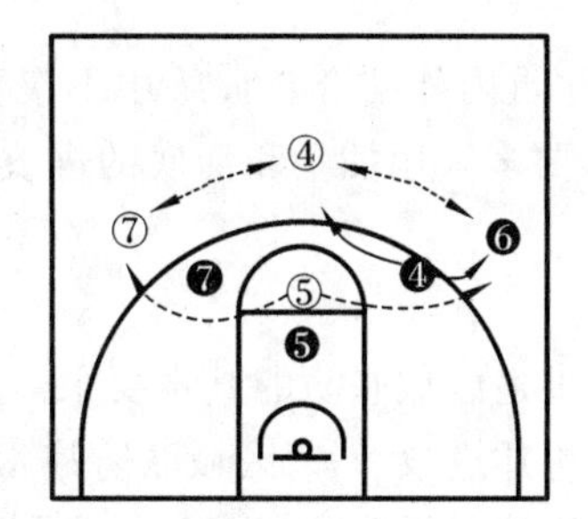

图 6-4-17 四对三策应传接球练习

（3）四攻三策应与掩护配合练习。

如图 6-4-18 所示，进攻队员④把球传给⑤，⑤接球转身做投篮动作，⑧挡❽，与此同时，⑥向底线移动，接⑤的球后做投篮动作。⑥根据❽防守情况，如❽被挡住，⑥就进行中距离投篮，如❽挤过防守⑤，⑥将球传给篮下的⑧投篮。

(4) 四攻四运球突破分球配合练习。

如图 6-4-19 所示，⑤、⑥相互传球，当⑥持球时，❻上前防⑥，⑥从底线运球突破准备投篮，❺补防，与此同时，⑧插入罚球区，⑦切向底线，⑥根据❺的防守情况，进行投篮或将球传给⑧或⑦投篮。

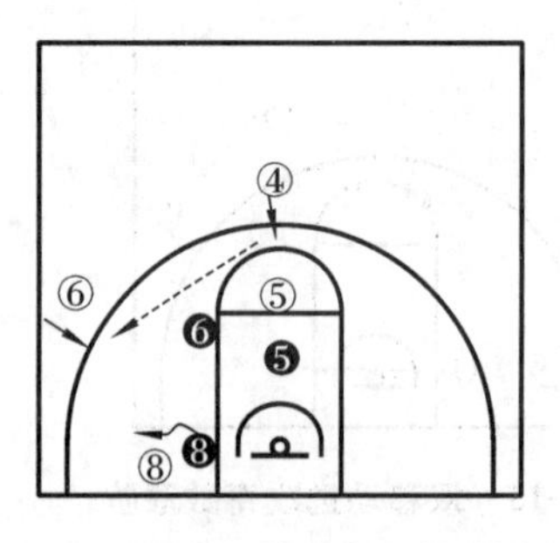

图 6-4-18　四攻三策应与掩护配合练习

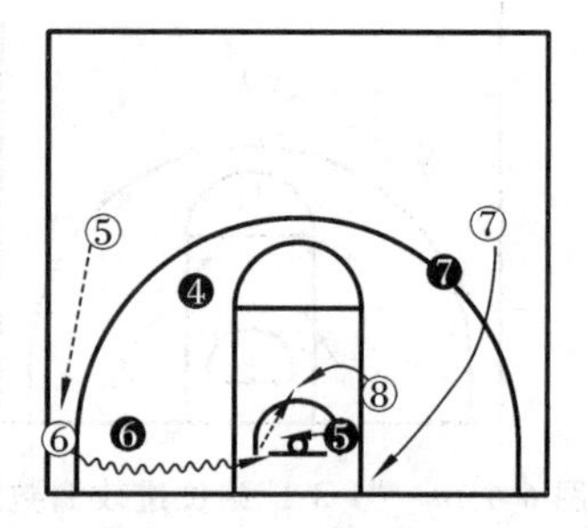

图 6-4-19　四攻四运球突破分球配合练习

(5) 全场五对五练习。

由防守转为进攻时，要求积极发动快攻，争取在对方尚未站好防守阵型之前结束快攻。当对方已经站好防守阵型时，进攻队员要迅速落位，按照进攻配合方法组织进攻。

(6) 易犯错误与纠正方法。

易犯错误：

①落位没有一定威胁。阵型队员站位时往往只注意个人习惯，正好与队员形成一对一局面，这样不利于攻击的展开。

②传球的目的性不够。初学者不能有目的性地转移球，而是盲目地将球传向一个方向，或是向两边传来传去。

③内外结合不够。很多队员不能根据场上局势的变化，将内线和外线进攻结合起来，这是训练中普遍存在的问题。

纠正方法：

①强化正确的落位。训练队员习惯站在有威胁的地方，每次站位都要考虑能调动防守。

②提高快速转移球的能力。要快速地转移球，把球传到防守还没有到位的进攻队员手上。

③注重内外结合。训练中不仅要注意外围的投篮，也要考虑内线的进攻，内线球员的进攻，要多采用插上和溜底的进攻行动。

思　考　题

1. 试述区域联防的基本要求。
2. 论述进攻“2-3”区域联防战术方法。
3. 论述区域联防战术训练步骤。
4. 论述针对不同年龄段运动员进攻区域联防训练方法。

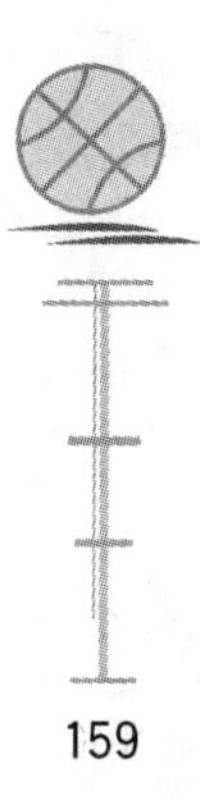

6.5 区域紧逼与进攻区域紧逼

6.5.1 区域紧逼

1. 区域紧逼战术定义

区域紧逼防守是指由进攻转为防守时，防守队员在全场分工负责防守一定的区域，严密防守进入该区的进攻队员，并与同伴协同防守，用一定的队形，把各个防守区域有机地联系起来，运用追堵夹击，争取以多防少的优势，组成全场区域紧逼防守战术。

2. 区域紧逼战术基本要求

(1) 由攻转守时，全队迅速按分工的区域落位，在自己的防区内进行人盯人防守。

(2) 位于第一线的防守队员要针对对手的弱点，按计划、有组织地控制中区，迫使对手将球传运到便于夹击的边角区域，以便与邻近的同伴对运球或持球队员形成夹击，逼迫对方在慌乱中违例、失误或匆忙草率传球。

(3) 夹击形成后，其他的防守队员则要相应地采用偏向有球一侧的错位防守，既控制本区无球对手的行动，又随时准备抢断球。

(4) 在防守中，队员要根据球的转移不断轮转补位，贯彻以防球为主，兼顾盯人，近球区以多防少，全力逼、堵、夹、封，远球区以少防多，积极追、补、抢、断。

(5) 各区的防守队员要竭力不让球超越自己的防区；球一旦超越，便应快速移动到人球兼顾的合理位置上。

3. 区域紧逼战术方法示例

1) 全场区域紧逼

这是在投中或前场失球后，立即在全场进行的一种区域紧逼防守战术。

以“1-2-1-1”形式区域紧逼方法为例：

(1) 球在前场时的防守：如图 6-5-1 所示，当对方掷端线球时，前区的任务由❹、❺、❻来完成，❹的任务是防守⑤，影响其顺利地掷界外球，并封堵向⑥的传球路线。❺和❻应不让④和⑥顺利接球，当④接球时，❹应迅速随球移向④，与❺堵④向中区移动，并进行夹击。同时❻应向中间移动，切断④可能向⑤和⑥的传球路线，迫使④由边路运球推进。❼在④开始运球时，应向左侧移动，准备在中区夹击，❽应向左下侧移动准备堵截和补位。

(2) 球在中场时的防守：如图 6-5-2 所示，当④向前场运球突破时，❺应逼边，紧紧追防。❼横向边堵，迫使④运球过中线后停球，并与❺共同夹击，同时❹要从中路退到中区，❻要由边路退到后区的前沿，❽继续向左移动切断④向⑧的传球路线，❹和❻在中区和后区并随时准备补防或断④向中间或左侧的传球。

(3) 球在后场时的防守：如图 6-5-3 所示。当④传球给⑧时，❽要及时到位防守，❼应迅速后撤，与❽共同夹击⑧，❻要向篮下移动，控制对方⑥或⑦进入罚球区接球，同时❺下撤，严密防守④，切断⑧把球回传给④的路线，❹后撤到后区前沿，控制进攻人员⑤和⑥的行动，并随时准备断球快攻。

2) 四分之三场区域紧逼

四分之三场区域紧逼配合示例(以“2-1-2”防守形式为例)：

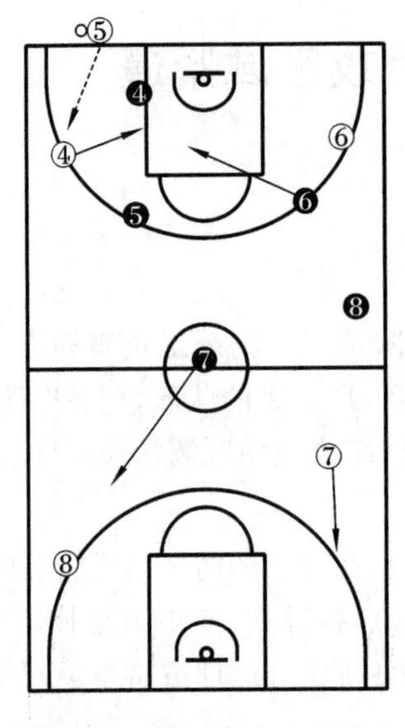

图 6-5-1　球在前场时的防守

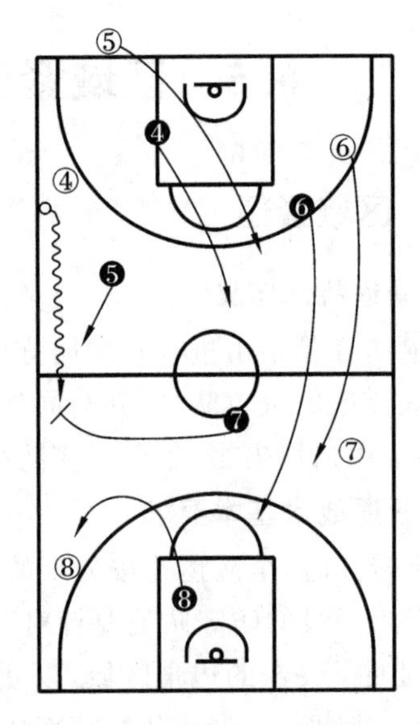

图 6-5-2　球在中场时的防守

如图 6-5-4 所示，当进攻队员⑤传球给④时，❹向前迎防，堵住④向中间地区的运球路线，迫使④沿边线运球，❺稍后撤，防止⑥斜插接球，❻上前堵截，迫使④运球停止，与❹共同夹击④，造成 8 秒违例或失误，❼和❽抢前错位防守⑦和⑧，不让空切和上插接球，并随时准备断球。当④传球给空切队员⑥时，由❻上前堵截，与❺在中场共同夹击⑥，❹由另一侧向后移动防守。

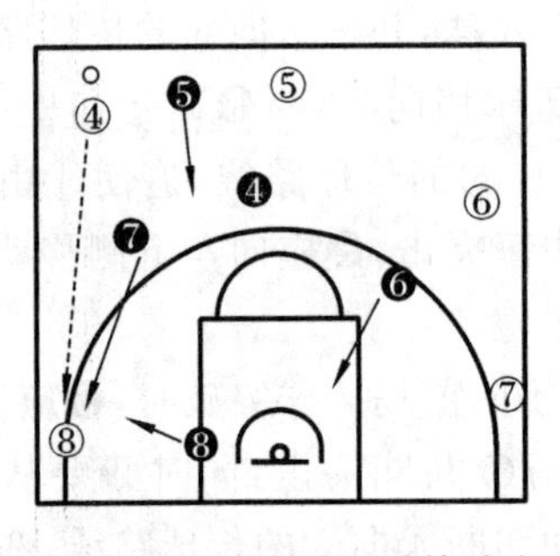

图 6-5-3　球在后场时的防守

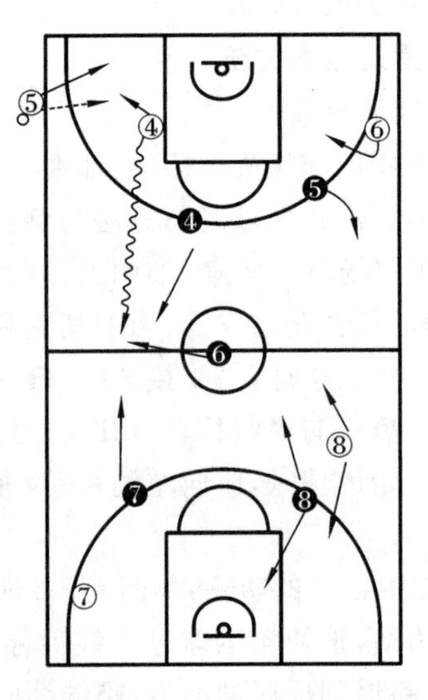

图 6-5-4　四分之三场区域紧逼

3）半场区域紧逼

(1)“1-2-2”形式区域紧逼方法。

球在正面时的防守：如图 6-5-5 所示，当球由后场进入前场时，根据进攻队员的位置，❹和❻要迎前防守④和⑥，并迫使④向防守的左侧运球或传球，要重点防守④和⑥传球，其他队员要向有球一侧移动，进行抢前和错位防守。

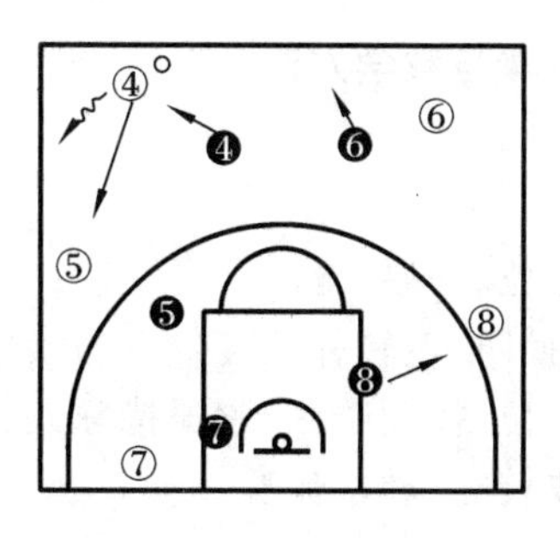

图 6-5-5 球在正面时的防守

球在侧面时的防守：如图 6-5-6 所示。当④传球给⑤时，❺向前防守，❹应随球移动与❺共同夹击⑤，要向有球一侧移动，防④和⑥向中间空切，并准备断⑤传给④或⑥的高吊球，❼及时上移，侧前防守⑦，向篮下中间区移动，控制篮下，并注意防守⑧空切。

球在中间时的防守：如图 6-5-7 所示，当位于篮下的⑦接球后，❺应快速回防围夹，❹要向左侧移动，准备抢断⑦回传给⑤或④的球，同时向有球一侧移动，控制中间地区，并注意防守⑥和⑧向篮下移动。

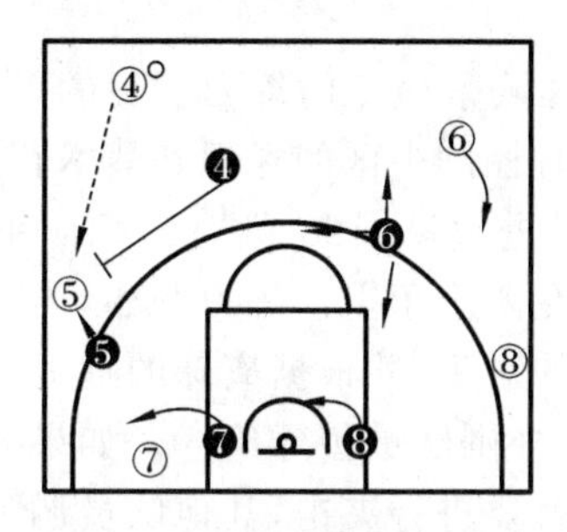

图 6-5-6 球在侧面时的防守

图 6-5-7 球在中间时的防守

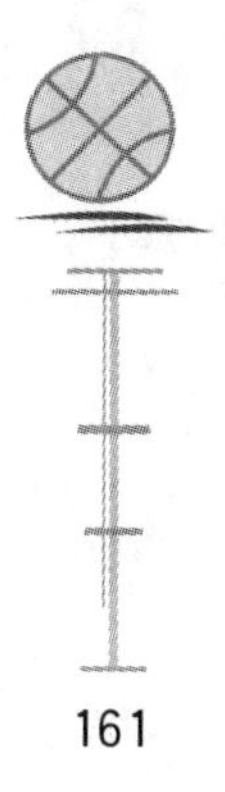

(2)"1-3-1"形式区域紧逼方法。

如图 6-5-8 所示，当对方队员④过中线控制球时，❹要迎上去防守，迫使④向侧面运球，这时❼要堵位抢前防守，不让⑦接球，并准备与❹夹击④，❻要向⑥的左侧移动，防止④给⑥传球，同时❽应向有球一侧移动，监视⑧的行动，并准备抢断④传给⑦的球，另一侧队员❺应及时向限制区回缩，并准备抢断④传给⑧的球。

如图 6-5-9 所示，如果④传球给向篮下空切的⑦，❽应迎前防守⑦，❼要加速回防，与❽共同夹击⑦，❻应向篮下移动，切断⑦传球给⑧的路线，❺应及时向限制区移动，防守⑥向篮下空切接球，❹应适当回缩，控制⑦传球给⑥。

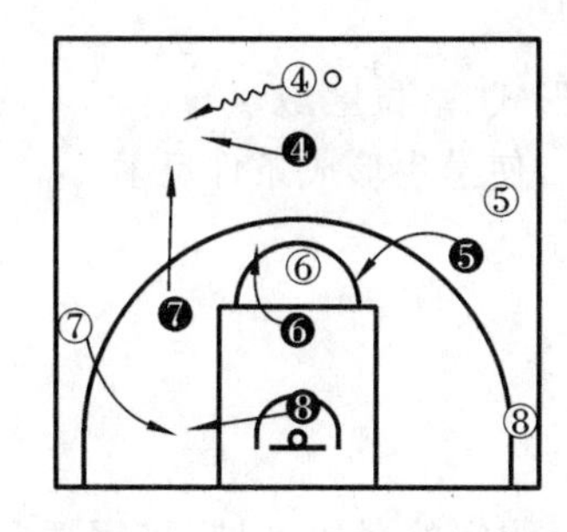

图 6-5-8 "1-3-1"形式区域紧逼 1

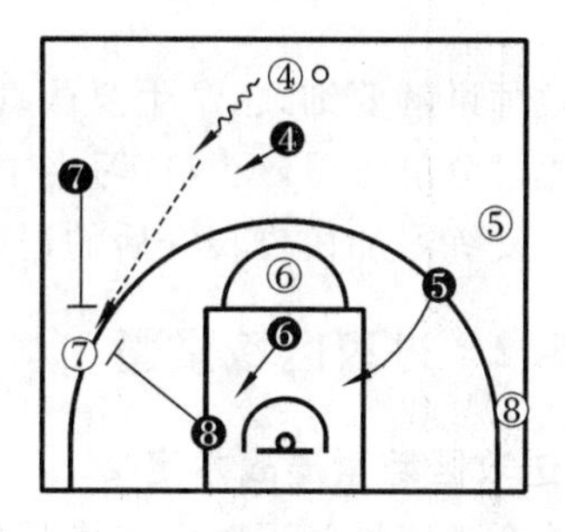

图 6-5-9 "1-3-1"形式区域紧逼 2

4. 区域紧逼战术的训练步骤与教学方法

1）区域紧逼战术训练步骤

（1）讲解、演示与示范法。

（2）个人防守能力培养（抢位、迎堵、抢断）。

（3）协同防守配合（夹击、换防、轮转补位）。

（4）全队配合（“1-2-1-1”落位、控制防区、紧逼持球人、夹击、实施抢断、轮转补位）。

（5）落位阵形的变化、由攻转守、教学比赛。

2）区域紧逼战术练习方法示例

（1）个人防守能力训练。

一对一，迫使对方按防守意图向边线运球，迫使对方向便于与队友进行夹击的地方运球，提高个人抢断球控制面。

（2）协同防守配合的练习。三对三夹击防持球队员练习。

（3）全场四对四轮转补位练习。

（4）全场五对五练习。要按区域紧逼要求，由攻转守时，队员按区落位要快，并制止进攻队发动快攻，以培养队员的防守反击的意识。

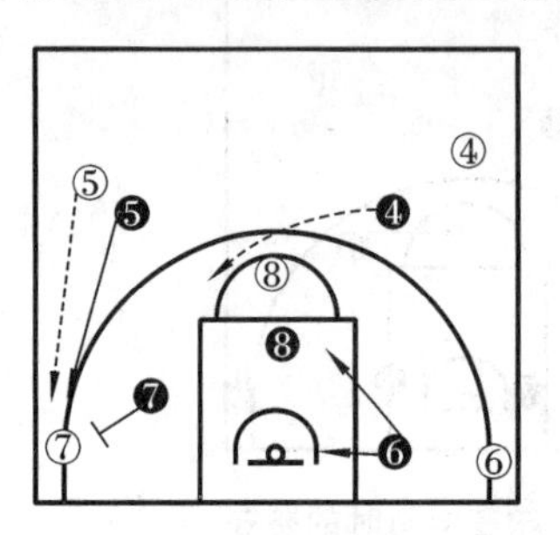

图 6-5-10　半场区域紧逼专门练习

（5）半场区域紧逼专门练习。目的是培养队员在半场区域紧逼时控制中区的意识和战术行动。如图 6-5-10 所示，五个进攻队员站成“2-1-2”队形，四个防守队员各自防守在四个角上。练习开始，当球在正面时，各自防住自己的对手，并根据离球的远近，调整防守距离和位置，防止外围队员传球给⑧。如果⑧接到球，邻近的防守队员就要进行夹击，其他队员调整位置，防止无球队员到限制区内接⑧的传球。当球被逼到底角时，外围的其他队员要防止持球队员传球给站在中区策应位置的⑧或回传给④，在底角的⑦持球时，❺、❼要进行夹击，要移到⑧的右侧前方，准备断⑦给⑤或④的球，❽要注意⑦可能给⑥或⑧的传球，要迅速调整位置，准备断球。

（6）易犯错误与纠正方法。

易犯错误：

①防守落位区域不明确，防守任务不清楚。

②夹击、补位、抢断的时机掌握不好。

③由攻转守后落位不及时，还没等防守落好位，进攻队的球就已经打到前场了。

纠正方法：

①教师讲解要细致，学生要认真听教师讲解防守形式、落位区域。

②通过分解练习，反复练习夹击、补位和抢断动作，使学生形成条件反射。

③反复练习加快攻转守后的退防速度。

6.5.2　进攻区域紧逼

1. 进攻区域紧逼战术定义

进攻全场区域紧逼防守战术是针对全场区城紧逼防守的薄弱区域，采用插空站位，抓住防守的薄弱环节，采用运球突破、中区策应和快速传球推进等进攻方法，创造以多打少的有利进攻机会。

2. 进攻区域紧逼战术基本要求

(1) 进攻区域紧逼首先要沉着冷静，不要被对方的紧逼声势所压倒，造成慌乱和失误。

(2) 由守转攻时要争取在对方队员未到位，展开堵截之前迅速发动反击快攻。

(3) 进攻时要针对区域紧逼防守的规律，按“以快制逼，中路突破”的原则，采取相应的回传跟进、转移攻向、运球反跑、中区策应、组织空切等方法进攻。

(4) 进攻中要多传短快球，少传长球和高吊球，少运球，特别是不要向边角运球，切忌在边角停球，防止对方堵截。

3. 进攻区域紧逼战术方法示例

1) 进攻全场区域紧逼

(1) 进攻“1-2-1-1”全场区域紧逼：如图 6-5-11 所示，⑥摆脱防守接球后，应首先考虑把球传给策应队员⑦，根据情况也可传给边线快下的④或前场队员⑧，当前面几条路线被封阻时，再回传给掷界外球后入场的⑤，如果接应队员⑦得球，可将球传给沿边线快下的④，⑧溜底，横切到④的一侧，⑥快下到罚球线附近接应，⑤沿另一侧边线快下跟进。④得球后传球的攻击点有⑥、⑦、⑧，可根据防守情况，传球给其中一名队员投篮或突破。

(2) 进攻“2-2-1”全场区域紧逼：如图 6-5-12 所示，⑥接球后，④向中间斜插，⑥可及时传球④，⑤掷球入界后向前场快下，④将球传给⑤，也可传给向上切入的⑧，⑤接球后要根据防守队情况，把球传给⑦或⑧攻击，⑥和④传球后，进入前场预定的进攻位置，组织半场进攻配合。

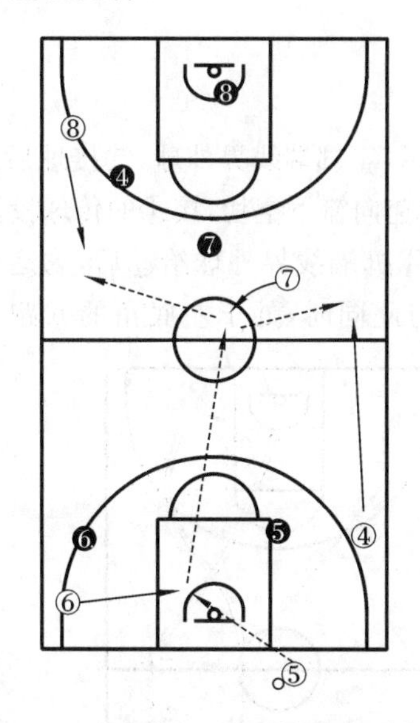

图 6-5-11　进攻“1-2-1-1”全场区域紧逼

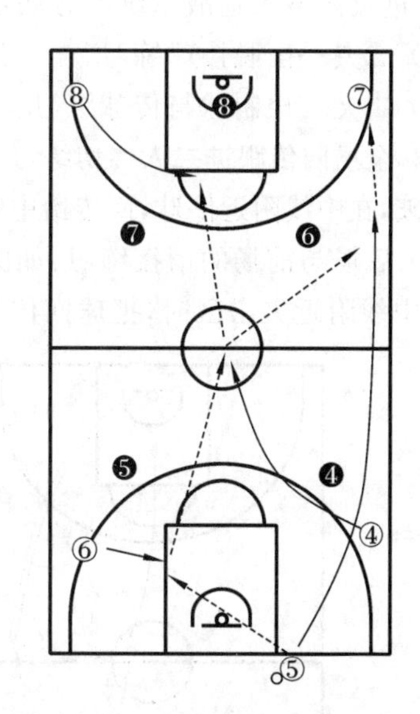

图 6-5-12　进攻“2-2-1”全场区域紧逼

2) 进攻半场区域紧逼

(1) 进攻“3-2”半场区域紧逼：如图 6-5-13 所示，进攻队员⑤得球后，⑧上移接球，同时⑥向篮下空切，如果防守队员补位防守，⑦可及时背插到罚球线附近攻篮。

(2) 进攻“1-3-1”半场区域紧逼：如图 6-5-14 所示，进攻队员④向⑥传球，当❹和❻准备夹击时，⑥快速将球传给④，④传向另一侧队员⑧，同时⑦溜底，④空切到左侧底角，⑧根据情况传球给⑦或④，如❼跟踪防守溜底的⑦，就传球给④投篮，如果❼不跟踪防守，

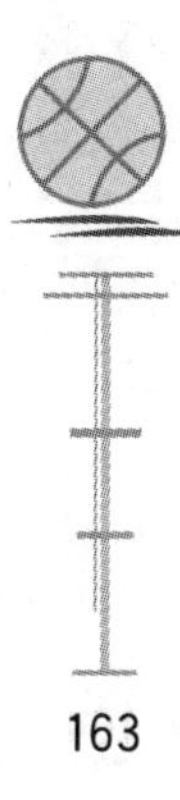

就传给⑦投篮。当防守队员❺补位防守⑦或④时,⑧可传球给⑤投篮。如果❻换位防守④向篮纵切时,⑧可传给横切的⑥投篮。

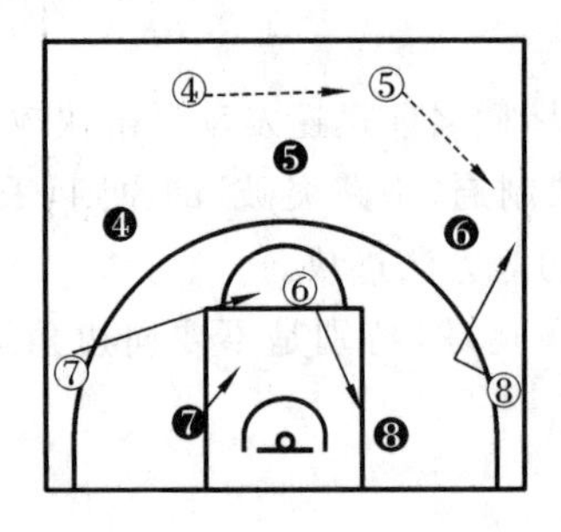

图 6-5-13 进攻"3-2"半场区域紧逼

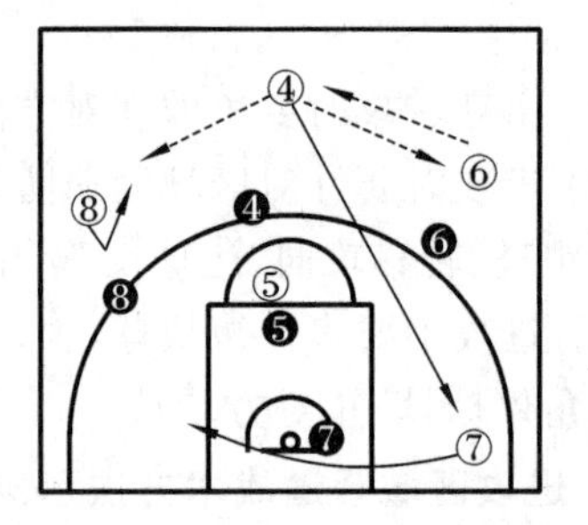

图 6-5-14 进攻"1-3-1"半场区域紧逼

4. 进攻区域紧逼战术的训练步骤与教学方法

1) 进攻区域紧逼战术训练步骤

(1) 讲解、演示与示范。

(2) 个人控制球技术。

(3) 摆脱与接应技术。

(4) 分解配合(2~3 人反跑传切、掩护策应、全场回传跟进)。

(5) 固定战术配合。

(6) 全队配合(针对"1-2-1-1")、由攻转守、教学比赛。

2) 进攻区域紧逼战术练习方法示例

(1) 二夹一摆脱接球练习。

(2) 二夹一控制球与传球练习。

(3) 全场回传跟进二人传切练习:如图 6-5-15 所示,④掷端线界外球,⑤接球后运球向前场突破,在中线附近停球,回传给中路跟进的④后加速向篮下空切,接④的传球投篮。

(4) 后场与前场的衔接练习:如图 6-5-16 所示,④掷端线界外球给⑤后,⑤运球突破到接近中线附近夹击区时,把球回传给跟进的④。与此同时,处于左底角的⑥跑上来接

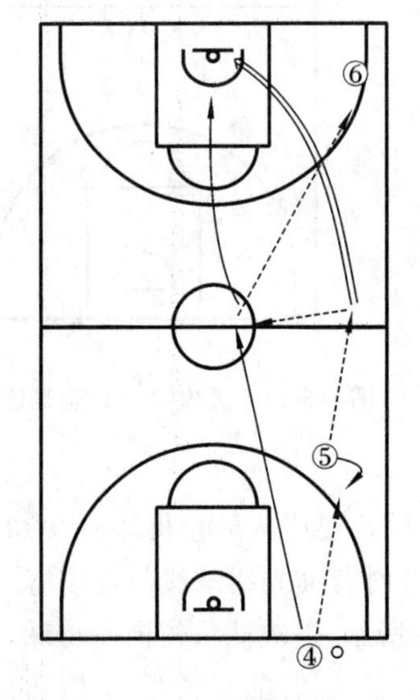

图 6-5-15 进攻区域紧逼战术练习

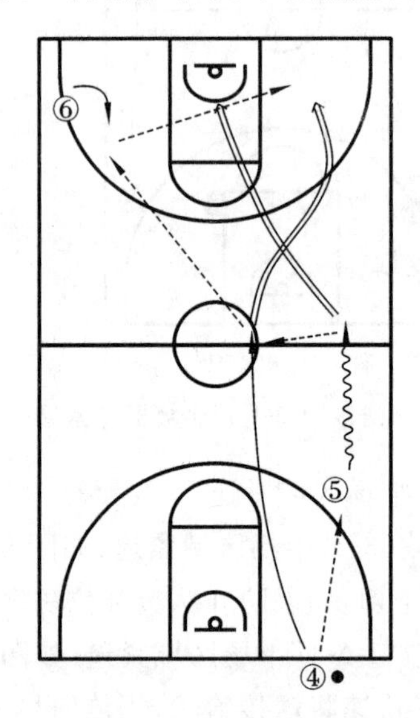

图 6-5-16 后场与前场的衔接练习

④的传球。④和⑤传球后，在前场弧顶处做交叉跑动分别插向篮下，⑥根据情况传球给④或⑤投篮。

(5) 进攻半场区域紧逼的练习：如图6-5-17所示，④、⑤、⑥在半场内练习回传和插角换位。④传球给⑤后，向右场角插，⑥摆脱接⑤的回传球。⑤传球后插向左场角。⑥根据防守情况把球传给④或⑤投篮。

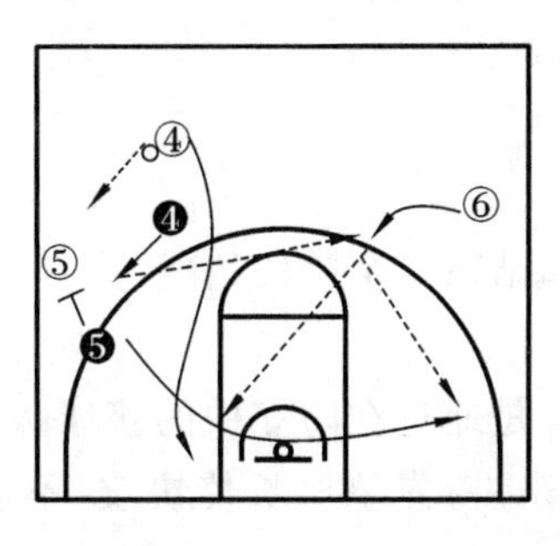

图6-5-17　进攻半场区域紧逼的练习

(6) 易犯错误与纠正方法。

易犯错误：

①队员在比赛中遇到区域紧逼容易精神紧张、动作慌乱。

②配合不熟练，传接球失误多。

③由守转攻时，反击速度慢，落位阵型混乱。

纠正方法：

①教师讲清楚区域紧逼防守的优缺点，使学生有一个深刻的认识。

②加强传接球基本功训练和传切、策应配合的训练。

③加强二对二、三对三、四对四、五对五全场攻守转换速度练习。

思　考　题

1. 试述区域紧逼战术的基本要求。
2. 分析进攻"1-2-1-1"全场紧逼战术方法。
3. 试述区域紧逼战术训练步骤。
4. 试述进攻区域紧逼战术练习方法。

6.6　快攻与防守快攻

6.6.1　快攻战术概念

快攻是由防守转入进攻时，以最快的速度，最短的时间，在对方尚未部署好防守之前，创造人数上、位置上的优势，果断而合理地进行攻击的一种快速进攻战术。

1. 快攻战术基本要求

(1) 全队要有积极的快攻意识，掌握快攻的发动时机。

(2) 由守转攻时，每个队员积极行动，发动接应、快下要协同进行，并保持纵深分散队形。

(3) 获球队员和掷界外球队员，要敏锐地观察队友的行动，先远后近，传好第一传。

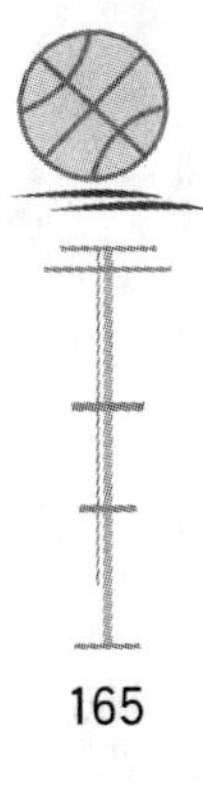

在快攻中,应以传球为主,结合运球突破,加快进攻的速度。

(4) 快攻结束时,不要降低速度,要果断进行攻篮和跟进抢篮板球。

2. 快攻战术方法

1) 快攻的组织形式

(1) 长传快攻。

(2) 短传结合曲球推进快攻。

(3) 运球突破快攻。

2) 快攻的组织方法

快攻是由发动接应、推进和结束三个阶段组成。

(1) 发动接应阶段的方法。

发动快攻要抓住时机,主要是通过在防守中的获球队员或后场掷界外球的队员快速传球或运球突破来发动。一般来讲,先争取长传快攻,不成再与接应队员配合共同发动快攻。

在直接发动长传快攻受阻时,需要有接应队员的配合,继续组织快攻的发动。接应队员一般由队中的组织队员担任,另外还可以配备第二个接应队员,以便在受阻情况下及时应变展开快攻。接应队员在接应时,要及时摆脱防守,选择有利于接球和快攻的位置,接应同伴的第一传,并快速地将球传向或运向前场。

(2) 推进阶段的方法。

在快攻推进过程中,场上五名队员注意保持前、后、左、右合理的纵深队形,并根据场上的情况各自努力完成向前推进的任务。

快攻推进有三种形式:第一种是由组织队员接应后快速向前场运球推进;第二种是传球推进;第三种是传球与运球结合推进。

(3) 结束阶段的方法。

快攻结束阶段是决定快攻成功的关键,在保持速度和时空优势的基础上,保持推进中纵深队形,不论是处于最前沿人数多或少,都要乘防守立足未稳之时,果断地展开有组织的攻击,毫不犹豫地投篮和跟进冲抢篮板球,准备第二次进攻和转入阵地进攻。

快攻结束阶段可采用以多打少的方法:人数上的优势是快攻结束阶段最有利的因素,进攻队员应分散拉开插向篮下,尽可能造成近距离投篮的机会。投篮要迅速果断,并要全力冲抢篮板球。

3. 快攻战术的训练步骤与教学方法

1) 快攻战术训练步骤

(1) 讲解与示范。先进行快攻战术的完整讲解,再分解和示范。

(2) 先进行发动与固定接应结合推进练习,后进行发动与机动接应结合推进练习。逐渐增加防守进行练习,最后在接近比赛的条件下或增加困难的条件下反复练习。

(3) 结束阶段应先练二攻一配合,后练三攻二配合,再练二攻二和三攻三配合,最后练一攻二和二攻三配合。

(4) 在实战中运用提高。

2) 快攻战术练习方法示例

(1) 固定快攻配合练习。

如图 6-6-1 所示,教练篮下投篮投中后,⑤立即跑到端线外发端线球。⑧、⑥沿边线快下，⑦立即上前接发球，④在左侧边线移动准备随时接应队员。五人立即转入快攻发动阶段。⑤发动端线球先看前面快下的⑧、⑥，再将球传给⑦，由⑦运球推进传给④推进，使球快速进入前场。

五个队员围着发球圈跑，教练持球在罚球线。教练可将球投向篮板，从篮板球发动，也可将球传出后场边线，从边线球发动；若教练投中，就从端线球发动快攻。每个队员按快攻中固定分工立即发动、接应，推进使球快速进入前场。

（2）长传快攻练习。

如图 6-6-2 所示，⑤传球给④迅速沿边快下，接④的长传球上篮。④跟进抢篮板球，到对侧端线两人换位。

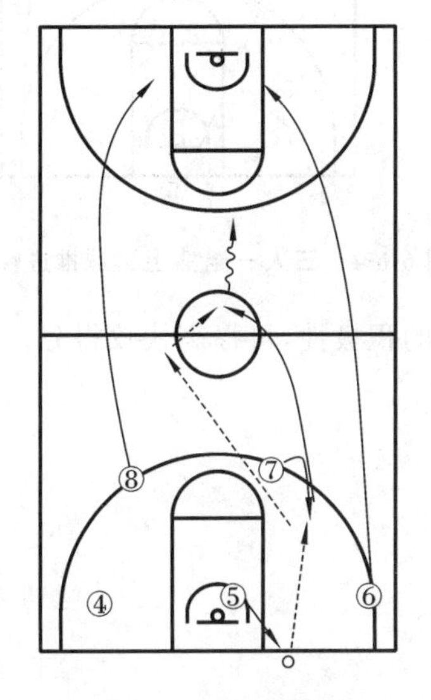

图 6-6-1　固定快攻配合

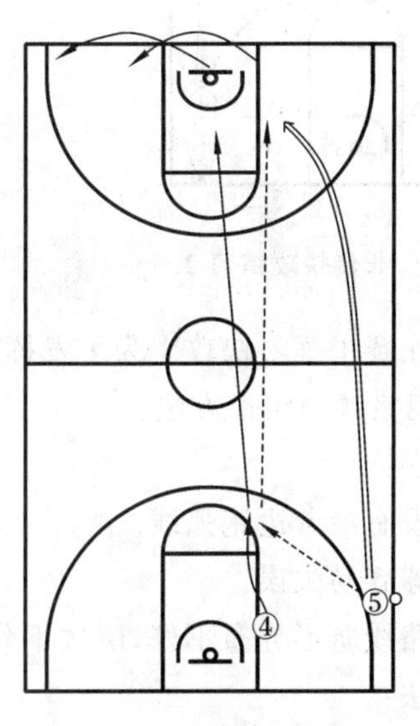

图 6-6-2　长传快攻练习 1

如图 6-6-3 所示，⑤长传球给沿边线快下的④上篮，⑤传球后排到⑥的队尾。④上篮后到⑨的队尾。⑨拿球迅速到端线长传球给快下的⑦上篮然后到⑧的队尾。如此循环练习。

（3）短传结合运球推进快攻的练习。

两人一组，由后场端线外开始向前场直线快跑，相互快传推进，篮下投篮。

三人一组，由后场端线外开始，由中间队员发动，直线或交叉向前快跑，相互快传推进至篮下投篮。

如图 6-6-4 所示，三人一组插上运球推进快攻练习。⑤传球给插中的④后沿左侧边线快下，并给沿右侧边线快下到底线的⑥做掩护。④接球后快速运球推进至前场，将球传给被⑤掩护的⑥，⑥投 3 分篮，⑤、④抢篮板球，并将球传给另一组，下一组同法进行练习。

（4）在对抗中五对五快攻练习。

区域联防防守转为快攻练习。如甲为攻方，乙为守方，练习开始在半场攻守，乙方获得球权立即发动快攻。练习时，为了发挥攻、守的积极性，提高对抗，可规定甲方进攻成功继续进攻，只有当甲方出现失误、违例、投篮不中，而乙方控制篮板球等情况时，乙方才能反击快攻。

半场人盯人防守形式由守转攻练习。方法同上一练习。

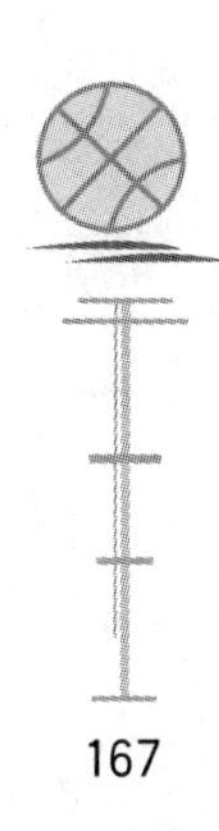

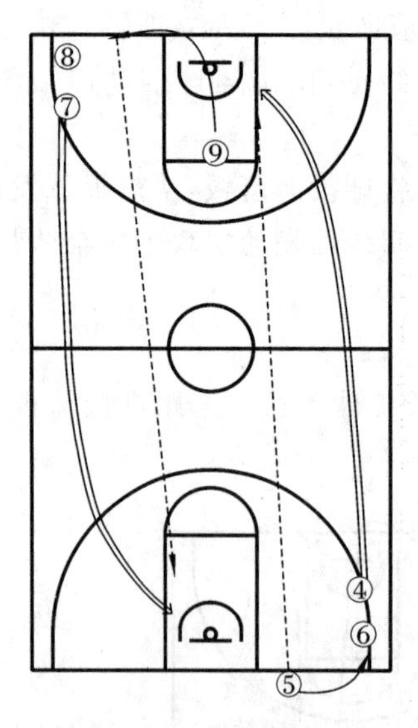

图 6-6-3　长传快攻练习 2

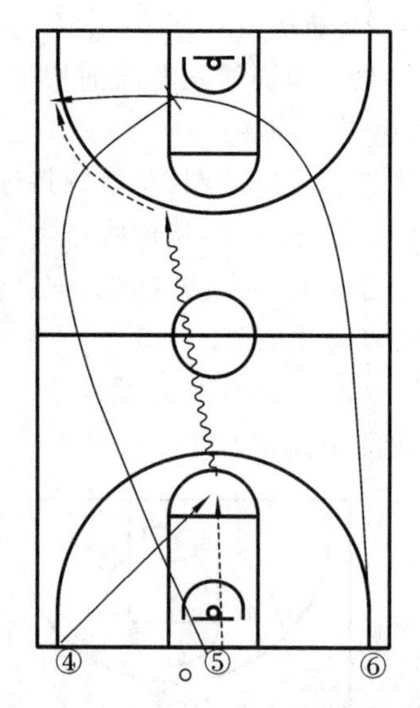

图 6-6-4　三人一组插上运球推进快攻练习

在教学比赛中练习快攻。为了发挥打快攻的积极性，可提高快攻得分。

（5）易犯错误与纠正方法。

易犯错误：

①快下没有沿着边跑弧线。

②传接球容易失误。

③快攻路线队形分布不好，层次不分明。

纠正方法：

①沿边线快下接长传球上篮练习，解决快下队员跑动路线的问题以及传接球准确性的问题。

②连续进行五人快攻路线的跑动，解决五人快攻快下、接应、传球上篮等完整快攻战术的路线、队形的层次、时机及成功率的问题。

6.6.2　防守快攻

1. 防守快攻战术概念

防守快攻战术是防守战术的重要组成部分。是由攻转守的瞬间及以及时组织阻止和破坏对方快攻的防守战术。

2. 防守快攻战术基本要求

（1）强化快速攻守转换意识：把拼抢前场篮板球与积极退守紧密衔接，做到反应快、起动快、全场领（追）防，多人退守，紧逼控球队员，积极封扰抢断，尽量避免以少防多的局面发生。

（2）防快攻训练与作风培养紧密结合：培养坚韧不拔的意志品质和顽强拼搏作风，反复跑动，积极干扰，在坚持努力之中，力争主动。

（3）防快攻训练要与快攻训练密切结合：防守总是以快攻为对象在对抗中进行的，针对快攻在各个环节的运动规律，在对抗中相互促进，提高攻、防能力。

3. 防守快攻战术方法

1）防守快攻的发动与接应

防守快攻首先要在进攻时尽量减少失误与违例，不给对方偷袭快攻的机会，同时要掌握好投篮时机，部署队员拼抢篮板球和退守，注意攻守平衡。进攻投篮后，立即拼抢篮板球，或对抢到篮板球或掷界外球的对方队员和接应队员积极进行堵截、夹击与控制，破坏和干扰其传球或突破，力争制止对方发动快攻，这是防守快攻的关键。与此同时，其余队员要行动迅速，快速退守，前后照顾，防守好快下的队员。

2）防守快攻的推进

当对方展开快攻后，前线防守队员在后撤与追防的同时，要与对手保持一定的距离，要抢最捷径的路线和有利的位置，边防边后撤，控制对手快速推进，阻挠其传球与运球，达到减慢推进速度的防守目的。后线防守队员要边退边控制后场，要对快下的进攻队员严加防范，切断对方长传路线，并要与其他队员相互合作，争取占据罚球区。

3）防守快攻的结束

当对方推进至前场后，要积极展开争夺。在人数上处于劣势的情况下，防守队员要冷静判断、大胆出击，打掉对方控制的球，或做假动作进行干扰，造成对方错觉，延缓其投篮速度或造成其失误，赢得时间上和力量上的均衡。如果对方投篮，要积极跳起封盖，影响其命中率和拼抢篮板球，防守快攻的结束阶段经常出现以少防多的局面，但如果防守队员能积极、顽强并合理地运用防守技术，也会获得成功。

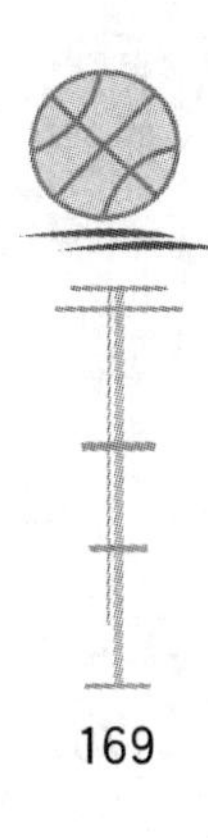

4. 防守快攻战术训练步骤与教学方法

1）防守快攻战术训练步骤

（1）讲解与示范，先进行防守快攻方法的完整讲解、示范和试练，后进行分解的讲解、示范与试练；

（2）进行封堵第一传和接应的练习；

（3）进行中场卡位、夹击和防快下的练习；

（4）进行一防二、二防三的练习；

（5）进行二防二、三防三的练习。

2）防守快攻战术练习方法示例

（1）三对三堵截快攻的发动与接应练习。

如图 6-6-5 所示，当⑤控制篮板球时，❺上前挥臂封其传球路线，⑧、⑥为接应队员，❽、❻分别对⑧、⑥进行堵截。

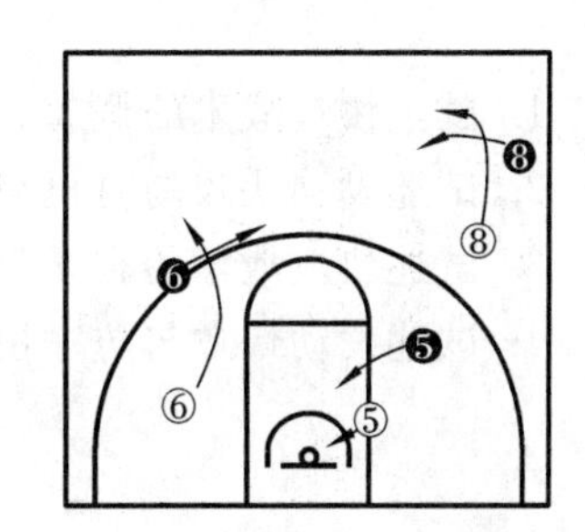

图 6-6-5 三对三堵截快攻的发动与接应练习

（2）防守快下进攻队员练习。

如图 6-6-6 所示，⑥将球掷向篮板，这时⑦、⑧沿边线快下，而❼、❽也随着快速退回后场。当⑥抢到篮板球时：长传给快下的⑦、⑧，要求❼、❽尽量断获对方的长传球。

（3）提高二防三的能力练习。

如图 6-6-7 所示，练习开始时，⑦、⑧、⑨打快攻，❹、❺进行防守。进攻结束后，④、⑤、⑥打快攻，❹、❺继续进行防守。防守队员可以采用任何形式进行防守，但是必须注重质量。

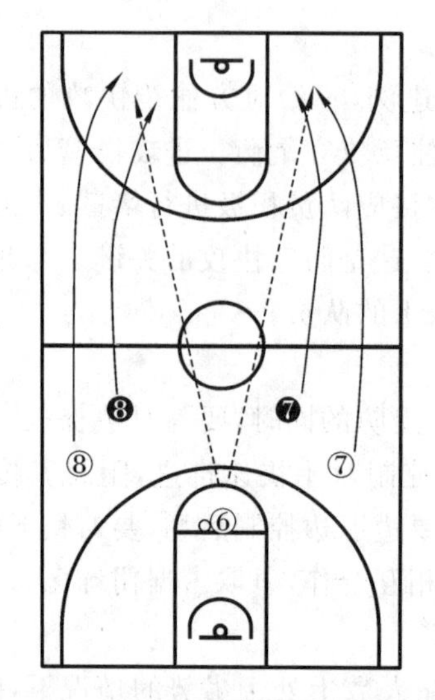

图 6-6-6　防守快下进攻队员练习

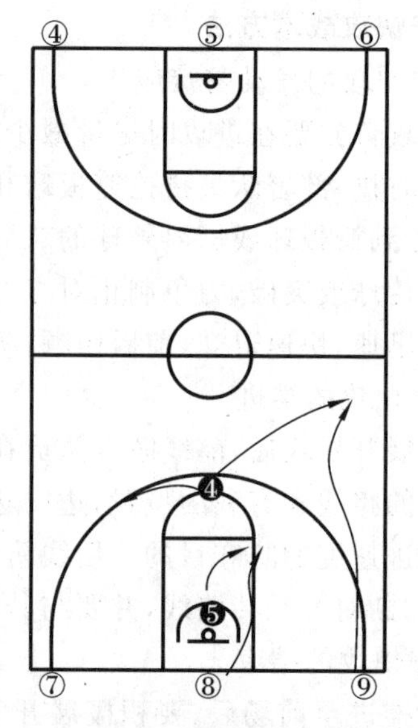

图 6-6-7　提高二防三的能力练习

(4) 全场由攻转守练习。

进攻半场人盯人防守后由攻转守练习。

进攻区域联防后由攻转守练习。

(5) 易犯错误与纠正方法。

易犯错误：

①没有及时封堵第一传和接应。

②少防多时站位不正确。

纠正方法：

①在每一进攻回合结束后，每位球员就近防一传和接应。

②明确三种站位方法：平行站位防守、重叠站位防守、斜线站位防守。

思　考　题

1. 试述快攻战术的概念。
2. 试述发动快攻的时机与结束快攻的形式有哪些。
3. 试述快攻战术的教学步骤。
4. 试述发动快攻与防守快攻的组织形式。

第7章
体能训练

章节提要

1. 体能训练基本原则；
2. 体能训练注意事项；
3. 热身运动的生理效果与训练方法；
4. 柔韧素质的表现形式与练习方法；
5. 力量素质的表现形式与练习方法；
6. 速度素质的表现形式与练习方法；
7. 耐力素质的表现形式与练习方法。

关键术语

体能训练、柔韧性素质、力量素质、速度素质、耐力素质。

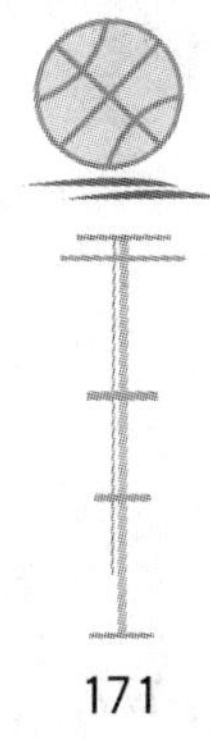

7.1 体能训练原则及注意事项

体能是指运动员机体的基本运动能力，是运动员竞技能力的重要构成部分。体能训练即是科学地运用各种练习手段，有效地影响身体形态、身体机能，提高运动员的身体素质和基本活动能力的活动。

篮球运动员的体能训练多以发展各种运动素质为基本内容，其作用是：全面发展运动员的体能与体质；提高与篮球技术、战术相关的专门素质；挖掘运动员的身体机能潜力，尤其是提高构成篮球技术、战术要素的速度、爆发力、灵敏度、协调反应能力和平衡能力，从而保证运动员掌握新技术的数量和质量；提高运动员的竞技水平，减少运动创伤，延长运动寿命；培养优良作风和顽强意志。

体能训练对身体素质的影响是多维的，发展一种身体素质对其他身体素质有直接或间接的影响，有良性迁移，也有不良影响。因此，在安排身体素质训练时，既要考虑篮球竞技状态的形成过程，又要遵循身体素质均衡发展的内在规律，全面、系统、有控制地安排训练计划，促进身体素质的良性发展。

7.1.1 体能训练的基本原则

依据理论分析和训练实践的总结，篮球运动员专项体能训练应当遵循力量主导原则、均衡发展原则、一般训练与专项训练统一原则、个性化原则、适时监控原则等。

1. 一般训练与专项训练统一原则

一般训练与专项训练统一原则是指一般训练与专项训练要相结合，即在一般训练的基础上，体能训练必须根据篮球运动项目的技术、战术特点，充分发展专项所需要的体能，以促进运动员专项运动能力的提高。

2. 力量主导原则

力量主导原则是指在篮球专项体能训练过程中，始终坚持以力量训练为基础、为主导，以力量素质的增长和提高来带动与促进其他身体素质的发展与提高。

3. 个性化原则

由于客观存在着个体差异，所以要想使训练达到理想的效果，就必须充分考虑到个体特征并加以区别对待，有针对性地安排不同的训练。训练对象的个体特征除了年龄、性别、形态、机能等生物学特征外，还应包括气质、个性、参加训练动机等心理学特征，以及训练水平、训练年限、承受负荷能力等训练学特征。训练中要全面了解、掌握和分析训练对象的具体情况，制订出符合个体特点的训练计划，根据不同个体所需要的身体素质和不同训练阶段的任务、要求，有区别地安排训练的全过程。

4. 持续性原则

持续性原则是指在整个训练过程中始终贯彻体能训练，并保持其系统性，持续不断地进行训练。

5. 均衡发展原则

均衡发展原则是指在篮球专项体能训练过程中，应全面均衡地安排训练内容，发展运动员各项身体能力，全面提高运动素质，并注意协调各项运动素质的发展水平及负荷量。

6. 实时监控原则

实时监控原则是指在篮球专项体能训练过程中，对运动员的机能指标实时监测，进行量化分析，准确把握运动员身体机能变化，并对训练内容与负荷及时调整，避免过度疲劳和损伤，从而更好地发展运动员的运动能力。

7.1.2 体能训练注意事项

1. 体能训练前准备

1）教练员

（1）每次训练前检查训练场地和器材，避免因场地和器材存在问题造成损伤。

（2）科学制订训练计划，积极与运动员沟通，了解运动员的训练需求，及时调整训练计划。正确指导运动员训练的动作模式，避免训练内容之间的负面影响。采用有效的训练监控和训练反馈手段，及时了解运动员的身体健康状况。

（3）合理安排训练前的动作准备和训练后的再生恢复训练内容。

2）练习者

（1）在开始体能训练前发现场地和器材存在风险时，应及时与教练员沟通，消除安全隐患。训练前需要充分了解训练器材，使用后要及时将器材正确放回原位。

（2）遵守教练员的训练计划安排，主动与教练员沟通自己对训练动作、训练负荷、训练效果及训练恢复等方面的感受，以便教练员及时了解运动员的训练状况。

2. 体能训练基本技术

体能训练中存在共通的练习技术。在自由重量练习以及在器械训练中都包括若干种握杠、握哑铃、握把手的技术，都需要最佳的肢体姿势表现，都要求一定的关节活动范围、运动速度以及呼吸方法。此外，在部分训练中还要求佩戴举重训练带、护带，遵循必要的程序等。

1）抓握技术

体能训练中最常用的抓握方法：

（1）正握，掌心向下，指关节向上。

（2）反握，掌心向上，指关节向下（见图 7-1-1）。

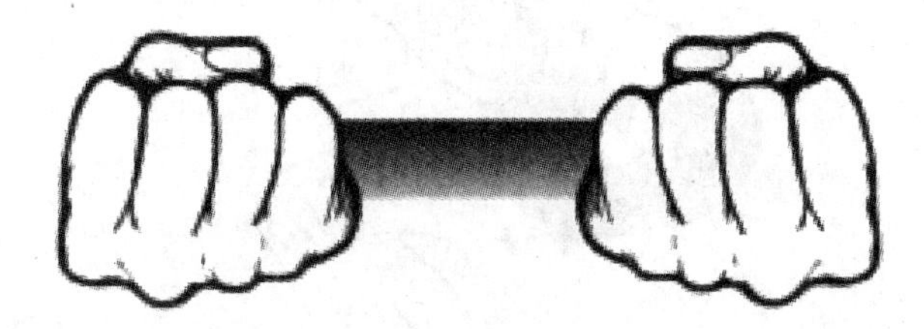

图 7-1-1 反握

（3）变换性握法：一手掌心向上，一手掌心向下。

（4）钩子握法：与正握类似，拇指压在食指和中指之下，是进行爆发力练习常用的握法。

在所有握法中，拇指包住杠铃杆的称为闭锁式握法，反之称为开放式握法。

抓握技巧还包括正确的握距。握距分为普通握距、宽握距、窄握距。在大多数的练习中，两手距离与肩同宽。丈量握距的简易方式：直立状态，双臂放松上抬，双手间的距离就是相对合适的抓握距离。

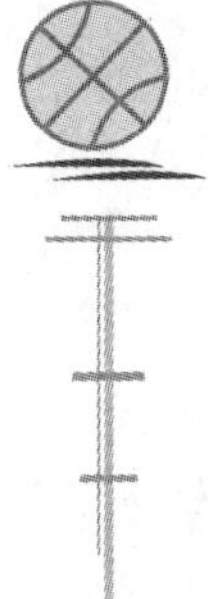

2）身体姿态

在体能训练中保持良好的身体姿态有助于肌肉和关节得到正确的刺激和锻炼。在体能训练特别是抗阻训练中，为保证最大稳定性和脊柱有效支撑，需要运动员在运动技术动作全程中保持下列稳定姿势。

（1）站立体位。

双脚分开，双脚间距离略宽于肩，全脚掌着地。

（2）使用器械（图 7-1-2）。

需要提前调节座椅、靠垫、胸垫等、阻力臂、运动幅度螺栓、保护栓，系紧固定带，使运动员关节轴与器械轴同心，以满足运动技术对躯干、手臂或腿等肢体姿势的专门要求，以获得稳定的练习姿势。

（3）坐姿或仰卧体位。

坐姿或仰卧体位对于身体姿势的要求区别于其他姿态，在这种练习姿态下，运动员的身体保持五点与练习凳及地面接触：

头部（枕骨）需要固定放置在练习凳或靠垫上；

肩部和上背部要固定且平稳地置于练习凳或靠垫上；

臀部平稳放置在练习凳或靠垫上；

右脚平放在地面上；

左脚平放在地面上。

图 7-1-2　使用器械的身体姿态

3）运动的范围和速度

练习动作的范围覆盖整个关节的活动范围，运动范围愈大，练习的价值愈高。慢速、有控制地重复练习，有助于增加运动的范围，使之达到关节的活动范围。当进行爆发力或快速力量练习时，强调在保证控制的条件下尽量加速，使杠铃的移动达到最大速度。

4）呼吸技巧

重复练习中最艰难的部分通常发生在离心收缩向向心收缩过渡期后的不久，这个艰难的时间点称为关键点。体能教练应指导运动员掌握克服关键点的呼吸技巧：在整个关键点过程中呼气，在相对轻松的时间段吸气，而在有些情况下运动员要憋气。

有经验的运动员在进行负重结构性练习时常采用 Valsava 方法，以维持脊柱的直立。在呼气时关闭声门，同时腹肌和肋间肌收缩，增加整个躯干的刚性，减少负重对椎间盘的挤压力，有助于达到结构练习强调的“平背”、保证躯干直立的技术要求。但是腹内压上升可能引起眩晕、眼前发黑、高血压甚至无方向感，因此憋气时间不可太长，即使训练有素的运动员也不可憋气超过 2 秒钟。

5）举重保护腰带与护带的使用

当练习负荷集中在躯干特别是腰部时，且负荷接近或达到甚至超过最大重量时，要使用举重保护腰带，但是，过分频繁地使用举重保护腰带会减少腰腹肌的锻炼机会，在没有腰部负荷的练习中或腰部负荷不大的练习（后蹲、硬拉）不要使用举重保护腰带。

护带有组合式和带状式两类。组合式一般分为两股，一端缝制在一起，或直接与训练手套、训练护腕缝制在一起。带状式的护带一般为足够长度的重弹绷带。在进行增强式或部分快速力量训练中，将护带由手掌或手腕开始缠绕，将手与杠铃缠绕一体，有助于连续性动作的发挥，同时避免器械脱手，在一定程度上提高了安全性。

3. 体能训练中的个人保护

监护者(保护者)的工作主要是帮助运动员在练习中避免损伤、在训练中激发运动员的训练热情,帮助其完成重复练习。监护者的首要职责是保证运动员的安全,不恰当的保护可能造成运动员甚至监护者本人的严重损伤。

(1) 除爆发力练习外,杠铃在头上方、杠铃在肩背上、杠铃在肩前或脸上方,进行自由负重练习时都需要至少一名监护者在场。

(2) 为了保证练习者、监护人员以及周围其他人员的安全,此类练习最好在合适的训练区域内进行,训练器高度要适中。

(3) 所有的杠铃片、杠铃锁扣等一律不准放置在运动员活动范围内,以避免运动员撞伤或绊倒。

(4) 没有练习的运动员不能停留在练习区内;监护者要与运动员身高与体型相当或略高才能实施有效的保护。

思 考 题

1. 简述体能训练原则。
2. 在体能训练前需要做哪些准备?
3. 简述体能训练中个人保护的注意事项。

7.2 热身运动与柔韧性训练的内容与方法

7.2.1 热身运动的生理效果及训练要求

热身的目的在于为运动训练做好心理和生理上的准备。运动前的热身是运动员训练或比赛前必须进行的重要环节。热身经历慢跑—静态拉伸—动态热身的发展过程,其目的是提高运动成绩、为训练及比赛做好准备及预防运动损伤。如果没有刚烈运动需求的,如关节松动或软组织治疗等康复训练,或单纯的运动拉伸课,被动的热身能有效提供所需要的拉伸效果。如果将要进行某种高强度训练或比赛时,则需要选择进行主动热身。

1. 热身运动的生理效果

从生理学的角度来看,有效的热身能够让更多毛细血管通道打开,减少血管外周阻力,提高血流量,增加肌肉中血液供应。血流量提升能够提高局部肌肉温度及核心温度,降低软组织黏滞性,最终提高肌肉的弹性、反射速度和收缩速度,甚至还可预防肌肉拉伤及撕裂。另外,提供多角度和多方向的热身运动,能使关节腔内分泌更多的滑液以减轻关节面软骨间的摩擦,减少在进行剧烈体育运动时造成的关节软骨损伤。热身活动可使人的大脑皮质处于兴奋状态,提高机体的警觉性,从而避免意外损伤的发生。同时,通过模拟正式训练和比赛的动作模式进行热身运动,能让运动员为即将参加的剧烈运动做好心理和精神准备。除此以外,热身还可引起下列生理反应:

(1) 增加血流量,激活肌纤维。

(2) 加快主动肌与拮抗肌之间的收缩与放松。

(3) 提高力量增加的速度,提高反应时。

(4) 改善肌肉力量与爆发力。

(5) 降低肌肉黏滞性。

(6) 较高的核心温度有利于氧气从血红蛋白和肌蛋白中释放，提高氧运输能力。

(7) 提高新陈代谢率。

(8) 提高神经传导能力及神经肌肉的活跃性。

2. 热身运动的训练要求

(1) 根据 RAMP 程序，热身应该同时包含提升(raise)、激活和伸展(activate and mobilize)、增强(potentiate)元素。

(2) 运动员可先按照自己喜好进行 5～10 min 有氧运动作为一般的热身活动，过程中保持中低强度(约最大摄氧量 60%)。当然，对于水平比较高的竞技运动员，在相对较短的时间内，在一般热身活动中可以使用与运动项目相关的动作去替代常规的慢跑或自行车活动。

(3) 当身体血液循环加快，体温上升后，就可以开始针对性地进行热身，教练员可以根据功能解剖，选取一系列与专项有关的训练动作进行 10～20 min 的动态伸展(实际时间要按运动员体力和水平制订)，这部分可以由 5～10 个动态伸展动作组成，每个动作可重复多次或一段距离，也可以使用自身体重或配合工具用小阻力来进行，增加关节灵活性，同时激活相关肌群，以免运动员提前出现疲劳。

7.2.2 柔韧素质的表现形式及训练要求

1. 柔韧素质的表现形式

柔韧性是指在没有任何关节伤害的情况下的最大关节活动范围，同时也是健康体能的重要能力。静态柔韧性是指完成主动(没有协助)或被动(有协助)动作时关节的可活动范围(最终的动作位置需要固定)；动态柔韧性(功能性、柔韧性)是指运动过程中关节的可活动范围。另一种动态柔韧性为弹振式拉伸的柔韧性，将其定义为爆发性或弹振式的动作中关节可达到的活动范围。

适当的柔韧性能对健康及运动表现带来益处。柔韧性训练可使肌肉维持适当的长度。某些情况下，肌肉会随时间的推移而缩短，而柔韧性训练可促进肌肉的平衡发展。柔韧性训练可提高肌肉的薄弱环节，减少运动损伤风险。柔韧性训练也可改善体态及移动能力，缓解压力并减少下背部疼痛的风险。从运动员的角度来看，改善柔韧性可以增强许多运动技能的运动表现。

2. 柔韧素质的训练要求

(1) 柔韧素质训练必须做好准备活动。准备活动可提高肌肉的温度，降低肌肉内部的黏滞性，防止拉伤。练习时动作幅度应逐渐加大，节奏逐渐加快，训练后应做好放松练习。

(2) 柔韧练习一般应安排在课的准备部分后面或基本部分的开始；身体疲劳或练习部位有伤时不宜进行柔韧素质训练。

(3) 柔韧素质训练要经常进行，持之以恒。与其他素质相比，柔韧素质容易发展，容易见效，但消退也快。因此，在教学训练的全过程都应持续地安排一定比重的柔韧素质训练。

(4) 柔韧素质训练要与其他素质训练结合进行，特别是与力量素质训练相结合，强调肌肉的弹性，避免肌肉单纯消极的被动拉长，应使肌肉与韧带柔而不软、韧而不僵，使关节的活动幅度掌握自如。

7.2.3 热身运动与柔韧素质主要练习方法

1. 静态拉伸

静态拉伸时，动作在稍有不适感的情况下保持至少 15 秒，在动作范围内能够完全地控制，并能将关节维持在静止的位置。当训练目的是为了提高柔韧性时，静态拉伸对于增加关节活动范围非常有效，尤其在运动后做静态拉伸训练最有效。

1）颈部旋转

（1）目的：拉伸颈部旋转肌群。

（2）练习方法（图 7-2-1）：保持站立或坐姿，头部与颈部正直，转头向左，保持姿势不动；头部转回起始姿势，并向右转动，维持姿势不动。

（3）注意事项：转动时的速度较慢且可控制。

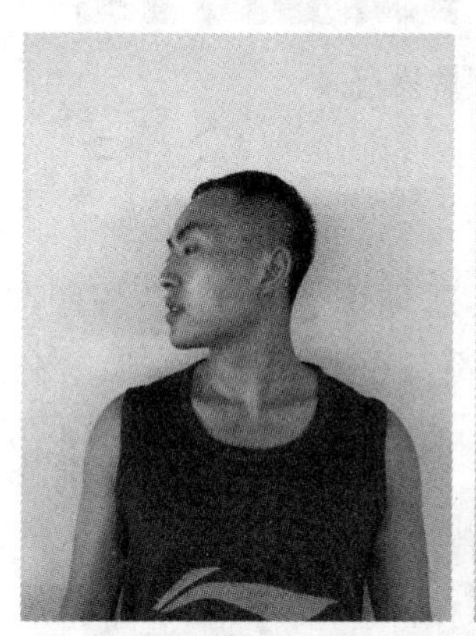
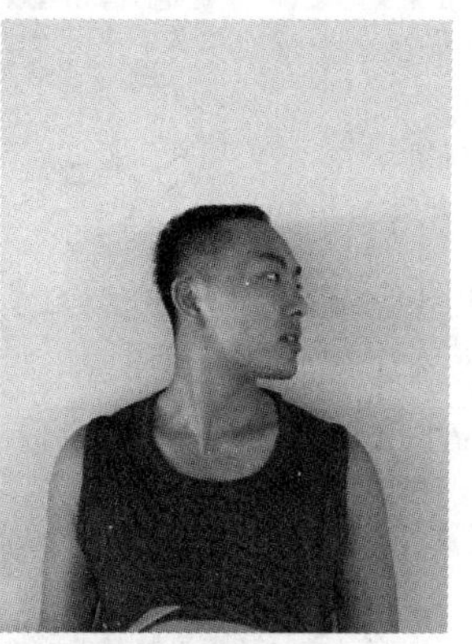

图 7-2-1 颈部旋转

2）多向侧屈颈

（1）目的：拉伸颈部伸肌、屈肌、侧屈肌。

（2）练习方法（图 7-2-2）：以站立、坐姿或仰卧于训练椅上，头部与颈部保持正直，下巴朝胸部方向做屈颈，保持不动。头部回到起始姿势，使颈部向后伸展，保持不动；头部回到解剖学姿势换边向右进行侧屈，保持不动；接着颈部向左侧屈，同样保持不动。

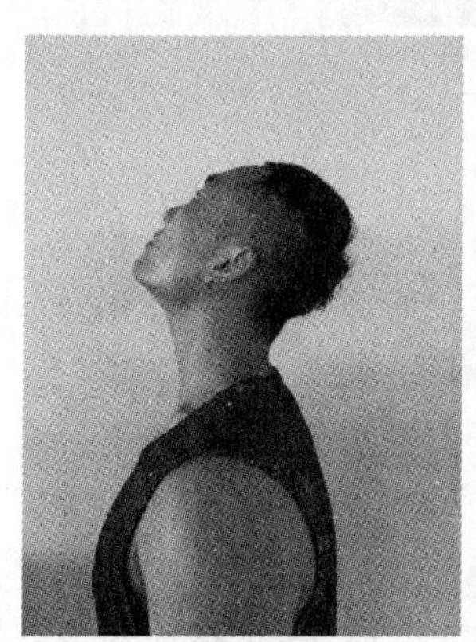
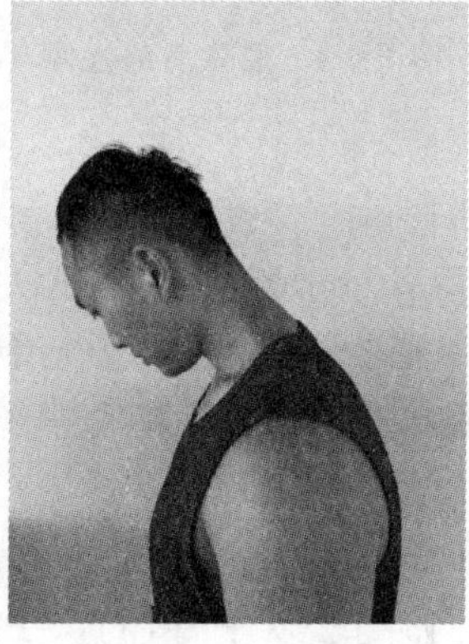
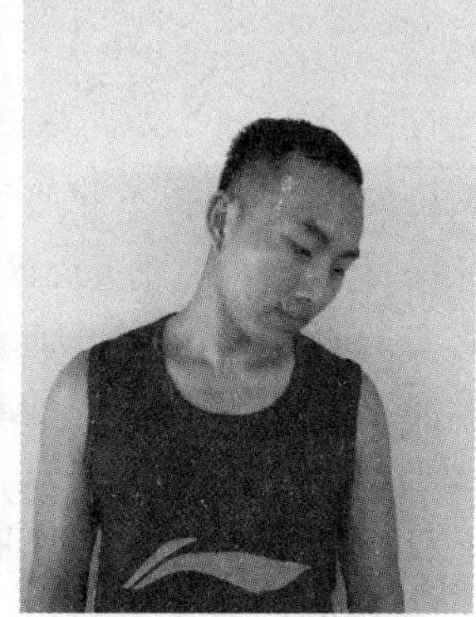

图 7-2-2 多向侧屈颈

3）胸部拉伸

（1）目的：拉伸胸大肌、肩带前伸肌群、前三角肌。

（2）练习方法（图 7-2-3）：站立于门边或器械旁，屈肘 90°，将手臂抬至肩膀高度，并以手部顶靠器械或门，身体前倾直到上胸部感觉到被拉伸。

图 7-2-3　胸部拉伸

4）屈体肩部拉伸

（1）目的：拉伸肩关节屈肌肌群。

（2）练习方法（图 7-2-4）：双手抓握杠铃或训练凳杠铃架，握距与肩同宽；屈髋使上半身平行于地面；放松肩部，尽量向下靠、头部与手臂等高或略低。

（3）注意事项：此拉伸动作可以在地板或垫上以跪姿、手掌朝下方式进行。

图 7-2-4　屈体肩部拉伸

5）肩后拉伸

（1）目的：拉伸肩关节屈肌肌群。

（2）练习方法（图 7-2-5）：双手臂置于身体后侧，肘关节伸展、双手手心相对、十指紧扣。颈部放松，将头部保持正直。完全伸展，手臂慢慢抬高。

（3）注意事项：可使用轻杆或扫把柄代替手指紧扣作为变式动作。

6）坐位后倾

（1）目的：拉伸肩关节屈肌肌群。

（2）练习方法（图 7-2-6）：双脚伸直，双手臂伸直、手掌撑地，手指指向后方，使双手向后滑动的同时身体向后倾斜。

图 7-2-5　肩后拉伸

图 7-2-6　坐位后倾

7）手臂前交叉拉伸

（1）目的：拉伸上背部肌肉、三角肌后束。

（2）练习方法（图 7-2-7）：处于站姿或坐姿，左侧肘关节微屈、水平内收，以右手向右拉动左手臂越过胸部。保持姿势，换边重复动作。

8）直臂过头拉伸

（1）目的：拉伸上背部肌肉。

（2）练习方法（图 7-2-8）：运动员站立，双手手臂伸直于躯干前方，手指交叉紧扣，手心向外。双臂向头上方伸直，双手掌心向上伸展至最大关节活动范圈，然后在这个位置保持片刻。

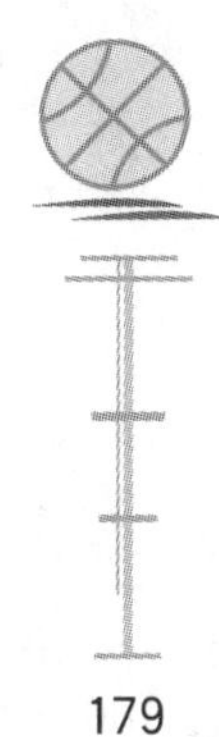

图 7-2-7　手臂前交叉拉伸

图 7-2-8　直臂过头拉伸

9）背阔肌拉伸

（1）目的：拉伸上背部肌肉、肩带后缩肌群。

（2）练习方法（图 7-2-9）：手扶支架，约齐平于肩部高度。屈髋/膝，上半身后倾，拉伸上背部肌群，在这个位置保持片刻。

10）颈后三头肌拉伸

（1）目的：拉伸肱三头肌。

（2）练习方法（图 7-2-10）：坐或站立，右肩外展、肘屈曲。左手抓右侧肘，将右肘关节向后拉。在这个位置保持片刻，然后换边继续。

（3）注意事项：在拉伸期间切勿将颈部向前推。

图 7-2-9　背阔肌拉伸

图 7-2-10　颈后三头肌拉伸

11）肱二头肌拉伸

（1）目的：拉伸肘屈肌群、旋后肌群。

（2）练习方法（图 7-2-11）：以拉伸右侧二头肌为例，右手举起，掌心顺时针旋转使五指朝下，左手握住右手的四指使右手右臂持续伸直，感受肌肉的拉伸感。

（3）注意事项：可使用墙壁及训练架做辅助拉伸。

12）坐位旋转

（1）目的：拉伸下背部肌肉、腹肌、腹斜肌。

（2）练习方法（图 7-2-12）：坐于地面，左侧屈膝左脚置于右膝关节外侧。右肘推顶左膝外侧，左臂支撑身体。将左膝向右推，胸部向外打开，面朝后，保持片刻，然后换边继续。

图 7-2-11　肱二头肌拉伸

图 7-2-12　坐位旋转

13）盘坐拉伸

（1）目的：拉伸下背部肌肉、髋伸肌群。

（2）练习方法（图 7-2-13）：屈膝、屈髋，脚趾向前盘坐在地上。当运动员两手臂前伸时，身体以腰部为轴向前倾。

14）仰卧屈髋关节拉伸

（1）目的：拉伸下背部肌肉、髋伸肌群。

（2）练习方法（图 7-2-14）：仰卧、双腿伸直。同时双手抱膝将双腿拉向胸部，在这个位置保持片刻。

图 7-2-13 盘坐拉伸

图 7-2-14 仰卧屈髋关节拉伸

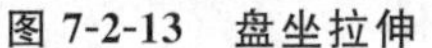

15）仰卧躯干拉伸

（1）目的：拉伸背部肌肉、髋伸肌群/外展肌群、躯干旋转肌群。

（2）练习方法（图 7-2-15）：仰卧于垫上，肩关节外展接近 90°、肘伸展、屈髋、屈膝。髋关节同时向右转动，保持这个姿势。再将髋关节向左转动，保持姿势。在躯干转动时，同侧的肘屈肌和肩水平内收肌会被拉伸。

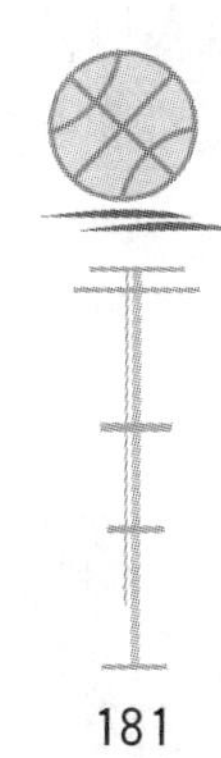

图 7-2-15 仰卧躯干拉伸

16）分腿坐拉伸

（1）目的：拉伸竖脊肌、腘绳肌、髋内收肌、跖屈肌。

（2）练习方法（图 7-2-16）：坐于地板上，双腿外展至一定宽度。向前屈身，双手抓住踝关节或脚趾，膝关节伸直，在这个位置保持片刻。

17）俯卧小腿拉伸

（1）目的：拉伸跖屈肌。

（2）练习方法（图 7-2-17）：运动员面向墙壁，双脚与肩同宽站立，双手扶墙，身体前倾。一侧腿向后跨一步，前腿屈膝。后脚脚跟尽量踩在地面上。在这个位置保持片刻，然后换边继续。

2. 动态拉伸

动态拉伸是指在全关节活动范围内活动，过程中没有维持关节位置不动或放松的拉伸。动态拉伸注重特定的动作，而不注重单个肌肉群，具体例子有前后手臂绕环运动、躯干绕环运动（跨立姿势）、提膝走。

图 7-2-16　分腿坐拉伸

图 7-2-17　俯卧小腿拉伸

动态拉伸作为热身运动的一部分，相比静态拉伸优势明显。动态拉伸能更好地让身体进入准备状态，但不会像静态拉伸一样会导致肌腱刚度下降（减少肌力与爆发力）。动态拉伸的第二个好处就是能够同时对多个肌群达到热身效果，提高热身的效率。衡量方式可以是完成的次数，也可以是进行的距离。

1）上步踢腿（后摆腿）

（1）目的：①增加髋关节的灵活性；②促进全身肌肉的协调配合。

（2）练习方法（图 7-2-18）：①身体正直，左腿支撑，右腿向后摆；②利用惯性前摆后，右脚落地上步成支撑腿，左腿重复以上动作；③左、右脚交换向前行进 20 米即可返回进行下一组。

（3）注意事项：①注意手臂与腿的节奏配合；②尽最大努力摆腿。

2）行进间弓箭步

（1）目的：①在行进过程中对大腿前侧肌肉进行拉伸；②提高髋关节的灵活性。

（2）练习方法（图 7-2-19）：①身体正直位，右腿向前一步；②左腿随后向前做出蹬踏的动作，左脚落地后双手扶于腰间呈弓步；④右腿回收后，两腿交换进行重复动作。

（3）注意事项：①始终保持上体正直，不能前倾或者后仰；②前腿向前落地时要顶髋蹬踏。

3）站姿转髋

（1）目的：①提高髋关节灵活性；②提高髂腰肌的柔韧性。

图 7-2-18　上步踢腿

图 7-2-19　行进间弓箭步

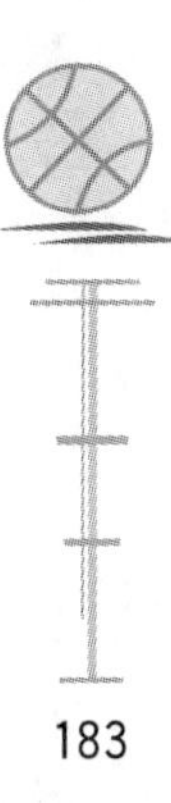

(2) 练习方法(图 7-2-20):①身体正直站位;②右腿支撑,左腿大腿积极向上摆到水平;③右脚垫步,向左侧、前侧进行抬腿练习,左脚动作同上。

(3) 注意事项:①注意抬腿的角度;②注意髋的外展幅度。

图 7-2-20　站姿转髋

4) 平行转髋跑

(1) 目的:①拉伸背肌;②增强髋关节灵活性。

(2) 练习方法(图 7-2-21):①身体正直站立,目视前方;②以脊柱为轴,右脚向左前侧跨步交叉，转动髋关节，左腿顺势向左前方平移迈出；③手臂侧平举，与两肩呈一条直线；④左、右腿交替进行。

(3) 注意事项：髋关节带动上、下肢协调运动。

图 7-2-21　平行转髋跑

5) 弓箭步撑地转体

(1) 目的：①减小颈部、肩部、背部、髋部、腿部肌肉的黏滞性；②增加各个关节的灵活程度。

(2) 练习方法(图 7-2-22)：①呈弓箭步，双手叉腰或自然放置，保持身体的重心；②上体前倾，单手撑地向出脚的一侧进行转体；③另一只手臂与地面呈 90°，同时颈部转动看向上手的方向。

(3) 注意事项：头部转向手臂伸起的方向，逐渐加大头部转向的力度。

图 7-2-22　弓箭步撑地转体

6) 行进间按腘绳肌拉伸

(1) 目的：拉伸腿部后侧肌群，预防腘绳肌拉伤。

(2) 练习方法(图 7-2-23)：①右脚向前迈一小步，脚尖略微翘起；②俯身，双手向下伸直触碰右脚脚踝两侧；③在碰触脚踝的同时双手向前略微画弧起身，换左脚向前依次进行。

(3) 注意事项：①在俯身过程中要尽量保持小腿伸直，下触的过程中腘绳肌应有强烈的拉伸感；②步子不要迈得过大，掌握要领后可加快频率。

图 7-2-23　行进间按压膝关节

7）三环绕球

(1) 目的：①结合专项增加柔韧性及关节灵活性；②增强手对球的控制能力，提升球感。

(2) 练习方法（图 7-2-24）：①身体呈直立状态；②双手持球，以颈部、腰部、膝关节为中心轴，进行绕环。

图 7-2-24　三环绕球

3. PNF 拉伸

本体感觉神经肌肉促进技术（proprioceptive neuromuscular facilitation，PNF）拉伸由 Herman Kabat 于 20 世纪 40 年代晚期开发，到了 20 世纪 70 年代晚期，运动员开始应用 PNF 拉伸增强柔韧素质。PNF 不同于其他类型的拉伸方式，其同时结合了向心收缩（concentric，CON）、离心收缩（eccentric，ECC）及等长收缩（isometric，ISOM）和被动拉伸。

PNF 的生理机制主要是借助抑制主动肌的收缩而使其放松，从而加大关节活动范围。一次 PNF 拉伸就能立即增加 3°～9°的关节活动范围。一般认为 PNF 拉伸增强了运动员对拉伸力的承受力或知觉，从而使 ROM 和灵活性即刻提高。不同形式的肌肉收缩—放松周期皆可用来增加关节活动范围。

1）保持—放松（hold-relax）

(1) 开始时先做被动拉伸，在感觉稍微不适的位置保持约 10 秒。

(2) 辅助者施力于拮抗肌，并指示练习者保持在此位置。

(3) 练习者做等长收缩对抗辅助者约 6 秒。

练习者放松,再由辅助者进行约 20～30 秒幅度更大的被动拉伸。

重复前述动作,直到接近关节活动范围的终末端。

2) 收缩—放松(contract-relax)

(1) 开始时先做被动拉伸,在稍感不适的位置保持约 10 秒。

(2) 辅助者施力于主动肌,同时在整个关节活动范围指导练习者的主动肌做向心收缩。

(3) 练习者放松,再由辅助者进行约 20～30 秒幅度更大的被动拉伸。

(4) 重复前述动作,直到接近关节活动范围的终末端。

3) 保持—放松后主动肌收缩(hold-relax with agonist contraction)

(1) 开始时先做被动拉伸,在感觉稍微不适的位置保持约 10 秒。

(2) 辅助者施力于被拉伸部位,并指示练习者保持此位置。

(3) 指导练习者的主动肌向心收缩,抵抗辅助者给予的阻力。

(4) 对练习者进行约 20～30 秒的被动拉伸。

(5) 重复前述动作,直到接近关节活动范围的终末端。

4) 收缩—放松后主动肌收缩(contract-relax with agonist contraction)

(1) 开始时先做被动拉伸,在稍感不适的位置保持约 10 秒。

(2) 辅助者施力主动肌,同时在整个关节活动范围内指导练习者的主动肌做向心收缩。

(3) 练习者放松,再由辅助者进行约 20～30 秒幅度更大的被动拉伸,练习者同时做向心收缩。

(4) 重复前述动作,直到接近关节活动范围的终末端。

思　考　题

1. 简述热身运动中的 RAMP 程序。
2. 简述静态拉升与动态拉伸的注意事项。
3. 论述热身运动的生理效果及训练要求。
4. 论述柔韧素质的表现形式及训练要求。

7.3　力量素质训练的内容与方法

7.3.1　力量素质表现形式

本节针对篮球训练的实际需要,按运动时肌肉克服阻力的表现形式,把力量素质分为最大力量、速度力量、力量耐力。

(1) 最大力量:也称绝对力量,是指身体或身体某一部分肌肉克服最大阻力的能力。肌肉体积增加,最大力量一般也会得到相应的提高。

(2) 速度力量:是指肌肉在运动时快速克服阻力的能力。速度力量是力量和速度的有机结合。速度力量最典型的表现形式就是通常所说的爆发力。爆发力要求运动员在运动时,在尽可能短的时间内,爆发出尽可能大的力量。

(3) 力量耐力:是指运动时肌肉长时间克服一定阻力的能力。阻力越大,运动的时间越短。只有在克服一定的较小阻力的情况下,才能长时间地持续运动,或重复尽可能多的次数。

7.3.2 力量素质训练要求

1. 确定负荷重量、组数、次数

1) 确定负荷重量

在做任何一项力量练习之前,首先要根据运动员的实际情况确定练习项目和负荷重量。测试运动员所能承受负荷重量的方法有:实验法、体重百分比法、力量百分比法。这里,我们介绍实验法。

(1) 在练习某块或某些肌群之前先举较轻的负荷,以达到热身和预防受伤的目的。

(2) 做第一组练习时,选择无需费力就可完成的负荷。

(3) 逐步增加负荷,直至能保质保量完成练习的最大负荷重量。负荷的确定还要有利于改善运动员肌肉收缩时内协调的能力,即提高神经系统的指挥力;有利于增大肌肉的体积。

2) 确定组数与次数

练习完成的组数和次数与所练习的负荷密切相关。组数指每次训练完成某一练习的数量。次数指每组练习中重复完成某个动作的数量。通常情况下,负荷越大,重复次数越少,反之亦然。

由于安全和健康等因素,年轻球员每组练习的负荷应该较轻,而重复的次数较多(12～15 次)。

2. 间歇时间

在提高肌肉力量和肌肉耐力训练的过程中,间歇时间起着举足轻重的作用。两组练习之间的间歇时间在一定范围内越长,肌肉补充能量的时间就越长。相反,短时间的间歇(如 30～90 秒)可以提高肌肉的耐力潜能,但可能导致肌肉力量潜能的下降。

为避免由于身体完全放松而增加受伤的概率,两组练习之间的休息时间不能太长。一般情况下,3～5 分钟的休息就足够。

3. 合理安排练习顺序

通常情况下,先练习大肌肉群,再练习小块肌肉群。如果在一天之内做全身练习,则将练习分为两部分,上半身练习和下半身练习。如果要先做某个部位的练习;或在做其他练习之前要使某些肌肉疲劳,在这些特殊情况下,可以先完成那些特定的肌肉练习。

4. 科学地安排训练计划

篮球运动员的力量素质要求比较全面,不同力量素质能力既有联系又有区别。一般在安排力量素质训练计划的过程中,重视发展爆发性的力量,每组力量负荷量应从实际出发,有针对性地强调次数要求。如果力量素质水平较低的运动员每组力量安排在 1～3 次之间,那么对于发展最大乳酸产生能力的力量训练应安排 12 次左右,而且从时间上要求连续不间断。对于发展肌肉力量的无氧耐酸训练,可采用轻重量,持续时间长,组间间歇时间短的方法。总之,要严格按照不同的力量能力的发展目的,选择安排训练计划,促进力量能力的良性转移。

5. 注意安全,防止伤害事故

在负重练习前要充分做好准备活动,训练时集中精力,要掌握正确的动作方法、要领,循序渐进,加强保护。力量训练不宜在疲劳状态下进行。

6. 注意肌肉放松

肌肉在力量训练后会产生膨胀感,肌肉酸胀是肌纤维增粗现象的反映,也是力量增长的必然。但练习后应积极采取措施,消除肌肉的这种酸胀感,减少能量消耗,并更好地保持肌肉弹性。训练时要按身体不同部分的肌肉交替穿插进行,同时注意安排放松练习;训练后要采取按摩、淋浴等必要的恢复手段;另外,还要培养运动员自我放松的习惯。

总之,力量训练要符合篮球运动专项特点,在力量训练过程中,要选择与篮球运动技术结构相一致的动作方法,将运动员的一般运动素质转化为篮球运动员的专项力量能力——跑、跳能力和对抗能力。

7.3.3　力量素质主要练习方法及运用举例

1. 发展手指手腕力量

1）指卧撑

(1) 目的:增强手指、手腕的能力,提升运动员的投篮能力。

(2) 练习方法:练习者正对墙面,身体直立,双臂平伸向前抬起,利用手指撑住墙面,两手距约为1.5倍肩宽,随后屈肘使身体稍作停顿,然后发力将身体推回原位,在最高点手肘微屈。重复一定数量的练习。

(3) 注意事项:身体从肩部到脚踝成一条直线;运动过程中保持颈部和肩部放松。

2）坐姿传递实心球

(1) 目的:①提高腹上、腹中和上肢爆发力;②增强躲闪、过人及投球能力。

(2) 练习方法:两名练习者呈半卧姿态保持一定距离面对面坐于地面,一方持球放于胸前,利用单手或双手手指手腕力量准确将球传给另一方。在传接球过程中保持身体的稳定。完成一定数量的练习。

(3) 注意事项:在安排练习过程中,练习者之间要有一定的距离,距离的大小根据练习时球的重量来确定;除了可以面对面练习传球外,还可以平行落位利用腹部转动增加练习难度。

图 7-3-1　杠铃屈腕

3）杠铃屈腕

(1) 目的:锻炼前臂肌肉群,提升运动员的投篮能力。

(2) 练习方法(图7-3-1):在卧推凳前呈跪姿,上身前倾。双手握距稍比肩窄,掌心朝下正握杠铃。将前臂架在凳子边缘上。呼气时将杠铃尽可能高地向上弯举,稍作停留;吸气时,有控制地还原为起始位置动作。

(3) 注意事项:下放时,前臂屈肌有拉伸感;上举时,前臂屈肌有挤压感、前臂伸肌有拉伸感。

4）握力器练习

(1) 目的:锻炼前臂肌肉群,提升队员的投篮能力。

(2) 练习方法(图7-3-2)。

(3) 注意事项:由于握力器的形式多样,练习者在使用时一定要注意在日常训练中

将握力器与篮球运动中具体技术相结合进行练习，例如将投篮姿势练习与握力器在训练中交替使用来调整手指手腕的发力感，这样才能够达到最佳的训练效果。

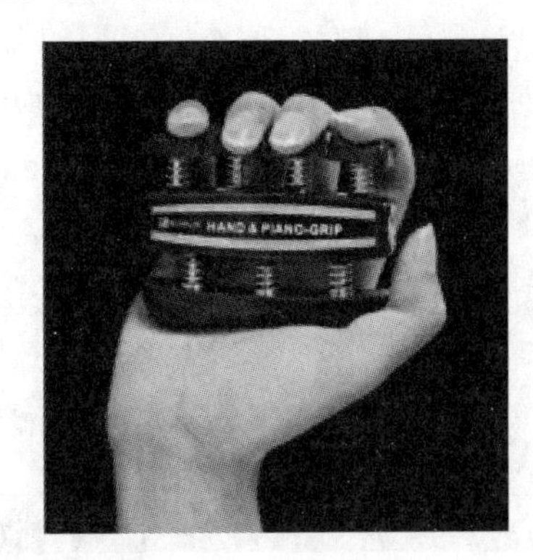

图 7-3-2　握力器练习

2. 发展上肢力量

1）俯卧撑

(1) 目的：提高练习者的加速和跳跃能力，有助于在抢位挡人时攻击或防御性站位；增加练习者下肢力量及稳定性。

(2) 练习方法（图 7-3-3）：运动员开始时呈俯身姿态，手臂垂直地面并支撑身体，双腿伸直，双脚并拢，核心肌群收紧。运动员在控制下屈肘（约 90°），使肩部水平外展至刚好位于地面上方。伸肘时，肩部水平内收，撑起身体回归起始位置。

图 7-3-3　俯卧撑

2）杠铃推肩

(1) 目的：锻炼肩部肌群。

(2) 练习方法（图 7-3-4）：双手正握杠铃，采用锁握式握法，握距略宽于肩。起动时，将杠铃放于肩上。肘关节位于杠铃下方，腕关节过伸。双脚分立略宽于肩，膝关节微屈。向上推杠铃直到肘关节完全伸直，缓慢下降回到初始位置。

(3) 注意事项：运动过程中保持身体直立。

图 7-3-4　杠铃推肩

3）坐姿划船

(1) 目的：锻炼背部肌肉群。

(2) 练习方法（图 7-3-5）：运动员面向器械坐在垫上，躯干垂直于地面，挺胸，肩关节向后收紧，膝关节微屈，脚放于支撑板上。双手闭锁式正握手柄，肘关节完全伸直。保持躯干的垂直，拉动手柄至上腹部，然后回到起始位置。

（3）注意事项：变式动作包括不同类型的器械、不同握法的绳索划船（反握，宽握，窄握，手掌向上和向下）、使用弹力带/管的划船动作。

图 7-3-5　坐姿划船

4）手臂力量练习

（1）目的：锻炼肱二头肌、肱三头肌，增强手臂力量。

（2）练习方法：运动员坐在凳子上，采用窄握、闭锁式握法。掌心向上，背部直立，目视前方，上臂静止在支撑垫上。通过屈曲肘关节，杠铃以一个弧度向三角肌前部上举，然后缓慢回到初始位置。

（3）注意事项：变式动作为哑铃牧师椅弯举、单手哑铃牧师椅弯举、绳索牧师椅弯举、固定器械牧师椅弯举。

5）实心球传球、投篮、篮板球练习

（1）目的：提高运动员传球力度，提高跳投、抢篮板球能力。

（2）练习方法：持球起跳摸篮板侧方后，起跳将球放进篮筐。

（3）注意事项：注意动作的连贯性，主要参与肌肉为臀大肌、臀中肌、股四头肌。

3. 发展腰腹力量

1）平板卷腹

（1）目的：增强腹直肌、腹横肌力量；提高髋关节的稳定性；改善中枢神经系统。

（2）练习方法（图 7-3-6）：仰卧，收腹举腿，躯干与大腿夹角成 90°；抬腿，小腿与地面平行，与大腿形成 90°角；双手放在头后，下肢固定，上体做仰卧起坐动作。

（3）注意事项：双手不要用力抱头；保持重心稳定，不要左右摇晃。

图 7-3-6　平板卷腹

2）坐姿持球俄罗斯转体

（1）目的：锻炼腹斜肌及腰腹部肌群，增强核心力量。

（2）练习方法（图 7-3-7）：练习者坐于垫上，双手持球，双脚离开垫面并保持该姿位，以腰腹为动力带动双臂持球左右转体。

（3）注意事项：腹部两侧有明显的收缩感，在练习当中也可采用屈臂、直臂的动作改变运动强度。头颈与躯干的转动速度应保持一致，腹肌主动收缩以保证脚不沾地。

图 7-3-7 坐姿持球俄罗斯转体

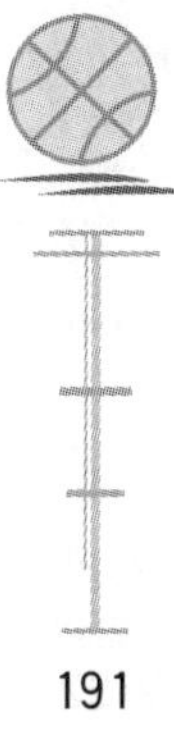

3）TRX 俯卧平板支撑

（1）目的：提高脊柱周围肌群的稳定，强化腹背肌，增加肱三头肌力量。

（2）练习方法：①俯卧，背对悬挂带定锚点，抓住手柄，手臂前伸，拉紧悬挂带；②身体挺直，手臂伸直支撑。

（3）注意事项：任何时候都要保持身体挺直；支撑点越少难度越大，支撑点离身体越远难度越大，练习遵循循序渐进原则。

4）背屈伸

（1）目的：①有助于完成任何跳跃动作；②加强保持躯干处于良好防守姿势的肌肉力量。

（2）练习方法：①使用罗马椅，髋部朝前屈 90°，上体倒垂；②双手放在耳后或交叉在胸前；③缓慢抬起躯干，背部挺直，在最顶部位保持 1～2 秒。

5）立卧撑

（1）目的：①锻炼肱三头肌、腹肌、背肌、胸大肌、臀部和腿部等肌肉群部位；②提高耐力素质。

（2）练习方法（图 7-3-8）：双脚与肩同宽站立，俯身下蹲，双手撑地与肩同宽，同时双腿向后跳跃伸直；屈肘，身体触地，双手先推起上半身，再将双腿快速向腹部收回；起身跳跃双手在头后击掌之后迅速俯身下蹲，没有站立过程。

（3）注意事项：尽力向高处跳，呼吸时按自己的节奏呼吸；感觉全身发力参与动作，几次动作后心跳呼吸速度加快。

4. 发展下肢力量

1）杠铃深蹲

（1）目的：提高练习者的加速和跳跃能力，有助于在抢位挡人时攻击或防御性站位；增加练习者下肢力量及稳定性。

（2）练习方法（图 7-3-9）：身体挺直，将杠铃置于颈后，双手抓握杠铃；下蹲过程中膝向外，下蹲直到大腿与地面平行；站起回到初始姿势。

图 7-3-8　立卧撑

2）保加利亚蹲

(1) 目的:发展臀大肌、股四头肌和腘绳肌力量,增强下肢跳跃能力。

(2) 练习方法(图 7-3-10):右脚脚尖放在木箱上平面上至右腿完全伸直,左侧单脚站立,双手叉腰或选取合适的负重(如哑铃、壶铃);随后,左腿屈膝下蹲至大腿与地面平行,膝盖不超过脚尖;背部挺直,脚后跟发力使身体站起。

(3) 注意事项:选择合适自己的步距。如果跨距越小,对四头肌的锻炼就会越大,而同时膝盖的关节压力也将会更大。

图 7-3-9　杠铃深蹲

图 7-3-10　保加利亚蹲

3）器械倒蹬

(1) 目的:增加下肢爆发力量,提高练习者跳跃能力。

(2) 练习方法(图 7-3-11):身体位置根据器械类型来确定(坐位、倾斜的或仰卧位)。双脚与肩同宽,放置于滑车上,从底部位置开始时膝关节和髋关节在一条直线上,大腿与上体成 90°。双手牢牢地抓住两边的支撑点或通过肩关节支撑(取决于支撑点的位置),同时保持躯干直立并紧紧贴在靠背上。双腿向前推滑车,伸膝和伸髋(不要锁死膝关节)。重要的是双脚放在合适的位置并且做全范围的卧蹬。重复完成一定次数后,将滑动架缓慢放回初始位置。需要的话,练习者可以通过双手向大腿施加助力,或者旁边的保护人员在滑车上施以助力。

(3) 注意事项:上推速度要快,腿部伸直;主要参与肌肉为股四头肌。

图 7-3-11 器械倒蹬

4）跳箱、跳深

(1) 目的：增加弹跳，爆发力练习，提高队员抢篮板、跳投能力。

(2) 练习方法：跳箱练习中，练习者两臂后摆，身体半蹲；蹬地充实向上摆臂跳起；重心放在身体中间，注重动作的流畅性。跳深练习中，练习者直立站在跳箱上，然后从跳箱上向下跳；落地时膝关节成半深蹲姿势，然后快速向上跳起。

(3) 注意事项：落在跳箱上时膝关节的角度约90°，主要参与肌肉为臀大肌、臀中肌、股四头肌。跳深练习中，跳箱高度可以在60～120 cm内调节。跳下、落地后迅速起跳，协调用力，主要参与肌肉为臀大肌、臀中肌、股四头肌。

5）阻力带运球

(1) 目的：强化在对抗情况下队员的运球能力及下肢爆发力。

(2) 练习方法：将拉力带绑在腰上，在抗阻力带情况下做运球动作。

(3) 注意事项：运球时降低重心，变向后做加速动作。

5. 力量训练举例

1）最大力量训练的常用负重训练（见表7-3-1）

表 7-3-1 最大力量训练

项目	训练方法			
	重负法	强度法	极端用力法	静力练习法
负荷强度	75%～90%	85%～100%	50%～75%	70%～90%～90%以上
力量发挥	爆发性	爆发性	爆发性	持续性
组数	6～8	6～8	3～5	4、6、6
重复次数	3～6	1～3	10～12	12,8～12,3～6
间歇	3分钟	3分钟	3～5分钟	

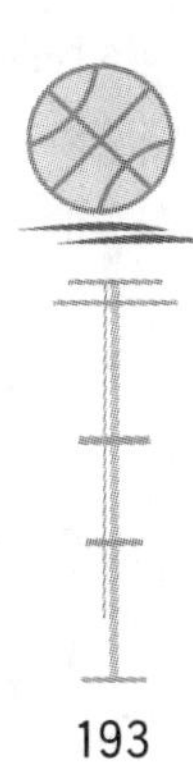

2）定时循环力量训练(见表 7-3-2)

表 7-3-2　定时循环力量训练

内容	要求				
	负荷	练习时间/秒	间歇时间/秒	组数	组间间歇时间/分钟
仰卧举腿	体重	30	20	3	2
跳台阶	体重	30	20	3	2
快速连续传接球	球重	30	20	3	2
立卧撑	体重	30	20	3	2

3）全身力量训练(见表 7-3-3)

表 7-3-3　全身力量训练

时间	周一、周五或周二、周六	周三或周四
训练内容	1. 平躺卧推	1. 斜板卧推
	2. 坐拉	2. 侧提拉
	3. 实力推	3. 直立推举
	4. 杠铃二头肌屈伸	4. 哑铃二头肌屈伸
	5. 撑双杠	5. 三头肌下压
	6. 下蹲/仰卧蹬腿	6. 前/侧弓步踏台阶(2 组)
	7. 高翻	7. 上拉
	8. 俯卧后抬腿	8. 单腿后抬腿
	9. 提踵	9. 单脚提踵
	10. 俯卧挺身	10. 直腿拉
	11. 收腹练习	11. 悬垂举腿

思　考　题

1. 简述力量素质训练的要求。
2. 简述力量素质的表现形式。
3. 简述发展腰腹力量的练习方法。
4. 结合自身情况设计一份力量训练计划表。

7.4　速度素质训练的内容与方法

7.4.1　速度素质表现形式

速度素质是指人体快速移动的能力。速度素质在篮球运动员的身体素质中占有特别重要的地位。良好的速度素质是运动员在比赛中取得时间和空间优势的重要因素，也是运动员在比赛中技术、战术运用能否奏效的决定性因素。篮球运动速度不只是直线速度，运动员还要具备快速变向、滑步及后退的能力，特别是在攻守转换的关键时刻，速度素质显得尤为重要。

速度训练就是根据篮球专项特点，采用针对性训练手段和方法，从而确保篮球技术动作的结构特点与速度要素最大程度吻合。

(1) 反应速度：是指运动员对种种外界刺激(声、光、触等)的快速反应能力。

(2) 动作速度：是指运动员快速完成某一动作的能力，是技术动作不可缺少的要素。

(3) 移动速度：是指人体在特定方向上的位移速度。运动员位移的快慢与起跑动作的快慢、跑的动作频率、腿部力量、柔韧性、跑的技术，以及后程耐力等诸多因素有关。

7.4.2 速度素质训练要求

(1) 篮球运动员的速度特点是低重心，并且要在没有充分蹬伸的情况下快速移动。速度训练要特别注意发展动作的频率。

(2) 正确安排速度训练的顺序。在各种素质训练的安排中，速度素质应安排在力量和耐力素质的前面，使运动员能在较好的体能和精神状态下完成速度练习。

(3) 训练运动员对时空的反应判断力，并使运动员具有良好的反应起动速度。

(4) 篮球运动员的快速跑动应与技术动作协调，在运用技术过程中不降低跑动速度，或者减少速度损失。

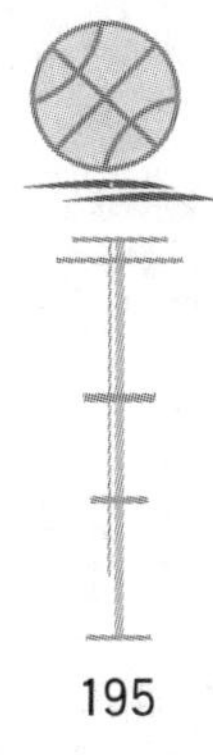

7.4.3 速度素质主要练习方法及训练示例

1. 主要练习方法

1) 上坡跑

(1) 目的：增加队员跑动时的外界阻力，提高队员快速跑的能力。

(2) 练习方法：全力向前上方摆动双臂和膝部，通过膝部和肘部的最大摆动来实现良好的跑动形式；从短距离开始，并逐渐加长距离。

(3) 注意事项：每次练习均应全力以赴；从短距离开始，并逐渐加长距离；上坡跑的角度可根据练习目的的不同，在6°～10°之间选择(超过这个范围的坡度都会导致步幅减小，使得训练效果打折扣)。

2) 台阶跑

(1) 目的：提高队员爆发力、速度耐力。

(2) 练习方法：

一个台阶跑：每步上一个台阶尽可能快地运用小步跑动作跑过每个台阶，前脚掌着地。

多个台阶跑：一步跨过多个台阶，在做跨步或冲刺时，手臂和膝部尽力向前上方摆动。

(3) 注意事项：为安全起见，在做练习时一定要调整好自己的落脚点；可根据外线或内线、后卫或锋线的原则进行分组，安排训练量；练习时应酌情考虑台阶高度和台阶长度。

(4) 建议：台阶数量为20～40台阶；练习组数为3～4组；间隙时间为90 s。

3) 起跑

(1) 目的：提高队员反应速度，加强起跑能力。

(2) 训练方法：队员位于出发点线后站立，双脚前后开立，前脚对侧手臂支撑地面，五指自然张开；当听到教练员发出信号后，做起跑加速跑练习。

(3) 建议:队员在完成起动加速之后,进行20米加速跑。

4) 阻力跑

(1) 目的:提高速度力量、爆发力;提高队员在有对抗阻力下的加速跑能力。

(2) 练习方法:练习者在辅助人员施加阻力带阻力的作用下做直线加速练习;练习者在辅助人员施加阻力带阻力的作用下做横向滑步练习、横向交叉步练习等;练习者在辅助人员施加阻力带阻力的作用下做前攻击步练习等;也可将阻力带的另一端拴在轮胎上,练习方法同上。

(3) 注意事项:练习加速跑时,阻力带应拴在练习者背部;练习高速跑时,阻力带应拴在队员髋部;在整个练习过程中,应注意阻力带的拉力不能松或断;阻力跑所用的时间超出运动员标准跑时间(不加阻力带的跑动用时)的10%,则阻力可能过大,应当酌情减小。在练习过程中建议练习距离为10～30 m。

5) 六角移动练习

(1) 目的:通过对不同口令信号的快速正确识别,提高队员的反应、判断速度;提高短距离快速移动的能力。

图 7-4-1　六角移动练习

(2) 练习方法(图7-4-1):队员站罚球线中央位置,分别于六边各放置标志筒,筒的间隔为5米;教练员指明各种步法(例如攻击步触1号标志筒)的口令引导运动员触1～6号标志桶,运动员根据教练员的指令做练习动作,完成动作后返回中央起点位置。

6) 信号转身接球

(1) 目的:提高队员反应速度、起动速度和加速跑的能力。

(2) 练习方法:队员站在篮板下方,背对球场;教练员在队员身后随机向篮板抛球,球触篮板的声音即为“动作信号”;当听到“动作信号”时队员迅速转身加速跑,抢篮板球,抢到球的队员加速运球上篮。

7) 俯身追球练习

(1) 目的:增加队员起跑的难度,提高起动速度、加速跑能力;加强对地板球的控制。

(2) 练习方法:队员俯卧于球场;教练员在队员身后随机向队员前方场内的不同方向掷出快速不规则运动轨迹的球;队员迅速起身加速跑追上并控制球,加速运球上篮。

8) 重球抢篮板

(1) 目的:提高队员抢篮板时的上肢动作速度;突出全身协调用力,强化抢篮板球的能力。

(2) 练习方法:队员双手持重球,做上步纵跳使球触篮板练习。

(3) 注意事项:①垫步动作不要违例;②手臂举球、上摆动作要迅速有力。

9) 梯绳运球

(1) 目的:提高队员脚下动作速度和运球加速能力。

(2) 练习方法:队员持球利用绳梯做各种绳梯运球练习,接加速运球上篮得分。

2. 运用举例

1) 动作速度训练

(1) 加强单个动作的关键环节和组合动作的衔接动作速度练习,提高完成动作速度的能力。运球中变向加速、投篮快出手、传球抖腕和挤过中的跨步移动等。

(2) 提高完成动作的频率。距离墙3米处1分钟传球,完成60次以上;两点原地运球,运动员两脚开立比肩稍宽,运球至左右脚的外侧,30秒完成30次以上传球等。

2) 移动速度训练(表7-4-1)

表7-4-1 移动速度训练

内容	组数	间歇时间/秒	项间间歇时间/分钟
1. 二人面对站立听信号追逐跑	10米×10	10	1
2. 端线背向双足跳听信号转身快跑	20米×10	30	3
3. 全场直线快速运球上篮	单程往返×6	30	3
	单程往返×6	60	2
4. 二人交叉传接球上篮	30秒×6	10	2

思考题

1. 简述速度素质的训练要求。
2. 简述速度素质的表现形式。
3. 结合自身情况设计一份速度素质训练计划表。

7.5 耐力素质训练的内容与方法

7.5.1 专项耐力表现形式

耐力素质是指运动员在长时间运动中抵抗神经、肌肉疲劳的能力,是篮球运动员的重要素质。疲劳会使机体工作能力下降而不能保持长时间的工作,所以疲劳又是训练的障碍。运动员在训练和比赛过程中抗疲劳的能力,反映了他的耐力素质水平。

篮球运动员必须具备很好的耐力素质,才能在比赛中始终保持充沛的精力和旺盛的斗志,才能保证技术、战术水平的正常发挥。耐力素质的发展对篮球运动员成绩的提高有着十分重要的意义。

根据耐力素质与篮球运动的关系,耐力素质可分为一般耐力素质和专项耐力素质。

(1) 一般耐力素质是指运动员机体摄氧、输氧以及用氧,保持体内适宜糖原和脂肪的储存量,提高肌肉、关节、韧带等运动器官对长时间负荷的承受能力。

(2) 专项耐力素质是指运动员在专项比赛与训练所要求的时间内坚持高强度工作的能力。

7.5.2 耐力素质训练要求

(1) 篮球运动员耐力训练应根据训练任务的不同安排计划内容。在训练准备前期应以发展有氧耐力素质为主;训练提高期和赛前阶段以发展无氧耐力素质为主。周训练计划中,一般只安排2~3次强度大或者持续时间较长的大运动量耐力训练。

(2) 篮球运动员在专项耐力的训练中,要特别注意代谢特点,科学合理地安排训练。专项速度耐力训练,一般以发展非乳酸性无氧耐力为主,采用95%左右强度、心率达180

次/分，重复组数可达5～6组的训练方法，重复次数比组数少些为宜；发展乳酸性无氧耐力时，负荷强度控制在本人可承受最大强度的85%～95%、心率在160～180次/分之间，负荷时间在1～2分钟，间歇时间逐渐缩短，如第一次与第二次跑之间的休息时间为7～8分钟，第二次与第三次跑之间的休息时间为5～6分钟。专项耐力训练中要注意安排长时间专项对抗练习或加大防守和进攻技术训练强度，以提高运动员在疲劳状况下运用技术、战术的能力。

(3) 篮球运动员的耐力训练，要突出专项耐力。专项耐力训练首先增加运动量，再增加运动负荷的强度。在每次的训练中，要逐渐增加练习的次数和组数，然后再增加训练的强度。

(4) 耐力训练要长年进行，练习内容要多样化，逐步提高对各种新异刺激的适应性，避免因练习内容单调，造成训练积极性不高，产生厌倦情绪。

(5) 耐力训练体力消耗量较大，应重视恢复。一是在间歇期采用积极性休息方式，以免因突然停止大强度活动后造成血液回流致使大脑供血不足；二是在训练后要从医学、生物学和心理学等方面进行积极性恢复，加速消除运动员体力上和精神上的疲劳。

7.5.3 耐力素质主要练习方法及练习示例

1. 一般耐力练习方法

1) 变速跑

(1) 目的：①使运动员能够承担更大强度的运动量；②能使身体得到更快的恢复；③为比赛打好体能基础。

(2) 练习方法：6分钟低强度40米变速折返跑。两名教练员分别协助计时，队员听教练哨声之后20秒跑到折回点，听到教练鸣哨后再10秒跑回起点。12个折返为一组，共三组，组间休息4分钟。

6分钟中强度16米变速折返跑。运动员听到教练鸣哨后10秒跑到折回点→听到鸣哨后10秒跑回起点→听到鸣哨后20秒跑到折回点→听到鸣哨后20秒回到起点→30秒冲刺到折回点→27秒返回起点。6分钟为一组，组间休息4分钟。

6分钟大强度16米变速跑。运动员听哨声用3秒冲刺到折回点，听第二声哨声后7秒回到起点；而后再听哨声20秒跑到折回点，20秒回到起点；然后10秒冲刺到折回点，10秒返回起点。6分钟为一组，共三组，组间休息4分钟。

(3) 注意事项：跑动过程中不能停；严格控制时间；利用呼吸调节体能。

2) 冲刺跑

(1) 目的：通过多组次训练提高运动员的自我恢复能力，提高运动员的速度耐力水平。

(2) 练习方法：短距离如30米、60米、100米反复，随着训练水平的提高，间歇时间可逐步缩短。

(3) 注意事项：快慢结合，呼吸要有节奏；严格按照时间完成训练；慢跑时注意自我放松。

3) 3000米耐力跑

(1) 目的：①提高有氧耐力跑动能力；②准备期提升运动员的体能储备。

(2) 练习方法：3000米的目标时间为12分钟，1000米为4分钟，200米为48秒。

（3）注意事项：根据运动员实际情况对时间进行改动，分配好体力。

4）有氧器械

（1）目的：利用有氧器械给予练习者不同程度的强度刺激，提高有氧耐力跑动能力。

（2）练习方法（图7-5-1）：练习者利用跑步机或者功率自行车等有氧器械进行训练，训练时将器械的加减速功能与上坡跑、下坡跑组合，完成规定时间或规定距离的长时间运动，以提升有氧耐力素质。

（3）注意事项：相对跑道与篮球场地，跑步机与功率自行车能够从一定程度上减缓练习者的下肢与地面的冲击力，在练习过程中根据当天的训练需求合理使用器械。

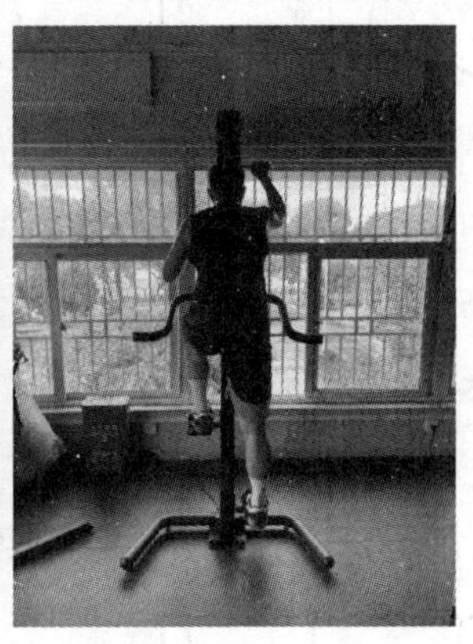

图7-5-1　有氧器械练习

2. 专项耐力练习方法

1）场地折返跑

（1）目的：通过重复训练法提升运动员的往返跑动能力；此方法可用于比赛中的急停、转换进攻、快速回防等多种情况；在大强度的运动下提升运动员调节呼吸的能力及突破耐力极限。

（2）练习方法。

变距折返跑（图7-5-2）：近端罚球线、中场线、远端罚球线和远端底线，共5组，组间休息1分钟。

边线折返跑（图7-5-3）：从球场一侧边线出发迅速以直线方式跑到另一侧边线并迅速返回；17次为一组，组间休息3分钟。

2）移动投篮练习

（1）目的：提高运动员在行进间的投篮能力；提高运动员投篮的准确性；自我调整投篮的节奏。

（2）练习方法（图7-5-4）：队员起始在场内摆放的标志筒前进行自投自抢篮板并按照图中箭头的顺序在5个点间进行练习；3分钟为一组，组间休息1分钟。

（3）注意事项：出手时注意调整呼吸；注意在节奏跑动过程中保持匀速。

3）上下跑位投篮练习

（1）目的：①提高运动员跑动中急停投篮的能力；②提升运动员在对抗情况下的投篮稳定性；③通过无氧耐力训练提高运动员的抗疲劳能力。

（2）练习方法（图7-5-5）：两人一组，分别站于圆弧线底端和顶弧右侧，顶弧球员①向底线处标志筒移动接传球后自投自抢；圆弧底端②向圆弧顶端标志筒移动，接传球后

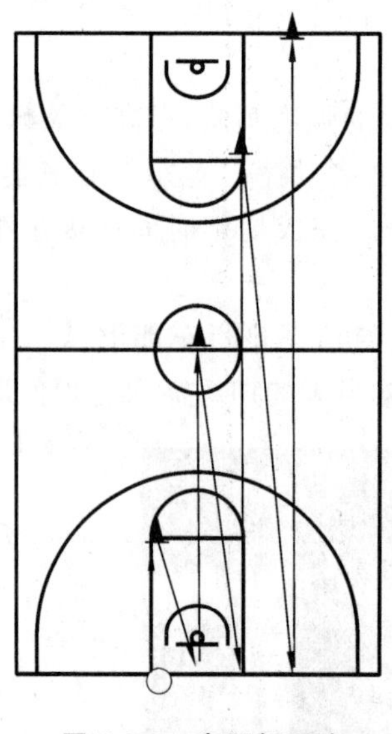

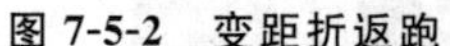

图 7-5-2 变距折返跑

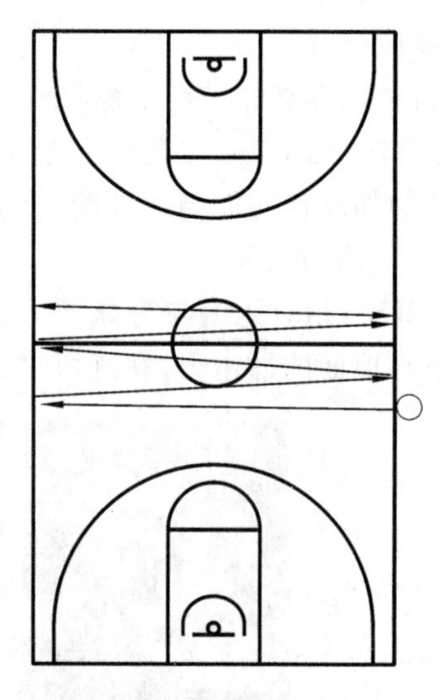

图 7-5-3 边线折返跑

自投自抢。交替进行。

(3) 注意事项:投篮时要注意节奏。移动到指定地点再投篮。

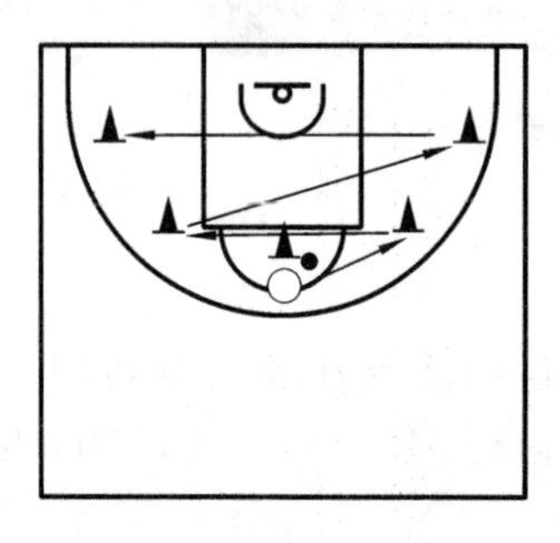

图 7-5-4 移动投篮练习

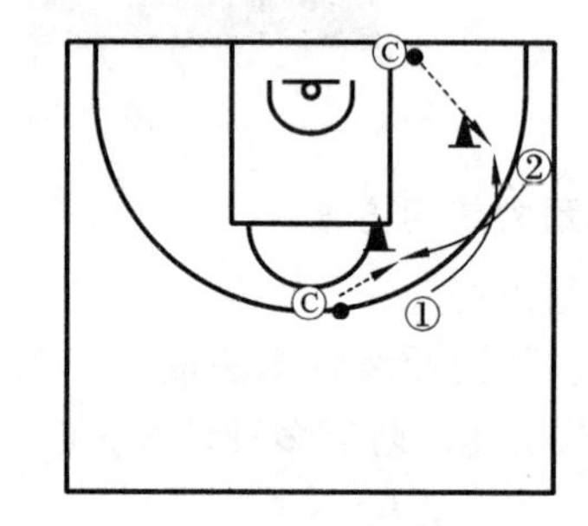

图 7-5-5 上下跑位投篮练习

4) 快攻跑动练习

(1) 目的:培养运动员沿固定跑动路线前插的意识和能力;提高传球的精准性;锻炼运动员的跑动能力;通过快攻训练模拟真实比赛的场景;让队员熟悉战术并且有默契的配合。

(2) 练习方法(图 7-5-6):三人一组,①自抛篮板后,加速运球到三分线附近将球准确传给边线快下的②,②接球后将球以最快速度传给③进行上篮。上篮完成后③自投自抢,①迅速绕过标志筒后向中场标志筒快下,②在完成传球后也要迅速绕标志筒到中线另一侧的标志筒处接③的回传球,②再将球回传给①完成上篮。依次交替进行。

(3) 注意事项:传球要有提前量;前插队员要全力跑动;注意跑动路线不要重叠;进攻队员间要保持一定的距离。

5) 组合跑综合练习

(1) 目的:组合跑的负荷强度与比赛比较相似,因此可提高运动员对比赛的适应能力。

(2) 练习方法:把各种跑、跳、防守脚步动作与投、突、传、运等技术动作组成全场综合练习。

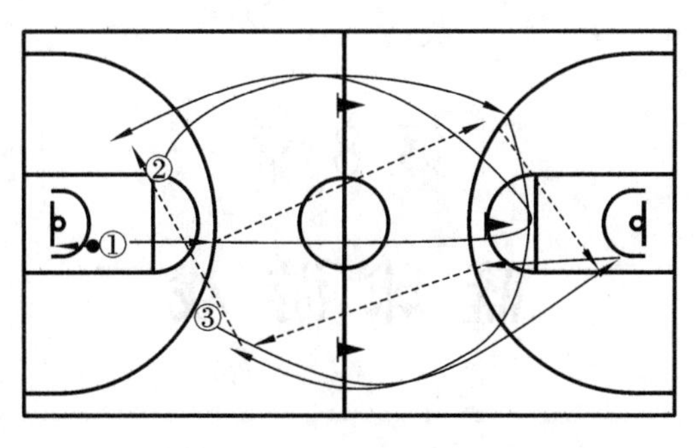

图 7-5-6 快攻跑动练习

（3）注意事项：合理分配体能；组间进行放松。

3. 耐力训练方法举例

1）间歇负荷法

间歇负荷法的基础是有氧和无氧的混合代谢。负荷采用50%左右的有氧和50%左右的无氧进行，速度为5米/秒以上，心率上限为160～180次/分，间歇时间设定为在没有完全恢复的情况下（100～110次/分）再进行下一次练习的刺激。如400米跑、100米快速跑、100米放松跑，反复进行；40秒左右的各种连续跑练习，重复进行三人直线快攻，三个或四个往返为一组，完成5～10组；两点移动快速投篮，投中10个为一组，完成5组；连续篮下一对一或者一对二，进10个球。

2）重复负荷法

重复负荷法的基础是无氧代谢。负荷最大心率达160～180次/分，组间休息5分钟左右，心率下降至80～90次/分，再进行下一次的负荷刺激。如400米跑做5～10组，计时；采用不同的强度安排5～10个往返跑，即每组逐步增加往返次数，然后由最大到最小，强度随重复往返的次数而增减；连续抛接困难球10个等。

3）完整练习法

完整练习法指从技术动作或战术配合的开始到结束，不分部分和环节，完整地进行练习的训练方法。可用于单一动作训练和多元动作训练。

4）持续训练法

持续训练法是一种负荷强度低、负荷时间较长、不间断连续进行训练的练习方法。持续训练主要用于发展一般耐力。

思考题

1. 简述耐力素质训练要求。
2. 简述耐力素质表现形式。
3. 一般耐力练习方法有哪些？
4. 结合自身情况设计一份耐力素质训练计划表。

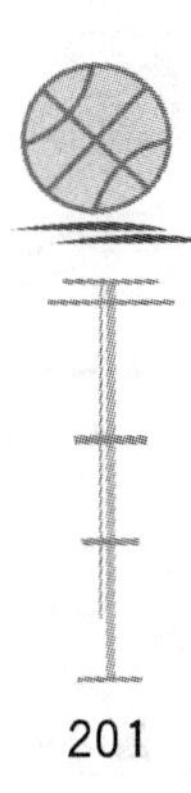

第8章 篮球游戏

章节提要

1. 篮球游戏；
2. 创编篮球游戏原则和步骤；
3. 篮球游戏教学要求。

关键术语

篮球游戏、篮球游戏创编。

篮球游戏是体育游戏和篮球运动相结合的一种活动形式，它既具有一般体育游戏的特点，又突出了篮球运动的特征。在篮球运动教学与训练中，有目的、有计划、有组织地结合游戏进行趣味性的教与学、教与练的协同活动，可充分调动学生主观能动性，有助于学生最大限度和最快速度地掌握篮球运动的基本技术、战术，提高篮球教学训练水平。篮球游戏已成为现代篮球运动教学训练中的一项基本内容。

科学、合理地运用篮球游戏和趣味篮球活动这种特殊的教学手段与方法，对于有效地完成篮球教学训练任务，能收到事半功倍的效果。

8.1 篮球游戏概述

8.1.1 篮球游戏的概念

篮球游戏是一种以篮球为主要工具，有特定目的、任务，并在特定的规则和范围内实施的某种活动形式和方法的总称。由于它的内容丰富、形式多样、生动活泼、娱乐性强、简明易做，同时带有竞争因素，所以对学生有较大的吸引力。

8.1.2 篮球游戏的作用

篮球游戏的作用如下：

(1) 调动学生的学习积极性，促进教学和训练任务的完成。

(2) 使学生在教学、训练中保持持久的兴奋性和旺盛的求知欲，减轻疲劳感，进而提高教学、训练质量。

(3) 篮球游戏是对篮球运动的模拟和改变，它为学习篮球技能和培养篮球意识创造一个轻松愉快的环境，有助于教学训练目标的实现。

(4) 有针对性地实施篮球游戏，可以协调和帮助完成每堂课的篮球教学任务。

8.1.3 篮球游戏创编原则

篮球游戏的内容丰富多彩，形式变化多端。创编游戏教材时，应遵循下列几条原则：

1. 学、练统一性原则

以篮球游戏的形式进行教学，必须重视把增强体质、掌握技术/战术和提高应用能力及培养兴趣结合起来。这是提高学生学习篮球运动积极性和帮助学生掌握篮球技术的重要原则。

2. 趣味性原则

创编篮球游戏必须遵循趣味性原则。篮球游戏的趣味性更多地表现为具有较强的对抗性和竞争性。这种使人感到愉快的竞争、竞赛或对抗能有效地激发人的活力，调动人的潜在能力。

3. 针对性原则

创编篮球游戏要根据教学训练的内容与任务、学生的具体情况、教学训练的客观条件（诸如场地、器材设备、人数、天气等）进行创编。

4. 教育性原则

任何体育教育与教学训练过程都是一个全面素质教育的过程。在组织篮球游戏教学活动中，首先应注意到它的教育性因素。

5. 公平性原则

篮球游戏同其他游戏一样多带有争议性，因此创编时应有严格的条件和要求，使游戏者在平等的条件下进行公平竞争，对比赛的胜方要给予鼓励，对负方要有相应的惩罚。

6. 易行性原则

篮球训练中的游戏化方式应该具有一定的可操作性，难度不宜过大，要求因人而异。

8.1.4 篮球游戏创编步骤

1. 明确目的

每种篮球游戏，必须有其具体的目的，例如，为了学习某种技术/战术或为了提高某项身体素质、培养兴趣等。

2. 选择素材

篮球游戏素材要根据游戏的目的从篮球运动本体内容中来选择。例如，学习或复习某项篮球技术，可以以该技术动作为素材；有时也可以把几项技术动作巧妙地综合到一个游戏中进行，尤其是一些综合性、对抗性较强的篮球技术动作或战术配合更应如此。

3. 确定方法

游戏方法通常包括游戏的准备、进行形式、队形及其变化、活动时间、场地大小及路线、传接方法和动作要求等。

4. 制订规则

游戏规则是保证游戏顺利进行、评定游戏胜负的依据。制订规则时，要符合篮球规则的基本要求，要有利于运用技术与战术的规范要求，要明确合理与犯规、成功与失败的界限，制订出对犯规者的处理办法。另外，规则要有利于维护参与者的安全，要留有让学生思考、创新的余地。

5. 确定名称

游戏命名要具有教育性、象征性、形象性、激励性，同时要简单易记，要反映该游戏的

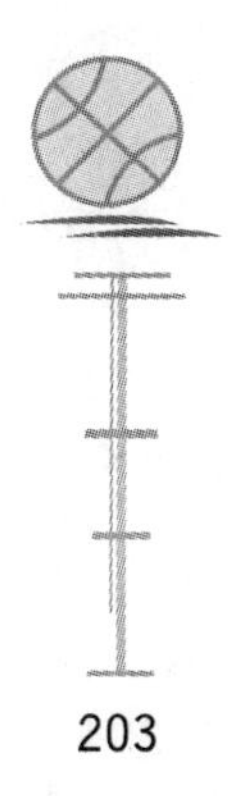

主要特征。

6. 进行演示

在进行游戏演示的过程中，要根据学生的数量、场地、器材的数量，合理安排游戏环节，保证每一个学生都能够参与游戏。在学生参与游戏过程中，教师需要根据学生在游戏环节的表现适当修改游戏的形式及难度，并确保游戏过程中参与者的人身安全。

8.1.5 组织篮球游戏的教学要求

1. 紧密配合篮球技术教学

全面发展学生的身体素质，增强体质，提高篮球运动基本动作的能力，是篮球游戏最重要的任务之一。在制订篮球游戏的教学计划时，既要考虑到游戏的内容和方法要符合学生的年龄特点，适应学生生理和心理发展的需要，又要使游戏紧密配合篮球教学的任务，通过游戏提高学生的技能。这两个方面是密切相关的，不能割裂。同样的游戏，由于教法不同，运动量就会不同，锻炼的效果也不相同；学生掌握技术的程度不同，完成游戏的质量就会不同，教学效果也不同。游戏的内容太简单或难度太大，不符合学生的身体素质水平和掌握技术的程度，其教学效果都会受到很大影响。

2. 开拓学生的认知能力

篮球游戏不同于技术教学，有些游戏带有情节和特殊的规则。学生通过游戏，可以充分发挥想象力和创造力，提高认识能力。要做到这一点，仅凭单纯的说教是不能完成的。例如，为了在游戏时能抢到篮板球，就必须在听教师"叫号"后做出快速的反应，同时还要判断教师投出球的反弹方向。如果教师再加以启发和引导，那么学生不仅能得到体力和智力上的提高，而且还加深了对抢篮板球的重要性和规律性的认识。另外，在篮球游戏中，学生还能体会时间和空间的关系，学习评定胜负的方法，了解球类运动的意义和价值，以及各种项目的特点、发展规律和趋势等。

3. 对学生进行思想品德教育

篮球运动项目区别于其他单个运动项目的重要标志之一，就是集体的协作性。竞争关系往往是集体的而不是个人的。篮球游戏也能反映出上述特点。在游戏中，各组的学生之间需要团结互助、协同配合，加强集体观念，但也容易出现学生因争强好胜而过分表现自己的行为。通过篮球游戏可以对学生进行思想品德教育，但一般应注意以下几点。

1）思想品德教育应因人施教，有计划地进行

教师在备课时，不仅要分析教材内容与教法，而且要了解学生的个性心理状况，制订出有针对性的思想品德教育计划，以便进行游戏时，根据每个学生的不同特点，因人施教。例如，有的学生胆大活泼，但在团结同学方面较差，在进行"老鹰抓小鸡"的游戏中，教师安排该生担任"老母鸡"的角色，该生要为了"小鸡"不被"老鹰"抓住而尽到自己的责任。通过游戏既发挥了该生特长，又使其与同学们的关系融洽。又如，有的学生胆小，不够开朗，在进行"冒险"性游戏时，把该生安排在各组中间的位置上，根据其表现再安排到排头等。还应当注意教育时多用鼓励性、启发性语言而避免用生硬的批评，但也不可因此对错误和不良倾向视而不见，迁就放任。

2）要尊重、关心和热爱学生，成为学生的良师益友

对学生既要严格管理、严格要求，又要耐心说服，循循善诱，切不可生硬粗暴。在进行游戏时，对那些智力和体力较差的学生更应给以热情的帮助和鼓励，使他们把学习知

识和技能的过程,变成增强信心,勇于进取的过程。要热爱和关心每一个学生,既不冷淡弱者,也不偏袒强者。同时,教师本身也要以身作则成为学生的表率,也可参与到游戏当中,和学生同娱乐。

3）公正裁判,准确评定成绩

篮球游戏往往带有竞争性和对抗性,符合儿童少年心理发展的需求。学生向往胜利,十分重视游戏的结果。能否对学生游戏的成绩进行客观、公正的评判,不仅关系到游戏的成败,而且会直接影响到学生的思想品德教育。可由教师担任评判工作,也可由教师指定的学生执行裁判工作,但都应注意以下几点。

(1）必须认真学习规则。篮球游戏中采用的规则,有的是根据游戏的内容制订的,有的则是采用现行的篮球运动的规则。裁判在游戏前要认真学习和研究,做到心中有数。

(2）执行规则要公正、准确。

(3）要讲究裁判艺术,奖罚分明,对严格执行规则的学生要及时鼓励和表扬;对故意违反规则的行为要提出批评,但不宜采取停止游戏的处罚办法。

(4）发现学生对规则不十分明确时,应暂停游戏,讲解规则。

(5）每次游戏课,教师都应认真总结,做到以下几点:

①每次游戏课都应留出足够时间做放松整理活动。

②要公布游戏的成绩和结果。

③总结时,不仅要表扬优胜者,对失败者也应给予鼓励。在批评不足之处时,一般不宜指名批评。

④要帮助学生总结和分析胜利和失败的原因,特别应强调发挥集体的聪明才智。

⑤提出对下一次游戏课的要求和希望。

⑥教师应对组织教学中出现的问题进行总结,必要时可向学生做自我批评。

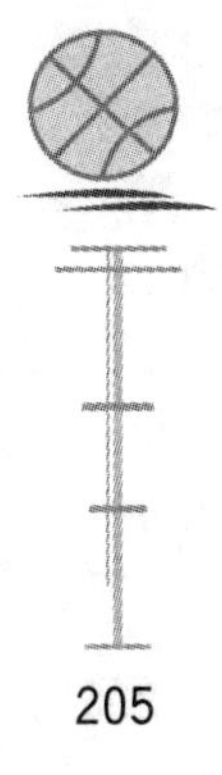

8.2 篮球游戏的方法

篮球游戏的基本方法较多,选用与组编时应与教材基本教学内容对应,通常可以将篮球游戏按发展基本技术和基本技能进行分类。例如,可以按移动、传接球、投篮、运球与持球突破等几类基础性技术动作组编游戏。

8.2.1 移动游戏

移动是通过各种突然、快速的脚步动作,达到进攻时摆脱防守,防守时盯紧对手的目的,以争得时间和空间主动权,进而有效地完成攻防任务的一种技术。移动是篮球运动各项技术的基础,也是比赛中运用最多的一项技术。移动技术练习起来较为枯燥,所以以游戏的方式进行移动技术教学训练,成为常用的教学手段。组织移动游戏的目的,首先是掌握各种移动技术的动作方法,学会在球场上正确地蹬地、转移身体重心、保持身体平衡的基本方法;其次是掌握移动技术运用方法以及不同技术动作的相互衔接要点,提高脚步移动的速度、突然性和灵活性;三是模拟比赛实战,提高移动技术与其他技术的快速转换能力。

1. 不落地

1）目的

提高学生的反应能力和快速移动能力。

2）场地、器材

篮球场 1 块，篮球 1 个。

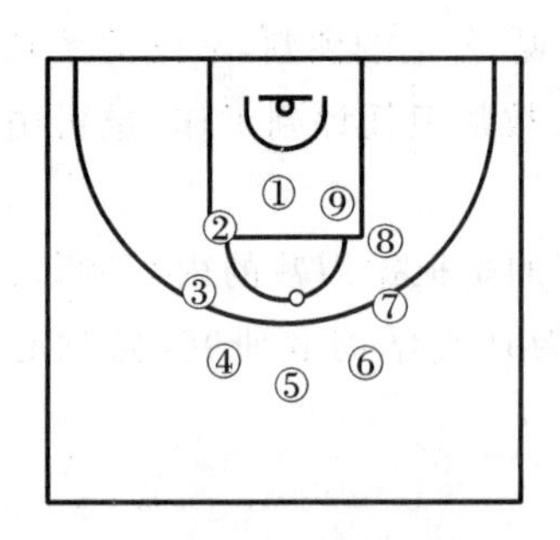

图 8-2-1　不落地

3）方法

如图 8-2-1 所示，学生在篮球场地内规定的区域以圆圈站立并报数，记住自己的号码。教练员站在圆圈中央，当教练员喊到某一号码时，向上抛起篮球（需竖直向上抛起，高度适中），被叫到号码的学生要迅速将球控制在自己手里，然后再向上抛球，下一位被叫到号的学生迅速去控球，依次进行。不能完成该动作就要接受同学们指定的惩罚，接受惩罚后该同学再重新加入到队列里。

4）规则

抛球的学生要合理利用规则，给接球的学生制造接球难度。

5）建议

游戏人数应适当控制，避免参与感不强，影响游戏效果。或者可以增加规则，加大难度，提高学生的参与感。

2. 脚步模仿

1）目的

提高学生快速移动的能力，提高身体动作的灵活性和保持身体平衡的能力；使学生掌握各种基本的移动姿势。

2）场地、器材

篮球场地 1 块。

3）方法

两名学生相距一定距离从底线出发（图 8-2-2），一名学生随机做出移动的技术动作，另一名学生紧跟着做出相应的移动技术动作，到达另一边底线后，转换身份。

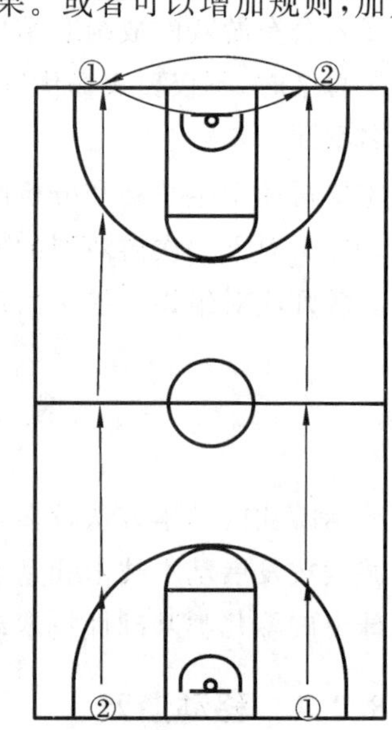

图 8-2-2　脚步模仿

4）规则

学生做移动技术动作，应把动作做准确和完整，不可盲目图快而影响练习效果。

5）建议

一开始练习时，可以由教练员规定相关移动技术动作，但方向不做要求。

8.2.2　传接球游戏

传接球是篮球运动的重要进攻技术。全面熟练地掌握传接球技术，才能把全队凝结成一个整体，充分发挥集体的力量，进而取得比赛的主动权。

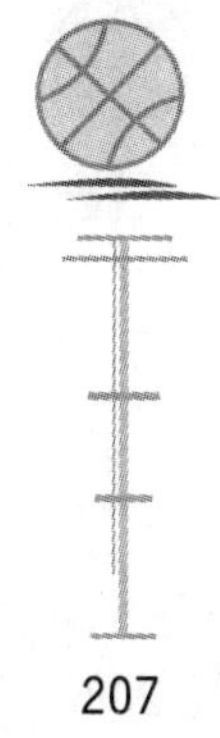

1. 抢占先行者

1）目的

促使学生掌握在移动中快速传接球的能力。

2）场地、器材

篮球场地1块，篮球若干。

3）方法

将学生分成两队，每组各两名学生，如图8-2-3所示，从底线出发，进行移动中传接球练习，先到达对面底线的获得胜利，另一组接受惩罚。依次进行练习。

4）规则

当学生出现传球失误时，必须从失误的地方重新开始传接球，不能向前移动。只能采取胸前传接球的方式进行练习。

5）建议

必须是在保证动作正确的情况下进行传接球移动。教练员应对动作不正确的学生进行口头提醒。

图 8-2-3　抢占先行者

2. 竞争者

1）目的

增强防守时的传接球技能。

2）场地、器材

篮球场地1块，篮球若干。

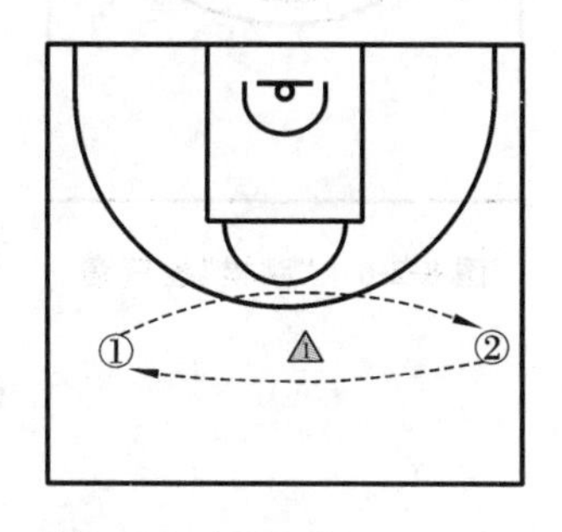

图 8-2-4　竞争者

3）方法

两名学生进行传接球练习，并划定一定的移动区域，在5秒钟将球传给队友。指定一名防守队员，在传球线路上阻碍传接球（图8-2-4）。

4）规则

当防守队员碰到球后，与该处理球的学生发生位置变化，重复进行练习。

5）建议

可以根据练习情况增加传接球难度。

8.2.3 投篮游戏

投篮是篮球运动最重要的基本技术和得分手段，也是决定篮球比赛胜负的关键因素。投篮与防投篮构成了篮球比赛中攻防矛盾的焦点。因此，正确掌握和熟练运用投篮技术，不断提高投篮命中率，对于取得比赛胜利具有重要的意义。

1. 罚篮比赛

1）目的

练习标准投篮动作，加深肌肉记忆。

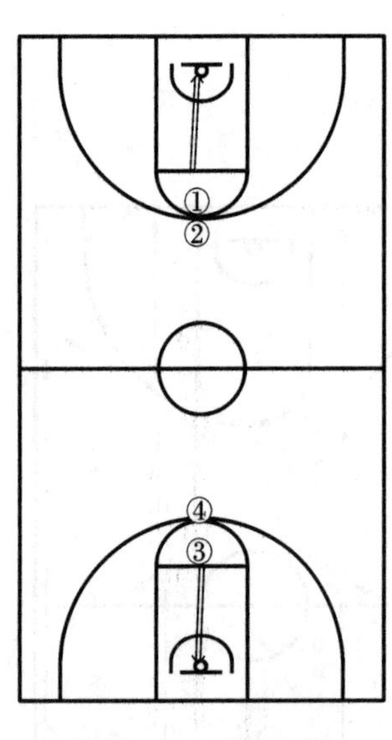

图 8-2-5 罚篮比赛

2）场地、器材

篮球场地 1 块，篮球若干。

3）方法

把学生分成两组，分别站在两个篮筐的罚球线处依次进行投篮（图 8-2-5），投进得一分，最后得分高的队伍获得胜利，共进行三轮投篮，即每人三次机会，每次只投一个，然后排在队伍的最后，依次循环投篮。

4）规则

总得分高的球队获得胜利，必须严格按照投篮技术动作进行投篮。

5）建议

对于表现优异的学生进行表扬。三个都投进的学生在所有同学面前进行投篮表演，教师针对其动作进行点评。

2. "跳棋"投篮赛

1）目的

提高学生的投篮技能，加强比赛心理建设。

2）场地、器材

篮球场地 1 块，篮球若干。

3）方法

在篮球场地上，设置五个投篮点，当球员在目前投篮点投篮命中后，前往下一个投篮点进行投篮，若投篮不进，换下一个同学进行投篮，先投完五个点的学生获得胜利（图 8-2-6）。可以分成两块场地分别进行练习。

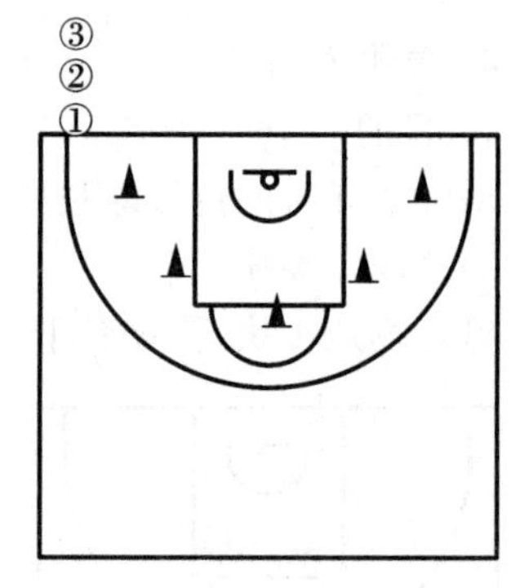

图 8-2-6 "跳棋"投篮赛

4）规则

依次进行投篮，只能在投篮点投篮，按照投篮动作进行投篮练习。

5）建议

设置相关奖惩，加强学生的比赛心理建设。

8.2.4 运球与持球突破游戏

运球既是一项单独的个人进攻技术，又是跳投、突破等各种综合性技术动作的重要组成部分；既是直接得分、组织全队进攻的方法，更是衡量球队和队员控制支配能力高低的重要标志。合理运用运球技术，可创造有利的进攻机会。

运用游戏形式进行运球和持球突破技术的教学训练，其目的为让学生在游戏中掌握运球和突破的基本技术，培养其勇猛、坚强、果断的作风，提高其利用运球和突破技术的意识，使学生学会判断和掌握运球或突破时机，扩大视野，在提高个人实力的同时，提高球队的整体实力。

1. 运球比赛

1）目的

提高学生的行进间运球能力。

2）场地、器材

篮球场地 1 块，篮球若干。

3）方法

学生在底线分成五列纵队，依次进行行进间运球练习，到达对面底线后，折返回来，与下一位队友进行击掌，然后队友开始运球（图 8-2-7），依次进行练习。

4）规则

如果学生发生运球失误，必须从失误的地方重新开始。

5）建议

可以在固定区域设置固定运球动作，也可以增加障碍物。

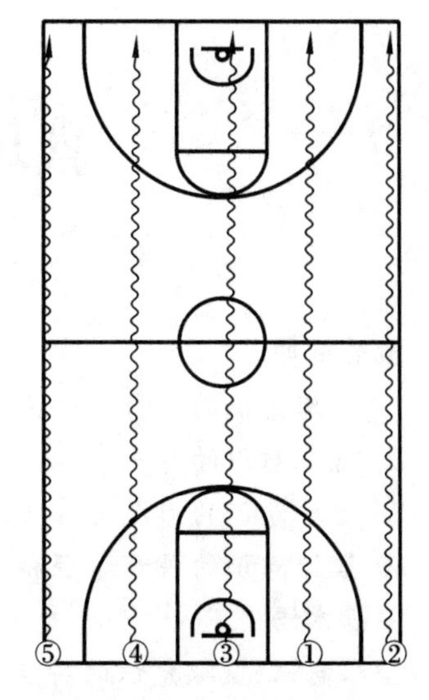

图 8-2-7 运球比赛

2. 擂台赛

1）目的

提高学生的持球突破能力和在比赛中运用的能力。

2）场地、器材

篮球场地 1 块，篮球若干。

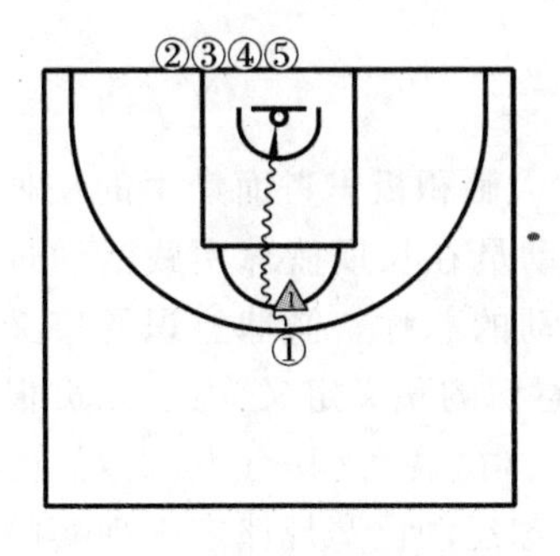

图 8-2-8 擂台赛

3）方法

一名学生在三分线外持球突破，另一名学生进行防守，当进攻的学生得分后，换下一位学生进行防守。持续五名同学后，自动休息；投篮不进时，攻守发生变化（图 8-2-8）。

4）规则

进攻方式只采用上篮，不进行远距离的投篮。每投进一个球得一分，五分后自动休息。

5）建议

教练员必须对学生的持球技术动作进行指导，使学习掌握正确、规范的持球动作。

思 考 题

1. 简述篮球游戏和训练之间的关系。
2. 简述如何做到使篮球游戏的利大于弊。
3. 试运用所学知识创编一个篮球游戏。
4. 试述篮球游戏对课堂的作用。

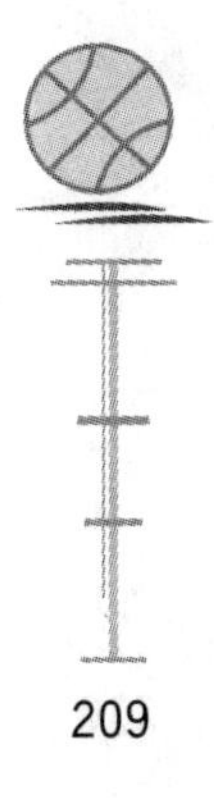

第9章

篮球意识及其培养

章节提要

1. 篮球意识的概念；
2. 篮球意识的特点；
3. 篮球意识的形成过程及影响因素；
4. 篮球意识的培养途径和方法。

关键术语

篮球意识、篮球意识的特点、篮球意识的培养。

9.1　篮球意识概述

9.1.1　篮球意识的概念和作用

1. 篮球意识的概念

篮球意识，是指篮球运动员从事篮球实践活动中经过大脑积极思考而产生的一种正确反映篮球运动规律性的特殊机能和能力。它是篮球运动员在长期篮球实践活动过程中提炼积累起来的一种正确心理和生理机能的反射性行动的总称。篮球意识的广义概念为：参与者对篮球运动规律客观现实的主观认识；篮球意识的狭义定义为：运动员根据实战(际)应急需求不失时机地通过“超前思维”对心理活动(微观)及其行为(宏观)的调控并共同指向目标的认识。简而言之，是篮球运动员对篮球运动比赛规律客观现实的主观反映。它被认为是篮球运动员最宝贵的“精髓”，是比赛中指导正确行动的“活的灵魂”。

2. 篮球意识的作用

(1) 支配性作用。具有正确篮球意识的运动员，通常在训练和比赛中，就能以正确的潜在意识支配自己的合理行动。

(2) 行动选择作用。运动员在比赛中攻守对抗不是一成不变的，而是要根据比赛需要适时选择。

(3) 行动预见作用。通过对比赛经验的积累，对比赛的形式进行预判，做出有利的选择。

3. 篮球意识的内涵

篮球意识具有如下几方面的内涵：

(1) 它是运动员或爱好者在从事篮球运动中产生的。

(2) 它是在人脑对篮球运动规律、特征认识的基础上所形成的特殊反应。

(3) 它潜在于人脑之中,具有目的性、实用性、决断性。

(4) 它是心理活动控制和思维提炼的结晶。

(5) 它是通过生理机制和心理活动过程,经行动表现出来并能产生结果的总和。

(6) 不同形式的篮球运动,其篮球意识的表现形式、水平也有所不同。

(7) 篮球意识的提高取决于运动员的物质基础(技术动作的数量、质量;体能和形态)和精神因素(个人心理素质)等。

(8) 建立在篮球规则之上,更接近于现实客观目的的需要所表现出的主观认识,即为"良意识";反之,投机取巧、违反规则以及违反体育道德的主观认识即为"非良意识"。

9.1.2 篮球意识的特点

1. 潜在性和瞬时性

篮球意识是运动员在长期从事与篮球有关的各种活动下逐渐积累起来的,以观念的形式存在于运动员的脑海里,是看不见、摸不着的,具有潜在性,在实践活动中会对运动员的行动起到指导作用。而这种指导所用的时间十分短暂,往往发生在一瞬间,体现了篮球意识的瞬时性。

2. 能动性和择优性

篮球意识的能动性表现在,篮球运动员有意识地支配自己的活动,并根据现实情况选择对自身最有利的情况,最大限度地发挥自身竞技水平,赢得比赛胜利。

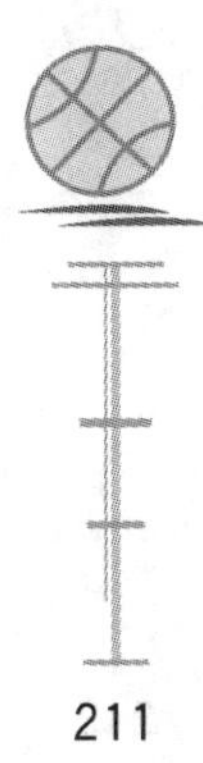

3. 连续性

篮球比赛的进攻与防守是不断转化的,场上的比赛形式也是瞬息万变的。运动员采取的行动都是在篮球意识的支配下,不断进行选择而做出的行动。

9.1.3 篮球意识的形成过程

篮球运动员在比赛中的意识活动过程,实质是一个对比赛情景再认识的过程。在这个过程中,运动员的篮球意识表现为意识和行动的相互作用。首先,是运动员的自我意识活动。时刻意识到自己在全队中的地位和作用,同时必须意识到在攻守双方对抗中以我为主的战略思想,还要意识到自己在对抗中所处的位置、条件和应该采用的行动方法,这是意识对行动实施调节作用的前提。其次,是意向指引下的积极行动。运动员在主观意向的指引下,意识活动时刻都在主动获取攻守情况变化和行动结果的反馈信息,进而在战术思维的参与下,选择更为有效的行动方法。当所采取的行动奏效时,效果信息将使意识得到进一步强化和提高。

具体过程包括以下几方面:

(1) 在训练比赛中的观察感知;

(2) 激烈对抗条件下做出的瞬时的思维判断与决策;

(3) 积极、合理、准确的行动应答;

(4) 行动效果的评价与反馈。

9.1.4 篮球意识形成过程的影响因素

1. 知觉与注意

篮球比赛中的影响因素很多,哪些信息被运动员注意到,取决于运动员注意的指向和注意的广度,其中视察感觉是关键,因而要扩大视野。技术和战术的不断熟练,解放了运动员的注意力。因此,具有一定良好的专门性知觉和基本功是建立篮球意识的重要条件,教学训练中必须给予高度的重视。

2. 记忆与思维

运动员通过长期的训练积累了大量的实战经验和知识,形成了记忆。在篮球比赛中遇到类似情况瞬时做出判断和决策。篮球意识记忆的有关内容主要包括篮球相关知识和临场对抗的经验。

3. 行动与反馈

篮球运动员的行动由篮球意识来支配,而行动反过来对篮球意识进行强化和反馈。

9.2 篮球意识培养

9.2.1 篮球意识的培养途径

(1) 在技术训练中培养篮球意识;
(2) 在训练和比赛中培养篮球意识;
(3) 加强文化理论学习,完善知识结构,提升篮球意识;
(4) 结合心理训练培养篮球意识;
(5) 重视意识培养与作风训练相结合。

9.2.2 篮球意识的评定

1. 篮球意识评定的意义

(1) 有计划、有目的培养篮球意识,可以提升运动员的竞技能力。
(2) 对教练员提出了更高的要求,促进教练员水平的提高。

2. 篮球意识的评定原则

运动员在良好篮球意识支配下的行动应表现为:行动的正确性、行动的目的性、行动的预见性、行动的隐蔽性、行动的应变性、行动的创造性、行动的实效性和配合的协调性。通过观察判断这几方面信息的反馈,便能较客观地评定出运动员的篮球意识水平。

3. 篮球意识的评定方法

目前,教练员在评定运动员的篮球意识时,大多是依靠自身的经验或临场技术、战术行动效果统计分析,没有一种比较客观的量化评定方法。尽可能地通过行动的正确性来反映篮球意识是比较可靠的方法。

思 考 题

1. 简述篮球意识是如何形成的。
2. 简述篮球意识的影响因素。
3. 论述篮球意识和比赛之间的关系。

第10章

篮球运动员主要心理素质及其训练

章节提要

1. 篮球运动员主要心理素质；
2. 篮球运动员常用心理训练方法；

关键术语

主要心理素质、心理训练方法。

篮球竞赛是一项激烈的技术、战术、身体、心理的对抗运动，运动员为应对各种复杂情况，必须具有良好、稳定的心理素质，保证训练水平在比赛中正常发挥，从而实现个人与球队既定目的。篮球运动员心理素质主要包括情绪、注意力、意志品质。

10.1 篮球运动员主要心理素质

10.1.1 情绪

篮球竞赛技术、战术复杂，攻防对抗激烈且快速多变，运动员个人情绪体验对其竞技表现有很大影响。

1. 情绪状态

1）焦虑状态

篮球竞赛状态焦虑分为竞赛状态认知焦虑与竞赛状态躯体焦虑。竞赛状态认知焦虑是指竞赛前或竞赛中即刻存在的主观上所认知到某种威胁感引起的紧张、担忧；具体体现为消极的内部言语、视觉表象等；竞赛状态躯体焦虑是指竞赛前或竞赛中个体对自身生理性激活或唤醒的生理性情绪体验。

2）唤醒状态

唤醒状态是指个体对自己身心激活状态的一种主观体验与认知评价。唤醒状态包括两个维度：一个是强度，具有高低之分；另一个是方向，具有正向和负向之分，兴奋、愉快属于正向唤醒性积极情绪，焦虑、愤怒等属于负向唤醒性消极情绪。

3）最佳状态

最佳状态是指一种最佳体验状态，即运动员全身心投入活动任务中，并创造性发挥最佳运动水平的意识状态。

2. 情绪控制方法

1）放松练习

放松练习是以一定的暗示语使注意力集中，调节呼吸，使肌肉得到放松，并产生一系列生理性变化，从而使内心达到宁静状态的情绪控制方法。

2）认知控制

认知控制是通过改变运动员的认知思维方式等来改变运动员的情绪反应的情绪控制方法。通常采用关注可控因素、自我暗示、理性地看待成败等方法对运动员的认知方式进行干预。

3）自信培养

成攻经验、替代性经验、言语鼓励以及生理唤醒等可以提高运动员自信心。通过目标设置训练，可以让运动员清晰地看到自己的成长与进步，能够让他们知道通过努力完全可以实现一些自己原本认为不可实现的目标。

10.1.2　注意

注意是指人的心理活动对一定对象的指向和集中。

1. 注意指向

注意的核心技能之一就是选择适宜的刺激或线索的能力，运动员应该将自己的注意从数不胜数的无关刺激和对抗性的刺激中指向适宜的刺激或线索。

2. 注意集中

注意的集中即在一定的时间内将注意维持在所选择的刺激上的能力，我们通常称为注意的持续时间。

3. 改进注意力方法

(1) 摆脱紧张应激，专注注意目标；

(2) 运用词语和动作提醒运动员集中注意力；

(3) 通过想象篮球比赛场景来保持注意高度集中；

(4) 在训练和竞赛中保持心理警觉性和控制心理能量帮助运动员集中注意力，而且还能获得更好的注意选择和转换技能。

10.1.3　意志品质

意志品质是指运动员不屈从外界压力，按照既定目标行动的品质。篮球比赛实际上是运动员技战术水平的交锋和意志品质的较量。运动实践表明，那些具有顽强意志力的运动员最能够发掘自己的潜能。

篮球运动员意志品质主要表现在主动、独立、顽强三个方面。自信、积极、敢于担责是运动员主动与独立体现；坚忍不拔、百折不挠则是运动员顽强的表现。意志坚强是运动员顽强拼搏精神的典型特征。意志品质产生毅力，意志品质强者能在比赛落后时不气馁，失败时不泄气，在激烈竞争中全力以赴，发挥超常水平。因此，意志品质培养是篮球运动员长期、重要的心理训练任务。以下是意志品质训练一些建议：

(1) 集中注意力于训练、比赛；

(2)确立目标，从小事做起；

(3)积极思考，善于分析问题；

(4)增加难度、提高心理承受负荷。

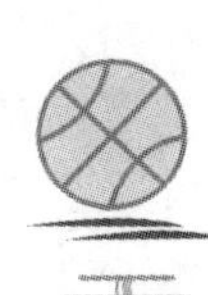

10.2 篮球运动员常用心理训练方法

篮球运动员常用心理训练方法有以下几种。

1. 表象训练

表象训练是指在暗示语的指导下，在头脑中反复想象某种动作或运动情境，从而提高运动技能和情绪控制能力的过程。

2. 模拟训练

模拟训练是人为地设置某些对象、境况、环境等，让运动员在特定条件和环境下进行训练或比赛，使运动员逐步适应这种特定的环境，产生与之对应的抗干扰能力，以利在正式比赛时保持比较稳定的心理状态。

3. 放松训练

通过自我暗示改变肌肉紧张度，促使心理安定。放松训练有自我放松法(催眠放松和调节呼吸)和渐进放松法。

4. 生物反馈训练

生物反馈训练是借助现代电子仪器，使运动员体验某种精神状态、姿势、方法与生理变化之间关系，从而在一定程度上能反射性地控制内脏活动，降低紧张的一种训练方法。

5. 脱敏训练

脱敏训练主要用以帮助运动员克服恐惧和焦虑等心理。心理脱敏训练的主要是提升感觉阈限，减低对无关或有害刺激的感觉能力，是有意识地转移注意的对象。

思考题

1. 篮球运动员在比赛时有哪几种心理?
2. 论述你对篮球运动员心理训练的认识。
3. 论述在实践中如何运用篮球心理训练。
4. 论述心理训练对比赛进程的影响。

第11章 篮球运动常见损伤处理与预防

章节提要

1. 篮球运动常见损伤的分类与部位；
2. 篮球运动损伤的影响因素；
3. 篮球运动损伤的常用处理方法；
4. 篮球损伤预防。

关键术语

篮球运动损伤、急性损伤、预防原则。

篮球运动损伤在篮球运动过程中往往难以避免，对其进行了解和学习有重要的现实意义。教练员和运动员是进行教学训练的两大主体，强化避免运动损伤意识，学习减少损伤的专门技能，掌握科学的康复训练原则，正确处理突发情况，是现代篮球运动训练工作者应具备的能力。

11.1 篮球运动常见损伤

11.1.1 篮球运动常见损伤分类

损伤发生率最高的是关节损伤，肌肉挫伤和韧带拉伤次之，骨折和骨裂的损伤率最低。篮球运动损伤的部位主要集中在踝关节、指间关节和膝关节。调查结果表明：踝关节受伤的比例为53.2%，指间关节受伤的比例为23.5%，膝关节的受伤比例为20.8%。

1. 扭伤

扭伤是在篮球运动中发生频率最高的一种运动损伤，如韧带撕裂或断裂。一般由队员动作不协调、发力不均匀以及外力等因素引起。调查研究显示，我国运动员关节囊、韧带扭伤占各种运动损伤发病率的首位。

2. 拉伤

拉伤是运动员在训练或比赛中，在正式开始训练和比赛前没有做好准备活动、技术动作不准确、动作僵硬等自身原因所致的运动损伤。当运动员突然发力，超过其自身承受力时，发生运动拉伤，如常见的股二头肌拉伤、跟腱断裂等。

3. 挫伤

挫伤是篮球比赛受外在力量的运动损伤之一。随着比赛激烈程度的提高和对抗性增强，双方队员的频繁身体接触，运动员本能地会使用一些不正确的篮球动作，就会大概率造成挫伤。

4. 陈旧性损伤

在长时间的运动中，篮球运动员难免会积累一些运动损伤，如果得不到正确的诊断和治疗，就会影响运动员的职业寿命。这种类型一般在训练年限长的队员上比较突出。

5. 骨折和脱位

骨折和脱位类运动损伤常发生在篮球比赛和训练过程中，如运动员跳起争抢篮板球或投篮落地后，身体重心失去平衡造成骨折和脱位。

11.1.2 篮球运动常见损伤部位

1. 下肢部位

膝关节是人体最复杂的关节，引起损伤的机制也是多样的，具有多发性、复合性、综合性和难治愈性的特点。篮球运动的特点要求运动员的膝关节局部受到很大的负荷，长时间的训练不可避免地会发生运动损伤。踝关节是韧带扭伤的易发部位。

2. 躯干部位

腰部是一个组合结构，它是人体的核心，在篮球运动中的作用不可或缺。最常见的损伤有腰部损伤、急性腰扭伤和腰肌劳损。

3. 上肢部位

篮球运动的上肢部位有其独特运动特点，对肩、肘和指间关节提出了特殊要求，从而增加了这些部位的负荷和受伤概率。

11.2 篮球运动常见损伤的影响因素

11.2.1 外在因素

1. 间接作用力

在篮球比赛过程中，球员之间经常发生身体对抗，如果运动员没有采取正确的动作和缺乏保护自我的技能训练，就会造成损伤。身体对抗常引起扭伤、拉伤，甚至骨折。

2. 慢性劳损

慢性劳损是运动员身体局部过度训练、超负荷的持续性运动而造成的慢性运动损伤，它在老队员中比较突出。具有持续时间长、影响因素多、难以去除、会影响训练等特点，以腰部慢性劳损为典型。

3. 肌肉收缩力不协调

肌肉收缩力不协调引发的运动损伤跟运动员的技术动作掌握程度和本身的运动能力有关。运动员技术动作僵硬、错误使用动作都会造成不同程度的运动损伤。受伤较多为撕裂伤。

4. 直接暴力

直接暴力致伤常由于对手的无意识习惯动作，或有意犯规动作造成，具有突发性的特点，最常出现的身体某部位与对手的肘或膝部发生直接冲撞，造成创伤。

11.2.2 内在因素

1. 运动员运动机能状态不佳

训练负荷、生物节律等因素可以使运动员的生理机能发生变化。当运动员的生理机能处于不良的状态下,运动员在训练时容易注意力不够集中,动作协调性下降,肌肉、关节的本体感受性降低等,竞技状态低下,此时对抗能力和运动能力减弱,在激烈的拼抢过程中极易受伤。

2. 科学化训练水平不高

训练是要遵循一定的规律,需要科学安排训练的周期、负荷等因素,协调来自各方面的影响因素,促进运动员的竞技能力提高。因训练科学化水平低,直接导致运动员训练程度不高而受伤的病例在年轻队员中最为突出。主要表现在许多年轻运动员完成技术动作时常存在不规范、不合理,主动肌与拮抗肌舒缩不协调,以及自我保护能力较差等方面。

3. 缺乏必要的准备活动和整理活动

运动员在比赛和训练前做好必要的准备活动,是预防运动损伤的一个关键环节。在篮球比赛的开始阶段,没有外力作用下,往往是因为运动员没有做好准备活动,调动其身体的积极性,克服机能的生理惰性。而赛后的整理活动能巩固训练成果,消除一定的代谢产物,促进机体快速恢复,是预防运动损伤的重要方式。

11.2.3 常见损伤的其他影响因素

不同的场地、器材条件对运动员造成运动损伤的概率也是不同的。场地光滑、篮球架未用软件包裹、周围障碍物离场地比较近等因素都会对篮球运动员造成不同程度的伤害。对医疗监督的重视程度也影响着篮球运动损伤的发生。好的医疗监督体系能更加准确地了解运动员的身体健康,合理地控制运动负荷,减少不必要的运动损伤。反之,则会增加运动员损伤的概率。

11.3 篮球运动常见损伤的治疗及预防原则

11.3.1 篮球运动常见急性损伤的处理原则

1. 闭合性软组织损伤

肢体急性闭合性软组织损伤在篮球运动中经常发生,正确的现场处理不仅可以防止受伤部位的进一步出血,减缓疼痛,而且有利于伤病的后期恢复。现场急救处理的总体原则为局部制动休息(rest)、冰疗(ice)、压迫包扎(compress),以及抬高伤肢(elevation),又称 RICE 原则。

1) 局部制动休息

伤肢制动是急性损伤现场处理的重要措施,是有效减轻伤病痛和组织出血、防止再次活动而加重损伤程度的重要措施。当队员受伤时,不要盲目使用不正确的方式进行治疗,以免加重伤势。在尽可能保持不动的情况下,还可以采取钢丝托板等辅助工具并在48 小时内保持制动休息。

2）冰疗

在受伤时可先用凉水冲洗15～20分钟，或使用冰袋进行冷敷，伤后48小时内，禁止热敷。

3）压迫包扎

压迫包扎是伤病现场处理措施中最关键的一步，是伤病急性期中减少组织出血、防止伤部组织过度肿胀的有效方法。在冰疗结束后用弹性绷带进行包扎，要根据伤患处情况及时调整包扎带松紧情况。

4）抬高伤肢

适当抬高伤肢能有效地改善伤肢的血液循环，有利于淋巴液回流，促进肿胀的消退。

2. 开放性软组织损伤

开放性软组织损伤是指皮肤、黏膜的完整性受到破坏，伤口直接与外界相通的软组织损伤。篮球运动中最常见的开放性软组织损伤有擦伤、挫裂伤等。此类损伤的现场处理原则是有效止血，保护创面和防止感染。

1）止血

采用快速有效方法止血，如手指受伤可用另一侧拇指和食指压住出血手指的两侧动脉。

2）保护创面，防止感染

尽可能用医用消毒剂对创面进行消毒。

3. 骨折与脱位

当出现骨折与脱位时，应尽可能寻求专业医生的帮助，保持不动，避免发生再次损伤。若发生开放性骨折，应适当除血，保护创面，防止感染。

11.3.2 篮球运动常见损伤的预防原则

(1) 合理训练，掌握正确的训练方法和运动技术，科学地增加运动量；
(2) 充分做好准备活动；
(3) 提高自我保护意识，强化自我保护；
(4) 协调全面身体素质训练，注意对跨关节小肌群和韧带的专门训练；
(5) 注重医务监督，合理控制运动负荷；
(6) 使用保护措施。

思考题

1. 简述对篮球运动损伤的认识。
2. 简述篮球运动损伤与运动负荷之间的关系。
3. 论述如何尽可能地避免篮球运动损伤。
4. 论述篮球运动损伤对比赛的影响。

第12章 篮球竞赛组织与管理

章节提要

1. 篮球竞赛的意义和种类;
2. 篮球竞赛组织管理;
3. 篮球竞赛组织方法。

关键术语

竞赛意义和种类、竞赛组织管理、竞赛组织方法。

12.1 篮球竞赛的意义和种类

12.1.1 竞赛的意义

篮球竞赛是篮球运动内容体系的一个重要组成部分,竞赛是对教与训成果的实践检验。

1. 竞赛的社会性

篮球竞赛可以吸引和获得社会的关注,是训练实现社会价值的手段。欣赏比赛中激烈对抗的精湛球艺,丰富了人们的生活,公平激烈的竞赛本身就传播着平等竞争的文明风尚。同时,篮球竞赛作为一种特殊的手段,能够起到凝聚爱国力量、振奋民族精神、创造安定社会环境的作用,也能够起到协助竞技体育体制的发展、加快运动项目走向市场的作用,还能够起到改善和促进国际关系,充当和平友好及慈善使者的作用。

2. 竞赛的经济性

美国职业篮球的经营典范,为各国组织篮球竞赛从消费向生产转化提供了参考。经营组织篮球竞赛,能通过比赛票房收入、球星包装宣传、电视转播权出让、广告刊登、邮币卡章发行和体育服装、吉祥物的销售等产生经济效益,从而使篮球竞赛成为社会经济生活的一部分。组织篮球竞赛作为一种经济行为,不仅为篮球运动自身的生存发展创造了良好的物质条件,也带动了其他行业的发展。规模较大的篮球竞赛必然促使举办地的运动场馆、公路、机场、港口和通信网络的条件改善,从而推动相关行业的发展。

12.1.2 竞赛的种类

1. 非职业比赛

1) 综合运动会篮球比赛

篮球作为侧面反映参赛国家或单位的体育运动整体水平的一个项目,在综合性运动会中与其他项目一起在同一时期内进行比赛。有国际性运动会中的篮球比赛，如奥林匹克运动会、世界大学生运动会中的篮球比赛等；也有全国性运动会中的篮球比赛，如全国运动会、军人运动会、大学生运动会中的篮球比赛等；还有各个省、地区及基层单位运动会中的篮球比赛。

2）单一篮球项目比赛

单一篮球项目主要反映参赛国家或单位单项的篮球水平，有国际性的比赛，如国际篮联篮球世界杯(FIBA Basketball Word Cup)、世界青年篮球锦标赛、洲际篮球锦标赛；也有全国性的比赛，如全国篮球职业联赛、全国大学生篮球联赛、全国青年篮球联赛、全国少年篮球比赛以及各行业系统的篮球比赛；还有省、地区及基层单位的篮球比赛。其中，中国大学生篮球联赛（CUBA）的赛事规模大、竞赛水平高，是我国优秀的业余联赛。CUBA 于 1998 年开始正式推行，设立男子组和女子组。

3）友谊赛

友谊赛主要为了加强交流，增进友谊，发展相互关系。友谊赛有国际性的比赛，如国家之间双边的访问比赛、几个国家之间多边的邀请比赛；也有国内省、地、市之间的协作性比赛；还有基层单位之间的友谊比赛和表演比赛等。

2. 职业比赛

1）国内职业比赛

国内职业比赛从管理体制、竞赛方式与方法等方面与国际接轨，通过改革推动我国篮球运动跟上世界篮球运动发展趋势，从而提高整体运动水平。我国自 1996 年起举办了职业篮球比赛，首次只有 8 个队参加，后逐渐发展成为现在的中国职业篮球联赛（CBA）；中国女子甲级联赛（WCBA）创建于 2002 年，是中国首次举行全部主客场制的女篮比赛。

2）国外职业比赛

美国作为篮球的发源地，美国职业篮球联赛（NBA）一直保持着较高的竞技水准。欧洲各国不但自身有着职业篮球联赛，欧洲篮球联赛（前欧洲篮球冠军联赛）更是整合了全欧洲的篮球资源。这些高水平的联赛为欧洲各国培养了众多篮球运动员，不断提升着欧洲各国的篮球水平。

12.2 篮球竞赛的组织管理

竞赛过程的管理是有目的地组织、指挥、控制和调节竞赛工作的过程，可以分为赛前组织管理工作、赛间组织管理工作和赛后组织管理工作三个阶段。

1. 赛前准备

赛前准备是为比赛准备的过程。赛前准备包括成立比赛筹备组织、确定比赛的组织方案、制订竞赛规程和拟订具体工作计划等。

1）成立竞赛组织机构

凡是与竞赛有关的事务，都要有相应的部门或人员负责管理。通常情况下，竞赛组织机构设秘书处、竞赛操作部门、技术代表部门、仲裁部门、场地和总务部门等。另外，根据竞赛层次和规模的不同，还可以增设一些专门负责开发、推广、接待、外事、财务、广播电视、电子技术、新闻中心、兴奋剂检测、大型活动的部门，以及负责各部门之间工作协调的办公室。在赛区的体育部门和有关政府部门辅助下,各竞赛组织机构领导竞赛工作。

2）确定组织方案

根据竞赛任务和竞赛计划,本着实事求是、精简高效和勤俭节约的原则,对竞赛期间各项活动内容作出计划和安排、对竞赛的各项收支规定标准作出预算。竞赛领导小组要对竞赛的规模、水平、组织竞赛经费等情况有全面的了解,讨论和决定组织方案。

3）制订竞赛规程

竞赛规程是竞赛工作进行的依据,是组织者和参与者都必须遵守的规定。竞赛规程包括竞赛名称、目的任务、日期、地点、参加单位及人数限定、参赛者资格、报名及报到日期、竞赛办法、竞赛所采用的规则、名次评定和奖励办法、抽签日期、地点和注意事项。规程一经审定,就应保证其严肃性与权威性。竞赛规程要提前发给有关单位,以便各单位做好比赛的准备工作。

4）拟订工作计划

根据竞赛组织机构制订的组织方案、竞赛规程和主要日程计划,按照不同分工、分别拟订具体的工作计划,经领导批准后实施执行。以下是一些部门在竞赛中的主要工作。

(1) 竞赛部门的主要工作:安排好竞赛日程、时间、场地,对运动员进行资格审查,做好竞赛的编排、编印比赛秩序册,召集领队、教练员会议,公布比赛成绩,仲裁比赛争议及处理比赛有关事务等。

(2) 裁判部门的主要工作:组织裁判员的赛前学习教育,深入领会规则精神,提高认知、端正态度、统一尺度、加强配合;做好裁判员的培训、考核、选派和评估,保证裁判员以良好的精神和身体状态投入工作。

(3) 场地部门的主要工作:检查落实比赛场地、器材设备情况,做到标准、可靠、安全、使用正常,能够符合比赛要求,保证比赛的顺利进行。

(4) 宣传部门的主要工作:做好比赛宣传和报道工作,吸引更多人关注,扩大竞赛影响。如宣传竞赛法规,编辑简报,安排广播、电视、报刊的报道、组织新闻发布。

(5) 总务部门的主要工作:做好运动员食宿安排、物资供应、交通调度、安全保卫、医务保障等后勤服务工作,掌握收支、控制标准、执行预算,做好财务管理工作。

2. 赛间管理

1）比赛活动的管理

竞赛组织机构要坚持进行政治思想教育,严格纪律,根据比赛的日程,安排好裁判员、记录台工作人员、技术统计人员和场地工作人员,使每一场比赛都能够按时进行。不因工作人员的疏忽或器材设备的故障而使比赛信息不能正确及时反映和使比赛延误、停顿、脱节。要按照篮球竞赛的法规、规则来管理比赛,建立良好的比赛秩序,使参赛的运动队能够赛出风格,赛出水平。

2）非比赛活动的管理

宣传部门要组织好每次比赛后的新闻发布会,尽快地公布和传递当日比赛的技术统计信息,还有文明观赛的宣传工作,引导观众讲礼貌守纪律,为比赛双方鼓劲加油。场地部门要抓紧对比赛场地器材设备的检查、保养和维修,对观众中可能出现的过激行为,要有应急的措施。

3. 赛后总结

通过赛后总结可以客观、有效地分析竞技参赛过程中各个环节、各个步骤、各项程序中的有益经验和存在问题，为下一场竞赛工作提供建议。赛后总结包括以下六个方面：

（1）竞赛各组织机构进行工作总结；

（2）编制和印发总的比赛成绩表；

（3）对比赛技术资料的处理归档；

（4）对比赛器材设备的整理；

（5）办理参赛队伍的离会手续；

（6）对竞赛的收支进行财务决算。

12.3 篮球竞赛的组织方式和方法

12.3.1 竞赛方式

篮球比赛是根据篮球项目的特点和要求，使之有系统、有计划、有目的地组织推动竞赛社会化、多样化的体系。目前广泛实施的有赛季式和赛会式两种。

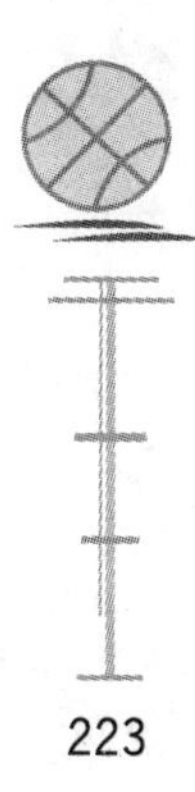

1. 赛季式

赛季式是参赛队分别在主、客场的赛地进行比赛，参赛队每赛完一场后伴有若干休整日的一种竞赛方式。赛季式的赛季时间长，一般在半年左右；易地参赛，安排的场次较多。主、客场形式可以使参赛队伍都能够有机会利用主场优势，利于球队在主场发挥球队的技术、战术水平。美国职业篮球联赛从1946年起就采用跨年度的赛季式，中国职业篮球联赛和中国女子甲级联赛也实行赛季式。

赛季式对组织管理的要求如下。

（1）主、客场的区分主要通过运动员所穿的队服进行分辨，一般规定是主队穿浅色队服，客队穿深色队服，两队要在比赛前进行沟通，避免比赛时两队的球衣、球裤穿同样的颜色。

（2）赛季式比赛赛场分散，各赛地比赛的持续时间长、次数相对较少，但工作任务延续时间跨度大，因此组织机构更应当精干，要保持很强的机动性，随时能进入程序化的运作状态。

（3）主场比赛占据了天时、地利、人和的有利条件，所以要加强对主场工作人员和运动员的职业道德教育与对观众的宣传教育，营造观赏比赛的文化氛围。

2. 赛会式

赛会式是把参加比赛的球队集中在一个地方，用几天或十几天的时间，连续进行比赛的一种竞赛方式。赛会式的运用范围比较广，综合性运动会中的篮球比赛、国际性的篮球锦标赛，采用的都是赛会式。国内大多数的篮球单项比赛，采用的也是赛会式，它有利于比赛队伍集中，为运动员创造成长、学习、交流的机会。但赛会式也有一定的局限性，它的比赛赛期短，场次不多，因此运动员参与的机会就相对较少。

赛会式对组织管理的要求如下。

（1）针对赛会式比赛规模较大、管理工作责任重而复杂的情况，要仔细制订好全面的组织方案，规划好各部门的工作范围，明确各部门的工作职责，协调好各部门的工作关系。

(2) 赛会式的比赛赛期短，赛程紧凑，赛间可能出现的问题比较集中，因此各方面工作要具体、细致，要有很强的时间观念，要始终处于紧张的运转状态，保证比赛的顺利进行。

(3) 赛会式的比赛参赛队和人员多，后勤工作部门要以全天候的方式保障参赛运动员有良好的休息和营养条件，以充沛的精力投入比赛。

(4) 赛会式的比赛需要承办方具有一定的基础设施条件，特别是承办大规模、高水平、国际性的篮球比赛，要事先进行大量的基础建设投入，以适应赛会式比赛的要求。

12.3.2 竞赛的组织方法

竞赛的组织方法是指从比赛开始直至结束的过程中，为合理比较参赛者运动水平，公正排定参赛者比赛名次所采取的组织和编排方式。篮球竞赛组织方法主要有淘汰法和循环法。竞赛最基本的要求，是为了使参加比赛的球队能够在比较公平、合理的条件下竞争，也是客观反映参赛队竞技水平的重要保证。

1. 淘汰法

淘汰法是指所有参赛队按照排定的顺序进行比赛，以胜进负退来确定比赛名次的一种方法，即胜者进入下一轮次比赛，败者退出比赛。参赛队伍在经历一次失败后就失去比赛资格的为单淘汰制，单淘汰制除第一名外，很难合理地排定其他参赛队伍的名次。参赛队伍在经历两次失败后被淘汰的为双淘汰制，双淘汰制减少了胜负的偶然性，弥补了单淘汰制的不足。

1）单淘汰编排方法

(1) 场数和轮次的计算：先根据报名参加的队伍数量，按照场数＝参加队数－1，轮次＝参加队数的以 2 为底的幂的指数，即 $2^n \geqslant N$（n 为轮数，N 为参赛队数）的关系式计算。如 16 个队参加比赛，即为 4 轮，因为 $16=2^4$。如果参加队数不是 2 的乘方数，则比赛的轮次是稍大的一个以 2 为底的幂的指数，如 12 个队参加比赛，按 16 个队的轮数计算。然后由参赛队抽签，确定参赛队在比赛中的号码位置，再按顺序将号码两两相连，列出单淘汰的轮次表。例如，8 个队参加比赛（$2^3=8$），共要打 7 场比赛，分 3 轮进行。

(2) 编排方法：如果参加比赛的队伍数量是 2 的乘方数，就按照图 12-3-1 所示，逐步进行淘汰；如果参加比赛的队伍少于 2 的 n 次方，则将 2 的 n 次方作为号码位置数，用号码位置数减去参加队数，即为轮空队数（图 12-3-2）。例如，13 个队参加比赛，即 $2^4>13$，共要打 12 场比赛，分 4 轮进行，第一轮应有 3 个队（16－13）轮空。从表 12-3-1 中，依次逐行从左至右找出 3 个小于 $2^4=16$ 的数，即 2、15、10 为空号码位置。抽签后确定参赛队的号码位置，与 2、15、10 相遇的即为轮空队。第 1 轮比赛中设若干轮空队以保证第 2 轮比赛中不再有轮空队。

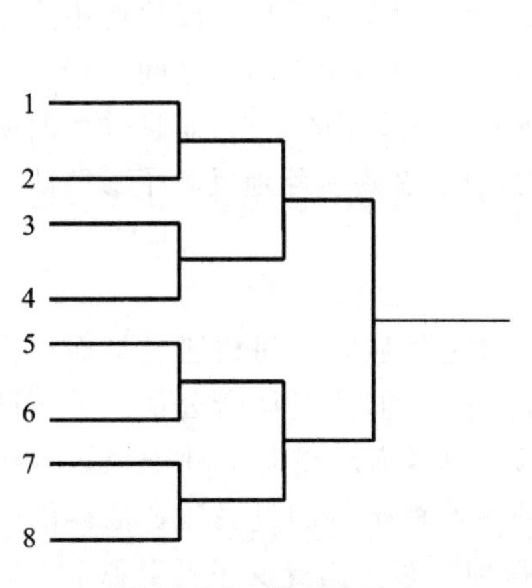

图 12-3-1 编排方法 1

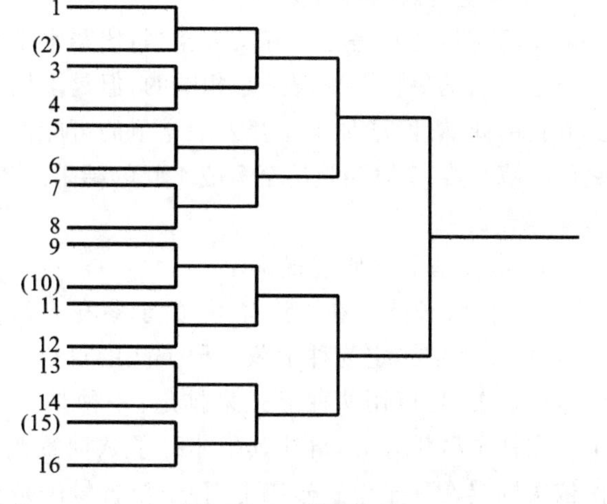

图 12-3-2 编排方法 2

表 12-3-1 轮空表

2	31	18	15	10	23	26	7
6	27	22	11	14	19	30	3

2）双淘汰编排方法

双淘汰比赛的编排方法如图 12-3-3 所示，其第一轮的编排方法与单淘汰的相同，不同在于比赛进入第二轮后，要把首次失败者再编排进来继续比赛，若再次失败将被淘汰，而次轮胜者则继续与其他失败一次的队伍进行比赛，即在第一轮比赛中失败的队，只要该队在以后的比赛中能够保持不败就有可能去争夺冠军，不过在冠亚军比赛中如果该队获胜的话，还必须再加赛一场。双淘汰制是为了使在第一轮中失败的队，能够有机会继续参加比赛，甚至参加到最后争夺第一名的比赛，以减少单淘汰中产生偶然性的结果。

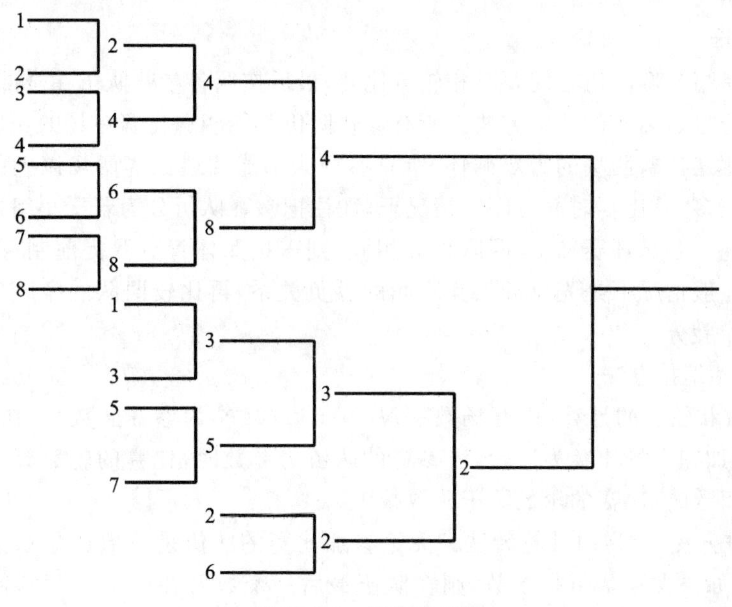

图 12-3-3 双淘汰编排

3）多场淘汰编排方法

多场淘汰通常是在双方实力相当，比赛水平较高或者在竞赛的最后阶段比赛中采用的方法。它的编排与单淘汰是相同的，但是多场淘汰减少了单淘汰中两队之间交锋一场论胜负的偶然性，增加了比赛公平竞争的可能性，弥补了单淘汰制的缺点，而且采用两队之间3战2胜，5战3胜甚至7战4胜的结果来论胜负，更加客观实际地反映了参赛队的整体综合实力。

4）淘汰法的号码位置排定

（1）设种子队。在淘汰赛中，由于参赛人数较多，为避免强队之间相遇过早而被淘汰，可以把他们确定为种子队。种子队的设定应该是有根据的，为各队所公认。种子队的号码位置，可以用两种形式来排定：一种是让种子队抽签，确定在哪个种子位置号码上。在种子队排好后，再让其他非种子队抽签；另一种是按种子队的过去比赛取得的名次依次排定在种子位置号码上（种子位置号码是有规律地分布在比赛秩序表中各个不同“区”的顶部和底部）。

（2）按照比赛成绩。根据上一次竞赛或本次比赛前一阶段的名次，以“跟种子”的原理排定位置。图12-3-4是4个队和8个队按名次排定的比赛秩序表。在我国CBA联赛中，还采用了5、6、7、8固定，1、2、3、4可以按名次顺序自行选择位置的办法。

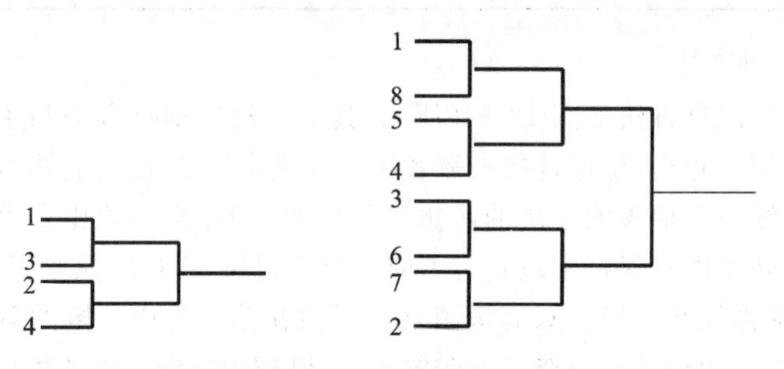

图12-3-4 按比赛成绩排比赛顺序

2. 循环法

循环法是指参赛队伍之间要互相轮流比赛，最后按照各参赛队伍在全部比赛中的胜负场数和积分排定名次的比赛方法。所有参赛队伍都能相遇比赛一场的为单循环，所有参赛队都能相遇比赛两场的为双循环，所有参赛队都能相遇比赛两场以上的为多循环。在参赛队数较多，且比赛时间有限的情况下，往往把参赛队伍分为若干小组进行单循环，即为分组循环。若循环赛结束，两队积分相同，则需按照体育竞赛提前制订的规则标准排定名次。一般情况下是先比较相互之间的胜负关系，再比较两队的净胜分，再比较整个循环赛的净胜分。

1）单循环编排方法

（1）场数和轮次的计算：比赛场数$=N(N-1)/2$（N为参赛队数）。在循环制比赛中，各队都参加完一场比赛为一轮，当参赛的队伍为单数时，比赛的轮数等于队数；当参赛的队伍为双数时，比赛的轮数等于队数减1。

（2）编排方法：①逆时针轮转法。无论参加比赛的队伍是单数还是双数，都按双数编排，只不过如果参赛队伍是单数，则在队伍最后一个数后补一个“0”号，使总数成双。如5队参加比赛，其第一轮比赛表是先将1、2、3号自上而下依次写在左侧，再将4、5、0号自下而上与3、2、1号对应写在右侧，然后用横线分别将左右两个对着的号码连起来，即为第一轮的比赛表。凡与"0"号相遇的队就是轮空队。将第一轮比赛表中的1号固定不动,其余号码按逆时针方向轮转一个位置,再两两相连,即为第二轮比赛表,以此类推。表12-3-2所示是5个队循环比赛的轮次表。

表12-3-2 5个队循环比赛的轮次表

第一轮	第二轮	第三轮	第四轮	第五轮
1—0	1—5	1—4	1—3	1—2
2—5	0—4	5—3	4—2	3—0
3—4	2—3	0—2	5—0	4—5

在这种编排中,如果比赛队数是单数的话,要注意到一个问题,即抽到 $N-1$ 号的队,从第四轮起都将和前一轮轮空的队比赛。而且,N 数越大,抽到 $N-1$ 号的队,"以劳待逸"的比例也越大。显然,这对 $N-1$ 号的队是很不合理的。

②顺时针旋转法。在参赛队伍为奇数时,可采用顺时针旋转法来减少一些因轮空休息而带来的不合理现象。其第一轮比赛表与偶数队相同,只有最后一个数后补"0"凑为偶数。第二轮是固定"0"号不动,其余号码按顺时针方向转动一个位置,以后各轮依此类推。表12-3-3是7个队循环比赛的轮次表。

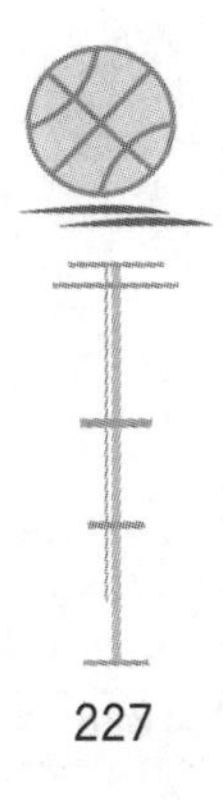

表12-3-3 7个队循环比赛的轮次表

第一轮	第二轮	第三轮	第四轮	第五轮	第六轮	第七轮
1—0	2—0	3—0	4—0	5—0	6—0	7—0
2—7	3—1	4—2	5—3	6—4	7—5	1—6
3—6	4—7	5—1	6—2	7—3	1—4	2—5
4—5	5—6	6—7	7—1	1—2	2—3	3—4

2)双循环编排方法

双循环比赛是指参赛队伍先后进行两次单循环的比赛,最后按各队在全部竞赛中的得分、胜负场数决定名次。双循环与单循环的编排方法相同,将整个比赛的轮次再重复一次,便是双循环的轮次表,所以双循环比赛的总场数和总轮数比单循环增加一倍。

3)分组循环编排方法

在进行分组循环比赛时,首先要把分组的办法确定下来,一般采用种子分组和蛇形排列分组。

(1)种子分组:"种子"即为公众承认的运动成绩优秀的参赛队伍。竞赛组织部门可依据上一届竞赛时的名次或实际的运动水平来确定种子队伍。种子的数量一般是组数的倍数。分组时将种子抽签平均分到各组中,然后再抽签确定其他参赛队的分组和位置。例如,8支参赛队伍,分2组,设2名种子。先将2名种子随机分入2组,再将其他6支队伍随机抽检平均分入2组。

(2)蛇形排列分组:蛇形排列分组是将参赛队伍按照上届比赛名次或实际水平从高到低依次排列,再一次衔接进行分组,这样分组组内球队的运动水平最为接近。表12-3-4是16个队分为4组的轮次表。

表 12-3-4 蛇形排列分组示例

第一组	1	8	9	16
第二组	2	7	10	15
第三组	3	6	11	14
第四组	4	5	12	13

4）循环法的名次排定

循环赛要按照各参赛队伍在全部比赛中的胜负场数和积分排定比赛名次。如以积分的形式来表示一场比赛的胜负，胜 1 场得 2 分，负 1 场得 1 分，弃权为 0 分。下面是名次排列的原则：

（1）按积分多少排列，积分多者，名次在前。

（2）在积分相等的情况下可按以下原则排列：

第一，按相互间比赛的积分多少排列；

第二，按相互间比赛的得失分率高低排列；

第三，按循环组内所有比赛的得失分率高低排列。

如果只有 3 个队参加比赛，在按上述原则也无法排出名次时，则按各队在比赛中的累积得分多少来排列；如果累积得分也相同时，那就由竞赛部门组织抽签来解决名次排列的问题。在双循环比赛排列名次时，还应根据以上某一原则作出具体的范围界定。但不论采用哪种办法，都应该体现出公平、合理、严密的原则，并且要事先确定，写入规程，使所有参赛队心中有数。

3. 赛会式常用的方法

1）在不分阶段比赛中所用的方法

（1）单淘汰：此方法在参赛队数较多的情况下运用，如三对三街头篮球赛常用此方法。

（2）单循环：此方法较多见于参赛队不多的基层比赛中，但在最高水平比赛中也采用过，如第 21 届奥运会女子篮球比赛，就是采用单循环的。

2）在分阶段比赛中所用的方法

（1）先淘汰再循环：例如第一届国际篮联篮球世界杯，第一阶段采用的就是双淘汰，第二阶段将双淘汰产生的 1～6 名和 7～10 名分别进行分组循环，决出 10 个队的名次。这种方法现在较少采用。

（2）先循环再循环：例如有几届国际篮联篮球世界杯采用的先分组单循环，再将各组前两名球队和东道主球队成一组，各组的后几名组成一组，再分别进行单循环，决出前若干名和后若干名的名次。我国的全国联赛、全运会篮球比赛也采用过先分组单循环，再按组的名次分组进行不同名次段的单循环。在我国的青年篮球比赛中，曾采用过在两个阶段都以双循环的方法进行比赛。

（3）先循环再同时循环和淘汰：例如在第八届国际篮联篮球世界杯中，先进行分组单循环预赛，然后各组前两名在一起进行单循环复赛，最后在决赛中，让分组循环中后几名的队一起单循环决出第 9 名以后的名次，让复赛中的 1、2 名之间，3、4 名之间，5、6 名之间和 7、8 名之间各赛一场决出前 8 名的名次。

（4）先循环再淘汰：例如在奥运会男子、女子篮球比赛中采用过先进行单循环比赛，然后按单循环的名次，在1、2名之间，3、4名之间再各赛一场，最后决出1～4名。如2022年男篮欧洲杯采用的就是先进行单循环比赛，将24支球队分在4个组，每组6支球队。24支球队晋级16支球队进入淘汰赛，随后就是16进8，8进4、半决赛、决赛。

4. 赛季式常用的方法

1）第一阶段所用的方法

（1）主客场的双循环：主客场次的计算可参考循环赛的编排，一些国际和国内大型体育竞赛，如中国篮球职业联赛（CBA）采用的就是这种方法。它的比赛场次没有专门限制，取决于参赛队的数量，最后根据积分多少来排定双循环的名次。

（2）主客场的多循环：美国职业篮球联赛（NBA），每个队的比赛要打82场，按照排列，分别同本赛区和其他赛区的队进行2至4场不等场数的比赛，最后以胜场率高低来排出东西部赛区的名次，位于赛区前8名的队才能进入第二阶段的季后赛。

2）第二阶段所用的方法

以CBA 2021—2022赛季为例，赛季第二阶段为季后赛，使用交叉淘汰编排方法。常规赛排名前12的球队获得季后赛资格，队名分别是辽宁、广厦、上海、浙江、广东、深圳、北京、广州、山西、吉林、山东和天津（表12-3-5）。第一轮（12进8），常规赛排名前四的队伍轮空，自动进入第二轮，其余队伍按照排名采用三战二胜制，第五名对阵第十二名，第六名对阵第十一名，以此类推，胜者进入季后赛第二轮比赛。第二轮（四分之一决赛），采用三战二胜制，胜者进入季后赛第三轮比赛。第三轮（半决赛），采用五战三胜制，胜者进入第四轮。第四轮（总决赛），采用七战四胜制，胜者成为总冠军（图12-3-5）。

表12-3-5 CBA 2021—2022常规赛排名前12名

队名	胜/场	负/场	胜率
辽宁	32	6	84.2%
广厦	31	7	81.6%
上海	28	10	73.7%
浙江	28	10	73.7%
广东	26	12	68.4%
深圳	26	12	68.4%
北京	24	14	63.2%
广州	23	15	60.5%
山西	23	15	60.5%
吉林	22	16	57.9%
山东	20	18	52.6%
天津	19	19	50.0%

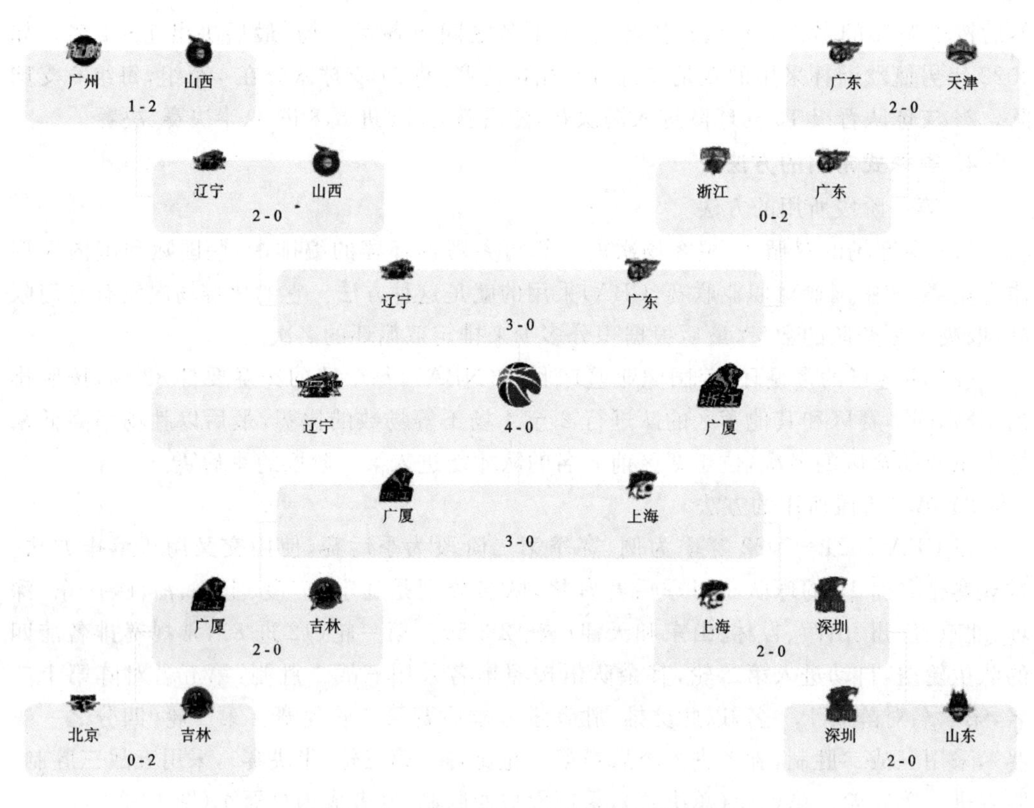

图 12-3-5　CBA 2021—2022 季后赛对阵图

思　考　题

1. 简述竞赛准备工作。
2. 简述单循环赛的编排方法。
3. 论述竞赛组织意义。
4. 论述赛季式的优缺点。

第13章

篮球比赛指导工作

章节提要

1. 赛前准备工作；
2. 比赛指挥；
3. 比赛总结。

关键术语

赛前准备、临场指挥、赛后总结。

13.1 赛前准备

13.1.1 收集信息

收集信息是比赛前重要的一个环节，作为教练员应十分重视这项工作。教练员收集信息不能只关注对方的基本阵容等显性信息，还要深入挖掘对手的比赛策略、技战术变化等隐性信息。“用我所长，攻其所短，抑彼所长，避我所短”，做到心中有数，避免被动。

1. 知己

知己是对本队队员的身体、技术、战术、心理等因素，本队的风格、打法等特点，以及存在的弱点，有一个客观、清醒的认识。教练员要了解和掌握这些情况，有针对性地做好队员的思想工作，使他们能以充沛的体力、旺盛的斗志和良好的精神面貌投入比赛。

2. 知彼

知彼是对对手的整体实力，主要阵容，习惯打法，内外线特点，主要队员的位置、身高、技术特点等等有所了解。此外，还要了解对方教练员每次换人暂停后场上的变化、在比分落后时采用何种方式、在比分领先时如何保持优势。对于教练员来说，还需辨别各种信息的真伪，提炼出起关键作用的信息，在临场加以运用，达到出奇制胜的比赛效果。

13.1.2 制订比赛计划

教练员要对调查得到的信息进行全面总结，客观对比分析，从中找到问题，解决问题。制订比赛计划主要包括制订比赛方案、比赛热点预测及应对措施。

1. 制订比赛方案

教练员制订比赛方案，是在知己知彼的基础上着手进行的，是对收集到的信息进一步消化，比较分析运用信息的过程，然后初步拟订本队的比赛方案。对自己估计过高，对对方分析不当，是教练员常犯的错误，教练员必须从本队的实际出发确定每场比赛的策略，对于不同性质、不同水平和不同级别的比赛，有着不同的侧重点和不同的考虑。遵循扬长避短的原则，确定战略指导思想和战术打法安排，准备出奇制胜的招数，出“黑马”，放“冷箭”。制订比赛方案内容主要包括：

(1) 比赛的策略和指导思想；

(2) 首发阵容的确定；

(3) 攻防基本打法及临场应变的措施；

(4) 场上阵容的变化和调整与搭配；

(5) 场上队员攻防的具体任务；

(6) 场上主力队员突发情况的处理预案。

2. 比赛热点预测及应对措施

篮球比赛是一个动态过程，随着双方的激烈较量会出现许多热点问题，教练员如果赛前确定比赛方案能对可能出现的热点进行预测，谋划好对策，就能从容应对。

1) 我强彼弱时

“骄兵必败”，要防止松懈、轻敌，避免麻痹思想。在这种情况下，教练员要严肃认真做好赛前准备，在战术运用上要有针对性，并考虑几种不同的应变措施。在对策上可考虑把它当成一场结合实践的热身赛演练战术打法，组织新阵容，锻炼后备力量。

2) 敌强我弱时

要树立信心，克服畏难情绪，全力以赴，敢打敢拼。教练员要考虑改变策略，使对手措不及防，难以适应；或运用比较熟练的战术打法，力求最大限度地打出水平。不管比分差多少，都要有一拼到底的斗志，激励队员在强敌面前成长。

3) 实力相当时

要防止紧张急躁，求胜心切。教练员要坚定决战胜利的信心，在对策上可多准备几套战术打法，便于临场应变打好开局，不能出现某些不利时，就急于换人或改变战术打法。要善于利用对方的漏洞和失策，乘虚而入，不断创造高潮。同时要强调随时做好战术应变和人员调配的准备，力争在第三节结束时取得领先的地位，为最后的决战树立胜利的信心。

4) 遭遇战

教练员在赛前无法了解与掌握对方实力情况和具体打法部署的情况下，比赛出现遭遇状态。应确定以我为主，力争在开局很短的时间内占据主动，战术上选择最有把握的阵势，在最短时间内发现对方的长处与短处，要冷静观察，稳扎稳打。

13.2 临场指挥工作

篮球比赛情况错综复杂、瞬息万变，一场篮球比赛的胜负，不仅取决于双方运动员的技术、战术发挥状况，而且很大程度上依赖于教练员的临场指挥。冷静是教练员的必备品质，处乱不惊，始终全神贯注地观察对方的情况，同时分析、推理、识破对方的意图，作出应变策略。教练员还应具有敏锐的观察力和果断的执行力，才不会贻误战机。如对方主力控球队员下场，我方马上改为紧逼防守；对方主力投手下场，我方立即改为区域联防。在对方适应我方打法时，也应果断调整战术。篮球比赛是综合实力的较量，教练员应使运动员充分理解教练员的篮球理念，在比赛中贯彻教练员的战略思想和战术打法。教练员还要探索篮球比赛的内在规律，重视临场指挥工作的提高，抢占先机，占据主动。

13.2.1 比赛中几个重要阶段

一场高水平势均力敌的篮球比赛是胜还是败，取决于很多因素，概括起来有两方面：一是静态因素，即球队的实际水平与整体实力等；二是动态因素，即球员的临场应变能力，主客场心理压力的承受度等。作为一名有经验的教练员，在比赛指挥中必须依据球队动静因素的变化、比赛进程和时间的推进、对手的临场表现，适时调整自己的策略，果断做出准确、合理的针对性安排。

1. 开局阶段

作为比赛的指挥者，每位教练员都强调打好开局。首节比赛能否正常发挥对整场比赛的士气会有很大的影响，当比赛遭遇挫折时，教练员要沉住气，冷静观察和分析落后的原因，用心捕捉机会，同时也要果断采取措施加以调整，及时改变不利局面，确保正常发挥。打好开局，不仅能从心理上增强本队的信心，而且也是给对手一个强大的心理压力，使对手丧失信心，产生心理危机。总之，无论对强队还是弱队都应重视开局，打响第一攻。

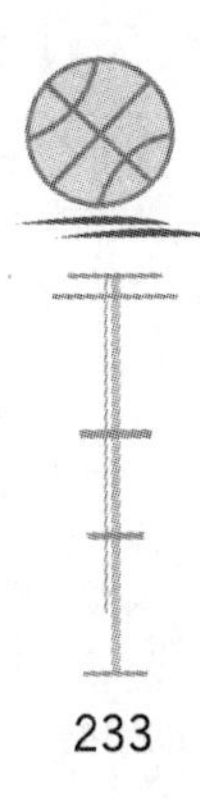

2. 中间阶段

篮球运动是一项不可预知的运动项目。因为篮球的本质是快速，在快速的行动中队员不可避免会出现错误，而错误是不可预料的。教练员比赛指挥工作的重点就是要减少不可预知的错误出现。经过第一节的较量，双方基本情况均已亮相，此时教练员应根据比赛双方的表现和比赛结果采用不同的策略，尽量抑制对方发挥，使本方的表现更加出色。上半时结束前如比分领先较多，应警惕队员思想松懈，力戒处理球随意，或不按教练员战术要求行动。如若对方比分落后，但却加快进攻节奏，增加投篮次数，或是强行投三分球，或是变化防守战术为全场紧逼等进行反扑，教练员应冷静识破对手意图，然后利用加强防守的办法来制约对方。

3. 最后阶段

上半时结束的比分将直接影响双方教练员和运动员在中场休息时的战术总结，当本队比分领先较多时，教练员一定要善于控制队员的情绪，不能放松、轻敌，否则对手把势头扳回来，就会由主动转化为被动。

当本方大比分落后时，教练员不能因暂时的失利而气馁，要善于组织和调配自己的力量。力争在有限的时间内尽量增多本队的攻击次数，把速度调动起来，力争尽快得分。同时，教练员要密切关注场上主力队员的犯规次数、体能状况和心理变化。对四次犯规的主力队员要合理保护；对出现疲劳现象的主力队员可换下休息，教练员的目标是使自己的主力队员以最好的心态、最佳的体能、最理想的阵营打好第四节。

4. 决战阶段

在通常情况下，第四节的前半段在本队比分领先时，在进攻方面应坚持原有的比赛节奏，正常攻防，强调投篮位置和时机的选择，保持稳定的投篮命中率，防止出现连续的低级错误。在防守方面，降低对方的进攻速度，抑制对方的投篮次数。另外，当对方突然改打紧逼防守，队员要有心理准备，后场端线发球要快，不给对方紧逼落位的机会。阵地进攻注意拉开空间，减少对方协防、夹击的机会，保持攻守平衡，防止对方打反击。比分落后时，首先应从防守上动脑筋，此时紧逼和夹击应是较好的选择，用“压迫式”防守破坏对方的节奏，造成对方失误，乘机打出“小高潮”。也可对对方主力大胆贴身防守，阻止其连续得分。

比赛结束前 1 分钟，是赛场的“紧急时刻”。此时，最能展示教练员临场指挥用人、用计的智慧。下面以本方控制球为条件，列举部分关键时刻的策略和打法，供大家研究。

(1) 剩余时间 48 秒，比分落后三分时，教练员需要放弃投三分，抢两分。因为三分不中后，对方可能打反击以致落后五分；中两分后，尚可再次组织防守或采用犯规战术。

(2) 剩余时间 24 秒，比分落后两分时，教练员在布置投篮后，如投中，立刻领防；如不中，立刻对罚球不中的队员犯规。因为如对方两罚不中，本方可以打反击；如对方两罚中一，可利用最后一次进攻投三分。

(3) 剩余时间 5 秒，比分落后三分时，教练员要指定投手，坚决投三分。因为只有投三分，才能将比赛拖入加时赛。

13.2.2 临场指挥措施

教练员的临场指挥，主要是通过暂停、换人两种措施实施的。

1. 暂停

暂停是教练员在比赛中，根据临场情况，短时间中断比赛进行调整，向场上队员传达任务的一种措施。一场篮球比赛暂停的次数、每次暂停的时间均有明确的规定，因此教练员在临场中如何利用暂停来调整自身攻防战术，阻止对方的势头，扰乱对方的攻防节奏，以及在关键时刻进行战术布置，是教练员指挥能力的重要体现。

在临场中教练员应学会正确区分哪些是对方正常或非正常连续得分；哪些是本方的正常或非正常连续不得分，以此来决定是否暂停。下半场与上半场相比，教练员应更加敏锐察觉我方的攻守问题，一旦发现就要毫不犹豫地选择暂停，因为此时的一两个回合可能会决定最后胜利的归属。短期的攻防效果是选择暂停的重要因素，失分高于得分连续累计三回合将会直接导致教练员选择暂停。

其次，暂停后要及时改变战略战术，变被动为主动。例如比赛一开始就连续失分，此时教练员请求暂停，进行战术调整，变换防守阵型，加强内线进攻，改变攻守节奏，进一步限制对手，力争改变开局后的被动局面。在临场中教练员应学会利用语言、手势提醒队员改变进攻战术；或在本方球员罚球时，召集球员布置防守战术，提高特殊情况下的应变能力，保证球队在比赛强度高、心理压力大的情况下正常发挥水平。

2. 换人

换人的核心是进行阵容调整，通过对场上的阵容进行替换，增强球队的竞争力。然而，每一次替换都是对先前阵容的一次破坏，它可能构建一个新的平衡，也可能打破先前的稳定。正确的换人可及时扭转场上不利局面。篮球规则对一场比赛中某方的换人人数和次数均未做任何规定，教练员可根据场上情况灵活换人，在具体操作上换人有下列两种情况：

1) 主动换人

美国职业篮球联赛中经常会在第 1 节结束前两分钟左右，主动换下主力队员休息，换上主力替补队员，在第 2、3 节中他们也会依据比赛的进程将主力队员轮流换下休息，使主力队员在第 4 节决战保留充沛的体力。当比赛处于僵持阶段，个别主力队员由于体能透支，个人攻防能力下降，他们也敢于主动将其换下休息1至2分钟进行调节，主动换人是教练员最理想的方式，但在实际操作中必须注意不同位置队员的搭配，保持场上整体实力的基本平衡，切实掌控好比赛进程。

2）调整性换人

篮球比赛不仅需要高超的技艺和灵活多变的战略战术，同时还要根据临场发生的情况和需要解决的问题进行调整性换人。教练员对赛场上出现的被动换人事先要有预案，让替补队员积极准备。此外，当队员想到有机会上场比赛时，就会在训练中更加认真刻苦，以争取更多上场时间，队员的责任感和自信心也会不断提高。教练员应制订周密的换人计划，防止手忙脚乱，出现不知所措的局面。

13.2.3 比赛总结工作

赛后总结工作是提高球队竞技能力、磨炼技术和战术、增强篮球意识、提高篮球理论与分析能力的重要工作。教练员应以自身人格魅力感染球员，激励全体队员为全队目标和任务而努力奋斗，充分挖掘运动员的天赋。教练员通过总结成功经验和失败教训，不断加深球队全体成员对篮球比赛规律的认识。总结要以表扬为主，鼓舞斗志，对缺点及问题要分析和提出改进的办法，并在训练中加以改进提高。

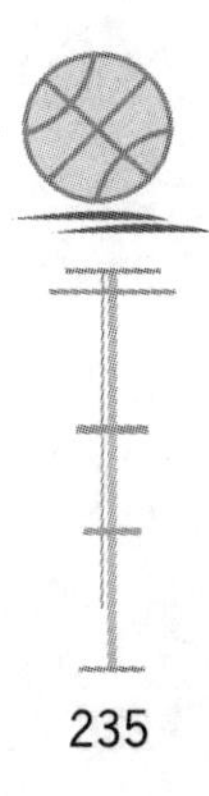

比赛总结方法很多，如参加大型比赛，赛程安排很紧，可根据场次的衔接、轮空，抢时间抓重点总结，也可以安排在下一次比赛之前结合准备会一起进行。总结要解决具体问题较多，如临场暴露的配合问题、防守上责任不明问题、队员之间的分歧问题等。比赛总结可以自上而下，也可以自下而上进行。自上而下的总结一般时教练员对进行过的比赛，从思想作风到队员个人和全队的比赛情况，进行全面系统的重点讲述，然后全体成员讨论取得共识。自下而上的总结，是由队员对进行过的比赛进行分析、讨论，然后由教练员根据大家意见归纳统一，纠正缺点，以利再战。

赛后总结一般应在有充分准备的情况下进行，有条件时可以结合比赛录像、技术统计资料等进行。总结不仅要详细分析问题，还需要提出问题。教练员应把讨论的中心引导到研究技术、战术训练应用上，以及临场应变能力上。总结的内容可从下列方面选择：本场比赛是否达到了预期目标，赛前信息是否准确有效，比赛方案是否符合比赛实际，暂停、换人是否合理有效，关键时刻的处理是否得当，场上队员执行能力的程度，队员在场上的心理抗压能力及其变化，队员的个人表现与团队精神等。

思 考 题

1. 简述赛前准备工作。
2. 简述赛后总结内容。
3. 论述比赛暂停的时机。
4. 论述比赛换人的时机。

第14章

篮球竞赛规则

章节提要

1. 五人制篮球比赛规则的主要内容；
2. 篮球裁判员的职责；
3. 篮球裁判员的基本素质。

关键术语

竞赛规则、裁判员职责、裁判员素质。

篮球规则是参加篮球竞赛活动的人员必须遵守的比赛规定、技术标准和行为规范。篮球规则是以法规的条文方式，规定了竞赛的方法和竞赛原则，以及违反这些条例与规定应作出的判罚。其宗旨是提倡公正竞赛、文明竞赛，鼓励积极进取、团结协作、遵守纪律的优良体育道德作风；限制不正当行为和不合理的动作，反对野蛮、粗暴的作风与打法，以促进技术、战术的不断发展，从而体现与维护篮球初创时期提出的基本精神、宗旨和目的，以保证与促进篮球运动的健康发展。

14.1 五人制篮球比赛规则

1. 比赛时间

比赛由4节组成，每节10分钟；在第一节和第二节（即第一半时）之间、第三节和第四节（即第二半时）之间以及每一决胜期之前应有2分钟的比赛休息时间。两个半时之间的休息时间应为15分钟。在比赛预定的开始时间之前，有20分钟的比赛休息时间。如果在第4节比赛结束时比分相等，比赛有必要再继续若干个5分钟的决胜期来打破平局。

2. 比赛的开始与结束

当主裁判持球步入中圈执行跳球，球离开主裁判员的手时第1节比赛开始。

其后所有的各节比赛和决胜期的开始时间为掷球入界队员处理球的时间。第三节比赛开始前，双方球队应交换比赛场地。在所有的决胜期中，球队应继续进攻与第4节比赛方向相同的球篮。

一节或决胜期的比赛，当比赛计时钟响时，比赛结束。

在比赛中出现下列情况应视为弃权，宣布比赛结束：

(1) 在预定比赛开始的时间15分钟后，某队不到场或不能使5名队员入场准备比赛，裁判员可判该队弃权，宣布该队比赛告负，判对方队获胜，且比分为20∶0。此外，被判弃权的队本场比赛名次排列积分中为0。

(2) 在比赛中,如果某队因队员5次犯规下场或队员受伤以及其他原因在场上准备比赛的队员少于2名时,裁判员可判该队由于缺少队员使比赛告负,宣布比赛结束。此时,如判给获胜的队比分领先,则当时的比分有效;如判给获胜的队比分未领先,则比分应记录为2∶0。此外,因缺少队员而告负的队在名次排列积分中应得1分。

3. 活球与死球

1) 活球

(1) 跳球中,球离开主裁判员抛球的手时。

(2) 罚球中,罚球队员可处理球时。

(3) 掷球入界中,掷球入界队员可处理球时。

2) 死球

(1) 任何投篮或罚球中篮时。

(2) 球是活球,裁判员鸣哨时。

(3) 在一次罚球中球明显不会进入球篮,且该次罚球后接着有另一次或多次罚球时、进一步的罚则(罚球或掷球入界)时。

(4) 比赛计时钟信号响以结束一节或决胜期时。

(5) 某队控制球,进攻计时钟信号响时。

(6) 投篮中飞行的球在下述情况后被任一队的队员触及时:

①裁判员鸣哨;

②比赛计时钟信号响以结束一节或决胜期;

③进攻计时钟信号响。

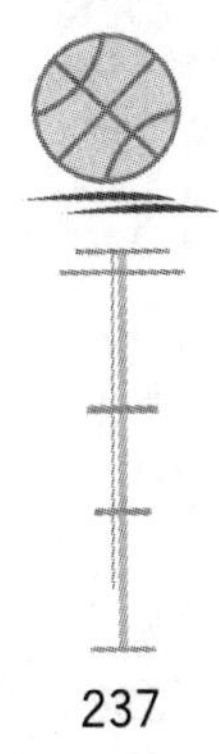

4. 球队控制球

球队控制球开始于该队一名队员正拿着或运着球,或者处理一个活球。以下情况时,是球队继续控制球。

(1) 某队一名队员控制一个活球。

(2) 球在队员之间传递时。

下列情况为球队控制球结束:

(1) 一名对方队员获得控制球时。

(2) 球成死球时。

(3) 在投篮或罚球中,球已离开队员的手时。

5. 球中篮

在比赛中,只有当一个活球从上方进入球篮并停留球篮内或穿过球篮时才为球中篮。在比赛中出现下列情况时:

(1) 如果队员意外将球投入本队的球篮,中篮计2分,记在对方的队长名下。

(2) 如果队员故意将球投入本队球篮,则是违例,中篮不计得分。

(3) 如果队员使整个球从下方进入球篮,则是违例。

6. 暂停与替换

1) 暂停

每队可准予:

(1) 上半时2次暂停。

(2) 下半时3次暂停,当第4节比赛还剩2分钟或更少时,最多2次暂停。

(3) 每一个决胜期一次暂停。

未用过的暂停,不得留给下一个半时或决胜期。每次暂停时间为1分钟。

只有教练员或助理教练员有权请求登记暂停。

当出现下列情况时,球队员可以请求暂停:

(1)(对于双方队)球成死球,比赛计时钟停止,以及当裁判员已结束了与记录台的联系时。

(2)(对于双方队)在最后一次罚球成功后,球成死球时。对于非得分队,投篮得分时。一次暂停机会开始。当队员在掷球入界或第一次的罚球可处理球时,一次暂停机会结束。

2)替换

在比赛中,只有替补队员有权请求替换。替补队员应到记录台前清楚地要求替换,做出替换手势或坐在替换席上,并做好比赛的准备。

当出现下列情况时,球队员可以请求替换:

(1)(对于双方队)当球成死球,比赛计时钟停止,以及裁判员已结束了与记录台的联系时。

(2)(对于双方队)在最后一次罚球成功后,球成为死球时。

(3)(对于非得分队)在第4节或每一决胜期的比赛计时钟显示2:00分钟或更少,投篮得分时。

一次替换机会结束于掷球入界的队员可处理球时,或第一次的罚球可处理球时。

14.2 违例的判断和处理

违例是违犯规则。对违例的罚则:将球判给对方队员从最靠近发生违例的地点掷球入界,但正好在篮板后面的地点除外,除非本规则另有规定。

14.2.1 带球走

确定中枢脚是判断持球队员是否带球走的关键。通常以下面四种情况来确定中枢脚:

(1)队员静立时接球,可以任何一脚作中枢脚。

(2)队员在移动中接球停步,如果两脚平行开立,可以用任意一脚作中枢脚;如果两脚前后开立,只能用后脚作中枢脚。

(3)队员移动中接球在第一拍节一脚落地确已停步,另一脚落地后,只能用先着地并确已停步的脚作中枢脚。

(4)队员合法停球后,其投篮或传球时可提起中枢脚或跳起,但必须在一脚或两脚再次接触地面前将球脱手;如果队员开始运球,在球离手前不准提起中枢脚。持球队员违犯上述持球移动的限制范围,都应判为带球走违例。

14.2.2 非法运球

队员控制球后,将球掷、拍或滚,在球接触其他队员之前再与球接触则为运球。队员一次运球完毕,不得再次运球,如果再次运球,称非法运球。但是,下列情况不算运球:连续投篮,接球不稳,与附近的对方队员抢球时用连续跳拍球的方法以图控制球,打落对方的球，球触及对方球篮或篮板等。若出现上述情况，若该队员又得到球后，可运球或重新运球。

14.2.3 脚踢球和拳击球

篮球比赛时，队员不得用脚踢球或者用腿有意地阻拦球，不得用拳击球，不得故意用头顶球。如果队员出现上述动作，应判违例。但是，无意的球碰脚或腿，则不判为违例。

14.2.4 球回后场

在前场控制球的队员使球进入后场，该队队员又接触了球，则为球回后场违例。因此，判断球回后场违例有三个因素：队员在前场控制球；在前场最后触球；在后场最先触球。缺任何一因素都不构成球回后场违例。

判断球回后场违例时要注意以下几个问题：

(1) 中线属于该队的后场。

(2) 无论队员在前场或者后场投篮，球碰篮圈或篮板弹回后场，或者抢篮板球时进攻队员把球拍回后场，该队队员在其后场首先拿到球，则不是球回后场违例。

(3) 队员在其前场跳球时，将球拍到其后场，此球又被该队队员首先拿到，则不是球回后场违例。

14.2.5 干扰球

判断干扰球违例要注意以下几个问题：

(1) 投篮和传递中的球，球在篮圈水平面上下落时，进攻队员不得触及此球，如进攻队员违反此规定，不管是否投中均无效，由对方在违例就近的边线外掷界外球。

(2) 投篮的球，当球在篮圈水平面上下落时，防守队员不得触及此球，如防守队员违反此规定，无论中篮与否，根据投篮地点判给投篮队得 2 分或 3 分。

(3) 投篮的球，当球在篮圈上时，攻守队员都不得触及球篮和篮板，进攻队员违反此规定，得分无效；防守队员违反此规定，无论中篮与否，均判给进攻队得 2 分或 3 分。

14.2.6 使球出界

比赛中，队员使球触及出界队员，触及界线外的任何人员、地面或物体；触及篮板的支柱或背面等，应判为使球出界。在判断使球出界时应注意以下几个问题：

(1) 比赛中如果某队员故意将球掷或抛向对方队员身上使球出界，即使最后触及球的是对方队员，但仍将球权判给对方。

(2) 将对方手中的球打出界外，应判打球队员使球出界。

(3) 传出的球触及了站在界线的裁判员，应立即判传球队员使球出界。

(4) 队员在界线外掷界外球时，球被场内对方队员封堵后弹回，并又触及了站在界线外的原掷界外球的队员，应判原掷界外球队员使球出界。

14.2.7 罚球违例

罚球时队员应遵守下列规定：罚球队员应在 5 秒钟之内投篮出手并使球触及篮圈。罚球时，罚球队员不得接触罚球线或罚球线前的地面，双方队员不得接触罚球区或扰乱

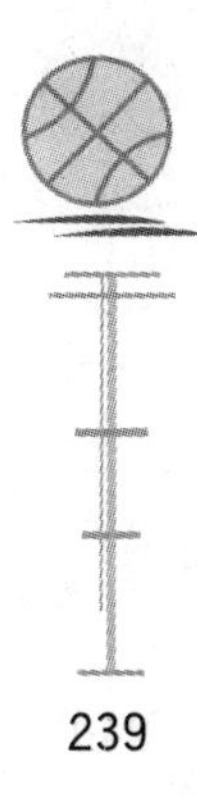

罚球队员等,违犯上述规定,即判违例。

裁判员在执行罚球时要注意以下问题:

(1) 宣判侵人犯规并判给罚球时,应指令被侵犯的队员执行罚球,如其他队员冒名顶替,罚中无效,并取消剩余的罚球次数。

(2) 罚球队员如果将球错误地投入本方的球篮,无论罚中与否,得分无效。应在对方的球篮重新执行罚球。

(3) 被指令的罚球队员因受伤不能执行罚球时,则应由替换他的队员执行罚球。

(4) 替换罚球队员时,其应完成罚球并且最末一次罚球罚中后才能被替换。

(5) 凡是比赛前,两半时之间和决胜期休息期间,某队员被判技术犯规的罚球;凡是在比赛中判某队队员故意犯规,取消比赛资格的犯规和判教练员或替补队员技术犯规的罚球,执行罚球时双方队员不站位置区。

14.2.8 违犯时间规则的违例

1. 3 秒钟违例

某队控制球时,同队队员在对方限制区内停留不得超过 3 秒钟,否则为 3 秒钟违例。在判断和处理 3 秒钟违例时,要注意以下几个问题:

(1) 3 秒钟在所有掷界外球的情况下均有效,从掷界外球队员可处理球时开始计算。

(2) 限制区的所有线属于限制区的一部分,进攻队员脚踩限制线如同进入限制区。

(3) 投篮出手和连续抢篮板球投篮时,不受 3 秒钟限制。

2. 5 秒钟违例

在判断和处理 5 秒钟违例时,要注意下列几个问题:

(1) 掷界外球队员的 5 秒钟计算,是从掷界外球队员可处理球时开始,他必须在 5 秒钟内将球掷入场内,否则应判 5 秒钟违例。违例后由对方在原违例地点掷界外球。

(2) 罚球队员 5 秒钟的计算,是从罚球队员得到裁判员的递交球后,他必须在 5 秒钟内将球离手,否则,应判罚球队员 5 秒钟违例。若是两次罚球中第一次罚球违例,算一次罚球,若是最末一次罚球 5 秒钟违例,由对方在正对罚球线的边线外掷界外球。

(3) 持球队员被严密防守 5 秒钟的计算,是当一个持球队员被一个或两个对方队员积极挥臂封堵、抢球时,他在 5 秒钟内没有传、滚、投或运球时,应判违例,失去球权,由对方在违例就近的边线掷界外球。

3. 8 秒钟违例

一个队从后场控制活球开始,必须在 8 秒钟内使球进入前场,如果超过 8 秒钟,应判违例,失去球权,由对方在违例就近的边线外掷界外球。

判断 8 秒钟违例时,要注意两个问题:

(1) 某队在后场控制活球,当球触及中线前的场地,或触及有部分身体接触中线前的地面队员,都算球进入前场。

(2) 裁判员计算后场 8 秒钟,要以挥臂计算为主,参看 24 秒钟显示器为辅。

4. 24 秒钟违例

某队在场内控制着一个活球时,必须在 24 秒钟内投篮出手,否则应判 24 秒钟违例。发生 24 秒违例,失去球权,由对方在违例就近的边线掷界外球。

判断和处理 24 秒钟违例时,要注意两个问题:

(1) 球出界和由原控制球队的同队队员掷界外球时,或裁判员中止比赛以保护受伤队员和由受伤队员的同队队员掷界外球时,24 秒钟从中断处连续计算。

(2) 投篮的球在空中,24 秒钟错误发出信号,如球投中,得分有效,如球没有投中,则由双方队员在就近的圆圈内跳球。

发生上述违例时,裁判员应按以下程序宣判:

(1) 鸣哨的同时,一臂伸直高举,伸开手掌,五指并拢,以示违例停表。

(2) 做出违例性质的手势,如带球走等。

(3) 用手臂明确地指出新的比赛方向和掷界外球地点。

14.3 侵人犯规的判断和处理

14.3.1 正确地区分身体接触与侵人犯规

侵人犯规是指在球进入比赛状态、活球和死球时,队员发生不合理的身体接触。区分哪些身体接触是无意的、合理的,哪些身体接触是有意的、非法的,是判断侵人犯规的关键。

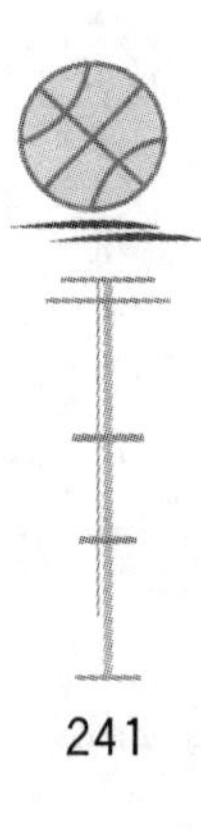

14.3.2 断侵人犯规的标准

在比赛中,队员凡是违犯下列几种情况而造成的身体接触,都应判为侵人犯规:

(1) 队员在攻守中,不准通过伸展臂、肩、髋、膝或弯曲身体成不正确的防守姿势;不准采取不合理的防守位置,达到阻挡、阻挠对方;不准采用非法的动作打、拉、推对方。

(2) 守无球队员时,距离不准太近;占据位置时,时间和速度不准太快。

(3) 运球队员不准冲撞已站在其行进路线上并已采取了合法防守位置的队员。

(4) 队员掩护时,要原地不动,要有一定的距离,不准在移动中进行掩护。

(5) 队员起跳时,要遵守垂直原则,不准撞开对方起跳;当某队员起跳到空中时,对方队员不准移动到他的身体下面。

14.3.3 侵人犯规的处理方法

由于侵人犯规的种类和性质不同,罚则和处理方法也不相同:

1. 对投篮队员侵人犯规

对正在做投篮动作的队员发生了侵人犯规时,登记该队员犯规次数,并累计在全队每半时 7 次犯规之内,若球投中,得分有效,再加罚一次;若球未投中,根据投篮地点判给投篮队员 2 次或 3 次罚球。对未做投篮动作的队员发生了侵人犯规时,登记该队员犯规次数,累计在全队每半时 7 次犯规之内,由对方在犯规就近的边线外掷界外球。若本队每半时的犯规超过 7 次,则由对方执行 1+1 罚球。

2. 故意犯规

队员有意造成侵人犯规,则为故意犯规。登记该队员的犯规次数,累计全队每半时 7 次犯规之内。判给对方两次罚球和一次在边线的中点处掷界外球。若对投篮队员发生了故意犯规,投中有效,再判给一次罚球和一次边线中点外处掷界外球;若投球未中,根据投篮地点判给投篮队员 2 次或 3 次罚球和一次边线中点处掷界外球。

3. 取消比赛资格的犯规

凡属十分恶劣的不道德行为，判为取消比赛资格的故意犯规。

4. 聚众犯规

两个或两个以上的同队队员，几乎同时在对方同一个队员身上造成侵人犯规，为聚众犯规。登记每个犯规队员的犯规次数，累计在全队每半时 7 次犯规之内，由对方罚球两次。

5. 双方犯规

双方队员几乎同时相互犯规，为双方犯规。登记各自的犯规次数，累计在全队每半时 7 次犯规之内。由犯规队员在就近的圆圈内跳球。

发生上述犯规时，裁判员应按以下程序宣判：

(1) 鸣哨的同时，一手臂伸直高举并握拳，以此表示犯规停表，另一手臂五指并拢，掌心向下，指向犯规队员。

(2) 要求犯规队员举手过头。

(3) 以手势表明要执行的罚则，如判给罚球则指向罚球线，如不判给罚球，则指向掷界外球地点。

(4) 移动到记录台能清楚看到的地方。

(5) 做出犯规队员的号码，犯规性质的手势，再次用手势表明要执行的罚则。

14.4 技术犯规的判断和处理

14.4.1 判断技术犯规的原则

技术犯规是与对方不发生身体接触而违反规则的行为和道德方面的犯规。在判断和处理技术犯规时要遵守三条原则：

(1) 对显然是无意和对比赛没有影响的或属于管理性质的技术性违反规则的，不算技术犯规。但要提出警告，警告后该队又重犯时，则应立即判技术犯规；

(2) 对有意、不道德的或有投机取巧性质的行为，应立即判为技术犯规；

(3) 违反规定性质严重的或坚持不改的，应判技术犯规而且取消犯规者的比赛资格，并令其退出比赛场地。

14.4.2 技术犯规的处理方法

1. 队员技术犯规的处理

在比赛中，队员如果同裁判员谈话或接触没有礼貌，或使用不尊重的语言和举动，或故意拖延比赛时间妨碍比赛进行，或被判犯规不按规则要求举手等，都应判技术犯规。登记该队员犯规次数，累计在全队每半时 7 次犯规之内，由对方罚球两次。

2. 教练员、助理教练员和替补队员技术犯规的处理

在比赛中，教练员、助理教练员和替补队员如果随意进入球场或离开球队席，跟随比赛的移动而指挥比赛，或不听裁判员的劝告，或与裁判员和对方人员谈话没有礼貌，或大喊大叫妨碍比赛顺利进行等，都应判为技术犯规。将犯规登记在该队教练员名下，累计在该队教练员 3 次犯规之内，由对方罚球两次并在边线的中点处掷界外球。

3. 比赛前或比赛休息期间技术犯规的处理

比赛前和比赛休息期间，若队员被判技术犯规，将犯规登记在该队员名下，累计在全队每半时7次犯规之内。若教练员和助理教练员技术犯规，将犯规登记在该队教练员名下，累计在该教练员3次犯规之内，由对方罚球两次之后，在中圈跳球开始比赛。

14.5 裁判员的职责和权力

(1) 裁判员。一般设1名主裁判员和1名或2名副裁判员。他们的裁判工作由记录台人员和技术代表(如在场)协助。

(2) 记录台人员。一般设1名记录员、1名助理记录员、1名计时员和1名进攻计时员。

(3) 技术代表。技术代表应坐在记录员和计时员之间，比赛中他的主要职责是监督记录台人员的工作，并协助主裁判员和副裁判员使比赛顺利进行。

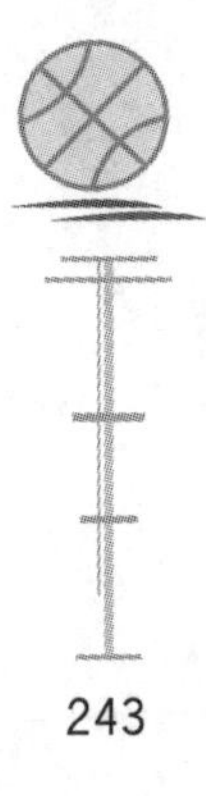

14.5.1 裁判员的职责和权力

(1) 裁判员有权对不论发生在界线内或界线外(包括记录台、球队席及紧靠线后的区域)所发生的对规则的违犯做出宣判。

(2) 当发生一起违犯规则，一节或决胜期结束，或裁判员发现有必要停止比赛时，裁判员应鸣哨。在一次成功的投篮、一次成功的罚球之后或当球成活球时，裁判员不应鸣哨。

(3) 当判定身体接触或违例时，裁判员应在每一个实例中遵循和权衡下列基本原则：

规则的精神和意图，以及坚持比赛完整的需要。

运用“有利/无利”概念中的一致性，裁判员不应企图靠不必要的打断比赛的流畅来处罚附带的身体接触，况且这样的接触没有让有责任的队员获利，也未置对方队员于不利。

在每场比赛中运用常识的一致性，要记住有关队员的能力，以及他们在比赛中的态度和行为。

在比赛控制和比赛流畅之间保持平衡的一致性，对于参与者们正想做什么，以及宣判什么对比赛是正确的，要有一种“感觉”。

(4) 如果其中一支球队提出申诉，主裁判员(或到场的技术代表)在收到队伍提交的申诉原因后，应将该起申诉的事件情况书面报告给竞赛的组织部门。

(5) 如果一位裁判员受伤或因任何其他原因，在事故发生的5分钟内还不能继续执行职责，比赛应继续。剩余的裁判员应一直独立地执裁到比赛结束，除非有符合资格的替补裁判员替换他的可能性。在与技术代表(如到场)商议之后，剩余的裁判员将决定该可能的更换。

(6) 对所有的国际比赛，如果有必要用口语使宣判清楚，则应使用英语。

(7) 每位裁判员有权在他的职责范围内做出宣判，但他无权漠视或质问另一(两)位裁判员做出的宣判。

(8) 不论是否作出明确的决定，裁判员对国际篮联篮球规则的执行和解释是最终的,不能被争辩或漠视,除非是已被允许申诉的情况。

14.5.2 主裁判员的职责和权力

(1) 检查和批准在比赛中使用的所有器材。

(2) 指定正式的比赛计时钟、进攻计时钟、秒表,并确认记录台人员。

(3) 从主队提供的至少 2 个用过的球中挑选比赛球。如果 2 个球中没有一个适宜作为比赛球,裁判员可在提供的球中挑选最好的。

(4) 不允许任何队员佩戴可能对其他队员造成伤害的物品。

(5) 在第 1 节开始时执行跳球,在所有其他节和决胜期开始时管理掷球入界。

(6) 当情况需要时有权停止比赛。

(7) 有权判定某队弃权。

(8) 在比赛时间结束时,或在任何裁判员认为有必要的时候,仔细地审查记录表。

(9) 在比赛时间结束时核准记录表并在上面签字,终止裁判员对比赛的管理,以及裁判员和比赛的联系。裁判员的权力应从预定的比赛开始时间前 20 分钟到达比赛场地时开始,当结束比赛的计时钟信号响并被裁判员认可时,裁判员的权力结束。

(10) 在记录表上签字前,需要在记录表背面记录以下内容:第一,任何弃权或取消比赛资格的犯规;第二,任何队员或球队席人员在早于预定比赛开始前 20 分钟或在比赛时间结束和核准记录表并签字之间发生了的违反体育道德的行为。

(11) 每当有必要或裁判员的意见不一致时做出最终的决定。为做出最终的决定,裁判员可与副裁判员、技术代表(如到场)和/或记录台人员商量。

(12) 有权在限定范围内即时使用回放系统。

(13) 计时员提醒时间后,距离第 1 节和第 3 节开始还有 3 分钟和 1.5 分钟时,主裁判员应鸣哨。同样,距离第 2 节和第 4 节,以及每一决胜期开始还有 30 秒时应鸣哨。

(14) 有权对本规则中未明确规定的任何事项做出决定。

14.6 裁判员基本素质

14.6.1 裁判员基本素质的内容

篮球裁判员是比赛的组织者、管理者、执法者,其判罚直接影响篮球比赛的结果、流畅性、观赏性,裁判员的综合素质在比赛中能够得到充分的体现。篮球裁判员的基本素质应包括专业素质(理论知识、裁判技能)、身体素质、心理素质和职业道德。

1. 专业素质

篮球裁判的专业素质包括临场裁判和记录台工作能力两方面。具体体现为裁判员对篮球竞赛规则和裁判方法的掌握程度、临场比赛的判罚能力、篮球竞赛的组织编排与名次的判定、记录台工作能力、对篮球技术与战术的理解掌握程度等。篮球竞赛规则和裁判法是篮球裁判的理论基础,是篮球裁判员临场判罚、组织比赛和执行记录台工作的依据。

2. 身体素质

裁判员临场技术水平的发挥,身体素质起关键作用。现代篮球职业化快速发展,各级篮球运动员的身体素质也不断提高，攻防转换也越来越快，攻防对抗日趋激烈。因此对篮球裁判员的身体素质也有了更高的要求。裁判员应具有超强的耐力、快速的脚步移动能力，才能迅速找到利于判罚的角度和位置，做出正确的判罚。

3. 心理素质

篮球裁判员在比赛过程中需要保持注意力的高度集中、情绪稳定。因为在比赛中裁判员要承受教练员的压力、观众的压力、场上队员的压力、比赛本身的压力等。因此篮球裁判必须学会控制自身情绪、缓解各方压力，确保比赛的顺利进行。

4. 职业道德

对篮球裁判工作的热爱和执著是裁判员首先必备的职业道德，也是做好本职工作的重要前提。篮球裁判员要具备崇高的事业心、强烈的责任心、坚定的工作信心，明确篮球裁判工作神圣性、光荣性和任务的艰巨性，树立为裁判事业奉献身心的精神，临场执法过程中严格按照“严肃认真、公正准确”的八字方针进行工作，为比赛营造良好的氛围。

14.6.2 篮球裁判基本素质训练内容

1. 专业理论知识

篮球裁判专业理论知识是其基本功训练中的重要内容，包括了篮球规则、裁判法等。第一，篮球规则训练。篮球规则是对篮球比赛秩序的规范，是对不正当行为、不合理动作的约束与限制，推动篮球技术与战术发展。裁判员必须要精通篮球规则。同时，篮球规则在篮球运动发展中会不断修改，还要求裁判员具有学习精神和能力，不断学习掌握新规则，以便于满足实际需求。第二，裁判法训练。裁判法与篮球规则同等重要，是篮球裁判基本功的重要理论支撑，包括执裁的方法与技巧，是保障裁判员在赛场上能够顺利完成执裁任务的工作方法。其训练内容主要是裁判员能够具有在赛场上获得最佳位置的能力，以便于其能够公平公正的宣判赛场上违反规则的动作和行为。

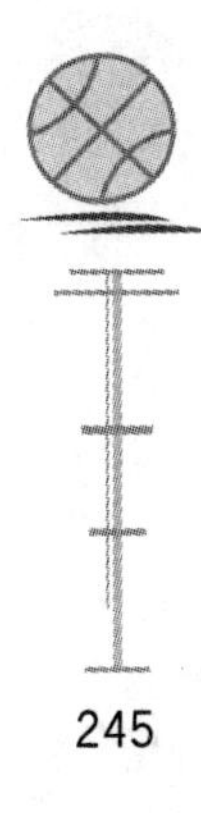

2. 专业动作及技能

1）手势训练

篮球裁判在执裁过程中，手势是必不可少的一项裁判能力，停开、抛球、递交球、宣判等裁判动作都需要用到手势动作，手势动作贯穿了比赛开始到最终结束，是裁判员在赛场上的语言表达的主要依据，也是裁判员在比赛中对比赛进行管理重要方法。因此，篮球裁判良好的手力要求其手部肌肉协调、关节灵活、韧带柔软，确保各项手势动作都能够顺利完成，精准表达。篮球裁判手势训练可以按照手势图自己训练，或两到三人合作配合口令鸣哨进行相应手势训练。

2）移动训练

移动训练是对裁判员腿部与脚部动作技能的训练，使其能够掌握执裁中身体重心转移、速度与方向变化等基本技能。裁判员在篮球比赛执裁过程中，需要不断快速移动，及时占据有效观察位置和观察角度，掌握赛场上发展的情况。因此，篮球裁判在移动训练过程中，主要可以通过起动与快跑结合练习、全场“Z”字变向跑、急停与转身训练、折返跑、侧身跑、按指令起动快跑、交叉移动训练等。

3）视野训练

篮球裁判员视野训练，是对其在执裁过程中能够通过眼睛及眼角余光扩大观察的能力的训练，其直接关系到裁判员对全场的了解情况，是裁判对赛场上的违规行为和动作捕捉能力,和判罚的准确性的重要依据。在训练过程中,裁判员需要在掌握快速移动的过程中,关注赛场情况,做到移动中注视;通过观看篮球比赛训练眼力,锻炼自己的赛场观察能力。

4)哨功训练

篮球裁判最重要的基本技能之一就是鸣哨,其是裁判员有声语言的表达途径,鸣哨水平在很大程度上代表了一名篮球裁判的工作水平,反应裁判员基本功掌握情况。哨声在篮球赛场上是命令、指令的存在,因此,篮球裁判在鸣哨时,必须要做到果断,哨声应当短、清、快,尽可能不出现连续鸣哨,避免长哨、断哨情况。哨功训练主要是进行吹哨、吐哨的练习,观看篮球比赛视频练习对违规动作鸣哨。

3. 专业身体素质

篮球裁判的基本功训练中还包括对身体素质的训练。篮球裁判身体素质基本功包括速度、耐力、力量素质,在训练过程中,可以通过阻力加速跑、反复加速跑等方式进行速度训练;通过中场跑、莱格尔跑等方式进行耐力训练;通过举哑铃、负重下蹲等训练上下肢力量。

思 考 题

1. 简述犯规、违例判罚处理程序。
2. 简述篮球规则变化对比赛的影响。
3. 试述如何在比赛中合理运用规则。
4. 试述如何培养篮球裁判员。

第 15 章
三人制篮球运动

章节提要

1. 三人制篮球运动的发展;
2. 三人制篮球运动的特点;
3. 三人制篮球规则。

关键术语

三人制篮球运动、三人制篮球规则。

15.1 三人制篮球运动的发展

15.1.1 三人制篮球运动发展的三阶段

1. 初创萌芽期(20 世纪初—20 世纪 40 年代)

三人制篮球最早的雏形是美国街头篮球游戏,该时期三对三篮球运动没有形成正规的篮球比赛,也没有正规的篮球规则。美国黑人是参加三对三篮球比赛的主要人群,在街头参加三对三篮球比赛的主要目的是为了娱乐。

2. 完善推广时期(20 世纪 50 年代—20 世纪 80 年代)

良好的篮球艺术性、表演性是街头篮球文化广泛传播的关键,使作为街头篮球衍生发展形式的三人篮球比赛在该阶段得以普及与发展,也为三人制篮球的全面发展打下了坚实的基础。

3. 全面发展时期(20 世纪 90 年代—21 世纪初)

20 世纪末期,世界三人篮球迅猛发展,特别在欧美地区极为盛行。首届世界三人篮球比赛于 1992 年在德国法兰克福成功举行,标志着三人篮球比赛从此正式走向世界。2010 年,在首届青奥会的赛场上,三人制篮球正式成为面向全球青年奥林匹克健儿的比赛项目。2017 年 6 月,国际奥林匹克委员会官方宣布,三人制篮球比赛自 2020 年东京奥运会起,正式成为奥运比赛项目。

15.1.2 我国三人制篮球运动

1. 我国三人制篮球的发展

我国三人篮球则开展较晚。1993 年 7 月,香港维多利亚公园作为法兰克福世锦赛后的 32 个分站赛点之一,首次举办了三人篮球赛并大获成功。随之三人篮球运动逐渐在我国兴起和发展。

2. 我国三人制篮球运动的现状

“中国三对三篮球联赛”是由中国篮协和耐克公司在2015年创立的一项赛事。联赛采用半场三人制篮球比赛形式，执行国际篮联(FIBA)三人制篮球规则。“中国三对三篮球联赛”现为国内参与面最广、人数最多、水平最高的三人篮球联赛，共分为省级赛(全国30余个省级行政区，每个省级赛又下设城市分区赛)、大区赛(全国分为华北、东北、华东、华中、华南、西部6个大区)和总决赛三个阶段，其中总决赛有来自CBA各俱乐部的适龄梯队球员组成的专业队伍参加。全国总决赛男子公开组冠军队，可获得参加当年国际篮联大师赛比赛机会；全国总决赛男子公开组和女子组前三名的球队，可获得参加国家三人篮球队集训选拔的机会。“中国三对三篮球联赛”有利于发掘和培养篮球选手和篮球后备力量，扩展各省市篮球市场，提高篮球运动在各省市的普及和发展。

为了推动中国三对三篮球运动的发展，2012年国家体育总局篮球运动管理中心增设了三人篮球部，2018年中国篮球协会又成立了三人篮球委员会。

15.1.3 三人制篮球重大赛事介绍

1. 奥林匹克运动会

2017年6月，国际奥林匹克委员会正式将三人篮球列为奥运比赛项目。在2021年东京奥运会女子三人制篮球竞赛中，中国女子篮球队取得了第三名。

2. 亚洲运动会

2018年8月，三人篮球首次被列入亚运会正式比赛项目。

3. 中华人民共和国全国运动会

中华人民共和国全国运动会简称全运会，中国国内水平最高，规模最大的综合性运动会，每四年举办一次。2017年7月，国家体育总局发布正式文件，决定在第13届全运会增设三对三篮球赛分项。

15.2 三人制篮球的特点与价值

15.2.1 三人制篮球运动特点

1. 灵活性特点

三人制篮球规则灵活性较大，竞赛主办单位可根据具体情况灵活改变规则，如比赛时间可增加或减少，比赛时间结束时若双方比分相同则可直接采取罚球决胜负。比赛以局为单位，先得到规定分数者获胜，比赛不分性别等。规则的灵活性，决定了三人制篮球的强度小，攻防节奏快，偶然性、娱乐性和创造性强，功利性和竞技性较弱，表演色彩更浓，参与的人群广泛。

2. 对抗性特点

三人制比五人制的个人攻守面积要大，从进攻角度上来看，其个人控制和支配球的时间相对增加，比赛激烈程度更大，更具对抗性。

3. 观赏性特点

三人制篮球比赛时参与者即兴的发挥、心有灵犀般的默契配合、娴熟的攻击、攻守对抗交替转换的激烈场面等，都令三人制篮球比赛产生强烈的力量与美，使人感到赏心悦目。

4. 简易性特点

相对五人制篮球容易组织，三人制篮球比赛对场地、器材、人员、经费要求不高。对参赛人数、职业、性别等条件约束性低，男女老少均可参加。技术运用、战术打法简单实用，通常技术、战术方法运用以个人技术和两人、三人的基础配合为主。

5. 集体性特点

三人制篮球规则规定人数：比赛双方可报名4名运动员，上场队员为3人。因此，三人制篮球也是一项集体性对抗项目，提倡在团队配合为基础的条件下把个人的技术融于团队战术之中，形成成员之间相互协同攻守对抗。

6. 短周期性特点

国际篮联规定三人制篮球比赛的时间为10分钟，每次进攻时间为12秒。单场比赛时间短，形成了独具一格的精彩比赛呈现方式。因此，参赛队伍多，而常采用循环制与淘汰制相结合的混合制来缩短比赛周期，比赛结果的悬念经常提前出现。

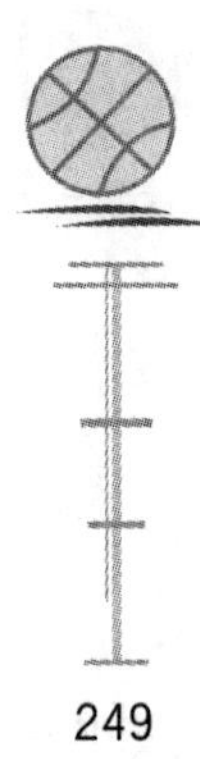

15.2.2 三人制篮球价值

1. 文化教育价值

三人制篮球虽然提倡和鼓励参与者的自我表现，但仅个人的能力是很难完成所有比赛任务的，要想获得胜利必须要加强配合，三人制篮球对于集体主义精神的培养有着积极的作用。三人制篮球既培养个体的创造性，又培养团队协作精神，是具有良好文化教育价值的运动。

2. 健康价值

实践证明经常参与三人制篮球赛，有利于培养参与者动作的协调能力，提高观察判断和反应能力，增强循环、呼吸等系统的功能，具有很高的身心健康价值。

3. 商业价值

三人制篮球开展简易、组队方便和规则简明的特点，对三人制篮球赛特有的精彩呈现方式非常感兴趣，因此三人制篮球已成为商业组织想要重金打造的一个篮球运动，众多三人制篮球赛事的举办已经证明它的商业价值和经济价值，而赛事举办期间穿插的各类表演活动更是将三人制篮球运动的经济价值发挥到了极致。

4. 娱乐价值

三人制篮球源于街头篮球，具有极强的趣味性和娱乐价值。参与者运用个人娴熟的技巧和默契的团队配合来与对手争锋，球场上时时处处都在展示着运球、传球、投篮、抢断、扣篮和封盖等技巧，比赛场面攻守交错、精彩异常。

15.3 三人制篮球比赛队员配置及打法特点

15.3.1 队员配置

比赛中各队的人员配置方面，规则里报名人员可以有4人，但上场人员只有3人，所以，上报的参赛球员通常是两名外线球员加两名内线球员或者三名外线球员加一名内线球员。所以更多的场上配置是以下几种：两名外线球员加一名内线球员、一名外线球员加两名内线球员。三名都是外线球员的情况也会出现在赛场上，通常是因为有一些特殊的战术安排或者是内线球员犯规过多。

15.3.2 战术特点

1. 三人制篮球战术概念

三人制篮球战术是指篮球比赛中队员和队员之间有策略、有组织、有意识地协同运用技术进行攻守的行动，是以篮球技术为基础，在一定的战术指导思想和战术意识支配下的集体攻守方法。

2. 三人制篮球战术方法

1）两名外线球员加一名内线球员配置

（1）打法及特点：两名外线球员加一名内线球员的打法还是以外线为主，通常来说，这种打法是通过外线球员的个人能力创造机会，另一个外线球员等待机会接球远投或者空切。主要特点是移动性很强，全体队员移动起来打。

（2）站位及战术。

同侧站位：在三人制篮球比赛中较为少见，通常是为了强攻内线或者跑内线低位策应外线球员空插的战术配合。因为空间越大对进攻越有利，而站在同侧的话每个进攻球员的平均空间就小，不利于战术的开展，所以要求队员之间配合默契，而且具备一定的传球能力。

内线低位：当内线球员在低位要球时，球队的主要打法是以中锋队员为核心，通过中锋队员创造机会的同时吸引协防后分球给外线的投手。

内线高位：当两名外线球员位于球场两侧的同时，内线球员提至高位（罚球线附近），其目的是拉空内线，给持球的外线球员足够的突破空间，创造一打一机会或者突破分球机会。

高位策应：当两名外线球员位于球场两侧，内线球员上提至无球侧罚球线接球，接球的同时注意同侧外线球员的背插机会。若空插时机不合适，内线球员需要立刻运球至三分线弧顶位置接应外线队友，通过手递手传接球突破上篮。内线球员在突破遭到包夹时要及时寻找另外一侧的做V形切入的队员伺机传球。在进行手递手传球时内线上提的队员需要注意合理运动转身来阻挡对方的防守路线，如果对方采取换人，要及时利用错位回传给内线球员来以大打小。

2）一名外线球员加两名内线球员

（1）打法及特点：这个配置是在取得内线优势的情况下强攻内线，加强两名内线之间的联系，冲击对方三秒区直接得分，同时也会有很好的篮板优势和协防优势。外线球员也可以通过两名内线球员掩护好的特点，多一些挡拆配合。

（2）站位及战术。

同侧站位：同侧站位的情况比较少见，其主要目的是一名内线球员上提弧顶给外线球员做掩护，另一名内线球员在同侧低位，球场的一侧都为外线球员腾空做一打一。

双高站位：两名内线球员上提至弧顶两侧的三分线做掩护，拉空篮下区域，内线球员根据防守位置选择其中一路（通常选择有远投能力的内线球员）利用掩护尝试突破上篮。

双低落位：战术发动阶段两名内线球员都落位于篮下低位，两侧各一名，把内线球员的篮下威胁力发挥到最大，当对方防守队员选择绕前防守时可以另一名内线球员上提策应，建立内线之间的联系，形成高低位的内传内配合。

常规高低位：这是比较常规的站位，一名内线球员位于低位，另一名内线球员位于罚球线作为一个内外线的中转站策应，而外线球员运球到低位内线球员所在的45度角时，可以选择内线传球强打，但更多的是让低位中锋上提掩护，拉动防守人移动，拉空内线。

3）三名外线球员

（1）打法及特点：场上三名球员都是外线球员的情况比较少，但偶尔也会出现，这个配置特点很明确，就是速度快，移动性强，机动性强，各种突破向外分球，各种背插要球，特点鲜明但缺点也很明确，就是外线球员身高和体重不占优势，内线防守和篮板球会比较吃亏。

（2）站位及战术：三名外线球员，其移动性和一对一能力强的特点需要发挥，所以这种情况的站位是全场站位。按照除发球队员位置外剩下两名外线球员所在位置进行分类，分为弧顶站位和底角站位。

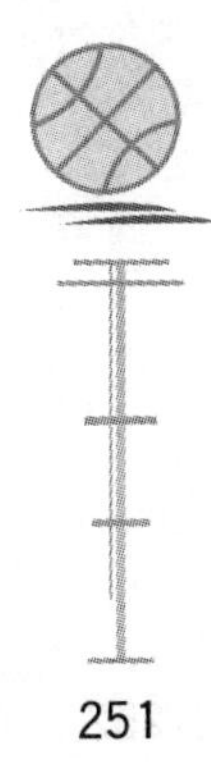

弧顶站位：该站位是为了进行一个外线之间简单的配合，俗称绕“8”字。就是三名外线球员位于三分线外，发球队员位于弧顶，另外两名球员位于弧顶的两侧接近45度角的位置，队员间隔皆为3～5米，持球队员可以随机地向弧顶两侧的一名球员运球，接近后手递手传球给接近的这名外线球员，因为手递手传球速度很快，防守人不容易判断，而且防守人瞬间从防守无球变成防守有球，如果防守人交流不够，那么瞬间换人还是挤过会有些犹豫，就会形成防守的错位，很容易形成突破机会，而接球球员接球后如果没有很好地直接突破机会的话也可以继续运球向另外一名外线球员手递手传球，直到防守人在防守上出现问题，则可以立刻向内突破冲击篮下直接得分，如果出现换人防守的情况也可以通过运球突破篮下。因为接球瞬间都是从外向内运球，所以一般都是中路突破，如果其中一名球员选择中路突破后剩下两侧的球员需要立刻下顺到0度角随时准备接球，突破队员根据防守人位置，如果接近篮下但上不了篮可以减速后假动作晃动，等到两名队员落位到0度角后选择传球给机会更好的队友远投。

底角站位：底角站位通常适用于本队有一个能力特别出色的外线队员（1号队员），该球员可以在没有协防的情况下很轻易得分。通常能力超强的球员在弧顶拿球，剩下两名外线球员位于场地两侧的0度角，为1号队员拉空场地，给其全部场地的进攻空间，使其可以就像一对一那样使用绝大部分场地而不用考虑空间问题。遇到防守时，1号队员可以选择急停跳投或者选择传球给位于两个0度角埋伏的队友，哪边的防守人去协防传给哪边即可。两侧的进攻队员根据自己防守人前去协防的位置可以原地接球或者略微上提接球投篮。

15.4 三人制篮球比赛规则

15.4.1 场地和器材

1. 场地

半个标准的篮球场地（14米×15米）或按照半场比例适当缩小（长度减少1米，宽度减少2米），地面坚实、平整。

2. 球篮

男女成年组和男子初中(含初中)以上适用距地面3.05米的球篮,男子小学组、女子初中组和小学组适用距地面2.8米的球篮。

3. 球

男女成年组和男女初中(含初中)以上可使用圆周在75~78厘米、质量在567~650克的球;男女小学组可使用圆周在68~72厘米,质量在450~500克的球。

15.4.2 工作人员及其职责

1. 裁判人员

设1~2名裁判员和1名记录员。

2. 裁判员权利

比赛设1名裁判员时,该裁判员是比赛中唯一的执法宣判人员。

比赛设2名裁判员(主裁判员和副裁判员)时,两名裁判员对场上违反规则的行为都有权作出宣判,如发生矛盾,主裁判员是终决人员,并负责在记录表上签字。副裁判员兼管记20秒违例。

3. 记录员职责

记录员兼管计时、记分。记录两队累计得分(包括投篮和罚球的得分)、全队及个人犯规次数和比赛时间,并按照规则要求宣布比赛进行的时间和比分。

15.4.3 规则

1. 运动员人数

比赛双方可报名4~5人,上场队员为3人。

2. 比赛时间

(1) 初赛、复赛不分上下半时的,全场比赛时间为10分钟(组织者可根据参赛队数多少修订时间为12或15分钟)。比赛进行到5分钟和9分钟时,记录员各宣布一次时间。如果只有10分钟比赛时间,则双方队都不得暂停(遇有队员受伤,裁判员有权暂停比赛1分钟)。如比赛安排为12或15分钟,则分别允许请求一次或两次暂停,每次暂停时间为30秒。

(2) 决赛分上下两个半时的,每半时8分钟,上半时与下半时之间休息3分钟。

(3) 比赛中除在罚球、暂停、球员受伤及比赛结束等情况下停止计时表外,其余情况均不得停表。

(4) 20秒规则:进攻时间为20秒。

15.4.4 攻守转换

(1) 每次投篮命中后,都由对方发球。

(2) 所有交换发球权的情况(如违例、界外球及投篮命中后),均为死球,在发球区掷界外球继续比赛。所有不交换发球权的情况(如不执行罚球的犯规),则在就近的三分线外发球。在这种情况下,发球前,必须由裁判员递交球。

(3) 守方队员断球或抢到篮板球后,必须将球运(传)出三分线外(持球队员必须双脚踏在三分线外)，才可以组织进攻，否则判进攻违例。

(4) 争球时，在罚球圈跳球，任何一方得球都必须将球运(传)出三分线(持球队员必须双脚踏在三分线外)，才可以组织进攻，否则判进攻违例。跳球中的意外投中无效，重新跳球。

凡因涉及(3)和(4)中出现的违例，裁判员的手势为：两手前臂交叉于脸前，以示违例，交换发球权。

15.4.5 犯规罚则

(1) 比赛中，每个队员允许三次犯规，第四次犯规罚出场。

(2) 任何队员被判取消比赛资格的犯规，则取消该队比赛资格。

(3) 每个队累计犯规达5次后，该队再次出现犯规且为侵人犯规时，由对方执行2次罚球。前5次犯规中，凡对正在做投篮动作的队员犯规：如投中，记录得分，对方个人和全队犯规1次，不追加罚球，由守方发球继续比赛；如投篮不中，则判给攻方被侵犯的队员1次罚球，如罚中得1分，并由攻方继续掷界外球，如罚不中，仍由攻方掷界外球。

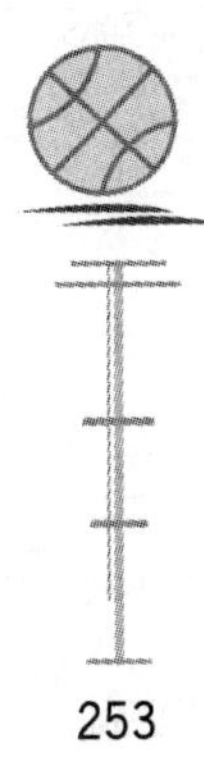

15.4.6 替换

替换只能在比赛计时表停止的情况下替换，被换下的队员不能再被替换上场(场上队员不足3人时除外)。

15.4.7 得分相等和决胜期

比赛时间终了，以得分多者为胜方。初赛及复赛阶段，比赛时间终了，如得分相等，执行一对一依次罚球，只要出现某队领先1分即为胜方，比赛结束。

在决赛阶段，比赛时间终了，如得分相等，则增加3分钟决胜期，发球权仍以掷硬币的形式决定。如果决胜期得分仍相等，执行一对一依次罚球，只要出现某队领先1分即为胜方，比赛结束。

思　考　题

1. 简述三人制篮球运动的价值。
2. 简述三人制篮球比赛打法特点。
3. 简述三人制与五人制篮球异同点。
4. 论述三人制篮球运动的发展趋势。

第16章

小篮球运动

章节提要

1. 小篮球的发展历程;
2. 小篮球的场地器材;
3. 小篮球规则。

关键术语

小篮球运动、小篮球规则。

16.1 小篮球的发展历程

小篮球运动是指以12岁以下的少年儿童为活动对象,依据年龄划分不同组别,使用专门的场地器材设备,在专门的竞赛规则指导下而开展的篮球运动。中国篮协以小篮球联赛为引领,以《小篮球规则》和《中国小篮球运动员等级制度》为驱动,将篮球融入青少年的生活中,以符合青少年身心健康的方式开展团体活动、技能训练、比赛等形式,激发青少年的体育兴趣,培养良好的心理品质,培育健全人格。

16.1.1 国内发展

追溯历史,小篮球运动在我国已有超过40年发展历程,其发展经历了酝酿起步、缓步推广和高速发展三个阶段[①]。

起步阶段(1973—1987年):1971年国家体委制订了《中国小篮球竞赛规则》。1974年8月,全国首次小学生篮球分区赛开赛,1987年第1届"苗苗杯"小篮球联赛在北京开赛。

推广阶段(2001—2017年):2001年12月,"苗苗杯"列入国家正式竞赛计划,成为唯一的全国性小篮球正式比赛。2017年,中国篮球协会分别发布了《小篮球规则》和《小篮球发展计划》。同年9月,NYBO青少年篮球公开赛创办,不同赛事责任主体组织的各类小篮球赛事相继开赛。

高速发展阶段(2017年至今):2017年11月第1届中国小篮球联赛在北京启动,2018年6月第2届中国小篮球联赛在北京启动。2018年7月第30届"苗苗杯"全国小篮球赛在河南三门峡成功举办,2019年7月第31届"苗苗杯"全国小篮球赛在贵州兴安

① 冯鑫,刘文昊,李彦龙.核心素养视域下我国小篮球运动功能定位及发展策略[J].武汉体育学院学报,2020,54(10):95-100.

成功举办。

小篮球运动以小篮球联赛为载体，通过改变规则、场地、器材以适应儿童的身心发展，为小球员构建了交流的平台，切实满足儿童参与小篮球运动的现实需要，吸引了一大批适龄儿童参与小篮球运动。

16.1.2 国外发展

在国际上小篮球运动被称为“MINI”篮球运动，即“Mini-Basketball”，是一场技巧而不是力量的游戏；男孩和女孩可以在一起玩耍。

世界上有典籍可查的小篮球比赛最早诞生于1948年。小篮球历史悠久，并且在国际篮联的指导下已经形成了非常完备的运动规则体系。当时，美国一位名为杰伊-阿尔切的教师组织了一场面向8～12岁儿童的篮球赛，并为此专门采用较轻的篮球和儿童易于投中的较低的篮球架，这种篮球赛随即风靡一时，被称为“小篮球”赛（Mini Basketball Game）。不过，在很长一段时间内，“小篮球”活动主要集中于美国，而将“小篮球”真正实现国际化的是西班牙人。

19世纪60年代，西班牙国内开始掀起篮球运动热潮，西班牙篮协和不少教育工作者在这一时期均曾前往美国考察，从而迷上了“小篮球”。安-洛佩斯是当时“小篮球”运动最热心的倡导者，他主导了西班牙“小篮球”设备的制造标准和比赛规则，后被选为西班牙“小篮球”委员会主席。随着“小篮球”运动在西班牙的快速发展，西班牙的篮球青训工作和青少年篮球比赛成绩也得到明显提升，由此引起欧洲各国的注意。此后，不少欧洲国家都纷纷向西班牙借鉴“小篮球”的《规则》并相继开展这项运动。

1970年，在国际篮联的指导下，西班牙组建并召开了第一届世界小篮球委员会（International Committee for Mini-Basketball，CIM）。1972年7月，该委员会在西班牙的阿尔梅里举行了第一届国际“小篮球”比赛，从而引爆了欧洲青少年参与篮球运动的热情。1973年和1974年，该委员会又连续在秘鲁的利马和巴西的里约热内卢分别举办了第二届、第三届国际“小篮球”比赛。就此，小篮球成为一个全球青少年都开始尝试的国际化运动项目，国际篮联也开始出台相应的统一规则并开展各种小篮球夏令营和国际比赛，小篮球推广成为国际篮联和以西班牙、阿根廷等为代表的成员国最重视的工作之一。

16.2 小篮球联赛

运动竞赛本身作为一种手段，通过运动员之间的比拼与交流产生各种竞赛价值，使运动竞赛具有多种功能价值，如教育、健身、娱乐、创造等，尤其对厚植体育的后备人才作用非常大。同时体育项目的快速发展一定程度与赛事的发展密切相关。赛事的发展在于赛事制度和赛事体系的发展和完善，合理的赛事制度可形成科学的、完整的赛事体系，从而促进该运动项目和竞技体育的快速发展，更进一步推进体育运动发展。

我国小篮球联赛在中国篮协的大力支持下具有庞大的受众人群和良好的发展前景，因此要充分发挥其育人功能，教导儿童形成规则意识，培养“团队至上”的理念和引导得体的礼仪风貌。

16.2.1 联赛介绍

1. 赛制组别

中国小篮球联赛参赛条件为中华人民共和国居民，以及持港、澳、台户籍并在中国内地接受小学教育的少年儿童，身体健康，符合竞赛规程要求。中国小篮球联赛设有5个组别，分别为U8组、U10男子组、U10混合组、U12男子组和U12女子组。小篮球联赛一般在上半年举行，从每年的3月份开始，一直持续到8月份结束。各组别的球队拥有队员如表16-2-1所示。

表16-2-1　各组别队员人数

组　　别	队友（人次）	教练（人次）	领队（人次）
U8组、U10男子组	6	1	1
U10混合组	6(其中至少1名女队员，且比赛中至少有1名女队员在场上)	1	1
U12男子组、U12女子组	12	教练员1人，助理教练员1人	1

2. 场地及器材

1）篮球的规格与质量

篮球的规格与质量应符合表16-2-2的要求。

表16-2-2　篮球的规格与质量

序号	年龄/岁	球号	圆周长/毫米	球的质量/克
1	≤8	4	620～660	430～460
2	9～12	5	690～710	470～500

2）篮圈高度

球篮由篮圈与篮网组成。每个球篮要符合以下规格；

6～8岁，球篮的高度距地面2.35米；

9～10岁，相应距离为2.60米；

11～12岁，相应距离为2.75米。

3）小篮球场标准

①球场表面应平整坚实无障碍物；

②罚球线距离端线内沿4米；

③没有3分投篮线和区域；

④所有的场地线必须为5厘米且清晰可见；

⑤6～10岁儿童使用的小篮球场地应为15米×12米（图16-2-1），11～12岁儿童使用的小篮球场地应为28米×15米（图16-2-2）。

特定年龄的儿童使用特定器材设施很重要，较小的篮球和较低的篮圈有益于培养儿童标准化的技术动作，提高儿童参与篮球的兴趣。小学篮球的教学应多注重培养孩子参与体育运动的乐趣，让其在游戏中学习篮球技术，逐渐养成参与体育活动的习惯。

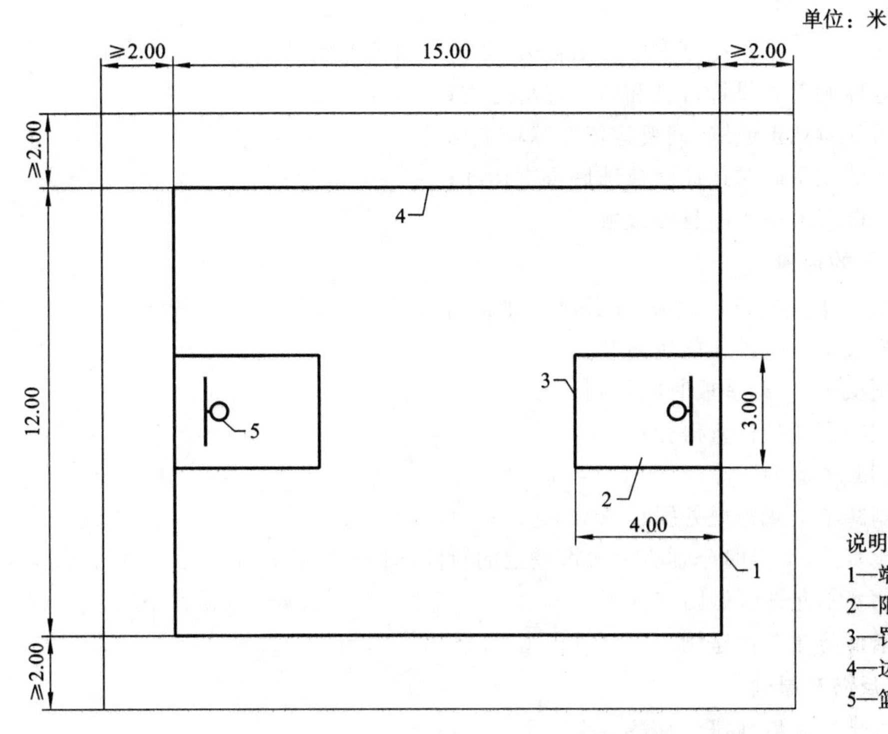

图 16-2-1　15 米×12 米小篮球场地平面示意图

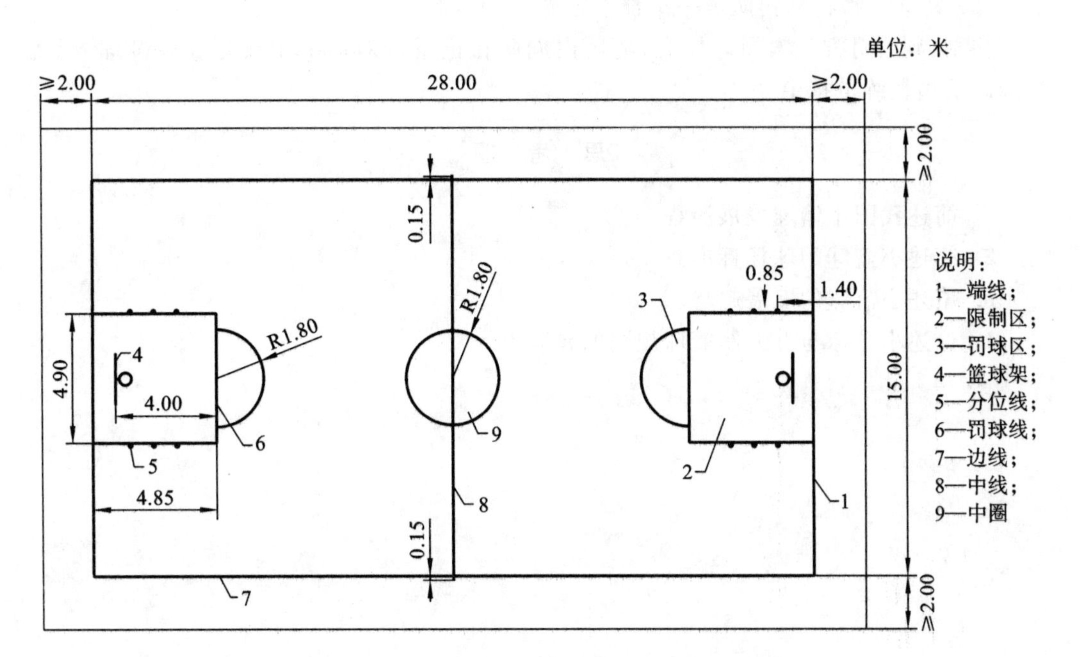

图 16-2-2　28 米×15 米小篮球场地平面示意图

16.2.2　小篮球规则

我国小篮球的规则是中国篮协发布《小篮球规则》。

1. 基本的规则

(1) 必须比对手获得更多的投篮得分,才能获得比赛的胜利;

(2) 运球时需要保持自己和球在球场之内;

(3) 不能持球走或跑,需要运球在球场上移动;

(4) 不能双手同时运球或持球后再次运球;

(5) 不能有不正当的身体接触。

2. 主要的规则

相比成人五人制篮球比赛,小篮球规则进行了以下改动:

(1) 删减了 8 秒进入前场限制;

(2) 删减了 24 秒进攻时间限制;

(3) 删减了 3 分投篮得分;

(4) 删减了追加罚球;

(5) 删减了全队犯规处罚;

(6) 比赛上、下半时分别有一次可登记的暂停,时长 30 秒;

(7) 比赛不允许区域防守;

(8) 增加防守 3 秒违例。

3. 违反防守原则

(1) 区域防守将判罚教练员一次技术犯规;

(2) 防守三秒将判罚队员一次技术犯规。

罚则:判给对方一次罚球机会,随后由同队在记录台对面的中线延长线掷球入界。罚球队员由教练员指定。

思考题

1. 简述我国小篮球发展历程。
2. 简述小篮球的球场标准。
3. 论述小篮球的发展趋势。
4. 论述小篮球与五人制篮球规则的异同点。

参考文献

Cankao Wenxian

[1] 王贺立,周贤江.篮球实用教程(修订版)[M].武汉:湖北人民出版社,2006.
[2] 钟启泉.课程论[M].北京:教育科学出版社,2007.
[3] 田麦久.运动训练学[M].北京:高等教育出版社,2017.
[4] 吕万刚,陈小平,袁守龙.体能训练理论与方法[M].北京:高等教育出版社,2020.
[5] 《篮球运动教程》编写组.篮球运动教程[M].北京:北京体育大学出版社,2013.
[6] 练碧贞.现代篮球教学方法[M].北京:北京体育大学出版社,2006.
[7] 孙民治.篮球运动教程[M].北京:人民体育出版社,2006.
[8] NICHOLAS RATAMESS. ACSM体能训练概论[M].李丹阳,李春雷,王雄,译.北京:人民卫生出版社,2018.
[9] 姚家新.运动心理学[M].北京:高等教育出版社,2020.
[10] 乔德才,赫选明.运动生理学[M].北京:高等教育出版社,2020.
[11] 杨小微,张天宝.教学论[M].北京:人民体育出版社,2019.
[12] 唐炎,刘昕.学校体育学[M].北京:高等教育出版社,2020.
[13] 王家宏,熊焰,石岩.体育竞赛学[M].北京:高等教育出版社,2019.
[14] 中国篮球协会.篮球规则2020[M].北京:北京体育大学出版社,2020.
[15] 中国篮球协会.中国青少年篮球教学训练指导手册[M].北京:北京体育大学出版社,2021.
[16] 周殿学,王长在.篮球技术体能训练[M].北京:科学出版社,2019.
[17] 中国篮球协会.小篮球规则[M].北京:北京体育大学出版社,2017.